베트남의 역사

A HISTORY OF VIETNAM

From Ancient Times To Modern Times

Yu Insun

Yeesan Publishing Co.

베트남의 역사

고대에서 현대까지 유인선 지음

이산

베트남의 역사
고대에서 현대까지

2018년 8월 25일 초판 1쇄 발행
2020년 10월 25일 초판 2쇄 발행
지은이 유인선
펴낸이 강인황
도서출판 이산
서울특별시 중구 필동로8가길 10
Tel : 334-2847 / Fax : 334-2849
E-mail : yeesan@yeesan.co.kr
등록 1996년 8월 8일 제 2015-000001호

편집 문현숙
인쇄 한영문화사 / 제본 한영제책
ISBN 978-89-87608-75-4 03910

KDC 914.1 (베트남사)

가격은 뒤표지에 있습니다.

A HISTORY OF VIETNAM by Yu Insun
Copyright ⓒ 2018 by Yu Insun
Original Korean edition published by Yeesan Publishing Co.

www.yeesan.co.kr

차례

일러두기

1. 베트남어는 외래어표기법에 따라 표기하고, 처음 나올 때 베트남어 철자를 괄호 안에 넣고, 가능하면 한자를 병기했다. 단, 각 음절은 원어에 맞추어 띄어썼으며, 일부 지명과 인명은 관례를 따랐다. 예컨대 비엣 남→베트남, 하 노이→하노이, 호 찌 민→호찌민.

2. 중국인명은 신해혁명(1911년)을 기준으로 하여, 그 이전에는 우리말 한자음으로 표기하고, 그 이후는 중국어 발음으로 표기했다. 중국지명은 옛 지명과 현재 지명이 동일한 경우, 시기에 관계없이 현재의 중국어 표기법에 따라 표기하고, 지금은 사용하지 않는 옛 지명은 우리의 한자음대로 표기했다.

3. 베트남 내의 중국인은 베트남화되지 않았으면 한자음으로 표기하고, 괄호 안에 베트남어 발음을 병기했다. 예컨대 조타(趙佗, 찌에우 다).

4. 이외의 모든 외래어는 외래어표기법에 따랐다.

머리말

　　요즈음 우리나라 사람들에게 베트남은 전례 없이 높은 관심의 대상이 되고 있다. 그 단적인 예로 우리나라 관광객들이 제일 많이 찾아가는 나라가 베트남이고, 경제적인 면에서는 베트남에 제일 투자를 많이 한 외국이 바로 우리나라이다. 그 밖에도 베트남에선 한류열풍이 엄청나다. 이런 시류를 반영하는 듯, 최근 베트남에 관한 책들이 적지 않게 출판되고 있다.

　　필자도 베트남에 관한 책을 몇 권 출판했다. 제일 먼저 출판한 것은 베트남 역사에 관한 개설서인 『베트남史』로, 그때가 1984년이었으니 어언 30여 년 전의 일이다. 당시에 필자는 개설서를 출판하기에는 역부족이라고 생각했는데, 자의반 타의반으로 출판하게 되었다. 물론 그 이후 몇 권의 책을 더 출판하긴 했지만 그것은 전공자들을 위한 책이었기에 차치해둔다면, 첫 개설서를 낸 지 거의 20년이 지나서야, 『새로 쓴 베트남의 역사』를 나름대로 공들여 2002년에 세상에 내놓았다. 이 두번째 개설서를 내기로 마음먹은 것은 이제는 베트남 역사를 제대로 우리나라 사람들에게 알리고 싶다는 욕심 아닌 욕심에서였다.

　　그리고 또다시 이렇게 세 번째 개설서를 쓰게 된 것은, 무엇보다도 두 번째 개설서의 출간 이후 15년이 지난 지금, 베트남 역사에 대한 많은 새로운 연구가 베트남 내부에서는 물론 세계 학계에서 이루어진 많은 새로운 연구를 반영할 필요가 생겼기 때문이다. 그렇게 집필을 결정한 다음에는 그간의 연구성과를 얼마나 어떻게 반영할 것이며, 전체적인 서술방향을 어떻게 설정할 것인가 고심하게 되었다.

이런 고민 속에서 두 번째 개설서를 다시 찬찬히 살펴보니, 베트남 역사가 어떤 의미를 갖고 있는지에 대한 성찰이 부족하고 사실 기술에 치중되어 있다는 느낌이 들었다. 그래서 이번에는 과거 사실의 의미를 고려하여 역사적 사실에 생동감을 불어넣고, 또한 과거의 역사가 과거에만 묻혀 있지 않고, 가능한 한 현재와도 연관지어 서술하려고 노력했다. 이런 노력이 과연 어느 정도 결실을 맺었는지는 필자가 스스로 평가할 수는 없을 것이다. 부족한 점이 있다면 그것은 오로지 내 능력의 한계 때문이다.

개설서를 쓴다는 것은 쉽지 않은 일이다. 2천여 년의 긴 베트남 역사를 혼자서 다 연구할 수는 없기 때문이다. 결국 다른 연구자들의 연구업적을 참조해야 하는데, 문제는 연구자들 간에 견해의 차이가 적지 않았다는 점이다. 따라서 참조하는 과정에서 약간의 오류가 빚어질 수 있음을 인정하지 않을 수 없다.

필자가 베트남 역사를 연구한 반세기 동안, 국내외의 연구자들로부터 많은 도움을 받았다. 너무나 많기 때문에 일일이 그 이름을 들 수가 없어 안타깝지만, 가슴으로부터 우러나오는 감사의 마음을 표하고 싶다. 또한 『새로운 베트남의 역사』에 이어서 다시 한번 수고를 아끼지 않은 이산출판사에 감사를 드린다.

필자가 베트남 역사를 공부하기 시작했을 무렵에는 베트남도 우리나라처럼 남북 분단국이었는데, 40여 년 전에 남북이 통합되어 하나가 되었다. 우리는 아직 분단상태로 서로의 상황을 잘 아는 것이 불가능하다. 그런 연유로 이 책을 쓰는 동안, 이제는 칠십이 다 된 북녘의 두 동생이

자꾸만 뇌리에 떠올랐다. 지금은 만나도 바로 금방 못 알아볼 정도로 변했겠지만, 마음으로나마 그들의 삶이 평안하기를 빈다.

2018년 7월

유인선

서론 : 다시 하나가 된 나라

지리

베트남(Việt Nam 越南)의 공식 국명은 '베트남사회주의
공화국'으로, 지리적인 면에서는 동남아시아에 속하면서도, 북쪽은 동
아시아와 접하고 있다. 보다 정확히 말하면, 동남아시아 대륙부의 인도
차이나 반도 동쪽 끝에 위치하여 북쪽에서는 중국과, 동쪽과 남쪽은 남
중국해(베트남어로는 '비엔 동'[Biển Đông], 즉 '동해')에 연해 있으며, 서쪽
은 산간지대로 서쪽과 서남쪽의 일부에서는 쯔엉 선 산맥(dãy Trường
Sơn)이 라오스·캄보디아와 경계를 이루고 있다. 베트남에서는 이들 인
도차이나 3국을 '동 즈엉'(Đông Dương), 즉 '동양'이라고 한다.

베트남은 북위 24도와 8도 사이에 위치하고 있으며, 한반도를 길게
늘려놓은 것처럼 남북으로 길게 S자 모양을 이루고 있다. 그 길이는 무
려 1,650km 이상이나 된다. 길이에 비하면 폭은 굉장히 좁은 편인데,
북부가 600km, 남부가 375km, 특히 중부의 가장 좁은 곳은 50km에 불
과하다. 이에 더하여 농업생산의 주요 산지도 북부와 남부여서, 외국인
들은 베트남 국토의 생김새를 '가인'(gánh)*에 비유하곤 한다. 베트남의
총면적은 331,210km²로 한반도의 1.5배에 달하고, 인구는 약 9천

---

* 긴 대나무 양 끝에 바구니 같은 것을 매달아 어깨에 메고 물건을 운반하는 도구.

호이안 시장에서 과일과 채소 등을 담은 '가인'을 메고 팔러 다니는 여성.

530만 명(2017년 7월 현재)으로 한반도 전체인구보다 2,500만 명 정도 많다.

이처럼 베트남은 남북으로 아주 길기 때문에 남과 북의 기후도 서로 현저히 다르다. 북부에는 한국과 같이 사계절이 있는 반면에, 남부는 일 년 내내 더워서 기온보다 강우량에 따라 계절이 우기(5월-10월)와 건기 (11월-4월)로 나뉜다. 또한 기후는 위도상의 차이뿐만 아니라 고도에 따라서도 많이 다르다. 예컨대, 중남부 고원지대의 다 랏(Đà Lạt)은 일 년 내내 그다지 춥지도 덥지도 않아서 일찍이 프랑스인들이 이곳을 휴 양지로 개발했다.

베트남은 크게 세 지역, 즉 박 보(Miền Bắc 또는 Bắc Bộ, 北部)·쭝 보 (Miền Trung 또는 Trung Bộ, 中部)·남 보(Miền Nam 또는 Nam Bộ, 南 部)로 나뉘는데, 이들을 또 박 끼(Bắc Kỳ 北圻)·쭝 끼(Trung Kỳ 中圻)· 남 끼(Nam Kỳ 南圻)라고도 부른다. 한편 서양인들은 일반적으로 북부 를 통킹(Tongking), 중부를 안남(Annam), 남부를 코친차이나(Cochin-

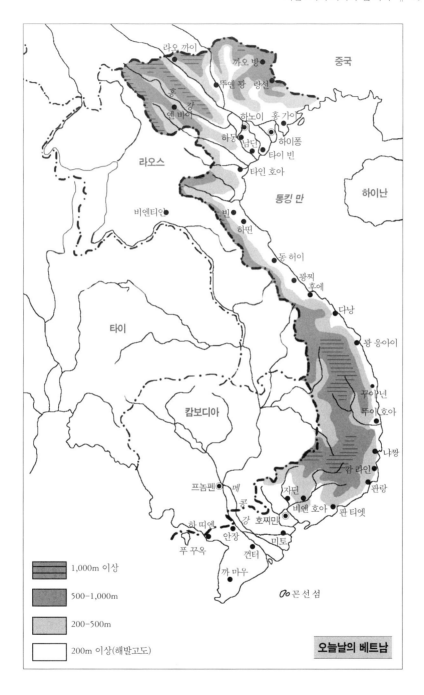

까오 방
뚜엔 꽝 랑선
중국
라오 까이
홍
강
옌 바이
하노이 홍 가이
하동 남딘 하이퐁
타이 빈
타이 호아
라오스
비엔티안
빈
하띤
통킹 만
하이난
동 허이
꽝찌
후에
다낭
꽝 응아이
타이
캄보디아
꾸이 년
뚜이 호아
나짱
깜 라인
프놈펜 메
콩
자딘 판랑
하 띠엔 강 호찌민
비엔 호아 판 티엣
안장
푸 꾸옥 미토
껀터
까 마우
꼰 선 섬

1,000m 이상

500-1,000m

200-500m

200m 이상(해발고도)

오늘날의 베트남

china)라고 부른다.

베트남이 오늘날과 같은 땅덩어리를 갖게 된 것은 19세기 초엽이었다. 그 이전에는 중부지방은 참파(Champa 占城)라는 오스트로네시안(Austronesian)계의 참족(Cham)이 중심이 된 힌두교 왕국이었으며, 남부지방은 소승불교를 믿는 크메르인(Khmer)의 캄보디아 영토였다.

오늘날 베트남인의 주요 생활중심지는 북부의 홍 강(sông Hồng 紅河) 델타와 남부의 메콩 강 유역이다. 홍 강 하류의 1만 5천km²에 달하는 델타는 벼농사지대이며, 일찍부터 베트남 문화의 중심지였다. 하지만 인구가 조밀하여 농민들의 생활은 늘 팍팍했다. 베트남 역사의 특징적 현상 중 하나인 남방 진출, 이른바 '남 띠엔'(Nam tiến 南進)은 이 인구과밀과도 밀접한 관련이 있다. 오늘날에도 북부는 쌀의 자급자족이 불완전한 편이어서 남부로부터 얼마간의 지원을 받고 있다.

남부의 메콩 델타는 서남부 쪽에 광활하게 펼쳐져 있으며, 그 넓이가 3만 9천km²에 달한다. 베트남은 인도·타이와 더불어 세계 3대 쌀 수출국인데(2016년), 그 쌀의 대부분은 이 메콩 델타에서 생산된다. 그러나 베트남 정부가 1986년 말 '도이 머이'(đổi mới 刷新)라는 시장경제정책을 채택하면서부터 외국기업의 투자를 적극 유치하여, 호찌민 시(Thành phố Hồ Chí Minh), 동 나이(tinh Đồng Nai), 빈 즈엉(tinh Bình Dương), 바 리아-붕 따우(tinh Bà Rịa-Vũng Tàu) 등 동남부의 네 지역은 투자·수출·GDP 면에서 다른 어떤 지방보다도 월등하다. 베트남 전체면적에서 보면 이들 지역은 넓지 않지만, 경제기여도는 대단히 높은 것이다. 최근에는 북부에도 외국기업들이 투자하고 있어서 남부와의 격차가 차츰 줄어들고 있다.

중부지방은 산맥이 해안 가까이까지 뻗어 있기 때문에, 평야가 해안선을 따라 부분적으로만 발달했다. 그러다 보니 인구가 적어도 늘 식량난을 겪어야 했고, 다른 지방에서 그 부족한 식량을 들여와야 했다. 그

런데 최근에는 세계적 추세에 발맞추어 관광산업에 눈을 돌리면서 긴
해안선을 따라 다수의 휴양지가 개발되고 있고, 베트남 내외의 관광객
을 유치하는 등 관광산업에 박차를 가하고 있다.

민족과 언어

베트남의 민족분포는 다른 동남아시아 국가들과 마찬가
지로 복잡 다양하여 모두 54개 민족으로 구성되어 있다고 한다. 이들
중 다수를 이루는 것은 우리가 흔히 베트남인이라고 부르는 비엣 족
(người Việt 越族)으로, 전체 인구의 86% 이상을 차지한다. 이들은 평야
지대에 살면서 역사적으로 중국문화의 영향을 많이 받았다. 이들의 언
어인 베트남어는 중국어처럼 성조(聲調, 모두 6성)가 있긴 하지만, 이는
중국어보다는 타이어계의 영향을 받은 것이라고 한다. 그런데 기본 어
휘 면에서는, 이를테면 '어린아이'(con)나 '손자'(cháu) 및 '손'(tay) 같은
말은 캄보디아어와 유사하다는 점에서 몬-크메르(Mon-Khmer)어계로
분류된다.

참고로 베트남어에서는 특이하게도 일상대화에서 '또이'(tôi, 나)라는
말을 사용하지 않는다. 대화할 때 상대의 나이에 따라 가상적(假想的)
친족개념을 사용하여, '박'(bác, 큰아버지), '쭈'(chú, 숙부), '짜우'(cháu,
조카)라고 지칭한다. 다시 말하면, 큰아버지는 자신을 '박', 숙부는 자신
을 '쭈'(chú)라고 부르지 '또이'(tôi)라고는 하지 않는다. 나이 차이가 많
지 않으면 서로 '아인'(anh, 형)이나 '엠'(em, 동생)으로 부른다. 그래서
형은 자기를 '아인', 동생은 자기를 '엠'이라고 칭한다. 그런가 하면 나이
어린 사람은 상대에 따라 자기를 '짜우'나 '엠'이라고 한다. 또한 '엠'은 본
래 '동생'이라는 뜻이지만, 윗사람은 아랫사람을 일반적으로 '엠'이라고
부르고, 아랫사람은 윗사람에게 자신을 '엠'이라고 한다. 예를 들면, 호
찌민(Hồ Chí Minh 胡志明)을 '박 호'(bác Hồ) 즉 '호 큰아버지'라고 부르

는 것도 바로 이러한 호칭관습이 반영된 것이다. 호찌민을 인민이 친숙하게 여겨 '박 호'라고 부른다고 설명하는 사람도 있는데, 아주 틀린 말은 아니지만 본래는 위와 같은 베트남인의 호칭관습에 따라 그렇게 부르게 되었다고 볼 수 있다.

다수민족인 비엣족 외에 소수민족으로는 크메르인과 참족, 화교(華僑)가 평야지대에 살고 있다. 크메르인은 메콩 강 유역이 아직 캄보디아 영토였을 때 살고 있던 이들의 후손이며, 참족 역시 예전 참파 왕국의 후손들로 극소수가 남부의 판 랑(Phan Rang)·판 티엣(Phan Thiết)·호찌민 시를 중심으로 살아가고 있다. 화교들은 주로 남부의 도시들에서 상업에 종사하며 부를 축적했는데, 1975년에 남부가 공산화된 후 해외로 탈출했든가 아니면 강제추방을 당했다. 하지만 '도이 머이'정책이 실시되면서 화교의 경제활동이 재개되고 있는데, 아직 예전만은 못하다.

이들을 제외한 나머지 소수민족들은 산간지대에 살고 있다. 베트남인은 과거에 자신들을 문화인이라는 의미에서 '낀족'(người kinh 京族)이라 하고, 이들 소수민족을 '모이'(mọi)라고 불렀는데, '모이'는 '야만'이라는 뜻이다. 소수민족들은 대부분 화전을 일구며 생활하기 때문에 한 곳에 오래 머무르지 않고 늘 새로운 땅을 찾아 이동했다. 그러나 토지는 메마른데다 농사기술도 원시적이어서 생산성이 낮고, 인구는 거의 제자리걸음이고 생활수준 역시 평지에 비해 많이 뒤처졌다. 산지에는 다양한 소수민족이 살고 있는데, 그 중에서 주요 소수민족은 베트남인과 유사한 므엉족(Mường), 중국계 몽족(Hmong), 타이계 눙족(Nùng), 티베토-버마계에 속하는 하니족(Hà Nhì), 말라요-폴리네시안계의 자라이족(Gia Rai) 등이다.

이들 소수민족은 역사적으로 평지의 중앙조정으로부터 직접적인 통치를 받지 않고 거의 자치적인 공동체를 유지했다. 그러면서도 소금 같은 생필품을 얻기 위해 평지의 베트남인과 물물교환을 해야 했다. 그런데 그 과정에서 일방적으로 손해를 보는 경우가 많아서 베트남인과 그다지 좋은 관계가 아니었다.

베트남전쟁 때에는 북위 17도선 부근의 소수민족들이 특히 피해를 입었다. 이 지역은 북베트남군의 집결지였기 때문에 미군의 폭격과 고엽제 살포로 인명은 물론 동물과 농작물의 피해가 컸다.

전쟁이 끝나고 10여 년이 지난 1980년대 후반부터 고지대사회와 저지대사회의 격차를 줄이기 위해, 베트남 정부는 인구 재배치와 정치적 통합에 힘을 기울이고 있다. 이를테면 인구밀집 해소와 식량생산 증대를 위해 도시사람들을 인구가 희박한 고지대로 이주시킨 정책도 이런 노력의 일환이었다. 또한 소수민족들의 불만을 해소시키기 위한 특별 프로그램을 만들어 교육과 의료는 물론 도로건설과 전기공급 사업 등에도 적극적으로 지원하고 있다. 물론 현재까지 어느 정도 가시적인 성과를 거두었다고는 하지만, 이는 시작일 뿐 앞으로 갈 길이 멀다는 것 또한 부정하기 어렵다. 한 가지 부언한다면, 최근 베트남 정부는 베트남전쟁 당시의 사이공 정부를 공식적으로 인정하여 베트남공화국(Republic of Vietnam)으로 부르고 있으며, 일반적으로 통용되는 '베트콩'도 '남부해방군'으로 부르고 있다. 필자도 이들 용어를 사용했다.

1장 건국설화와 초기 국가

건국설화

베트남 건국설화에 의하면, 중국신화에 나타나는 신농씨 (神農氏)의 3대 후손인 제명(帝明)이 제의(帝宜)를 낳고 얼마 후 남방 으로 순행(巡幸)하여 오령(五嶺)*에 이르렀다. 여기에서 제명은 부 띠 엔(Vụ Tiên 婺僊)의 딸을 만나 록 뚝(Lộc Tục 祿續)을 낳았는데, 록 뚝 은 용모가 단정하고 총명했다. 제명이 기특하게 여겨 그에게 제위를 물 려주려 했으나 극구 사양했다. 이에 제명은 제의에게 북방을 다스리게 하는 한편, 록 뚝을 낀 즈엉 브엉(Kinh Dương Vương 涇陽王)에 봉하여 그에게 남방을 다스리게 하니, 이 나라가 씩 꾸이 꾸옥(Xích Quỷ Quốc 赤鬼國)이다. 낀 즈엉 브엉은 동 딘 꿘(Động Đình Quân 洞庭君, 즉 龍 王)의 딸을 아내로 맞아 후일의 락 롱 꿘(Lạc Long Quân 貉龍君)을 낳 았다.

낀 즈엉 브엉이 왕이 된 것은 '기원전 2879년'으로 우리의 단군신화 보다 500여 년 앞선다. 건국이 기원전 2879년이라고 하는 것은 베트남 역사가 중국역사만큼 오래 되었음을, 그리고 낀 즈엉 브엉에게 제위를 물려주려고 했다는 이야기는 베트남인이 중국인보다 우수하다는 의미

---

* 중국 광둥 성 북부의 난링 산맥(南嶺山脈).

를 내포하고 있는 것으로 해석할 수 있다.

락 롱 뀐의 치세는 황금시대로, 그는 여러 제도를 완비하고 얼마 후 바다로 들어갔다. 그가 없는 사이 제의의 아들 제래(帝來)가 아내(혹은 딸) 어우 꺼(Âu Cơ 嫗姬)를 데리고 남방을 침입했다. 그러고는 아내를 남겨놓고 남방 유람을 떠나버렸다. 이때 백성들의 요청을 들은 락 롱 뀐이 돌아와 혼자 남은 어우 꺼를 보고 유혹하여 아내로 삼았다. 반면 아내를 잃은 제래는 실의에 빠져 북으로 돌아갔다.

어우 꺼는 커다란 알을 하나 낳았고, 그 알에서 100명의 아들이 태어났다. 어느 날 락 롱 뀐이 어우 꺼에게 말하기를, 나는 물의 종족이고 당신은 산의 종족이라 같이 사는 게 힘들지 않겠느냐고 하며 헤어지자고 했다. 그리하여 이들은 아들 100명을 두 집단으로 나누어 50명은 락 롱 뀐을 따라 바다로 가고, 어우 꺼는 나머지 50명을 데리고 산으로 갔다. 산으로 간 50명 중에서 가장 강한 자가 훙 브엉(Hùng Vương 雄王)이 되고, 나라 이름을 반 랑(Văn Lang 文郎)이라고 했다. 훙은 몬−크메르어로 '우두머리'라는 뜻이며, 이를 한자로 '雄'이라 한 것은 베트남어 발음이 'hùng'이기 때문이다. '왕'(王)자는 후대에 '훙'을 한자로 표기하면서 그 의미를 확실히 하기 위해 덧붙인 것으로 보인다. 한편 '반 랑'(文郎)의 '文'은 '문신'(文身)을 의미한다. 베트남인은 예로부터 몸에 문신을 했던 것으로 전해지고 있다.

반 랑 전설은 19세기 말 베트남 북부 타인 호아 성(tinh Thanh Hóa 淸化省)의 동 선(Đông Sơn) 지방에서 발견된 기원전 7세기 후반으로 추정되는 정교한 청동기 유물들에 의해 입증되었다. 동 선 문화로 알려진 이들 유물 중에서 가장 대표적인 것은 청동 북[銅鼓]이다. 동 선 문화의 형성은 기원전 중국의 동남지역과 베트남 북부에 걸쳐 있던 여러 월족(越族) 중 하나인 락월(貉越 또는 駱越), 즉 '락 비엣'(Lạc Việt)에 의해서였다고 보아도 무방하다.

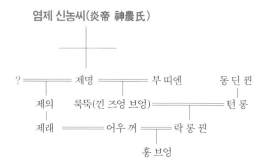

오늘날 베트남 사람들은 락 롱 꿘과 어우 꺼를 그들의 시조로 생각하며, 홍 브엉을 건국의 아버지로 여긴다. 그래서 베트남 정부는 홍 브엉의 기일인 음력 3월 10일을 2007년 이래 건국기념일로 정해 축하하고 있다. 반 랑은 베트남 최초의 국가이며, 기원전 3세기 중반 멸망할 때까지 18명의 왕이 있었다. 반 랑의 역대 왕은 모두 홍 브엉으로 불렸고, 락 장(貉將)과 락후(貉侯)의 도움을 받아 나라를 다스렸다. 피지배층은 락민(貉民)으로, 그들의 생업은 초보적인 수준의 농업과 어로였다. 락월의 '락'(Lạc)이 베트남어로 '라익'(lạch 또는 rạch), 즉 도랑이나 수로(水路)와 관련이 있는 단어이고, 또 그들의 문신 풍습이 어로와 관계된다는 전설이 이를 말해준다.

반 랑 시대 사회는 양계적(兩系的)이거나 아니면 모계적(母系的)인 성격이 짙었을 가능성이 많다. 100명의 아들들을 락 롱 꿘과 어우 꺼가 50명씩 똑같이 나눈 것은 양계적인 면으로 볼 수 있지만, 홍 브엉이 어머니를 따라간 아들들 쪽에서 나왔고, 락 롱 꿘이 어머니의 용성(龍性)을 물려받았다든지 락 롱 꿘을 따라간 아들들에 대해서는 전혀 언급이 없다는 점에서 그렇게 추정해볼 수 있다.

어우 락 왕국

베트남 전근대 역사서에 따르면, 반 랑 왕국은 기원전

동고(銅鼓)

동고 상단에 있는 문양.

257년에 멸망하고, 안 즈엉 브엉(An Dương Vương 安陽王)이 어우 락 왕국(Âu Lạc 甌貉)을 세운 것으로 되어 있다. 그러나 최근의 연구에 의하면 반 랑의 멸망이 기원전 221년 진시황의 중국 통일과 관련이 있다. 진시황은 남방의 서각(犀角)·상아·비취·진주 등이 탐나서 대규모 원정군을 파견했으며, 힘겨운 싸움 끝에 기원전 214년 마침내 월(越) 지방을 점령하고, 계림(桂林)·상(象)·남해(南海) 세 군(郡)을 두었다. 계림은 광시(廣西) 성의 구이린(桂林)이고, 남해는 광둥(廣東) 성의 광저우(廣州, 당시의 지명은 반우〔番禺〕) 지방이라는 데는 이견이 없다. 다만 상군의 위치와 관련해서는 베트남 북부까지 포함하는지 여부를 놓고 의견이 분분하다. 그럼에도 구이저우(貴州) 성과 광시 성 경계에 걸쳐 있었을 것이라는 점에는 대략적으로 의견이 일치한다.

한편 오늘날 베트남 역사학계에서는 전한(前漢) 때의 사서(史書)에서 언급한 진시황의 군대가 처음 월과의 싸움에서 대패했다는 기록을 근거로 진이 베트남을 침입했으나 베트남이 이를 물리쳤다고 주장한다. 다시 말하면, 역사상 중국의 첫 침입에 대한 베트남인의 성공적 저항으로 평가하는 것이다. 그러나 그 사서에서 말하는 월, 즉 서구(西嘔)는 문자의 형태나 음운으로 보아 광시 성의 서구(西甌)와 동일한 부족이었을 것으로 생각된다. 따라서 진의 남침은 광시 지방을 쳐들어간 것이지,

베트남을 침입했다고 볼 수는 없다.

여하튼 진의 남방 원정으로 서구 부족이 오늘날 베트남 경내로 이동하면서 안 즈엉 브엉은 이들을 흡수하여 세력을 강화한 결과 반 랑 왕국을 멸할 수 있었을 것이다. 안 즈엉 브엉에 대해서는 성(姓)이 툭(Thục 蜀)이고 이름이 판(Phán 泮)이라는 것 정도만 알려져 있다. 최근에 확인된 구전(口傳)에 의하면, 툭 집안은 반 랑 왕국 시대 말기에 까오 방(Cao Bằng 高平) 계곡을 중심으로 하여 인접한 광시 성의 일부 지방까지 포함한 남 끄엉(Nam Cương 南疆)이란 왕국을 지배했다고 한다. 따라서 진의 영향력이 광시 성에 이르자 서구 집단은 남으로 이동하여 자연스럽게 툭 씨가 세력을 강화하는 데 일조했을 것이다. 그 결과 툭 씨는 풍요로운 홍 강 델타로의 진출이 가능해져, 마침내 반 랑 왕국을 정복하고 어우 락 왕국을 세웠다. 그러고는 하노이에서 서북쪽으로 멀지 않은 곳에 위치한 현재의 꼬 로아(Cổ Loa 古螺)에 성을 쌓고 도읍으로 삼았다.

새로운 왕국은 그 이름이 외래세력인 서구와 토착세력인 락 비엣이 결합된 나라라는 것을 말해주고 있다. 이후 어우 락 왕국에 관한 이야기는 전설과 역사적 사실이 뒤섞여 전해오고 있는데, 확실한 것은 한(漢)의 여후(呂后)가 사망한 직후, 아마도 기원전 179년에 남월(南越)의 조타(趙佗, 베트남어로는 찌에우 다[Triệu Đa])에게 복속되었다는 점이다.

조타의 남월

어우 락 왕국은 오래 존속하지 못하고, 기원전 179년 남월(南越, 베트남어로는 남 비엣[Nam Việt])에게 멸망당했다. 당시 남해군 용천(龍川)의 현령(縣令)에 임명되었던 조타가 진시황 사후 정치적 혼란을 틈타 나머지 2개 군을 병합하여 세운 나라가 남월이다. 조타는 반우(番禺)를 도읍으로 정하고 스스로 무왕(武王)이라 칭했다(기원전

207년). 남월은 조타를 따르는 소수의 집단에 의해 수립되긴 했으나, 조타가 다수의 비중국인 토착사회와 밀착되어 있었기 때문에 가능했다. 일례로, 한 고조가 기원전 196년 조타를 남월왕에 봉하기 위해 사신을 보냈을 때, 조타는 현지의 관습대로 상투를 틀고 다리를 쭉 뻗은 채 앉아서 맞이하고 있다.

조타를 언급하면서 일반적으로 이야기되는 것은 한(漢)과의 대등성이다. 어느 날 조타는 한나라 사신에게 자기와 한 고조(高祖) 둘 중에 누가 더 현명한가라고 물었다. 사신이 인구와 땅의 크기만 보더라도 그것은 비교를 할 수 없는 것이라고 대답하자, 조타는 자기가 중원(中原)에서 일어났더라면 한의 황제만 못할 리 없다고 응수했다는 것이다. 그렇지만 그는 강력한 한과의 대결은 현명하지 않다고 판단하여 일단은 한나라에 복종했다.

한 고조 사후에 실권을 잡은 여후는 남월이 커지는 것을 우려하여 철·금·우마·농기구 등의 판매를 금지했다. 조타는 이런 일이 후난(湖南) 지방에 있던 장사왕(長沙王)의 간계라고 보고, 자신을 남월무제(南越武帝)라고 칭하면서 장사왕을 공격하여 멸망시켰다. 그러자 여후는 그 보복으로 남월 정벌을 시도했으나, 공교롭게 때마침 전염병이 유행하여 실패하고 말았다.

여후가 죽고 문제(文帝)가 즉위하면서 한나라와의 외교관계가 회복되자, 조타는 오늘날의 푸젠(福建) 지방에 해당하는 민월(閩越)과 홍 강 델타의 어우 락으로 눈을 돌렸다. 그는 한편으로는 무력으로 위협하고 또 한편으로는 선물로 회유하며 이들을 복속시켰다. 이로써 조타는 남중국에서 베트남 북부에 이르는 왕국을 건설했다.

그러나 전설에 의하면, 조타의 어우 락 정벌은 쉽지만은 않았던 것 같다. 조타는 안 즈엉 브엉을 몇 차례 공격했으나 실패했다. 원인은 안 즈엉 브엉이 반 랑을 멸할 때 도와주었던 금빛 거북이 떠나면서 준 발톱으로 만든 쇠뇌*의 위력 때문이었다. 이에 조타는 꾀를 내어 자기 아들을 안 즈엉 브엉 궁(宮)에 보내 그 공주와 혼인시켰다. 조타의 아들은 안 즈엉 부엉 궁궐에 머물면서 아내를 시켜 쇠뇌를 가짜로 바꿔치기 했다. 그러고는 부왕께 문안을 드리러 가야 한다며 남월로 돌아왔다. 조타는 아들의 보고를 받고 즉시 안 즈엉 브엉을 공격했고, 쇠뇌만 믿고 있던 안 즈엉 부엉은 뜻밖의 패배를 당할 수밖에 없었다.

얼핏 우리나라의 호동왕자와 낙랑공주 이야기와 비슷해 보이는 이 전설에서 주목해야 할 것은 조타의 아들이 처가인 안 즈엉 브엉의 궁에 머물렀다는 점이다. 이는 반 랑 시대의 모계제와 관련시켜 볼 때, 당시에는 혼인 후 남자가 처가살이를 하는 모거제(母居制)의 관습이 널리 행해지고 있었음을 말해준다.

조타는 어우 락을 정복하고 2개 군, 즉 자오 찌(Giao Chỉ 交趾)와 끄우 쩐(Cửu Chân 九眞)으로 나누어 다스렸다. 자오 찌는 홍 강 델타의 중심부에 위치했으며, 끄우 쩐은 델타 남부인 현재의 타인 호아(Thanh Hóa)·응에 안(Nghệ An)·하 띤(Hà Tĩnh) 지역에 설치되었다. 조타는 각 군에 자신의 대리인 격인 사자(使者)를 파견하였으나, 이들이 감독만 하게 하고 행정은 직접 하지 못하도록 했다. 사자의 주요 임무는 아마도 남방 변경의 안정과 당시 중국인들의 관심사인 남해의 무역로를 확보하는 것이었다. 한편 일부 현지 지배층은 북방에서 들어오는 물자들로 어느 정도 이득을 보았겠지만, 어우 락 사회의 전통적 관습과 질서는 큰 변화 없이 그대로 유지되었다.

조타는 71년간 통치한 후 기원전 137년 121세로 죽었다고 한다. 그는 본디 중국의 관리로 출발하였으나 중국과 대립하여 독자적으로 나라를 세웠기에, 『사기』(史記)나 『한서』(漢書)에서는 외신(外臣) 또는 외번

---

* 여러 개의 화살을 연달아 발사할 수 있는 무기.

(外藩)으로 다루어, 이민족을 주축으로 하는 나라의 지배자로 간주했다. 그러나 후대의 중국인들은 그를 이단아로 취급하면서도 어디까지나 중국 지방정권의 통치자로 간주했다. 반면에 베트남 사람들은 그를 중국의 침략에 대항한 위대한 황제로 여겼다. 그래서 언제 있을지 모를 몽골의 침입을 염두에 두고 1272년 『대월사기』(大越史記)를 쓴 레 반 흐우(Lê Văn Huu 黎文休)는 진정한 의미에서 베트남 역사의 기원을 조타의 남월에서 찾았다. 이후 오랫동안 베트남인들은 레 반 흐우의 관점을 받아들여 조타의 남월을 베트남 왕조로 간주했다. 다만 18세기 후반 저명한 학자 겸 문사였던 응오 티 씨(Ngô Thì Sĩ 吳時仕)는 조타를 중국의 지배자라고 보았지만, 이에 동조하는 이들은 20세기 중후반까지도 거의 없었다. 호찌민(Hồ Chí Minh 胡志明)도 남월을 베트남 왕조라고 언급한 바 있다.

그러나 오늘날 베트남 역사학계의 주류는 1970년대 초부터 남월을 중국의 지방정권으로 인정하고 있다. 그래서 조타의 어우 락 병합을 중국의 첫 베트남 침략으로 보고, 그런 연유로 중국의 베트남 지배기, 즉 북속기(北屬期)의 시작도, 일반적으로 알려져 있는 한 무제가 남월을 정복한 해인 기원전 111년이 아니라 어우 락이 병합된 기원전 179년으로 상정한다.

이와 관련하여 언급되어야 할 점은, 남월이 중국 왕조인가 아니면 베트남 왕조인가와는 상관없이 당시 영남(嶺南), 즉 중국 광둥 성 난링 산맥 이남 지방의 주민은 민족적으로나 문화적인 면에서 홍 강 델타의 주민과 비슷했고 북방의 중국인과는 많이 달랐다. 다시 말하면 오늘날 광둥 지방에서 북부 베트남에 이르는 지역은 하나의 독자적인 '문화권' 내지 '역사세계'였다. 이를 중국과 베트남으로 구분하는 현재의 개념은 후대에 국경선이 그어지면서 생겨난 것이다. 그렇다면 북속기를 남월의 어우 락 병합에서부터 보아야 할 것인가 하는 문제가 제기된다. 이런 이

유로 세계학계는 일반적으로 북속기의 시작을 한 무제(武帝)가 남월을
정복한 기원전 111년부터라고 보는 데 대해 별다른 이견이 없다.

조타의 사후 그의 뒤를 계승한 인물은 그 손자 호(胡, 베트남어로는
Hồ)인데, 그가 문왕(文王, 베트남어로는 반 브엉[Văn Vương])이다. 그러
나 1983년 중국 광저우(廣州)에서 발굴된 남월왕묘(南越王墓)의 부장
품 가운데 문제행새(文帝行璽)가 있는 점으로 보아, 그 역시 조타와 마
찬가지로 대내적으로는 황제를 칭했음에 틀림없다. 그럼에도 그는 민월
이 침입하자 직접 대적하지는 않고 한에 도움을 요청했다. 한이 원조의
대가로 직접 입조하여 신하의 예를 다하라고 요구했을 때는 병을 핑계
대며 장자 영제(嬰齊, 베트남어로는 아인 떼[Anh Tê])를 일종의 볼모로
보냈다. 이것을 보면 문왕의 한에 대한 태도는 조타에 비해 훨씬 종속적
이었던 것 같다. 정리하자면, 남월은 한나라의 통치권 내에 있으면서 자
치가 허용된 왕조였다고 할 수 있을 것이다.

2장 중국의 지배기 ①—저항

한의 남월 정복

　기원전 125년 문왕이 사망하자 영제, 즉 명왕(明王, 베트남어로는 민 브엉[Minh Vương])이 왕위를 계승했는데, 그는 즉위 전까지 한나라의 도읍 장안(長安, 지금의 시안[西安])에 볼모로 잡혀 있었다. 영제는 볼모로 가기 전 이미 부인이 있었으나, 장안에 있는 동안 규(樛)씨라는 중국여인과 혼인해 아들 흥(興, 베트남어로는 흥[Hưng])을 낳았다. 아마도 이 혼인은 한의 권유로 이루어졌을 것이다. 명왕이 즉위하자 규씨를 왕후로, 흥을 태자로 삼았다. 명왕 사후(기원전 113년)에는 흥, 즉 애왕(哀王, 베트남어로는 아이 브엉[Ai Vương])이 왕위에 올랐지만, 아직 어렸기 때문에 왕후 규씨가 섭정으로 권력을 잡았다.

　한 무제는 이때를 이용하여 남월에 대한 영향력을 강화하려고 규씨의 옛 연인이었다고 하는 소계(少季)라는 자를 사절로 보냈다. 규씨와 소계는 결탁하여 한나라 법의 시행과 왕의 입조를 요구했다. 그러나 이들은 승상 르 자(Lữ Gia 呂嘉)를 비롯한 토착세력의 반대에 부딪쳤다. 르 자는 토착 월인(越人)으로 조타 이래 고위 관직에 있으면서 왕실과도 혼인관계를 맺었을 뿐 아니라, 월인들의 절대적인 신뢰를 받고 있었다. 남월 조정이 이처럼 친한파와 반한파로 대립하자, 한은 친한파를 보호한다는 명목으로 군사를 파견했다. 이에 르 자는 반기를 들어 왕과 왕

후 규씨 그리고 소계를 살해하고 왕의 이복형인 자신의 사위를 왕위에
앉히니, 그가 술양왕(術陽王, 베트남어로는 투엇 즈엉 브엉〔Thuật Dương
Vương〕)이다. 이에 한 무제의 명을 받은 한나라 장군 로박덕(路博德)이
대군을 이끌고 반우에 쳐들어가서 남월을 멸망시켰다(기원전 111년).
이후 베트남은 천년 동안 중국의 지배를 받게 되었다. 물론 그 천년은
저항의 천년이기도 했다.

로박덕의 군대가 더 남쪽으로 진격하여 자오 찌 부근에 이르자, 남월
이 파견했던 자오 찌와 끄우 쩐의 두 사자는 선물과 호적을 가지고 와서
항복했다. 이 공로로 그들은 바로 두 군의 태수(太守)로 임명되고, 락장
과 락후들도 자기 영내의 주민들을 다스렸다.

한은 남월을 멸망시킨 그해 남월 판도 내에 7개 군(郡)을 설치하고
군 아래에는 현(縣)을 두었다. 이는 한나라가 한반도에 몇 개의 군을 설
치했던 해(기원전 108년)보다 3년 전의 일이었다. 7개 군 중 4개 군은 광
둥과 광시 지방에, 3개 군은 베트남에 설치되었다. 또 이듬해에는 오늘
날의 하이난 섬에 2개 군이 추가로 설치되었다. 그리고 이상 9개 군을
감독하는 교지자사부(交趾刺史部, 203년에 交州刺史部로 개칭)가 구성
되고 그 책임자로 자사(刺史)를 두었다. 베트남에 설치된 3개 군은 자오
찌(交趾)·끄우 쩐(九眞)·녓 남(Nhật Nam 日南)으로, 자오 찌와 끄우 쩐
은 이전 남월이 설치했던 지역과 같고, 녓 남은 끄우 쩐의 남쪽으로 베
트남의 중북부에 해당하는 지역이다.

자오 찌는 처음에는 자사가 거주했을 정도로 9개 군 중 가장 중요한
군이었다.(기원전 106년 자사의 거주지는 오늘날의 광시 지방에 설치한 창
오군〔蒼梧郡〕으로 이전되었다.) 한 무제가 남월을 정복하고 베트남 중북
부까지 진출한 목적은 변방의 안정을 기하려는 목적도 있었지만, 무엇
보다 남방 물산을 획득하기 위해서였다. 『한서』(漢書) 「지리지」(地理
志)에는 당시 중국인이 녓 남 군(郡)이나 뇌주반도(雷州半島)의 합포

(合浦)에서 황금이나 비단을 가지고 남해(南海, 지금의 동남아시아)로 가서 그곳의 진주·보석·기석(奇石) 등과 교환했다는 기록이 있다. 한 조정이 파견한 관리의 주된 임무는 현지를 직접 지배하는 행정적인 일 보다는 남방물산을 확보하는 것이었음을 짐작케 하는 대목이다. 다시 말하면 한나라는 베트남 3개 군에 관리를 파견하긴 했으나, 토착지배층 을 통해 현지사회를 통제하는 간접지배의 형태를 취한 것이다. 따라서 관리파견 사실만을 들어 베트남 사회에 큰 변화가 일어났을 것으로 추 정할 수는 없다.

그런데 1세기에 접어들면서 한나라의 간접지배 정책에 변화가 나타 났다. 종래의 방임주의를 버리고 한층 적극적으로 중국문화를 이식하려 는 시도가 시작된 것이다. 그 대표적인 인물이 석광(錫光)과 임연(任延) 이었다. 석광은 전한(前漢) 말에 자오 찌 태수였으며, 임연은 후한(後 漢) 광무제(光武帝) 때 끄우 쩐 태수였다. 후대의 중국 역사가들이 "영 남(嶺南)의 중국식 풍속은 두 태수로부터 비롯된다"고 평할 정도로 이 들은 중국문물의 전파에 힘을 기울였다. 특히 임연은 수렵을 주업으로 하여 곡식이 부족했던 주민들에게 우경(牛耕)과 철제농구 사용법을 가 르쳐 생활을 안정시켜주었다. 또한 당시 행해지고 있던 일종의 군혼제 (群婚制) 같은 베트남의 혼인풍습을 중국식 가부장제로 바꿔나가기 위 해 자신이 직접 혼인을 주선했다.

쯩씨 자매의 저항

석광과 임연 등이 시행한 정책은 이질적 중국문화를 도입 하여 토착사회의 체제를 해체시키는 것으로 현지 지배층에게는 중대한 위협이 아닐 수 없었다. 여기에 더하여 중국관리들의 횡포도 문제가 되 었다. 베트남은 중국의 중원에서 멀리 떨어져 있고, 또 더위와 풍토병 때문에 이곳에 파견되어 오는 관리는 거의 다 질 낮은 사람들이었다. 이처럼 언젠가는 저항이 일어날 수밖에 없는 상황이 이어졌고, 마침내 쌓이고 쌓인 불만이 폭발했다. 그 직접적인 계기는 광무 초기 석광의 뒤를 이어 자오 찌 태수로 부임한 소정(蘇定)의 탐욕과 포악이었다.

태수 소정의 지배에 반기를 든 인물은 쯩 짝(Trưng Trắc 徵側)이라는 여성이었다. 그녀는 태수가 남편을 한나라의 법을 들이대며 체포하자(일설에는 체포하여 처형하자), 동생 쯩 니(Trưng Nhị 徵貳)와 함께 기원 40년 대규모 저항운동을 일으켰다. 그러자 중국의 지배에 불만을 가졌던 토착지배층이 전면적으로 들고일어나, 쯩 짝의 세력은 65개 성(城)으로까지 확대되었다. 쯩 짝은 반란이 성공을 거두자 스스로 왕을 칭하고 고향 메 린(Mê Linh 麊冷)을 도읍으로 정했다. 토착세력이 여성을 지도자로 받들고 그녀를 중심으로 단합할 수 있었던 것은, 이미 건국설화에서 보았듯이, 당시에는 여성이 비교적 높은 지위를 차지하고 있었기 때문이다. 베트남 여성의 이런 지위는 훨씬 후대까지도 계속되었다. 17세기 후반에 제주도 사람 고상영(高商英)은 베트남 중부지방까지 표류한 적이 있었는데, 그는 베트남에서는 "남자는 천하고 여자는 귀하다"고 기록했다.

쯩씨 자매가 반란을 일으켰다는 보고를 받은 광무제는 이듬해 마원(馬援)을 원정군 사령관에 임명하여 자오 찌 토벌 명령을 내렸다. 육로로 순조롭게 진군한 마원의 군사는 42년 봄 홍 강 델타의 랑 박(Lãng Bạc 浪泊)에서 우기를 만나는 등 숱한 어려움 속에서도 쯩 짝의 군대를 대파했다. 쯩씨 자매는 딴 비엔 산(sơn Tản Viên 傘圓山)으로 도피하여 1년 동안 저항하다가, 43년 정월 마침내 마원에게 생포되어 처형당하고 그 수급은 낙양으로 보내졌다. 이와는 달리, 베트남 사서(史書)에는 두 자매가 딴 비엔 산 부근의 흐르는 강물에 몸을 던져 자살한 것으로 기록되어 있다. 이는 자국 영웅의 비참한 말로를 부정하기 위함이었을 것이다. 지금도 베트남 사람들은 이들을 '하이 바 쯩'(Hai Bà Trưng 쯩 자매)

쯩씨 자매는 중국 지배에 항거하여 베트남 역사상 최초의 대규모 저항운동을 벌였다.

이라 부르며, 베트남 역사상 위대한 영웅으로 칭송하고 있다.

델타 지방을 평정한 마원은 끄우 쩐의 쯩씨 잔당을 토벌하기 위해 남쪽으로 지금의 응에 안(Nghệ An 义安) 지방까지 진격했다. 짜오 찌와 끄우 쩐 두 군을 완전히 평정한 마원은 44년 봄 낙양으로 개선하기 전 1년 동안 행정개혁과 수리시설 정비 등에 힘을 기울였다. 무엇보다 그는 중국 관리의 직접지배를 강화하여 종래의 토착지배층을 형성하고 있던 락장(雒長)이나 락후(雒侯)를 사라지게 만들었다. 그 대신 중국인 관리와 이주민 및 전(前) 락장 집안 출신 베트남인들이 새로운 지배층을 형성했다.

후한은 과거와 달리 베트남을 제국(帝國)의 일부로 간주하여 보다 적극적인 직접지배로 이행하면서 토착 풍습과 관습을 없애고 한의 법제를 도입했다. 하지만 후한의 위력에 의지하여 유지할 수 있었던 평화도 잠시였을 뿐, 후한의 지배력이 점차 쇠퇴하면서 베트남 토착세력이 다시 결집하기 시작했다.

후한 시대 내내 베트남에 부임해오는 중국인 관리는 두 부류로 나누어진다. 하나는 이른바 양리(良吏)로, 명제(明帝, 58-75) 때 녓 남 태수를 지낸 이선(李善)처럼 은혜를 베푼다는 자세로 주민을 다스린 관리이다. 또 하나는 이선과 동시대에 자오 찌 태수를 지낸 장회(張恢) 같이 법을 악용하여 사복을 채우는 데만 혈안이 되었던 관리이다. 물론 대다수의 관리는 후자에 속했다. 또한 중국인 이주민들도 이런 관리들과 결탁하여 토착민들로부터 남해의 생산물을 가로채 막대한 부를 축적하고 호화로운 생활을 누렸는데, 오늘날 베트남 북부 각지에서 발견되는 한나라 때의 전묘(磚墓)가 이를 입증해준다.

이러한 상황에도 불구하고 마원 원정 이후 서기 1세기 말까지는 후한이 전성기를 누렸기 때문에 베트남의 토착사회를 충분히 압도하고 있었다. 그러나 후한의 내정이 부패와 혼란으로 점점 불안해지자 반란의 조짐이 나타나기 시작했다. 100년에 녓 남의 최남단에 위치한 뜨엉 럼 현(huyện Tượng Lâm 象林縣) 주민이 관아를 약탈하고 불태워버리는 사건이 발생했다. 이어 137년에는 뜨엉 럼의 주민 수천 명이 현청 소재지에 불을 지르고 관리를 살해했다. 유사한 사건은 그 후 녓 남과 끄우 쩐 지방에서도 일어났다. 홍 강 델타 주변에서 시작된 반란은 그 중심부인 자오 찌까지 번져가더니, 184년에는 마침내 자오 찌의 주둔병이 반란을 일으켜 자사와 합포 태수를 포로로 잡는 사태까지 벌어졌다. 앞에서 언급했듯이 이런 반란의 화근이 된 것은, 부임해오는 자사들 대부분이 남방의 진귀한 물자들을 중간에서 착복하는 데 대한 불만이었다.

이미 내리막길을 걷고 있던 후한 조정으로서는 마원의 원정과 같은 적극적인 군사행동을 통해 반란을 진정시키는 것이 불가능했다. 사건이 발생하면 그저 한두 사람의 유능한 관리를 임명하여 전적으로 관리 개인의 역량에 의지하는 것말고는 이렇다 할 방법이 없었다. 당시에 파견된 유능한 관리로는 가종(賈琮)이 대표적이다.

184년 반란을 수습하기 위해 자오 찌에 파견된 가종은 부임하는 즉시 주민들이 안심하고 생업에 종사할 수 있도록 세금을 줄여주고 유능한 관리들을 군현에 배치하는 조치를 취하는 한편, 반란의 주모자들에 대해서는 절대 용서하지 않았다. 이러한 조치 덕분에 평온은 곧 다시 찾아왔다. 그래서 항간에서는 그를 칭송하여 "가부(賈父)가 늦게 와 우리가 전에는 반란을 일으켰는데, 이제는 살기가 편하니 다시는 반(反)하지 않겠노라"는 노래를 불렀다고 한다. 그러나 이처럼 원인을 규명하여 대책을 세우는 관리는 언제나 그 개인 하나만으로 끝나고 후임자에게 승계되지 못했기 때문에, 후한 조정의 통제로부터 벗어나려는 토착사회의 저항은 다시 일어날 수밖에 없었다.

사섭

후한 말 중국 본토가 환관의 권력남용, 황건적의 난 등으로 혼란의 소용돌이에 휩싸여 있을 무렵, 자오 찌는 오히려 잠시 평온을 유지할 수 있었다. 이는 마침 사섭(士燮, 베트남어로는 시 니엡[Sĩ Nhiếp])과 같은 유능한 인물이 태수로 있었기 때문이다. 그의 조상은 본래 중국 산둥 출신으로 왕망(王莽)의 난을 피해 광시 지방의 창오로 이주했다. 사섭은 그 7대손으로 중국계 이주민 출신 엘리트답게, 청년시절 낙양에 가서 저명한 유학자 밑에서 공부를 했다. 이후 효렴(孝廉)으로 추천되어 관직에 임명되었다가 알 수 없는 사건으로 면직되었지만, 곧 쓰촨(四川) 지방의 현령을 거쳐 자오 찌의 태수가 되었다.

그 무렵 자오 찌 자사가 전횡을 일삼자, 이를 참지 못한 주민들이 반란을 일으켜 그를 살해했다. 이렇게 자오 찌가 혼란에 빠지자, 사섭은 자기의 세 동생을 각각 합포와 끄우 쩐 및 남해의 태수로 임명해줄 것을 후한에 요청했다. 후한 조정은 사섭이 현지인들의 절대적 지지를 받고 있다는 판단 아래 그의 요구를 들어주었다. 곧이어 후한 조정에서는 다시 사섭에게 관직을 주고 자오 찌를 자오 쩌우(Giao Châu 交州)로 재편하여 해당 군(郡)들을 다스리게 했다. 이는 후한 조정이 남방문제에 간섭할 여력이 없었기 때문에 사실상 사섭에게 이 지역을 일임했던 것이 아닌가 생각된다.

208년 강남에서 손권(孫權)의 세력이 강해지자, 사섭은 대북정책을 바꾸어 손권과 손을 잡았다. 210년 손권이 자오 쩌우 자사를 보내자 사섭 형제들은 새로 부임한 자사의 권위를 인정하고 그와 협력했다. 이에 자사는 남부지역의 통치를 사섭에게 맡겼고, 사섭은 자오 쩌우의 실권자가 되었다. 222년 손권이 오(吳)나라를 세우자, 사섭은 아들을 인질로 보냈을 뿐만 아니라, 매년 남해의 진귀한 산물들을 바쳐서 손권의 환심을 샀다. 그가 바친 공물은 손권에게 경제적으로 큰 도움이 되었기 때문에, 사씨 집안은 자오 쩌우에서 계속해서 권세를 누릴 수 있었다. 그래서 일설에 의하면, 그의 위세는 조타가 누렸던 것 이상이었다고 한다. 이처럼 이 당시 베트남은 오나라 지배하에 있었는데도, 우리나라에서는 제갈량(諸葛亮)이 남만왕(南蠻王) 맹획(猛獲)을 '칠종칠금'(七縱七擒) 했다는 『삼국지』 고사의 무대를 베트남으로 잘못 알고 있는 사람이 적지 않다. 여기서 남만은 중국 윈난 성 쿤밍(昆明)에서 서쪽으로 620km 떨어진, 지금의 미얀마 국경에 가까운 '영창군'(永昌郡, 오늘날의 텅충[騰冲])이다.

사섭이 대내적으로 안정을 유지할 수 있었던 데에는 토착사회의 지지도 한몫을 했다. 그는 이전의 중국인 관리들이 주민들을 수탈만 했던 것과는 달리 여러 대에 걸쳐 남방에 살면서 상당히 토착화되었기 때문에 주민들과 공통의 이해관계를 맺고 있었다. 결국 사섭의 공적은 중국의 정치적 격동기에 베트남을 혼란에 빠뜨리지 않고 주민들의 생활을 안정시킨 것이다. 이에 주민들이 그를 존경해 '브엉'(Vương 王)의 칭호를 붙였고, 후대에는 '시 브엉'(Sĩ Vương 土王)이라 하여 공적을 기렸다.

사섭의 지배하에서 자오 찌가 이처럼 평화롭자, 전란에 시달리던 많은 중국인들이 난을 피하여 남하했다. 더욱이 사섭은 학문을 좋아하고 학자들을 우대해서 적지 않은 수의 학자들이 그의 보호를 받으려 모여들었다. 그러나 이들 학자들이 베트남 사회에 미친 영향은 미미했다. 그들은 대체로 토착사회에 전혀 관심이 없었고, 주민들을 경멸의 눈으로 바라보았을 뿐이다. 베트남인들에게 칭송을 받았다고 하는 설종(薛綜)조차도 이곳 사람들은 금수와 같아 교화시킬 필요가 없다고 말했을 정도다. 중국인 유학자들은 삼국이 정립되면서 어느 정도 안정을 되찾자 대부분 중국으로 돌아갔다. 물론 이들이 베트남 사회에 전혀 족적을 남기지 않았다고는 할 수 없다. 1479년에 『대월사기전서』(大越史記全書)를 편찬한 응오 시 리엔(Ngô Sĩ Liên 吳士連)은 말하기를, "우리나라에서 시서(詩書)가 통하고 예악을 익혀 문명화된 국가가 된 것은 사섭 때부터"라고 했다.

사섭은 개인적으로는 학자들을 우대했지만, 중국문물을 수용하는 데는 그다지 적극적이지 않았다. 그는 유교의 소양을 익힌 사람이었지만 다른 한편으로는 불교를 장려하여 그가 출입할 때는 인도 승려 수십 명이 향을 피우며 그의 수레를 뒤따랐다고 한다. 당시 자오 찌에는 인도나 인도 북쪽의 중앙아시아 출신의 승려들이 많이 와서 포교활동을 했다. 대표적으로 소그디아나(康居) 출신의 승려 강승회(康僧會)는 자오 찌에서 많은 불경을 한역(漢譯)했으며, 나중에는 오나라에 가서 손권을 불교에 귀의시켰다(247년).

자오 찌에 불교가 전파된 것은 남해무역과 관련이 있다. 서역(西域)의 승려들은 상선을 타고 바닷길로 자오 찌에 왔다. 자오 찌에는 당시 인도나 다른 지역에서 온 상인들이 많이 거주하고 있었다. 강승회의 아버지도 그런 상인의 한 사람으로 자오 찌에 건너왔다가, 그곳에 정착해서 평생을 살았다.

사섭이 226년 세상을 떠나자 오나라는 사(士)씨 일가를 몰살하고 북부 베트남을 직접지배하에 두었다. 화북(華北)이 막혀 중앙아시아 방면 실크로드의 접근이 불가능해진 오나라로서는 그만큼 남해무역이 절실했던 것이다. 사절을 남해 여러 나라에 파견한 것도 그 일환이었다. 이 사절은 귀국해서 『부남이물지』(扶南異物志)와 『부남토속』(扶南土俗) 등의 책을 남겼는데, 이 책들 덕분에 고대 캄보디아의 역사가 알려지게 되었다.* 오나라의 사절 파견에 응해 부남(扶南)과 임읍(林邑, 훗날의 참파[Champa 占城])이 조공을 바쳤다고 한다. 조공은 중국적 관점에서 하는 말이지만, 여하튼 이것이 중국과 임읍의 첫 공식 접촉이었다. 임읍은 192년에 건국되었는데, 그 중심지는 현재의 호이 안(Hội An 會安) 부근의 짜 끼에우(Trà Kiệu)†였다.

오나라가 수탈과 사씨 몰살로 잔혹성을 드러내자, 다시 반란의 조짐이 나타났다. 248년 끄우 쩐 지방에서 오나라에 대한 저항이 일어났다. 찌에우 어우(Triệu Âu 趙嫗, 존칭은 바 찌에우[Bà Triệu])라는 젊은 여인은 반란집단을 이끌고 수개월 저항하다가 실패하자 자살했다. 같은 해 임읍이 녓 남 북부를 공격해 성읍을 파괴하는 사건이 발생했지만, 회유에 의해 해결되었다. 이후 오나라는 더 이상 녓 남 군(日南郡) 관할의 쿠 뚝(Khu Túc 區粟, 지금의 꽝 빈 성[tinh Quảng Bình] 북부 지역)으로 진출하지 않았고, 이 지역은 임읍의 땅이 되었다. 임읍의 공격은 오나라의 남해무역 강화로 인해 자신들의 몫이 줄어드는 데 대한 반발인 동시에, 좁은 해안가라는 지리적 특성으로 인한 식량생산 부족 때문이기도 했다. 이러한 상황은 후대에도 계속되었다.

263년 자오 찌에서 관리의 탐욕 때문에 자오 찌의 토착관리 르 흥(Lữ Hưng 呂興) 등이 반란을 일으켰다. 때마침 중국에서는 위(魏)나라가 촉

---

* '부남'은 고대 캄보디아어 '브남'(bnam)의 음역(音譯)으로 우주의 중심인 '산'(山)을 뜻한다. 현대어로는 '프놈'(phnom)이다.
† 참파어로 심하푸라(Simhapura)라고 하며, '사자의 도시'라는 뜻이다.

(蜀)나라를 멸하고 오나라를 위협하자, 르 홍은 위나라에 원조를 요청
했다. 위나라는 이 기회를 이용하여 자오 찌에 대한 지배를 확립하려고
르 홍에게 자오 찌의 군사문제를 총괄케 했으나, 위나라가 이듬해 진
(晉)나라에 멸망당하면서 자오 찌는 자연히 진나라에 속하게 되었다.

당시 오나라는 북방의 위협에 신경 쓰느라 한동안 자오 찌에 간섭을
못하다가, 268년에 군사를 파견했다. 그후 3년 만에 마침내 난을 진압
하고, 도황(陶璜)을 자오 쩌우 자사로 임명했다. 280년 진나라가 오나
라를 병합하자 도황은 진에 항복했고, 진은 그를 유임시켰다. 도황이
30년간 짜오 쩌우에 재임하는 동안 민심을 잘 수습한 결과 자오 찌는
평온을 유지했다.

진나라는 8왕의 난(291-306)을 겪으면서 중앙이 약화되고 지방에서
는 관리들이 이권다툼에만 빠져 있었다. 이 상황을 이용해 이민족들은
세력을 키워 진나라를 멸망시켰다. 진의 종실에 의해 동진(東晉)이 건
국되기는 했지만(317년), 멀리 떨어져 있는 남쪽의 자오 쩌우를 돌아볼
여유가 없었으므로, 파견된 관리들은 이전의 관리들처럼 남방의 진귀한
물품들을 수탈하는 데에만 몰두했다.

임읍의 침입과 도씨의 등장

관리들의 남방 물품 수탈은 대외관계에도 영향을 미쳐 임
읍이 자주 남쪽 변경을 침입하는 사태가 벌어졌다. 당시의 중국사서를
보면, 남방에서 상선이 녓 남에 들어오면, 자오 쩌우 자사나 녓 남 태수
가 대개 물품의 20-30%를 착복했고, 가끔은 절반 이상이나 착복한 자
도 있었다.

본래 중국인 노예였다는 임읍의 범문(范文, 베트남어로는 팜 반〔Phạm
Văn〕)은 340년 진나라 황제에게 길들인 코끼리〔馴象〕를 바치고, 비옥한
녓 남을 수중에 넣기 위해 호아인 선(Hoành Sơn 橫山, 오늘날 꽝 빈

〔Quảng Bình〕성의 최북단)을 공동의 경계로 하자고 제안했다. 진이 이를 거절하자, 범문은 344년 녓 남과 끄우 득(Cửu Đức 九德) 및 끄우 쩐에 쳐들어가 약탈을 자행하고 주민들을 못 살게 괴롭혔다. 347년에는 또다시 녓 남을 공격하여 대외교역에서 오는 이득을 가로채서 주민들의 원성을 사고 있던 녓 남 태수 하후람(夏侯覽)을 비롯해 오륙천 명을 학살하고 그곳에 이삼년간 머무르다 임읍으로 돌아갔다.

349년 범문이 죽자 그 아들이 왕위를 계승하고 북방 팽창정책을 계속했다. 그러나 351년과 359년의 원정에서 실패하여 녓 남을 동진(東晋)에 돌려주고, 372년과 377년에는 사절을 파견했다.

한편 4세기 중반 동진의 임읍 원정에 필요한 인력과 물자는 전적으로 자오 찌가 부담해야 했는데, 그로 인해 현지 관리들의 불만은 이만저만이 아니었다. 뿐만 아니라 임읍의 북침에 대하여 중국의 역대 왕조는 토벌군을 파견했고, 그 때문에 베트남은 다른 민족들 간의 각축장이 되어 주민들이 곤경에 처하곤 했다. 그러나 임읍 문제가 어느 정도 해결된 뒤에는, 자오 찌에 대한 동진 조정의 관심이 급격히 줄어들었다. 이후 자사 직은 공석으로 남았다.

380년 동진 조정이 등둔지(藤遯之)를 자오 쩌우 자사로 임명하자, 동진 조정의 힘이 약해졌다고 판단한 현지인 출신의 끄우 쩐 태수 리 똔(Lý Tốn 李遜)이 반기를 들었다. 그러나 토착지배층에 속하는 또 다른 인물인 자오 찌 태수 도 비엔(Đỗ Viện 杜瑗)은 이 기회를 이용하여 자신의 야망을 실현하고자 리 똔을 살해하고 등둔지를 맞아들였다. 이후 반세기에 걸쳐 도씨 일가는 자오 쩌우에서 막강한 권세를 누렸다.

도 비엔의 집안은 본래 지금의 시안(西安) 부근에 살던 중국인이었다. 그의 조부가 진나라 멸망 직전인 4세기 초 영포군(寧浦郡, 합포군 북부에 오나라가 설치했던 군) 태수로 부임한 것이 인연이 되어 자오 찌에 정착했다. 도 비엔은 녓 남과 끄우 득 태수를 역임하고 자오 찌 태수로

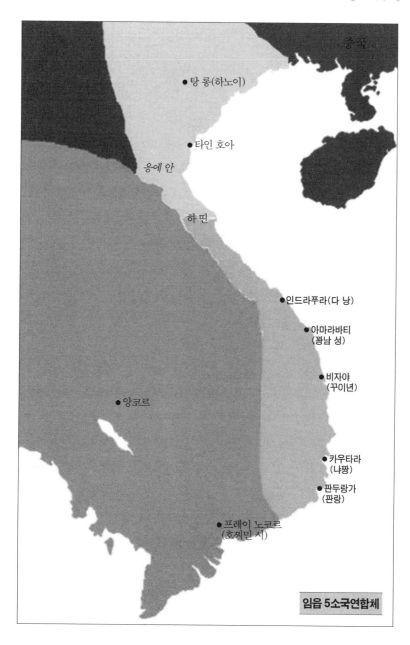

중국

●탕 롱(하노이)

●타인 호아

응에 안

하 띤

●인드라푸라(다 낭)

●아마라바티
(꽝남 성)

●비자야
(꾸이년)

●앙코르

●카우타라
(나쨩)

●판두랑가
(판랑)

●프레이 노코르
(호찌민 시)

임읍 5소국연합체

참파 유적인 힌두교 사원.

있던 중에 때마침 신임 자사를 맞았던 것이다. 이로써 도 비엔은 중국 남쪽 방위의 제일선에 서서 북진하는 임읍의 세력을 저지했다.

등둔지에 대해서는 알려진 바가 없으나, 그가 자오 쩌우에 재임했던 20년 동안 임읍이 여러 차례 침입했으나 별다른 피해가 없었던 것으로 보아 비교적 유능한 인물이었으리라 짐작된다. 399년 등둔지가 떠난 지 얼마 안되어 범호달(范胡達, 베트남어로는 팜 호 덧〔Phạm Hồ Đạt〕)이 임읍의 왕이 되어 녓 남과 꾸우 득을 침범하여 태수를 포로로 잡은 적도 있었는데, 도 비엔에 의해 격퇴되었다. 범호달은 동진이 약화된 틈을 타 407년과 413년에 또 쳐들어왔으나, 도 비엔과 그 아들 도 뚜에 도(Đỗ

Tuệ Độ 杜慧度)에게 대패를 당했다. 이런 임읍의 침입은 정치적 세력확대보다는 경제적 약탈이 주된 목적이었다. 사실 약탈은 임읍의 생업 중하나였다.

410년 도 비엔이 죽은 다음에는 그 아들 도 뚜에 도가 자사 직을 이어받았다. 도 뚜에 도가 자사 직에 있을 때에도 임읍의 침략은 계속되었다. 임읍은 414년과 417년 두 차례 사절을 보내 토산품과 길들인 코끼리를 바쳤지만, 실제는 거의 매년 녓 남과 끄우 득을 침입하여 주민들을 약탈했다. 결국 420년에 도 뚜에 도는 대대적인 정벌을 시도하여 그때까지 잃었던 땅을 모두 되찾았다.

같은 해 남중국에서는 유유(劉裕)가 동진의 제위를 빼앗아 스스로 황제를 칭하면서 송(宋)을 세웠다. 도 뚜에 도가 신속히 사절과 선물을 보내자, 유유는 자오 쩌우에서 그의 권위를 그대로 인정해주었다. 이리하여 자오 쩌우는 중국 왕조교체기의 혼란을 무사히 넘겼다. 자오 쩌우가 토착지배층의 지휘 아래 중국의 혼란에 휩싸이지 않고 평온을 유지한 것은 이후 독자적인 정치발전의 토대가 되었다.

423년 도 뚜에 도가 죽자 끄우 쩐 태수였던 그의 장남 도 호앙 반(Đỗ Hoằng Văn 杜弘文)이 자사 직을 승계했다. 도 호앙 반은 도량이 넓어서 많은 사람들의 지지를 받았는데, 5년 후 송나라의 중앙관직에 임명되자 병든 몸을 이끌고 입조하러 가다가 도중에 객사했다. 주변에서 그의 병을 고려해 만류했지만, 그는 우리 집안이 3대에 걸쳐 황은(皇恩)을 입었는데 어찌 가지 않을 수 있겠느냐며 뜻을 굽히지 않았다고 한다. 도씨는 토착의 유력자로 자오 쩌우의 안녕을 위해 노력했지만, 그의 말에서 알 수 있듯이 여전히 중국왕조의 충실한 신하였던 것이다. 베트남이 중국의 지배로부터 벗어날 조짐은 아직 보이지 않았다.

송나라가 건국된 이듬해 임읍의 왕 범양매(范陽邁, 베트남어로는 팜 즈엉 마이[Phạm Dương Mại]) 2세는 사절을 보냈지만, 424년에 송나라는 녓 남과 끄우 득 등을 침범했다. 도 호앙 반(杜弘文)도 이에 맞서 원정을 준비했으나 전임되는 바람에 중단되었다. 430년 범양매 2세는 사절을 보내 자오 쩌우와 화목하지 못했다며 사죄했다. 그러나 그 사죄는 진심이 아니었다. 사죄하는 척하며 송나라의 남쪽 변경에 대한 방어의지를 엿보려 했던 것 같다. 실제로 범양매 2세는 이듬해 선박 100여 척으로 끄우 득 해안을 침공했다. 자오 쩌우 자사가 수륙 양군으로 꽝 빈 성(tỉnh Quảng Bình)의 자인 강(sông Gianh) 남쪽에 위치한 쿠 뚝 성(thành Khu Túc 區粟城)을 공격했으나, 풍랑 때문에 함락시키지 못하고 회군했다. 이후 범양매 2세는 점점 더 자오 쩌우에 욕심을 내서, 433년에는 송나라에 사절을 보내 할양을 요청하기까지 했지만, 당연히 받아들여지지 않았다. 임읍은 435년부터 441년까지 네 차례에 걸쳐 거듭 송나라에 사절을 보내면서도, 자오 쩌우에 대한 침입을 멈추지 않았다.

4세기의 동진(東晉)은 임읍과의 전쟁에 필요한 물자를 자오 찌에 의존했지만, 송나라는 중앙의 비교적 든든한 경제력을 바탕으로 전쟁을 준비하며 임읍을 압박했다. 446년 송 조정은 마침내 자오 쩌우 자사 단화지(檀和之)에게 토벌명령을 내렸다. 송나라 군사는 쿠 뚝 성을 점령하여 많은 사람을 살해하고, 다시 임읍의 중심인 짜 끼에우를 함락시켰다. 그 사이 범양매 부자는 달아났다. 단화지는 수많은 보물과 황금 10만 근을 약탈하여 개선했다.

세력이 약화되어 더 이상 침략할 여력이 없어진 임읍은 화친을 청하기 위해 455년과 이후 두 번 더 송나라에 사절을 보냈다. 중국측 기록에 따르면, 임읍은 송나라뿐만 아니라 그 뒤를 이은 제(齊)나라와 양(梁)나라에도 도발을 하지 않고 사절만 파견했다. 당시 중국에서는 이 사절들을 임읍이라고 하는 하나의 통일된 나라의 사절로 명명하고 있지만, 실제 임읍은 단일 왕국이 아니라 베트남의 중부 해안지대를 중심으로 한 소국들의 느슨한 연합체였던 만큼 사절은 각각의 소국들이 개별적으로 보냈을 것이다. 주요 소국들로는 인드라푸라(Indrapura, 지금의 꽝 빈, 꽝 찌, 트아 티엔-후에), 아마라바티(Amaravati, 지금의 꽝 남, 꽝 응아이), 비 자야(Vijaya, 지금의 빈 딘), 카우타라(Kauthara, 지금의 카인 호아), 판두 랑가(Panduranga, 지금의 판 랑 지역, 빈 투언) 등 다섯 나라가 있었다.

그럼에도 불구하고 시대가 지남에 따라, 녓 남은 다시 임읍의 영향하 에 놓였다. 이는 당시 중국 강남(江南)의 왕조들이 북방 이민족의 왕조 들과 끊임없는 긴장상태에 있었기 때문이다. 그래서 자오 쩌우는 비교 적 안정을 유지하며 어느 정도 경제적 번영을 누릴 수 있었다. 동시에 자오 쩌우는 관리들이 축재하기 좋은 곳이어서, 탐관들은 늘 이곳에 부 임하고 싶어했다. 다시 말하면, 자오 쩌우에 부임하는 관리들은 재물에 만 관심이 있고 현지 통치는 등한시했다.

중앙 조정의 약화와 관리의 부패는 야망을 가진 현지 지배계층에게 세력을 확대할 수 있는 길을 열어주었다. 468년 현지인 리 쯔엉 년(Lý Trường Nhân 李長仁)은 송나라가 임명한 관리의 부임을 거부하고 자신 을 자사에 임명해달라고 요청하여 승인을 받았다. 리 쯔엉 년이 죽은 뒤 인 470년대에는 그의 사촌 동생 리 툭 히엔(Lý Thúc Hiến 李叔獻)이 송 나라가 파견한 자사를 거부하고 본인이 자사가 되려고 했다. 송나라는 그의 요청을 받아들이지 않았으나, 때마침 제나라가 송나라를 멸망시킴 으로써(479년) 그는 결국 제나라에 의해 자사로 임명된다. 제나라의 새 황제는 리 툭 히엔이 관할의 평화를 잘 유지할 뿐 아니라 유능하다는 설 명과 함께 그를 자사로 임명했던 것이다. 그러나 제나라가 리 툭 히엔을 신속히 자사에 임명한 진짜 이유는 왕조의 안정이 시급했기 때문이다. 그래서 정권이 어느 정도 안정되자 제나라는 자오 쩌우가 중앙의 명령 을 어기고 남방의 여러 나라로부터 오는 공물을 착복했다는 것을 구실 삼아 새 자사를 임명하고, 리 툭 히엔에게는 무력으로 압박을 가해 물러 나게 했다(485년).

리 쯔엉 년과 리 툭 히엔은 도씨처럼 토착세력이었지만, 중국 왕조의 지배를 거부했다는 점에서 도씨와 달랐다. 이러한 저항은 6세기에 중국이 분열되면서 더욱 강해졌다. 다시 말하면, 이때부터 베트남은 비로소 중국의 지배로부터 벗어나 독립하겠다는 의지가 표출되었다고 볼 수 있다. 그런 의미에서 6세기는 중국 지배하의 베트남 역사에서 하나의 전환기라고 할 수 있을 것이다.

3장 중국의 지배기 ②─독립투쟁

리 비

502년 중국의 남조(南朝)에서 이제까지의 제나라를 대신하여 양(梁)나라가 들어서자, 자오 쩌우의 유력자들은 양나라 지지파와 저항파로 나누어졌다. 첫 20년 동안은 양나라 지지파가 우세했다. 그래서 양나라는 자오 쩌우에 손쉽게 개입할 수 있었다. 양은 주(州)와 자사의 수를 늘리고 이주 중국인들을 새로 개편된 행정단위의 관리로 기용하여 남방 주군(州郡)에 대한 지배권을 확립하려 했다. 또 한편으로는 중요도가 낮은 주들에 현지인을 임명하여 이들을 제국질서에 포섭하고 토착세력의 독립의지를 약화시키려 했다. 그러나 문벌을 중시했던 당시의 중국적 질서에 베트남인이 비집고 들어갈 수 있는 기회는 극히 제한적이었고, 결국 베트남인의 불만은 폭발할 수밖에 없었다.

동진 이래 남조의 수도가 난징(南京)이 되면서 자오 쩌우와 중국 조정의 물리적 거리는 전보다 훨씬 가까워졌다. 그러다보니 자오 쩌우의 지배층은 난징의 정세에 촉각을 곤두세우고, 가급적 상황을 보아가며 현지의 일들을 독자적으로 처리했다. 그럼에도 한편에서는 이따금 정치적 야망을 가진 자들이 난징까지 가서 관직을 얻어보려고 했다.

541년 쯩씨 자매 이래 최대 규모의 난을 일으킨 리 비(Lý Bí 또는 Lý Bôn 李賁)와 그의 협력자였던 띤 티에우(Tinh Thiều 幷韶)가 그런 인물들이었다. 리 비의 조상은 왕망의 난 때 혼란을 피해 자오 쩌우로 이주하여 7대째에 이르러 베트남화되었다고 한다. 그는 문무를 겸비한 인물로 처음에는 양나라 조정에서 벼슬을 얻으려고 했으나 뜻을 이루지 못하고 자오 쩌우로 돌아와 지방 무관으로 근무하고 있었다. 그러던 차에 그가 자사의 폭정을 문제 삼아 반기를 들자, 마치 기다리기라도 한 듯 띤 티에우가 합세했다. 띤 티에우는 타고난 문재(文才)를 살려 양나라 관직에 뜻을 두고 있었으나, 가문이 미천하다는 이유로 등용의 길이 막히자 불만이 이만저만이 아니었다. 여기에 탁월한 토착민 수장 찌에우 뚝(Triệu Túc 趙肅)까지 가세하면서 리 비의 반란군은 힘들이지 않고 쉽사리 자오 쩌우의 중심부를 장악했다. 양나라 조정은 원정군을 보냈으나 많은 병사가 질병에 쓰러지면서 원정에 실패했다.

곧이어 543년에는 임읍 왕 루드라바르만 1세(Rudravarman I)가 리 비가 양나라에 저항하는 틈을 타 오늘날 하 띤 성(tỉnh Hà Tĩnh) 지역인 득 쩌우(Đức Châu 德州)를 침공했다. 그러나 리 비의 장수 팜 뚜(Phạm Tu 范脩)가 임읍의 군사를 격퇴했다.

남과 북의 적을 무사히 막아낸 리 비는 국내 정치조직 정비의 필요성을 절감했다. 544년 남 비엣 황제〔南越帝〕를 칭하고, 연호를 티엔 득(Thiên Đức 天德), 국호를 반 쑤언(Vạn Xuân 萬春)으로 정했을 뿐 아니라, 백관을 임명하여 제국의 면모를 갖추었다. 리 비가 세운 반 쑤언은 베트남 역사상 최초로 중국의 지배를 공식적으로 거부하며 탄생한 나라였다. 리 비가 남 비엣 황제를 칭한 것은 남월을 세우고 한에 저항하며 황제를 자칭했던 조타의 선례를 따른 것이다.

오랫동안 베트남을 지배해온 중국은 새로 출현한 베트남의 자주적인 독립국을 인정할 수가 없었다. 545년 양나라는 리 비를 공격하기 위해 진패선(陳覇先)을 사령관에 임명하여 베트남 정벌에 나섰다. 리 비는 진패선의 군사에 패하여 산간지방으로 피신했다가 산지 주민에게 붙잡

혀 살해되었으며, 그의 수급은 건강(建康, 지금의 난징)으로 보내졌다
(547년). 그러나 베트남 사료에는 리 비가 병사했다고 기록되어 있다.
베트남 독립의 길을 찾으려던 리 비의 꿈은 그의 죽음과 함께 산산이 부
서졌다. 응오 시 리엔은 다음과 같이 말하면서 리 비의 좌절을 애석해했
다. "리 비가 중국 관리의 포악을 제거한 것은 천리(天理)인데, 실패한
것은 하늘이 아직 우리 자신의 태평한 통치를 바라지 않아서였다." 반면
에 레 반 흐우는 "군사 3만이면 능히 당할 자가 없었을 텐데, 5만으로도
나라를 지키지 못한 것은 그가 장수로서 부족해서 그런 게 아닌가"라고
했다. 충분한 군사를 가지고도 나라를 못 지킨 리 비에 대해, 몽골의 침
입에 저항하던 시대에 살던 레 반 흐우로서는 아마도 좋은 평을 할 수가
없었을 것이다. 여하튼 리 비의 정신을 이어받은 운동은 그후 몇 십 년
간 계속되어 베트남 사람들에게 자의식을 갖게 했고, 먼 훗날 독립실현
의 밑거름이 되었다.

리 비가 죽자 그의 형 리 티엔 바오(Lý Thiên Bảo 李天寶)가 이어받
아 국호를 새로 정하고 황제를 칭하며 저항을 계속했지만 그것도 잠시
였고, 그의 사후에는 친척 리 펏 뜨(Lý Phật Tử 李佛子)가 뒤를 이었다.
응오 시 리엔은 리 비와 리 펏 뜨를 각각 독립된 왕조의 창건자로 인정
하여, 전자를 '띠엔 리'(Tiền Lý 前李) 왕조의 전이남제(前李南帝)로, 후
자를 '허우 리'(Hậu Lý 後李) 왕조의 후이남제(後李南帝)라고 했다. 이
는 레 왕조(Triều Lê 黎朝, 1428-1788) 전기의 인물인 응오 시 리엔이
명나라의 지배(1407-1427)를 물리치고 왕조를 세운 레 러이(Lê Lợi,
黎利)의 독립정신을 중시했기 때문이다.

한편 리 비가 산간지방으로 도피하자 델타 지방에서는 찌에우 뚝의
아들 찌에우 꽝 푹(Triệu Quang Phục 趙光復)이 병권을 잡고 진패선과
몇 차례 대치했으나, 군사력의 열세로 인해 자오 찌의 쭈 지엔 현(huyện
Chu Diên 朱鳶縣)에 있는 작은 섬으로 후퇴해 명맥을 유지했다. 그러나

양나라에서 큰 반란이 일어나는 바람에 진패선은 양나라의 지배를 확고히 하지도 못한 채 소수의 병력만을 남겨놓고 돌아가야 했다. 이 약화된 양나라 군사를 몰아내고 델타 중심부에서 세력을 장악한 찌에우 꽝 푹은 찌에우 비엣 브엉(Triệu Việt Vương 趙越王)을 자칭했다. 이리하여 자오 찌에서는 홍 강 델타를 중심으로 한 찌에우 꽝 푹과 산간지대 주변에 근거를 둔 리 펏 뜨의 대결구도가 형성되어 양측 사이에 몇 차례 충돌이 있었다. 그런데 본국으로 돌아간 진패선이 양나라를 무너뜨리고 진(陳)나라를 세우자(557년), 찌에우 꽝 푹과 리 펏 뜨는 위협을 느껴 일단 타협을 하고 싸움을 멈췄다.

이후 내정을 안정시킨 진패선은 남해무역을 장악하기 위해 자오 찌에 원정군을 파견했다(570년). 그 여파로 무역의 중심지에 있던 찌에우 꽝 푹은 몰락하게 되었다. 하지만 얼마 지나지 않아 진나라의 자오 찌에 대한 장악력이 약화되었고, 그 틈을 타서 리 펏 뜨는 자신의 세력을 확장할 수 있었던 것 같다.

리 펏 뜨의 본명은 불확실하지만, 그의 이름으로 알려진 '펏 뜨'(佛子)는 그가 불교의 신봉자였음을 미루어 짐작케 한다. 실제로 당시에는 불교가 상당히 융성했다. 선종의 비니타루치파(phái Vinitaruci 毘尼多流支派)가 자오 쩌우에 처음 들어온 것도 이 무렵이었다. 브라만 출신인 비니타루치는 580년 중국을 거쳐 자오 쩌우에 와서 오늘날 박 닌 성(tỉnh Bắc Ninh 北寧省)에 있는 팝 번 사(chùa Pháp Vân 法雲寺)에 들어가 불경을 번역하며 선(禪)을 가르쳤다.

수(隋)의 통일

이 무렵 중국에서는 새로운 변화가 나타나고 있었다. 581년 북중국에서 일어난 수(隋)나라는 589년 남조(南朝)의 진나라를 무너뜨리고 300년 가까이 지속된 중국의 분열에 마침표를 찍었다. 그러나 남방에서는 잠시 혼란이 계속되는 가운데 590년 자오 찌에서 리 쑤언(Lý Xuân 李春)이 자립하여 대도독(大都督)을 칭하면서 주현(州縣)을 장악했는데, 이 리 쑤언이라는 인물은 아마도 리 펏 뜨였을 것이다. 수 문제(文帝)는 장군 양소(楊素)를 파견하여 남방의 반란들을 하나하나 진압해 나갔다. 수년 내에 광둥과 광시 지방이 평온을 회복하고 수나라의 지배력이 확립되었다. 리 펏 뜨는 결국 수나라의 권위를 인정하고 복속했다.

한 동안 수나라에 복속했던 리 펏 뜨는 601년 다시 반기를 들었다. 초기에 수나라는 광저우와 자오 쩌우 등 남방 여러 주를 총괄하는 관리를 파견했다. 하지만 연로했던 그 관리는 리 펏 뜨가 문제를 일으키지 않는 한, 그 먼 자오 쩌우에 간섭할 생각이 애초부터 없었다. 얼마 후 그가 조정에 불려가는 도중에 병사하자, 일시적으로 행정공백이 생겼고 덕분에 리 펏 뜨는 손쉽게 자오 쩌우의 지배자가 될 수 있었다. 수나라는 뒤늦게 유방(劉方)을 사령관에 임명하여 원정군을 파견했다. 리 펏 뜨는 군사력에 밀려 싸워보지도 못하고 항복했다. 그는 포로가 되어 장안으로 압송되었다(602년). 이로써 리 비 이래 60여 년에 걸친 베트남인의 독립운동은 완전히 막을 내렸다. 응오 시 리엔의 기록에 따르면, 북과 남(중국과 베트남) 상호 간의 강약은 시기에 따라 다른데, 베트남은 아직 중국에 대항하기에는 역부족이었던 것이다.

유방의 원정을 통해 베트남을 평정한 수나라는 똥 빈(Tống Bình 宋平, 오늘날의 하노이)에 교주총관부(交州總管府)를 설치하고 다른 주들은 모두 자오 찌, 끄우 쩐, 녓 남의 3개 군으로 개편했다. 그리고 과거 남조의 왕조들과는 달리 정치·경제·문화·교육 전반에 걸쳐 확고한 지배를 꾀했다.

임읍은 수나라의 통일 이후 595년에 조공을 바쳤으나, 10년 후인 605년에 수나라의 공격을 받았다. 수나라 군사의 사령관은 3년 전 베트남을 정복했던 바로 그 사람 유방이었다. 유방은 루드라바르만 1세의 아들인 삼부바르만(Sambhuvarman 范梵志)을 격파하고 짜 끼에우에 들어가 황금으로 제작된 18개의 신상(神像)을 비롯해 엄청난 보물을 약탈했다. 수나라는 임읍을 군(郡)으로 지정하여 다스렸다고 하지만, 실제로는 명목상의 지배에 그쳤던 것 같다.

수나라는 오랫동안 분열되었던 중국 대륙을 통일했으나, 시황제의 진나라가 그랬듯이 단명으로 끝나고 말았다. 수 양제(煬帝, 605-617)의 끊임없는 대외전쟁, 무리한 토목공사, 그리고 과도한 사치는 백성들의 불만을 샀다. 그리하여 결국 이연(李淵)에 의해 멸망당했다(618년). 하지만 이연이 당(唐)나라를 건국한 후에도 중국 대륙은 10여 년간 혼란이 계속되었다. 이에 비해 자오 찌 지방은 태수 구화(丘和)의 선정 덕분에 평온을 유지할 수 있었다. 구화는 수 양제가 자오 찌 태수로 임명한 인물이지만, 어진 통치를 함으로써 지방 유력자들과 주민들이 모두 그를 따랐다. 뿐만 아니라, 그의 재임 중 임읍의 서쪽 소국들이 자진해서 그에게 진주·물소 뿔·황금 등을 바쳤다고 하는데, 어쩌면 이는 중국의 혼란으로 광둥 지방과의 교역이 어렵게 되자, 짜오 찌를 통해 교역을 한 것으로 볼 수도 있다.

수 양제 사후에 양쯔 강(揚子江) 이남 각 지방의 세력들이 서로 각축을 벌일 때, 구화는 동요하지 않고 중립을 지켰다. 이후 수나라가 멸망하자 구화는 양쯔 강 중류에서 세력을 잡고 있던 양(梁)나라 후손에게 복속했으나, 622년 그가 이연에게 평정되자 곧 당나라에 복종하여 자오 쩌우 총관(總管)에 임명되었다. 결국 당나라는 구화 덕분에 평화와 번영을 누리던 자오 쩌우를 별다른 노력 없이 손에 넣었다.

안남도호부

당나라는 초기에는 수나라의 제도를 따라서 교주총관부

를 두었다가 628년에 이를 교주도독부(交州都督府)로 승격시켜 지배의 기틀을 마련했다. 50년 뒤인 679년에는 이를 다시 안남도호부(安南都護府)로 바꾸었다. '안남'은 글자 그대로 '안정된 남쪽'이란 뜻으로, 이때부터 중국은 베트남을 안남이라고 부르기 시작했다. 이 명칭은 훗날 우리나라나 일본은 물론 서구에도 그대로 알려져서, 1950년대 초까지만 해도 일반적으로 베트남보다 안남이라는 명칭이 더 많이 사용되었다.

당나라는 새로운 정복지의 민족들을 직접 통치하기보다는 대개 자치에 맡기는 편이었다. 그러나 상당히 강력한 몇몇 민족에 대해서는 도호부를 설치하여 이들을 감시했다. 당시 주요 도호부로는 고구려의 옛 영토에 둔 안동도호부를 비롯하여 6개가 있었는데, 안남도호부도 그 중의 하나였다.

그런데 원칙적으로 새로운 정복지에 설치하는 도호부를 베트남에 두었다는 것은 중국지배의 약화를 의미한다고 보는 학자도 있다. 중국이 마원의 원정 이래 600년 이상 베트남을 직접 통치해왔는데, 새삼 도호행정을 실시한 것은 중국의 태도가 미온적이었음을 나타낸다는 것이다. 분명히 이 같은 정책의 변화는 수백 년에 걸친 베트남인들의 끈질긴 저항에서 비롯되었으리라 추정할 수 있다. 그런 점에서 안남도호부는 당나라의 의욕적인 진출에 의해 설치된 나머지 도호부들과는 다르게 이해할 필요가 있다.

임읍 왕 삼부바르만은 수나라가 멸망하자 곧바로 당나라에 사절을 보냈고(623년), 그의 후계자들도 자주 조공을 바쳤다. 임읍은 그후 당 지덕(至德, 756-758) 연간에 환왕(環王)으로 불렸다. 오늘날 일반적으로 알려진 점성(占城, 베트남어로는 찌엠 타인〔Chiêm Thành〕)이란 이름이 처음 중국의 기록에 보이는 것은 건부(乾符) 4년(877년)이며, 이때 참파는 길들인 코끼리 세 마리를 바쳤다. 당시 왕은 2년 전 왕위에 오른 인드라바르만 2세(Indravarman II)로, 그는 오늘날 다 낭(Đà Nẵng) 부근

인 동 즈엉(Đồng Dương)에 도읍 인드라푸라(Indrapura)를 건설하는 동
시에 대승불교를 처음 공인했다.

한편 '안남'이란 명칭과는 달리 도호부의 지배하에서도 베트남은 그
다지 평안하지 않았다. 679년 도호부가 설치되기 전에는 기록상 단 한
번의 반란이 있었다. 당 태종(太宗) 때인 638년에 민 쩌우(Minh Châu
明州)에서 라오 족이 일으킨 난이었다. 난의 정확한 원인은 알려져 있지
않지만, 난은 곧 자오 쩌우 도독에 의해 진압되었다. 당은 이후 민 쩌우
를 까 강(sông Cả) 델타(오늘날 응에 안과 하 띤 두 성[省] 사이)에 설치되
었던 호안 쩌우(Hoan Châu 驩州)에 편입시켰다.

그러나 당나라의 지배가 공고해지면서 관리들은 점점 독단적이 되었
다. 681년 안남도호에 임명된 유연우(劉延祐)는 젊은 나이에 진사(進
士)에 급제할 만큼 똑똑했지만 경솔한 인물이었던 것 같다. 그는 부임하
지마자 당나라의 절반 수준이던 안남의 조세를 두 배씩이나 올려 당나
라와 같게 했다. 주민들은 당연히 저항을 했고, 그 저항에 앞장섰던 지
도자가 리 뜨 띠엔(Lý Tự Tiên 李嗣先)이었다. 유연우가 리 뜨 띠엔을
처형하자, 이번에는 딘 끼엔(Đinh Kiến 丁建) 등이 들고 일어나 도호부
를 점거하고 유연우를 살해했다(687년). 이 난은 곧 계주(桂州, 오늘날
의 桂林) 관리였던 조현정(曹玄靜)에 의해 신속히 진압되었다.

리 뜨 띠엔을 중심으로 한 저항은 종래의 여러 반란들과 질적으로 달
랐다. 이전의 반란들은 주로 토착지배층의 기득권 유지 내지는 권력 장
악을 위해 일어났었지만, 이번의 난들은 당의 정책으로 직접 피해를 입
은 농민들이 자발적으로 들고일어난 것이었다.

도호 행정에 대한 보다 큰 불만이 표출된 것은, 722년 호안 쩌우에서
일어난 마이 툭 로안(Mai Thúc Loan 梅叔鸞)의 반란이었다. 마이 툭 로
안은 자신을 흑제(黑帝)라고 칭하면서, 32개 주의 주민은 물론 임읍 및
진랍(眞臘 캄보디아) 등과 연계하여 40만에 달하는 병력으로 난을 일으

켰다. 당나라는 내시관(內侍官) 양사욱(楊思勗) 등이 이끄는 10만의 원
정군을 보내 반란군을 간신히 진압했다. 반란의 규모가 유례없이 컸다
는 점에서 당나라의 지배가 얼마나 억압적이며, 관리들의 수탈이 얼마
나 심각했는가를 알 수 있다. 마이 특 로안이 자신을 흑제라고 부른 것
은 그의 피부가 검기 때문이었고, 뿐만 아니라 호안 쩌우는 도호부의 남
쪽 변방지역이었던 만큼 그는 순수 베트남인이 아니었을 가능성이 크
다. 임읍과 진랍이 반란에 가담한 사실에서는 남방 물품을 당나라 관리
들이 수탈하는 데 대한 그들의 불만을 읽을 수 있다.

　당이 반란 진압을 위해 10만의 대군을 동원할 수 있었던 것은, 때마
침 당이 '개원의 치'(開元之治, 713-741)라 불리는 최고의 번영을 구가
하던 시기였기 때문이다. 그러나 당 현종이 재위 후기, 즉 천보(天寶,
742-755) 연간부터 정치에 염증을 느끼면서, 제국은 기울기 시작했다.
변방에서는 당나라 군사가 패퇴하고 국내에서는 안록산(安祿山)의 난
(755-763)이 일어나 국력을 약화시켰다. 그 동안 안남도호부는 혼란을
면했으나, 757년 진남도호부(鎭南都護府)로 개칭되고 절도사(節度使)
제도가 도입되었다. 10년 뒤인 768년에는 다시 이전처럼 안남도호부로
이름을 고쳤다.

　당나라의 쇠퇴는 안남에 대한 지배력의 약화로 이어졌다. 이를 간파
한 주변국들은 안남을 자주 침범했다. 그 대표적인 예가 곤륜(崑崙)*의
침입이다(767년). 곤륜은 안남도호부의 소재지인 뜨 타인(Tử Thành 子
城, 지금의 하노이 교외)을 점거하고 약탈을 자행했다. 당시 도호였던 장
백의(張伯儀)는 당나라 지원군의 도움을 받아 이들을 물리치고 오늘날
하노이에 새로이 나성(羅城)을 축조하고 도호부를 이곳으로 이전했다.
이 나성이 오늘날의 라 타인(La Thành)이다. 라 타인은 나성의 베트남

---

* 고대 중국에서 동남아시아 해안지대와 도서지방의 주민을 가리키는 총칭.

어 발음이다.

곤륜의 침입은 당이 파견한 행정관료의 권력을 약화시키고 군관들의 득세를 불러왔다. 이들은 공공연히 반란을 일으키고 반독립상태를 유지하기도 했다. 이런 혼란 속에서 토착민들도 군사를 조직하여 도호부의 지배에 항거하기 시작했다.

풍 훙(Phùng Hưng 馮興)은 이러한 토착민 지도자의 한 사람으로, 그는 과거 쯩 자매의 고향인 메 린 출신이었다. 그의 집안은 대대로 꽌 랑(quan lang 官郎)이라는 칭호를 물려받았는데, 이는 예전 훙 브엉의 아들들이 가졌던 칭호와 같다. 풍 훙은 동생 풍 하이(Phùng Hãi 馮駭)와 도호부 내의 혼란을 이용하여 이웃지방들을 복속시켰다. 그러고는 동향사람 도 아인 한(Đỗ Anh Hàn 杜英翰)의 도움을 얻어 마침내 도호부가 있는 라 타인을 포위·공격하여 점령했다. 7년간 왕으로 군림한 풍 훙은 라 타인 점령 후 얼마 안 있어 세상을 떠났다. 풍 훙 사후에는 그 아들 풍 안(Phùng An 馮安)이 2년 동안 통치했다. 791년 안남도호에 임명된 조창(趙昌)은 무력이 아닌 평화적인 방법으로 풍 안을 설득하고 더 이상의 충돌을 막는 데 성공했다. 이후 15년간 그는 토착관습을 익히는 한편, 학교건립과 학문장려에 힘을 기울였다.

풍 안은 아버지 풍 훙을 존경의 의미로 '보 까이 다이 브엉'(Bố Cái Đại Vương 布蓋大王)이라고 했다. '포'(布)라는 한자의 당나라 때 발음은 지배자를 뜻하는 '브어'(vua)에 가깝고, '까이'는 '크다'는 뜻이므로 '보 까이'는 대왕(大王)과 같은 의미이다. 이 경우 '대왕'은 '훙 브엉'의 예와 마찬가지로 의미를 확실히 하기 위해 붙인 것으로 보인다. 그러나 전통적으로는 의도적이든 아니든 간에 '보'(bố)는 아버지, '까이'(cái)는 어머니로 해석하여 '부모'와 같은 왕이라는 의미라고 믿어져 왔다. 이는 풍 훙에 대한 베트남인의 친밀감과 신뢰를 보여준다고 하겠다. '보'나 '까이'는 한자를 빌어 베트남어를 표기한 것인데, 이런 문자를 쯔놈(chữ

쯔놈의 예

	현재의 표기	쯔놈
하나	một	沒
셋	ba	𠀧
다섯	năm	䏵
해(年)	năm	䄶
하늘	giời	𡗶

Nôm 字喃)이라고 한다. 쯔놈이 언제 처음 만들어졌는지에 대해서는 아직 정설이 없으나, 10세기 이전인 것만은 확실하다. 일설에는 2세기부터라고도 한다. 그러나 문학언어로 사용되는 것은 13세기에 이르러서였다. 쯔놈은 주로 시를 짓는 데 사용되었는데, 이렇게 쯔놈으로 지은 시를 '국어시'(國語詩)라고 한다.

당 문화의 영향

한편 풍 흥과는 달리 당시 중국문화를 수용하고, 신라의 최치원(崔致遠)처럼 당나라의 과거에 급제하여 관직을 얻은 베트남인도 있었다. 대표적인 인물로는 아이 쩌우 출신의 크엉 꽁 푸(Khương Công Phu 姜公輔)와 크엉 꽁 푹(Khương Công Phục 姜公復) 형제가 있다. 크엉 꽁 푸는 당 덕종(德宗, 779-804) 때 과거에 급제하여 고위직에 올랐으며, 동생 크엉 꽁 푹도 거의 같은 시기에 과거에 급제하여 관리가 되었다. 이들의 문장은『전당문』(全唐文)에도 수록되어 있어서, 그 세련됨을 엿볼 수 있다. 이들 외에 다른 베트남인의 작품도『전당문』이나『전당시』(全唐詩)에서 확인할 수 있다. 이처럼 수준 높은 당 문화의 영향을 받은 베트남인이 나오게 된 것은 당나라의 제도에 힘입었다기보다는 도호 개인의 노력 또는 귀양 온 당나라 문인들과의 접촉에 의한 결과였다.

불교에서도 당 문화의 영향은 두드러졌는데, 이 역시 승려들의 개별적인 노력 덕분이었다. 아이 쩌우 출신의 다이 탕 당(Đại Thắng Đăng 大乘燈)이 대표적인 인물로, 중국의 고승들과 어깨를 나란히 할 정도였다. 그는 젊어서 출가한 후 당의 사신을 따라 입당하여 현장(玄奘)한테 계를 받았다. 다이 탕 당은 나중에 인도에 가서 의정(義淨)과 함께 각지를 편력했다. 또 광저우 태생의 무언통(無言通, 베트남어로는 보 응온 통[Vô Ngôn Thông])은 출가하여 남종선(南宗禪) 계통의 큰 선사(禪師) 밑에서 수년간 참선을 한 후 베트남에 돌아왔다(820년). 이후 826년 입적할 때까지 박 닌 성에 있는 절에서 스승의 선을 제자 깜 타인(Cảm Thành 感誠)에게 전수하여 보 응온 통 파의 선종을 베트남에 성립시켰다.

마이 툭 로안과 풍 흥의 도호부 축출운동은, 베트남인이 당나라를 외세 침략자로 규정하고 그 지배를 받아들일 수 없음을 보여주는 증거이다. 이제 중국은 베트남을 강압적으로 지배하기는 어렵다고 판단하고, 가능하면 현지 주민들의 정서를 이해하고 수용하는 방법을 택했다. 조창이 십여 년 베트남에 재직하면서 베트남의 관습을 이해하고 인심을 얻으려 노력했다는 것이 그 좋은 예이다.

806년 조창이 당나라로 돌아가고 후임에는 그의 조력자였던 장주(張舟)가 안남도호에 임명되었다. 그의 당면과제는 802년 환왕(環王)에게 빼앗긴 호안 쩌우와 아이 쩌우를 회복하는 일이었다. 장주는 우선 방비를 공고히 하려고 라 타인을 증축하는 한편, 3년 간 꾸준히 군사력을 증강시켜 809년에 드디어 환왕을 공격해 들어갔다. 공격은 대성공을 거두어 3만 이상을 포로로 잡고, 호안 쩌우와 아이 쩌우를 수복하여 파괴된 성벽을 다시 쌓았다. 장주는 군사행동에 나설 때 일방적으로 하지 않고 베트남인들의 목소리에 귀를 기울이고 그들의 협조를 얻었기 때문에 성공할 수 있었다.

그러나 조창과 장주의 후임자들이 전임자들의 좋은 선례를 따르지만은 않았다. 예컨대, 819년에 임명된 도호 이상고(李象古)는 부임하자마자 법을 무시하고 주민들을 수탈하면서 민심을 잃었다. 게다가 현지 출신의 호안 쩌우(Hoan Châu 驩州) 자사 즈엉 타인(Dương Thanh 楊淸)을 시기하여 그를 하급무관으로 강등시켰다. 이 인사조치에 격분한 즈엉 타인은 무리를 이끌고 도호부를 습격하여, 도호와 그의 가솔 등 천여 명을 살해했다. 안남은 다시 큰 혼란에 빠졌고, 신임 도호가 즈엉 타인의 부하들과 수개월 동안 접촉하여 겨우 사태를 수습했다. 하지만 이후 도호가 자주 교체되는 가운데 베트남은 주변 소수민족들의 침입에 시달려야 했다.

남조와 고변

　　살얼음판처럼 유지되던 안남의 평화는 역대 안남도호 중에서 최악의 안남도호가 부임해 오면서 결국 깨져버렸다. 오랜 옛날부터 행해지고 있던 산지와 평지 사이의 물물교환에서 사익을 취하기 위해 이 도호가 교환비율을 자기 멋대로 정해서 강제로 시행하자 산지 주민들이 격렬히 반발했던 것이다. 여기에 남조(南詔)*와도 관계를 맺고 있던 현지의 유력자 아이 쩌우(Ái Châu 愛州) 자사 도 똔 타인(Đỗ Tồn Thành 杜存誠)이 가세하면서 사태는 더욱 악화되었다. 그제야 당 조정은 새로운 도호를 내려보내 사태를 수습하게 했다. 그러나 그것도 잠시 또 다른 도호의 경솔한 행동으로 사태는 급변했다. 이처럼 혼란과 수습이 반복되는 가운데, 종전에는 안남 내부의 세력과 결탁하여 소규모 침략만을 하던 남조가 5만의 대군을 이끌고 쳐들어왔다(862년). 당시의 도호 채습(蔡襲)은 당나라 조정에 위기상황을 급히 알렸으나, 그를 시기한 관리의 개입으로 증원군은 오지 않았다. 채습은 혼자서 라 타인을

---

* 8세기 중반 중국 윈난(雲南) 지방에서 흥기했던 티베트 버마어족의 왕국. 전성기에는 쓰촨(四川) 지방과 동남아시아까지 세력이 미쳤다.

굳게 지키는 수밖에 없었다. 이듬해 정월 마침내 라 타인이 함락되었고, 채습은 전사했으며, 그의 병사를 비롯한 군민 15만 명이 포로가 되거나 살해되었다. 뿐만 아니라 안남에 주둔한 남조의 군사는 866년 당의 고변(高駢)에 의해 격퇴될 때까지 사방으로 돌아다니며 약탈을 자행했다.

남조의 공격목표는 어디까지나 당의 정치적 거점인 안남도호부였지만, 그 와중에 무고한 주민 15만이 희생되었다. 이런 참혹한 결과로 인해 베트남 사람들은 독립의 의지를 더욱 굳건히 다지게 되었다. 한 일본인 학자도, 베트남인이 강고한 독립국가를 갖지 않으면 안되겠다고 하는 보다 강한 결심을 하게 된 때가 이 기간이었을지도 모르겠다고 했다.

당 조정은 남조문제에 대처하기 위해 새로 두 사람을 도호로 보냈지만 별다른 성과가 없자, 마침내 864년 가을, 고변을 안남도호총관경략초토사(安南都護總管經略招討使)에 임명하여 남조군을 토벌하게 했다. 고변은 유능한 장군으로 일찍이 토번(吐藩)과의 전쟁에서 명성을 얻었다. 866년 겨울 그는 마침내 라 타인을 포위·공격하여 단추천 등 남조군 3만을 참수하고 그 세력을 안남에서 몰아냈다. 이후 곧이어 당은 안남도호부를 철폐하고 대신 정해군(靜海軍)을 신설하면서 고변의 공적을 인정하여 그를 절도사에 임명했다. 이리하여 당이 설치했던 6개 도호부 중 가장 오래 남아 있던 안남도호부는 사라졌다. 한편 고변은 남조격퇴의 업적을 세우고 뒤이어 피해복구작업까지 진행하여 베트남인들로부터 그 옛날의 사섭처럼 '왕'으로 칭송되었다.

고변은 1년 반 남짓 절도사로 재임했는데, 그의 우선적 관심은 외침에 대비해 라 타인의 수비를 견고히 하는 일이었다. 그래서 그는 기존의 라 타인에 외곽 성벽을 쌓고, 더 커진 라 타인이라는 뜻을 담아 라 타인을 다이 라 (Đại La 大羅)로 개칭했다. 또한 전란으로 폐허가 된 땅에 도로와 다리를 건설하고 제방을 쌓았으며 수로를 내기도 했다. 이밖에도 안남의 토착신앙을 존중하여 토착신을 위한 사당을 짓고 불사와 도관

『계원필경』, 출처: 서울대학교 규장각

(道觀)을 세우는 등 민심을 수습하는 데 많은 노력을 기울였다.

868년 가을 고변은 승진해서 당나라로 돌아갔고, 후임 절도사에는 그 손자 고심(高潯)이 임명되었다. 그러나 결과적으로 고변의 영전은 남방에 대한 당의 지배, 더 나아가 중국의 지배에 종언을 고하는 것이었다. 때마침 중국에서 황소(黃巢)의 난(875-884)이 발생해 국내정치가 혼란에 빠짐으로써 베트남에 대한 당의 지배는 유명무실해져서 사실상 끝난 것이나 마찬가지였다. 황소의 난 이후 당 조정은 중국 내지의 각 지방 절도사들 사이에 벌어진 싸움을 조정할 능력도 없이 그저 명맥만 유지하는 수준이었기 때문이다.

한편 고변은 황소의 난이 일어났을 때 토벌 총책임자로 임명되었는데, 이 당시 그의 종사관(從事官)이었던 신라인 최치원(崔致遠)이 「격황소서」(檄黃巢書)를 지어 큰 활약을 했다. 고변과의 이런 인연 때문인지 최치원의 『계원필경집』(桂苑筆耕集) 권16에는 베트남에 관한 글, 「보안남록이도기」(補安南錄異圖記)가 실려 있다.

4장 독립의 완성

쿡(曲)씨

　　조부 고변의 뒤를 이어 정해군절도사가 된 고심의 자세한
행적에 대해서는 알려진 바가 없다. 고심은 10년 가까이 절도사직에 있
다가 877년 아니면 878년에 고변의 부하장수였던 증곤(曾袞)으로 교체
되었다. 증곤은 꽤나 베트남 사람들의 마음을 얻었는지 주민들은 그를
'증상서'(曾尙書)라는 존칭으로 불렀다고 한다.

　875년에 난을 일으킨 황소가 878년 광저우를 점령한 후 북상하자,
남부에 미약하게나마 남아 있던 당의 영향력은 거의 사라졌다. 이 틈을
타 다이 라의 주둔병들이 반란을 일으키자(880년), 증곤은 당나라로 도
피하고, 그 뒤에는 반란을 일으킨 주둔병들 역시 제각기 소집단을 이루
어 중국땅으로 돌아갔다. 주둔병들이 중국으로 돌아간 것으로 보아, 이
반란은 먼 객지에서의 고달픈 생활에 대한 불만이 원인이 되어 일어났
던 것 같다. 증곤 이후에는 20여 년간 당 조정에서 정해군절도사를 임
명했다는 기록이 전혀 없는데, 이는 당의 지배력이 미치지 못했기 때문
일 것이다.

　당나라는 901년 다시 정해군절도사를 임명했지만, 현지에 부임하지
는 않았다. 증곤 이후 실제로 부임한 절도사는 당시 막강한 영향력을 행
사하고 있던 선무절도사(宣武節度使) 주전충(朱全忠)의 형 주전욱(朱

솔뫼)뿐이었다. 그러나 주전욱도 임명된 지 두 달도 채 안된 905년 2월 다시 동생에 의해 "어리석고 무능하다"는 이유로 파면된 것을 보면, 실제로는 부임하지 못했을 가능성이 많다. 주전욱이 정말로 "어리석고 무능"했는지, 아니면 베트남 토착세력의 저항을 진정시키기에 부적합했기 때문이었는지는 확실치 않다. 이런 권력의 공백기에 베트남에서 세력을 키운 것이 토착세력인 쿡(Khúc 曲)씨 집안이었다.

베트남 야사(野史)에 의하면, 쿡씨 집안은 오늘날 하노이 동쪽에 위치한 자오 찌 중심부 출신으로 여러 대에 걸친 명문거족이었다. 이 집안의 지도자격인 쿡 트아 주(Khúc Thừa Dụ 曲承裕)는 관후한 인물로 사람들의 존경을 받았다고 한다.

중국사료에는 906년 정월 베트남인 쿡 트아 주가 정해군절도사에 임명되었다는 기록이 보인다. 그러나 이 경우 당 조정이 주도적으로 그를 절도사에 임명했다기보다는 그의 요구에 응하여 마지못해 추인했던 게 아닐까 생각된다. 쿡 트아 주는 절도사에 임명된 지 1년 후, 다시 말하면 주전충이 당나라를 무너뜨리고 후량(後梁)을 세운 907년에 사망했다. 쿡 트아 주 사후에는 그의 아들 쿡 하오(Khúc Hạo 曲顥)가 절도사직을 이어받았다. 주전충은 새 왕조를 건설하느라 베트남에 간섭할 여력이 없어서 이를 인정해주었을 것이다.

쿡 하오는 절도사로서, 중국의 힘이 약해진 틈을 이용하여 베트남 내에서 자기 나름대로 통치권을 행사하려 했던 것 같다. 15세기에 중국인이 저술한 것으로 알려진 『안남지원』(安南志原)에 따르면, 그는 지방행정제도를 대대적으로 개혁하여 이제까지의 주(州)를 로(路), 현을 부(府)나 주, 그리고 향(鄕)을 갑(甲)으로 개편하는 한편, 최소 행정단위인 사(社)를 정착시키려 했다. 하지만 그의 재임기간이 짧아 개혁을 제대로 완수하지는 못했을 것이다. 당시의 상황을 상세히 알 수는 없지만, 그가 908년에 죽은 것으로 추정되기 때문이다.

한편 당시 중국 남부, 구체적으로 지금의 광저우 일대에서는 청해군절도사(淸海軍節度使) 유은(劉隱)이 군림하고 있었으며, 더 나아가 베트남에 눈독을 들이고 있었다. 유은은 주전충에게 뇌물을 주고 904년에 청해군절도사가 된 인물로, 후량이 건국된 뒤에도 주전충과 계속해서 원만한 관계를 유지했다. 그리고 본인의 바람대로 908년 10월에 정해군절도사도 겸하게 된다. 그런데 유은의 정해군절도사 겸직은 어쩌면 명목에 그쳤을지도 모른다. 그도 그럴 것이 유은은 안남에 부임하지 않았고, 그가 죽은 후에는 다름 아닌 쿡 하오의 아들 쿡 트아 미(Khúc Thừa Mỹ 曲承美)가 정해군절도사에 임명되었기 때문이다. 따라서 쿡 하오 사후에 현지에서는 쿡 트아 미가 실권을 장악하고 있었을 가능성이 크다.

유은이 911년에 사망하자, 위에서 말했듯이 후량 조정은 청해군절도사와 정해군절도사를 다시 분리하여, 전자에는 유은의 동생 유암(劉巖)을, 후자에는 쿡 하오의 아들 쿡 트아 미를 임명했다. 이러한 분리는 쿡씨가 후량과의 관계개선에 노력한 결과이기도 하다. 쿡 트아 미가 정해군절도사에 임명된 것은 12월인데, 기록을 보면 그는 이 무렵 후량에 진공(進貢)을 하고 있다. 쿡 트아 미는 광저우의 유씨 세력을 두려워했기 때문에 이들을 견제하기 위해서 후량과 친밀한 관계를 유지해야 했던 것이다.

남한(南漢)

유암은 915년 후량 조정에 자신을 남월왕에 봉해줄 것을 요청했다가 거절당하자 그 뒤에는 진공사절을 보내지 않았다. 그러다가 917년에 스스로 제위에 올라 국호를 대월(大越)이라 하고, 이듬해에는 다시 대한(大漢, 곧 남한(南漢))으로 고쳤다. 자신의 이름도 유공(劉龔)으로 개명했다. 이 유씨 세력에 대처하기 위해 쿡 트아 미는 후량과의

관계를 더욱 공고히 하려고 918년에 다시 사절을 파견했고, 후량 조정
은 그에게 새로운 직(職)을 주었다.

유공은 쿡 트아 미가 후량에 사절을 보내 새로운 직을 받자 당연히 분
노했지만, 후량이 뒤에 버티고 있어서 쿡 트아 미에 대해 아무런 행동도
취하지 않았다. 실제로 당시 후량은 유암이 칭제하고 조공을 하지 않으
므로 유암에 대하여 삭탈관작하여 더 이상의 세력확대를 막았다.

923년 중국 중원에서는 왕조가 바뀌어 후당(後唐)이 들어섰다. 남한
의 유공은 중원의 정세변화가 자신에게 위협이 되지 않는다고 판단하여
930년 베트남 합병을 목적으로 원정군을 파견했다. 이 원정군 파병에는
중원의 정세변화뿐만 아니라, 쿡씨와 밀접한 관계를 맺고 있던 푸젠(福
建) 지방의 민(閩) 왕국이 같은 해 내란으로 혼란에 빠진 것도 고려되었
다. 남한의 원정군은 별 어려움 없이 다이 라(大羅)를 점령하고 쿡 트아
미를 생포하여 광저우로 압송했다. 이로써 쿡씨의 베트남 지배는 끝이
났다. 쿡 트아 주가 905년 절도사를 자칭했던 시점부터 계산하면 쿡씨
는 25년간 베트남을 지배했다. 이 기간 동안 베트남 내부사정에 대해서
는 알려진 바가 거의 없다. 알려진 게 없다는 것은 어떤 의미에서는 사
회가 비교적 평온했음을 의미한다고도 볼 수 있다. 그러나 사회의 저변
에서는 중요한 변화가 일고 있었다. "우리는 중국인이 아니라 베트남인
이다"라는 정체성의 자각이었다.

남한의 군사는 자오 찌를 점령한 후 다시 남진하여 오늘날 후에 남쪽
에 위치한 꽝 남 성(tinh Quảng Nam)에 있던 참파의 도읍 인드라푸라까
지 쳐들어갔고, 그곳에서 많은 보물을 약탈해서 돌아왔다.

남한의 베트남 합병은 유은의 정해군절도사 겸직에서 보듯이 오랜
숙원사업이었지만, 그 지배는 1년 정도 만에 끝났다. 남한의 지배에 대
해 델타지역에서는 별다른 저항이 없었다. 그러나 그 남쪽의 아이 쩌우
와 호안 쩌우의 홍 강 지역은 달랐다. 이 지역은 중국문화의 영향을 덜

받아 중국의 지배에 대한 거부감이 컸다. 아이 쩌우 출신으로 쿡씨의 부하장수였던 즈엉 딘 응에(Dương Đình Nghệ 楊廷藝)는 931년에 다이 라를 빼앗고 남한의 세력을 몰아냈다. 베트남의 지배권을 확립한 그는 절도사를 자칭했고, 남한은 어쩔 수 없이 그를 절도사로 인정했다.

그러나 즈엉 딘 응에의 지배는 6년을 가지 못했다. 937년에 또 다른 인물인 끼에우 꽁 띠엔(Kiều Công Tiển 矯公羨)이 등장하여 그를 살해하고 절도사가 된 후 남한에 도움을 요청했다. 끼 에우 꽁 띠엔은 즈엉 딘 응에의 말단 부하로 홍 강의 약간 상류지방 출신이었다. 이는 단순한 개인 간의 권력투쟁이라기보다 중국문화의 영향을 많이 받은 홍 강 델타 중심세력과 그 영향을 덜 받은 남부세력의 대립으로 볼 수도 있다. 실제로 끼에우 꽁 띠엔은 즈엉 딘 응에의 사위이자 부장인 응오 꾸옌(Ngô Quyền 吳權)의 공격을 받자 남한에 사절을 보내서 원조를 요청했던 것이다.

남한의 왕 유공은 즉시 아들 유홍조(劉弘操)를 정해군절도사에 임명하고 군사를 주어 끼에우 꽁 띠엔을 구하게 했다. 그리고 유공 본인도 증원군을 이끌고 이전의 합포, 즉 염주(廉州)까지 가서 진을 쳤다. 이때 한 신하가 지금은 계절상 좋지 않고 응오 꾸옌은 가볍게 볼 상대가 아니니 신중을 기해야 한다고 조언했지만, 유공은 야망에 불타서 신하의 충고를 귀담아 듣지 않았다.

응오 꾸옌의 독립

응오 꾸옌은 북진하여 끼에우 꽁 띠엔을 제거한 다음, 남한의 수군과 일전을 벌이기 위해, 그 길목인 바익 당 강(sông Bạch Đằng 白藤江) 어귀에 군사를 매복시키고, 강바닥에 무수하게 쇠말뚝을 박아두었다. 이윽고 베트남 연안에 도착한 유홍조의 수군은 도망치는 응오 꾸옌의 작은 배들을 쫓아 열심히 강을 거슬러 올라갔다. 그러나 이 도주는 치밀한 계략이었다. 썰물이 시작되자 유홍조의 수군은 적군이 미리 박아놓은 쇠말뚝에 걸려 오도 가도 못하는 상황에서, 매복해 있던 응오 꾸옌 군사의 공격을 받아 전멸을 당하다시피 했다. 유홍조 역시 전사했다. 이로써 베트남에 대한 유공의 야망은 실현되지 않았다. 응오 꾸옌의 박익 당 강 승리는, 베트남인이 중국의 오랜 지배로부터 벗어나 민족독립으로 가는 길에서 하나의 역사적 이정표가 되었다. 때는 938년, 우리 역사로 보면 왕건(王建)이 고려를 건국한 지 20년 후의 일이다.

전설에 의하면, 응오 꾸옌이 바익 당 강에서 남한군을 물리친 것은 풍 홍이 수천의 신병(神兵)으로 그를 지원했기 때문에 가능했으며, 이를 감사히 여긴 응오 꾸옌은 풍 홍을 위해 사당을 짓고 제물을 바쳤다고 한다. 응오 꾸옌은 풍 홍과 같은 드엉 럼(Đường Lâm 唐林, 하노이의 바 비 〔Ba Vi〕) 출신으로 과거의 민족영웅과 연계시켜 자신의 지위를 보다 확고히 하기 위해 아마도 이 이야기를 지어냈을 것이다.

939년 봄 그는 왕을 칭하고 이전의 베트남 지도자들이 가졌던 절도사란 칭호를 더 이상 사용하지 않았다. 응오 시 리엔은 이때부터 베트남 최초의 독립왕조가 성립한 것으로 보았다. 어쩌면 그는 레 러이가 명의 침입을 물리친 것과 연결시켜 그렇게 생각했을 수도 있다. 이와 달리 레 반 호우는 응오 꾸옌이 황제를 칭하지 않고 단지 왕이라고만 했을 뿐 아니라 중국의 연호도 그대로 사용했으므로 베트남의 독립은 아직 불완전하다고 보았다. 레 반 호우에게는 중국과의 대등성이 그 무엇보다도 중요한 문제였던 것이다.

현재 베트남 역사학계는 응오 꾸옌이 걸출한 능력의 소유자로서 민족독립을 쟁취했다고 평가하는 만큼, 레 반 호우 보다는 응오 시 리엔에 동조하는 편이다. 현대의 인도차이나 전쟁이 오늘날 베트남 역사가들의 이런 평가에 어느 정도 영향을 미쳤다고 볼 수 있다. 그러나 일본이나 미국의 학계는 물론 중국의 학계에서는 레 반 호우의 견해처럼 딘 보 린

(Đinh Bộ Lĩnh 丁部領)이 황제를 칭함으로써 독립이 완성되었다는 견해
가 지배적이다. 대신에 그 전까지는 과도기로 보고 있다.

응오 꾸옌은 왜 황제가 아닌 왕을 칭했을까? 혹시 그것은 그가 홍 강
델타 중심부에 위치한 드엉 럼 지역에서 태어나 자라면서 보고 들은 중
국문화의 영향 때문은 아니었을까? 당시 남한의 지배자조차 왕이라고
칭한 것을 보면 그럴 개연성은 충분하다. 실제로 응오 꾸옌이 왕위에 오
른 후 시행한 많은 제도는, 심지어 관리들의 복색까지도 중국의 제도를
모방했다. 아마도 그는 델타 중심부에서 태어나 중국문화에 익숙하고
다른 문화에 관해서는 잘 몰랐을 것이다. 여기에 그의 한계성이 있다고
하겠다.

그럼에도 응오 꾸옌이 천 년 이상 계속된 중국의 지배로부터 베트남
을 해방시킬 수 있었던 것은 중국문화 못지않게, 어려서부터 들어왔던
동향인(同鄕人) 풍 흥의 영웅담이 그의 내면에 깊이 각인되어 있었기
때문일 것이다. 그래서 즈엉 딘 응에의 부하가 되고, 또 그의 딸과 혼인
하여 장인의 출생지이자 세력기반인 아이 쩌우의 지배권을 물려받을 수
있었다.

응오 꾸옌의 강한 민족의식은 이제까지의 행정중심지였던 다이 라를
버리고 어우 락 시대의 도성인 꼬 로아에 도읍을 정한 것에서도 나타난
다. 다이 라는 중국인들에 의해 축조된, 베트남 지배의 상징이었던 반
면, 꼬 로아는 유서 깊은 안 즈엉 브엉의 도읍으로, 베트남 고유의 정통
적 왕권과 관련이 깊은 곳이었다.

응오 꾸옌이 47세의 나이로 세상을 떠나자(944년), 즈엉 딘 응에가
살해된 뒤 응오 꾸옌이 왕위에 오른 것에 큰 불만을 가졌던 응오 꾸옌의
처남 즈엉 땀 카(Dương Tam Kha 楊三哥)가 왕을 칭했다. 신변의 위협
을 느낀 응오 꾸옌의 장남은 도피하여 자오 찌 동부의 유력가문에 의탁
했다. 입지가 불안했던 즈엉 땀 카는 응오 꾸옌의 둘째아들 쓰엉 반

(Xương Văn 昌文)을 입양하여 후계자로 삼고, 남부출신을 중용했다.

델타출신들은 950년에 즈엉 땀 카의 보호하에 있던 쓰엉 반을 지지하면서 즈엉 땀 카를 몰아냈다. 쓰엉 반은 도피해 있던 형을 불러들여 한동안 양두정치를 했다. 그러다가 형이 사망하자, 쓰엉 반은 대내적으로는 남 떤 브엉(Nam Tấn Vương 南晉王)이라 하고, 대외적으로는 남한의 절도사가 되었다. 아마도 당시 델타 지역의 각 지방에 산재해 있던 반(反)응오 세력을 견제하려면 남한의 지원이 절실했을 것이다. 그러나 국내사정이 외부에 알려지는 것을 원치 않았던 쓰엉 반은, 남한이 사절을 파견하겠다고 알려오자 베트남 여행의 안전을 보장하기 어렵다며 완곡하게 거절했다.

이후 응오 쓰엉 반에 대해서는 알려진 바가 거의 없지만, 그의 지위는 지방세력들이 강성해짐에 따라 약화되었을 것이다. 이런 수세적 국면을 타개하기 위해 응오 쓰엉 반은 963년에 반대파 정벌에 나서지만, 불운하게도 복병이 쏜 화살에 맞아 목숨을 잃었다. 그가 죽자 자오 찌 각지에서 군웅할거의 혼란이 벌어졌다. 이 시대를 베트남 역사에서는 '십이사군시대'(十二使君時代)라고 한다. 이 혼란기는 몇 년 더 계속되다가 딘 보 린에 의해 끝이 났다.

딘 보 린이 십이사군시대를 평정할 수 있었던 것은, 십이사군의 한 사람인 쩐 람(Trần Lãm 陳覽) 덕분이었다. 쩐 람은 중국 광저우 출신의 상인으로 홍 강 어귀의 항구에서 교역을 통해 부를 쌓고 세력가가 된 인물이었다. 베트남 사서에 의하면, 아들이 없었던 쩐 람은 딘 보 린의 능력을 높이 사 자신의 양자이자 후계자로 삼았다고 한다. 딘 보 린의 십이사군 평정은 쩐 람의 뜻이었으며, 쩐 람 사후에는 그 뒤를 이어 평정을 완성했다(967년).

어린 시절의 딘 보 린이 목동들과 싸우는 모습.

딘 보 린과 딘 왕조

딘 보 린의 아버지 딘 꽁 쯔(Đinh Công Trứ 丁公著)는 참 파와의 접경지대인 호안 쩌우 자사였지만, 중앙의 정치무대에서는 별로 알려지지 않았다. 딘 보 린의 어머니는 딘 꽁 쯔의 첩이었으며, 딘 보 린 은 홍 강 델타 남부의 호아 르(Hoa Lư 華閭)에서 태어났다. 훗날 아버지 의 자리를 물려받긴 했으나, 어려서 시골에서 자랐던 딘 보 린에게는 분 명 중앙의 지배층과 어깨를 나란히 하고 싶다는 열망이 있었을 것이다. 결국 쩐 람의 양자가 되고 그의 사후에 후계자가 됨으로써 이 열망을 실 현할 수 있었다.

딘 보 린은 967년에 십이사군을 평정한 후 반 탕 브엉(Vạn Thắng Vương 萬勝王)을 자칭하고, 아들 딘 리엔(Đinh Liễn 丁璉)을 정해군절 도사로 삼아 남한에 보내 책봉을 받게 했다. 아직 국내정세가 불안정했 으므로 혹시 있을지 모를 남한의 개입을 사전에 차단하려 했던 것 같다. 이듬해(968년)에는 황제로 칭호를 바꾸고, 국호를 다이 꼬 비엣(Đại Cồ Việt 大瞿越)으로 정함과 동시에 호아 르로 천도를 단행했다. 이 나라를 베트남 역사에서는 딘 왕조(Triều Đinh 丁朝, 968-980)라고 부른다.

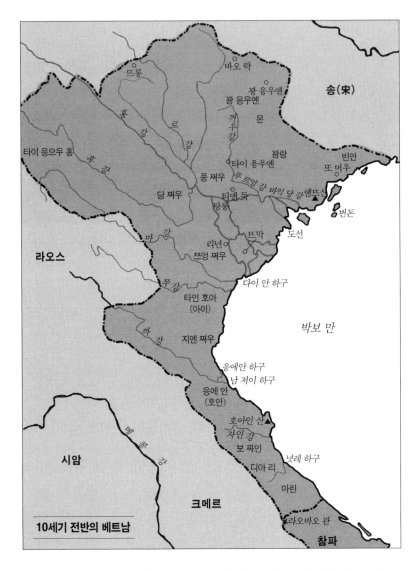

10세기 전반의 베트남

　중국적인 관념에 의하면, 황제는 천하에 한 사람밖에 있을 수 없기 때문에 딘 보 린이 황제를 칭했다는 것은 중국과의 정치적 대등성을 주장하려 했음을 의미한다. 다이 꼬 비엣의 '꼬'(瞿)는 쯔놈으로 '고'(古 cổ) 또는 '꿰'(几 kẻ) 자와 통하여 '나라'를 뜻하므로, 다이 꼬 비엣은 '큰 나라 비엣'이라는 의미이다. 다이 꼬 비엣이란 이름은 1054년 리 왕조(Triều Lý 李朝, 1009-1225)의 3대 왕 타인 똥(Thánh Tông 聖宗)이 '꼬'자를 빼고 국호를 '다이 비엣'(Đại Việt 大越)으로 바꿀 때까지 계속 사용되었다. 다이 비엣은 이후 18세기 말까지 역대 왕조의 변함없는 국호였다. 호아 르에 도읍을 정한 것은 그때까지 정치적 중심지였던 다이 라 성이나 꼬 로아가 중국문화의 영향을 많이 받은 곳이어서 딘 보 린으로 대표되는 베트남 토착세력에 적대적이었고, 또 이 지역이 석회암 산으로 둘러싸여 있어서 외부의 침략을 막아내기가 수월했기 때문이다.

966년 딘 보 린은 십이사군의 한 명이며 응오 쓰엉 반 사후에 응오씨(氏) 세력의 구심점 역할을 하는 인물인 응오 녓 카인(Ngô Nhật Khánh 吳日慶)의 어머니 즈엉(Dương 楊)씨를 비롯하여 다섯 황후를 두었다. 이는 중앙과 동서남북 다섯 방면의 강력한 세력집단과 혼인관계를 맺어 내정을 안정시키려는 일종의 정략이었다. 예컨대 고려의 태조 왕건이 각 지방 호족의 딸과 정략적으로 혼인하여 29명의 왕비를 둔 것과 거의 비슷하다고 볼 수 있다. 딘 보 린이 즈엉씨를 황후로 책립(冊立)한 것은, 응오씨는 물론 그 앞의 즈엉씨와도 자신을 연결시켜서 더 많은 정통성을 확보하려는 의도였다. 이는 당시 베트남 사회에서 모계의 역할이 중요했음을 보여주는 사례라고 생각된다.

제위에 오른 이듬해(969년), 딘 보 린은 장자 딘 리엔을 남 비엣 브엉(Nam Việt Vương 南越王)에 봉하고, 그 이듬해에는 그때까지 사용되던 중국의 연호를 버리고, 본인이 스스로 연호를 제정하여 타이 빈(Thái Bình 太平)이라 했다. 남 비엣 브엉이란 칭호는 앞에서 보았듯이 조타가 처음 사용했으며, 6세기에는 리 비가 남 비엣 황제를 칭하기도 했다. 그래서 베트남인들에게 이 칭호는 중국에 대한 베트남의 저항을 상징하는 것으로 받아들여졌다. 베트남에서 독자적인 연호의 사용은 리 본의 티엔 득이 최초이고, 딘 보 린의 타이 빈이 두번째인데, 이 역시 황제 칭호처럼 중국과 대등하다는 표시이다. 이후 베트남에서는 모든 왕조의 모든 군주가 황제를 칭하고 연호를 사용했다.

딘 왕조는 문무백관의 직제도 정비했는데, 정국공(定國公, 재상), 도호부사사(都護府士師, 대법관), 십도장군(十道將軍), 승통(僧統), 승록(僧錄), 도사(道士) 등의 관직을 베트남 사서에서 확인할 수 있다. 관직 수가 몇 개에 불과했던 딘 왕조 초기에 승통·승록·도사 등의 직이 설치되었다는 것은, 당시에 불교와 도교가 성행했고 조정 안에서도 상당한 영향력을 행사했다는 증거로 볼 수 있다. 사실 승통인 쿠옹 비엣 대사(Khuông Việt Thái Sư 匡越大師)는 뛰어난 학승(學僧)으로 후대 베트남 사가들이, "황제는 승[쿠옹 비엣 대사]과 함께 다스렸다"고 평가할 정도로 항상 딘 보 린 곁에서 정치를 보좌했다.

딘 보 린은 또한 형벌을 엄하게 하여 무질서를 바로잡으려 했다. 그는 궁정 뜰에 물이 펄펄 끓는 커다란 솥과 호랑이 우리를 만들어놓고 범법자들을 처벌했다고 한다. 이토록 무시무시한 형벌로 다스린 것은 아직도 어딘가에 잔존해 있을지 모르는 저항세력들에게 공포감을 심어주기 위해서였다.

딘 보 린이 베트남을 통일하고 새 왕조의 기틀을 다지는 동안, 북중국에서는 조광윤(趙匡胤)이 송(宋)나라를 건국하고(960년), 11년 뒤에는 남한을 무너뜨림으로써 그 세력이 영남에까지 미쳤다. 지금까지 남한의 위협을 느껴왔던 베트남은 남한보다 훨씬 강대한 송의 출현으로 새로운 위험에 직면하게 되었다. 이에 딘 보 린은 딘 리엔을 사절로 파견했다(973년). 송은 딘 리엔을 정해군절도사 겸 안남도호에 책봉했다.

딘 보 린은 일단 송과의 친선관계 수립에 안도하면서도 만일의 경우에 대비하여 국내 방비를 철저히 했다. 그 일환으로 974년에 군제를 개편하여 10만(?)의 군사를 십도군(十道軍)으로 나누고, 도군(道軍)은 다시 십군(十軍)으로 나누었다. 이렇게 해서 최하 10인 단위의 오(伍)까지 이어지는 비상동원체계를 갖추었다.

이와 동시에 송과의 친선을 더 강화하고자 이듬해 다시 딘 리엔 명의의 사절을 파견하여 금과 비단 및 무소뿔을 바쳤다. 이때 송 조정은 딘 보 린이 배후의 실권자임을 알았는지, 딘 리엔보다 등급을 높여 그를 교지군왕(交趾郡王)에 책봉했다. 여기서 주목할 사실은 송 조정이 딘 보 린을 왕에 책봉했다고 하더라도 '교지군왕'이라고 함으로써 베트남을 독립국으로 인정하지는 않았다는 점이다. 교지군이란 말할 것도 없이 중국의 한 군(郡)에 불과하다는 뜻이다. 이에 대해 베트남 사서에 아무런 언급이 없는 점으로 보아, 딘 보 린은 '교지군왕'이란 칭호에 개의치 않고 송과의 관계가 무난히 해결된 것 자체에 만족했던 것 같다. 그래서였는지 딘 보 린은 이후에도 전면에 나서지 않고 줄곧 딘 리엔의 명의로 송과 접촉했다. 그러면 왜 딘 보 린은 본인이 실질적인 지배자인데도 계속해서 아들인 딘 리엔의 명의로 사절을 보냈을까? 그것은 황제로서의 권위를 잃지 않기 위해서였을 것이다.

『대월사기』와 『대월사기전서』의 편찬자들은 모두 송나라에 대한 사절파견을 '바치다'는 뜻의 '공'(貢)자 대신 '가다'라는 뜻의 '여'(如)자를 써서 '여송'(如宋)이라고 표현했다. 이들 사서는 후대에 편찬되기는 했지만, 딘 보 린이 황제를 칭함으로써 보여준 중국과 대등하다는 의식을 충실히 반영해서 서술되었다고 볼 수 있다.

이와 같이 딘 보 린은 나름 유능하고 용맹했지만, 말년에는 후사(後嗣) 문제를 좀 더 신중하게 처리하지 못하면서 왕조의 단명을 초래했다. 그의 가장 큰 과오는, 통일사업에서 중추적인 역할을 했던 장자 딘 리엔을 무시하고, 막내아들 항 랑(Hạng Lang 項郎)을 총애하여 후계자로 삼은 일이었다. 물론 당시 베트남에는 장자상속의 관념이 없었으므로 이런 결정이 납득 못할 정도로 이례적인 일은 아니었지만, 딘 리엔이 불만을 품고, 979년 초에 자객을 시켜 항 랑을 암살했다. 그러나 이듬해에

허망하게도 디 리엔은 아버지 딘 보 린과 함께 도 틱(Đỗ Thích 杜釋)이라는 자한테 궁중에서 살해되었다. 전해오 이야기에 따르면, 도 틱은 관리였는데 어느 날 밤 유성(流星)이 입안에 떨어지는 꿈을 꾸고 자신이 황제가 될 징조라고 생각하여 일을 저질렀다고 한다.

딘 보 린과 딘 리엔 부자가 살해된 후, 유일하게 생존한 그의 둘째아들이 신하들에 의해 추대되어 6세의 어린 나이로 황제의 자리에 올랐고 딘 보 린은 띠엔 호앙 데(Tiên Hoàng Đế 先皇帝)로 추존되었다. 이때 군권을 장악하고 있던 대장군 레 호안(Lê Hoàn 黎桓)이 섭정이 되어 황태후 즈엉씨와 결탁하여 전횡을 휘둘렀고, 스스로 부왕(副王)이라 칭하기까지 했다. 그러자 정국공 응우옌 박(Nguyễn Bạc 阮匐)을 중심으로 한 세력이 군사를 일으켜 반기를 들었지만 실패로 끝났다.

이런 내분의 소식을 들은 광시 성 옹주(邕州, 지금의 난닝〔南寧〕)의 지주(知州) 후인보(侯仁寶)는 송 태종에게, 지금 군사를 동원하여 정벌하면 쉽게 병합할 수 있을 것이니 기회를 놓치지 말라고 건의했다. 태종은 이 건의를 바로 받아들였다. 아마도 태종은 베트남이 당나라 때까지 중국의 내지였던 사실을 인식하고 과거와 같이 베트남을 다시 중국의 주현(州縣)으로 삼아야겠다고 생각했을 것이다. 사실 북송(北宋)대에는 베트남의 독립을 인정하지 않고 여전히 중국의 속지로 간주했다. 그리하여 태종은 980년 7월 후인보를 베트남 정벌 총사령관으로 임명하고, 옹주에서는 육군이, 염주(廉州)에서는 수군이 진군하도록 준비시켰다.

레 호안과 띠엔 레(前黎) 왕조

국가 존망의 위기에 처한 베트남에서는 황태후가 레 호안에게 군사를 선발하여 송군의 침입을 막도록 했다. 이때 대장군에 임명된 팜 끄 르엉(Phạm Cự Lượng 范巨俩)은 출정에 앞서 군사회의를 열었다. 회의 도중에 그는 황제가 아직 어려서 비록 우리가 사력(死力)을 다

한다고 해도 긴급상황에 대처할 수 없으니 제위를 레 호안에게 양위하는 게 어떻겠느냐고 제안했다. 황제를 옹호해줄 만한 세력은 이미 다 제거된 상황인지라 만장일치로 레 호안이 황제에 추대되었다. 이로써 딘왕조는 2대 15년 만에 멸망했다.

980년 7월 레 호안, 곧 다이 하인 호앙 데(Đại Hành Hoàng Đế 大行皇帝)*가 등극함으로써 새로운 띠엔 레 왕조(Triều Tiền Lê 前黎朝, 980-1009)가 수립되었다.

레 호안은 즉시 연호를 티엔 푹(Thiên Phú 天福)이라 정하고, 딘 또안의 지위를 베 브엉(Vệ Vương 衛王)으로 낮추었다. 또한 딘 보 린의 황후이자 딘 또안의 어머니인 즈엉(楊)씨를 황후로 맞아들이고 아울러 다섯 황후를 두었다. 즈엉씨를 황후로 삼은 것은 전(前) 왕조를 이어받았다는 정통성을 확보하기 위해서였다.

레 호안은 호아 르 남쪽 지방의 무인출신으로 중국문화의 영향을 거의 받지 않고 살았다. 990년 베트남을 방문한 송나라 사절이 귀국해서 보고한 바에 의하면, 레 호안은 사절단을 접대하기 위해 직접 작살을 들고 바다에 들어가 고기를 잡았으며, 고기가 잡힐 때마다 좌우에 서 있던 사람들이 환호성을 질렀다고 한다. 레 호안의 이런 행동은 개인의 능력에 의해 왕조를 지배하는 '동남아시아적' 왕권개념을 보여주는 것이다.

레 호안은 송의 침입을 방지하기 위해 일단 사절을 보냈지만, 송 태종은 레 호안의 의중을 간파했을 뿐 아니라 이미 출정을 명한 뒤이므로 답례도 하지 않았다. 981년 봄 송의 수륙 양군은 델타 북부에서 합류하여

---

* 원래 '대행황제'라는 칭호는 중국에서 황제가 죽고 시호가 아직 봉해지지 않았을 때 쓰는 말이다. 그래서 훗날 레 반 흐우는 레 호안의 시호(謚號)가 봉해지지 않은 채 '다이 하인 호앙 데'라고 한 것은 그 자식이 못난데다가 당시에는 유교관료도 없었기 때문이라고 비평했다. 띠엔 레 왕조에서도 정치적 영향력이 컸던 쿠옹 비엣 대사(匡越大師)의 경우만 보더라도 어려서는 유학을 배웠으나 커서는 불교에 귀의할 정도의 상황이었으므로, 설령 유교관료가 존재했다 하더라도 주도적인 역할을 할 수는 없었을 것이다.

진군을 계속했다. 송군에 밀려 한때 후퇴하던 레 호안은 3월에 거짓항복으로 후인보를 유인한 후 기습공격을 가하여 그를 죽이고 송의 수군에도 치명적인 타격을 입혔다. 설상가상으로 무더위로 인한 질병이 만연했고, 중국 북방에서는 거란이 위협을 가하고 있어서 송나라는 베트남 정벌을 장기간 지속하기가 어려웠다. 결국 송군은 981년 가을 퇴각했다. 송군이 물러간 후 레 호안은 다시 송과의 우호를 위해 딘 또안의 명의로 베트남 특산물을 송나라에 바쳤다(982년). 그 이듬해에는 자신이 딘 또안으로부터 양위를 받았음을 알리고 자신을 베트남의 지배자로 승인해줄 것을 요청했다. 송 조정은 처음에는 거절했으나, 986년에 레 호안을 '안남도호 정해군절도사'로 책봉하면서 양국관계는 완전히 정상화되었다.

이후 양국 간에는 정기적으로 사절이 오갔다. 한 가지 특기할 것은 레 호안이 990년 송나라 사절을 맞아 황제의 조서를 받을 때 절을 하지 않았다는 사실이다. 레 호안은 최근에 만족(蠻族)과 싸우다 다리를 다쳐 말에서 내릴 수 없다고 양해를 구했지만, 사실은 신하의 예를 취하지 않으려는 핑계였다.

이에 앞서 987년 송나라 사절이 왔을 때, 레 호안은 승려를 뱃사공으로 분장시켜 사절단과 시를 주고받게 했다고 한다. 역사적으로 중국 사절 접대는 늘 훌륭한 문장가가 도맡아했음을 감안하면, 당시 불교승려는 베트남 조정에서 최고의 지식층이었을 것이다. 그래서 이들을 통해 레 호안은 베트남의 문화적 정체성을 송나라 사절에게 보여주려고 했던 것이 아닐까 생각된다. 이 같은 불승의 역할은 이 당시 베트남에서 불교가 상당히 존중되었음을 보여주는 좋은 예라고 할 수 있다. 중국 측 기록에 의하면, 1005년 레 호안이 송나라에 사절을 보내 대장경을 구하고 싶다는 뜻을 전하자, 송 진종(眞宗) 대장경을 하사했다고 한다.

레 호안은 북쪽 변경이 안정되자, 관심을 남으로 돌려 참파를 공략했다. 982년 베트남 조정은 참파에 사절을 보냈는데, 참파 왕이 그들을 감금해버렸다. 레 호안은 격노하여 직접 원정군을 이끌고 참파의 도읍 인드라푸라로 쳐들어가서 그 왕을 죽이고 도성을 파괴했다. 또한 많은 금은보화를 약탈하고 궁중의 무희들과 인도인 승려를 생포하여 귀환했다. 인드라푸라가 파괴되자 그 남쪽에 위치한 지금의 빈 딘 성(tỉnh Bình Định) 지역에서 비자야(Vijaya)가 새로운 세력으로 대두했다. 비자야는 북쪽의 꽝 남과 남쪽의 냐 짱(Nha Trang)의 해상무역을 기반으로 번영을 누리고 있었다.

레 호안이 참파에 사절을 파견한 목적을 알려주는 기록은 없지만, 아마도 자신의 즉위를 알리기 위해서였을 것이다. 즉 중국에서 황제가 즉위하면 주변 소국들에 알리는 관행을 그대로 따라한 것이다. 사실 베트남은 원래 참파를 자기의 소국으로 생각했다. 예컨대 『대월사기전서』 994년 기사를 보면, 이 해에 앞서 참파가 조공사절을 보내 토산품을 바쳤는데 "예(禮)에 어긋났다"면서 거절했다. 그러나 참파는 참파대로 베트남과 대등하다는 의식을 갖고 있었다. 그래서 레 호안이 자신의 즉위를 알린 것에 거부감을 느끼고 사절을 감금했던 것 같다. 더구나 '조공을 바쳤다'고 했는데, 조공이란 베트남 측의 일방적인 생각이었을 뿐, 인도문화의 영향을 받은 참파에게는 그런 개념조차 없었을 것이다.

남북으로 대외문제를 해결한 레 호안은 내정에 눈을 돌려 각종 제도를 정비하는 데 전념했다. 우선 도읍인 호아 르에 장엄하고 화려한 새 궁궐을 짓게 했다(984년). 또한 이 해에 자신의 연호와 같은 '티엔 푹'이란 동전을 주조했는데, 이는 베트남 역사상 최초의 주화이다. 2년 뒤인 986년에는 군제를 개혁하여 장정 중에서 특히 강건한 자들을 뽑아 황제의 근위군으로 삼고 그들의 이마에 '천자군'(天子軍)이란 글자를 자묵(刺墨)하게 했다. 금군(禁軍)의 자묵 전통은 이후 리 왕조를 거쳐 쩐 왕조(Triều Trần 陳朝, 1225~1400)의 중반인 13세기 말까지 계속되었다.

레 호안이 위와 같은 제도개혁을 단행한 후에 당면한 문제는 딘 보 린 이래 여전히 준동하고 있는 몇몇 지방의 적대세력들을 소탕하는 일이었 다. 989년 호안 쩌우와 아이 쩌우에서 반란이 일어나자 그는 직접 군사 를 이끌고 반란을 진압했다. 이를 계기로 레 호안은 권력을 더욱 공고히 하기 위해 각 지역을 아들들에게 나누어주고, 그들이 직접 다스리게 하 는 일종의 봉건제도를 실시했다.

레 호안은 24년 동안 독립의 기초를 군건히 한 후 1005년에 세상을 떠났다. 그의 사후에는 아들들 사이에 왕위쟁탈전이 벌어졌다. 7개월간 에 걸친 쟁탈전 끝에 셋째아들이 힘겹게 제위에 올랐는데, 그가 쭝 똥 (Trung Tông 中宗)이다. 그러나 쭝 똥은 즉위 사흘 만에 동생 롱 딘 (Long Đình 龍鋌, 1005-1009)에 의해 살해되었다.

치질이 심해 누워서 정치를 했다고 하여 '응오아 찌에우'(Ngọa Triều, 臥朝)라고 불리는 롱 딘은 너무 잔학하여 중요한 정치적 조력자들인 불 승들의 반발을 샀다. 그럴 만한 일화를 하나 소개하면, 그는 신하에게 승려의 머리 위에 사탕수수를 올려놓고 껍질을 벗기면서 일부러 상처를 내 피를 흘리게 하고는 그 유혈장면을 보고 기뻐했다고 한다. 그가 즉위 4년 만인 1009년 24세로 사망했을 때 그의 아들은 아직 어렸기 때문에, 전전지휘사(殿前指揮使)로서 금군(禁軍)을 장악하고 있던 리 꽁 우언 (Lý Công Uẩn 李公蘊)이 승려들과 관리들의 지지를 얻어 제위에 올랐 다. 그가 리 왕조의 개창자인 타이 또(Thái Tổ 太祖, 1009-1028)이다. 띠엔 레 왕조는 불과 30년 만에 막을 내렸다. 베트남은 939년 중국의 지배로부터 벗어났다고는 하지만, 왕위계승제도가 확립되지 않아서 정 치적으로는 늘 불안정했다.

5장 리 왕조

리 꽁 우언

리 왕조를 건국한 리 꽁 우언은 하노이 동쪽에 위치한 오늘날의 박 닌 성(tinh Bắc Ninh)의 트아 선(Thừa Sơn) 출신이다. 전설에 의하면, 그의 어머니가 절에서 신인(神人)을 만나 잉태하여 태어났다고 한다. 세 살 때 승려 리 카인 반(Lý Khánh Văn 李慶文)의 양자가 되어 성이 '리'로 바뀌었다. 비니타루치파(派)의 반 하인(Vạn Hành 萬行) 선사(禪師)는 리 꽁 우언이 소년일 때 이미 그의 비범함을 알아보고 그를 가르치고, 계속해서 후원했다. 이런 전폭적인 후원 때문인지는 몰라도 반 하인이 리 꽁 우언의 친아버지라는 설도 있다.

어쨌든 사실여부를 떠나 반 하인 덕분에 리 꽁 우언이 레씨 조정에서 승진을 거듭하고 마침내 리 왕조의 개창자가 된 것만은 사실이다. 롱 딘이 죽기 전, 반 하인이 벼락 맞은 나무에 새겨진 이상한 글자들을 보고, 레씨는 망하고 리씨 성(姓)의 왕조가 성립한다고 해석했다는 이야기가 이를 반증한다.

리 왕조는 베트남 역사상 처음으로 200년 넘게(1009-1225) 존속한 장기왕조(長期王朝)였다. 그렇지만 강력한 중앙집권적인 왕조였다고 보기는 어렵다. 리 왕조가 초기에 직접 지배했던 지역은 하노이에서 홍강 서남부에 걸친 지역, 즉 하 동(Hà Đông 河東, 현재 하노이의 일부), 하

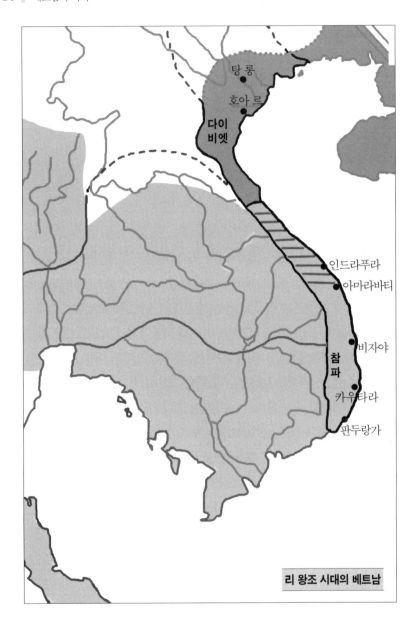

리 왕조 시대의 베트남

남 성(tỉnh Hà Nam, 河南省), 남 딘 성(tỉnh Nam Định 南定省)의 북부 절
반뿐이었다. 델타의 여타 지역에서는 호족세력들이 발호해 있었으며,
델타 주변의 산간지대에는 소수민족의 반독립적인 토호국(土豪國)들이
존재했다. 이러한 영역적 한계는 리 꽁 우언의 천도(遷都)와 관련이 있
었다. 딘 왕조나 띠엔 레 왕조는 델타의 서남쪽에 치우쳐 있는 호아 르
를 중심으로 하고 있었기 때문에 델타 중심부에는 거의 영향력이 미치
지 않았다.

리 꽁 우언은 즉위 이듬해인 1010년 초 도읍을 호아 르에서 델타 중
심부에 위치한, 당나라 때의 다이 라(大羅), 즉 오늘날의 하노이로 옮겼
다. 아울러 리 꽁 우언의 배가 다이 라에 다다랐을 때 제왕의 상징인 용
이 배 위에 나타났다고 해서 지명도 다이 라에서 탕 롱(Thăng Long 昇
龍)으로 개칭했다. 천도의 가장 큰 이유는 호아 르가 협소한 계곡지대에
위치하여, 외적의 침입을 방어하는 데는 적합할 수 있으나, 교통이 불편
하고 경제 중심지인 델타 중심부에서는 멀리 떨어져 있었기 때문이다.
이외에도 호아 르의 지배층은 배타적인 토착세력이 중심을 이루고 있어
서 리 왕조가 전국적 세력으로 성장하려면 델타 중심부의 중국문화에
익숙한 집단과도 결합하지 않을 수 없었다.

리 왕조 초기의 영역적인 한계에도 불구하고 타이 또, 타이 똥(Thái
Tông 太宗, 1028-1054), 타인 똥(Thánh Tông 聖宗, 1054-1072) 등 첫
'3인'의 유능한 황제들 덕분에 왕조는 빠르게 안정되었다. 물론 나중에
는 나이 어린 황제가 나오기도 했지만, 그런 때조차 황제의 권위가 흔들
리지 않았던 것은 딘 왕조나 띠엔 레 왕조와는 달리 중국식 종법(宗法)
에 따른 부계제가 점차 확립되었기 때문일 것이다.

타이 또는 송과의 관계를 중시하여 일찌감치 1010년 초에 송나라에
사절을 보냈다. 반면에 송의 광둥 지방관은, 리 꽁 우언이 불의(不義)하
게 권력을 찬탈했으니 적절한 조치를 내려달라고 상주했다. 진종(眞宗)

은 리 꽁 우언의 불의를 인정하면서도 만이(蠻夷)의 일이라 책망할 거리가 아니라고 하면서 그를 정해군절도사 겸 교지군왕에 책봉했다. 송 조정이 이처럼 리 꽁 우언의 불의를 문제삼지 않고 순순히 교지군왕에 책봉한 것은 북방의 요(遼)나라 때문이었다. 당시 송나라는 압박해오는 요나라 군사와 일대 격전을 벌였으나 끝내 승패를 가리지 못하고 '전연(澶淵)의 맹약(1004년)이라는 강화조약을 맺은 지 얼마 안되었을 때였다. 역사적으로 중국은 북방의 위협을 받으면 베트남 문제에 소홀해질 수밖에 없었다.

타이 또는 천도문제와 대외관계가 해결되자 내치에 힘을 기울였다. 우선 불교를 적극 후원했다. 1010년 전국 각지의 사찰과 도관(道觀)을 조사하여 사원을 수리하게 하고, 수도 탕 롱과 자신의 출생지인 꼬 팝(Cổ Pháp 古法) 마을에는 열 개가 넘는 절을 새로 짓고 또 대종(大鐘)을 주조하여 기존의 유명한 사찰에 기증했다. 이 사원 건립사업은 이후에도 계속되었다. 타이 또의 불교보호는 이미 언급한 바와 같이 정치적 이유도 있었겠지만, 그 자신이 독실한 불자였고 당시에 불교가 융성했기 때문이다.

다른 한편 타이 또는 자신의 권위를 세우는 동시에 민심을 수습하기 위해 델타 주민들이 숭배하는 과거의 영웅들을 정성껏 추모했다. 예컨대, 1016년에 그는 리 남 데(Lý Nam Đế 李南帝), 즉 리 비(李賁)의 부장 리 푹 만(Lý Phục Man 李服蠻)의 고향을 방문하는 길에 리 푹 만의 사당을 짓고 조상(彫像)을 만들어 세우도록 명했다. 이런 조치는 타이 또가 특정 종교에 치우치지 않고, 여러 신앙을 고루 받아들여 왕권을 강화하려 했음을 보여준다.

타이 또는 또한 새로운 세제를 만들어 조세수입 확보에도 노력했다. 1013년에 제정된 법에 따르면, 과세 대상을 ① 전답 ② 뽕밭 ③ 산간지대의 산물 ④ 소금 ⑤ 무소뿔·상아·향료 ⑥ 목재·과일 등 모두 여섯 가지로 분류했다.

　타이 또는 지방행정 개혁에도 착수했는데, 자세한 내용은 알려져 있지 않다. 추측컨대, 당시 지방은 24로(路)로 나누어졌고, 그 밑에 부(府)와 주(州)가 있었으며, 다시 그 밑에 현(縣)이 있었던 것 같다. 그러나 딘 보 린이 설치했던 도(道)도 지역에 따라 여전히 존재했고, 현에 해당하는 군(郡)이라는 명칭도 남아 있다. 이처럼 행정체계가 완전히 일원화되어 있지는 않았다는 사실을 고려하면, 리 왕조는 홍강 델타의 핵심적인 평야지대만 지배했다고 보아도 무방하다. 더욱이 주(州)는 산간지방에 두었던 행정단위인데, 실제로는 중앙조정의 지배가 미치지 않는 명복상의 단위였다.

　1011년과 1012년 오늘날 타인 호아와 응에 안 지방의 산지 부족들이 반란을 일으켰다. 타이 또는 대군을 동원하여 직접 원정에 나서 촌락들을 불태우고 주동자들을 생포하여 돌아왔다. 그가 직접 원정에 나선 것은 자신의 무공(武功)을 통해 '용맹한 자'임을 증명하기 위해서였다. 이렇게 본인의 실력을 만천하에 드러내는 것은 앞서 언급한 레 호안의 경우와 비슷하다고 볼 수 있다.

　타이 또는 정권이 어느 정도 안정되자 남방에도 관심을 가져, 훗날 타이 똥(太宗)이 되는 황태자 리 펏 마(Lý Phật Mã 李佛瑪)에게 남쪽 변경을 위협하는 참파를 공격하게 했다(1020년). 리 펏 마는 오늘날 꽝 빈성 북부지역에서 참파 군과 대결하여 그 장군을 참수하는 등 참파군에게 대패를 안겼다.

　타이 또는 그 나름대로 왕조의 안정에 기여했지만, 장자상속을 확실히 하지 못했다는 이유로 후대의 역사가들로부터 비판을 받았다. 그러나 이것은 타이 또만을 탓할 일은 아니었으며, 당시 베트남 사회의 관습상 그 누구라도 쉽지 않은 일이었다. 리 왕조의 왕위계승은 어느 황후의 자손이든 계승권이 있었으며, 후계자는 황제가 임종 즈음에 '용맹한 자'

로 결정하는 경우가 적지 않았다.

타이 똥

1028년 타이 또가 사망한 후 왕자들의 난을 간신히 진압하고 장자 펏 마(Phật Mã 佛瑪)가 즉위하니, 그가 타이 똥(Thái Tông, 太宗)이다. 타이 똥은 지(智)와 용(勇)을 겸비한 인물로, 리 왕조의 권위를 반석 위에 올려놓았다.

타이 똥은 즉위하자마자 왕권강화를 위해 혈맹의식(血盟儀式)을 거행했다. 모든 관리들을 탕 롱 교외에 건립한 동고신묘(銅鼓神廟)에 모아놓고 "자식으로서 부모에게 효도하고 신하로서 임금에게 충성을 다한다"는 맹세를 하게 한 후 서약의 뜻으로 제물로 사용된 동물의 피를 자신과 함께 마시게 했다. 타이 똥이 황태자 시절 참파를 원정할 때나 제위에 오르는 과정에 동 꼬 산(núi Đồng Cổ 銅鼓山) 신령의 도움을 받은 것에서 유래되었다고 하는 이 혈맹의식은 이후 매년 4월에 어김없이 거행되었고, 리 왕조는 물론 그 뒤를 이은 쩐 왕조(Triều Trần 陳朝) 때까지 계속되었으며, 레 왕조의 타이 똥(太宗) 시대에도 행해졌다.

타이 똥은 또한 자신이 겪었던 왕위계승 분쟁을 미연에 방지하고 왕권의 안정을 도모하기 위해 다섯 살밖에 안된 아들을 황태자로 책봉했다. 또한 군권을 강화하여 그 누구도 자신의 권위에 도전하지 못하도록 금위십군(禁衛十軍), 즉 천자군(天子軍)을 조직했다.

불교에 대해서는 선왕 못지않게 보호와 장려에 힘썼다. 1031년에 국고로 전국의 향읍(鄉邑) 150여 곳에 절과 도관을 건립했으며, 그해 8월에는 설법 후에 전국의 모든 죄수들에게 특별사면을 베풀기도 했다. 1034년에는 입적한 두 승려한테서 사리가 많이 나오자 '매우 상서로운 일'이라고 기뻐하며 연호(年號)를 '통 투이'(Thống Thụy 通瑞)로 바꾸었다. 그런데 타이 똥은 정치적인 이유에서 비니타루치파(派)보다 보 응온 통 파(派) 선종과 더 가까웠다. 보 응온 통 파는 조정이 승단을 통제하는 데 중요한 도구였을 뿐 아니라, 보 응온 통 파 승려들의 학문적 지식이 왕권강화에 필요했기 때문이다.

불교가 왕권을 등에 업고 리 왕조의 정치를 좌지우지하고 있었지만, 유교 또한 서서히 대두되고 있었다. 1038년 타이 똥은 중국식으로 토지신과 오곡의 신에게 제사지내는 사직단을 만들고 친경(親耕) 의식인 적전(籍田)의 예를 행하려 하자, 이는 농부의 일이니 제왕의 권위와 의식에 어긋난다고 조정의 신하들이 강력히 반대했다. 타이 똥은, "내가 스스로 논을 갈지 않는다면, 조상제사에 무슨 쌀을 쓸 수 있으며, 어떻게 천하를 다스릴 수 있겠는가?"라고 하며 뜻을 굽히지 않았다. 이전에는 농부가 바치는 벼로 의식을 행했다. 그는 유교적 이념을 받아들여 군주의 권위를 강화하려 했던 것이다.

1040년대에 들어서면서 유교의 영향은 조금 더 뚜렷해졌다. 베트남에서 가장 오래된 『형서』(刑書)가 반포되었다는 사실이 이를 말해준다. 이 책은 현존하지 않아서 구체적인 내용을 알 수는 없으나, 대체로 당률(唐律)을 모방하여 군주에 대한 불충이 이전보다 무겁게 처벌되었고, 형벌에도 태(笞)·장(杖)·도(徒)·유(流)·사(死)의 오형제(五刑制)가 채택되었다. 타이 똥은 또한 인사고과제(考課制)를 실시하고, 군역(軍役)을 엄격히 시행하여 군역 회피자를 엄중히 다스렸다. 도로와 교량도 새롭게 건설하거나 보수하여 교통의 편의를 도모하고, 화폐(동전)를 제작하여 문무관리들에게 나누어 주었다.

그러나 법을 관장하는 도호부(都護府)에 부패가 만연하여 규율이 서지 않자, 타이 똥은 법이 아닌 상제(上帝)의 가르침에 따라 레 호안의 명신(名臣)이었다고 하는 팜 끄 르엉(范巨倆)을 법의 수호신으로 받들어 해결했다. 타이 똥이 이처럼 결정적으로 중요한 순간, 이를테면 왕자의 난 진압이나 관료의 부패에 직면했을 때 예법(禮法)보다 수호신에

의지했다는 것은 베트남 사회가 아직은 유교적 이념보다 전통적 가치를
더 중시했음을 말해준다.

타이 똥은 유능한 행정가인 동시에 위대한 무인이었다. 1039년 그는
송과의 접경지대인 꽝 응우옌(Quảng Nguyên 廣源, 현 까오 방 지역)을
근거지로 하고 있던 타이계의 눙족(儂族) 정벌에 나섰다. 수장 눙 똔 푹
(Nùng Tồn Phúc 儂存福)은 리 왕조에 예속되어 있었는데, 1038년에 반
란을 일으켰고, 그 이듬해에는 황제를 자칭하고 처(妻) 아 눙(A Nùng
阿儂)을 황후로 하는 동시에 국호까지 정하면서 독립을 꾀했다. 타이 똥
은 눙 똔 푹과 그 장남을 생포하여 탕 롱으로 끌고 와 처형했다. 이때 아
눙과 작은 아들 눙 찌 까오(Nùng Trí Cao 儂智高)만은 안 붙잡히고 도망
쳤는데, 2년 후인 1041년 눙 찌 까오는 어머니와 함께 꽝 응우옌 부근
의 탕 조(Thảng Do 儻猶)로 돌아와 이곳을 기반으로 새로운 나라를 세
웠다. 타이 똥은 군사를 보내 마침내 그를 생포했으나, 이미 그의 아버
지와 형이 처형된 것을 불쌍히 여겨 죄를 용서하고, 더 이상의 반란을
방지하기 위해 그에게 꽝 응우옌 지방과 부근 일대의 지배권을 주었다.
훗날 레 반 흐우는 타이 똥이 불교에서 말하는 '소인'(小仁)에 얽매여 그
를 처형하지 않은 것은 왕조의 '대의'(大義)를 잊은 행위라고 비판했다.
여기에서도 레 반 흐우가 몽골의 침입이라는 국가존망의 상황을 염두에
두고 『대월사기』를 쓴 심정을 엿볼 수 있다.

남쪽 변경에서는 1043년 여름 참파가 리 왕조를 침탈한 사건이 발생
했다. 타이 똥은 연말부터 참파 원정을 위해 배 100여 척을 건조했다.
원정에 앞서 타이 똥은 신하들에게, 선황이 돌아가신 지 16년이나 되었
는데, 참파가 한 번도 사신을 보내지 않았으니 내 덕이 부족해서인가,
아니면 저들이 산천의 험난함을 믿어서인가라고 물었다. 신하들은, 참
파 왕은 무력으로 정벌하여 복종시키지 않는 한 사신을 보내지 않을 것
이라고 대답했다. 아울러 참파를 정벌하지 않으면 국내의 제후들도 참

'쭈아 못 꼿'(한 기둥 사원)

파처럼 복종하지 않게 될 터이니 정벌함이 마땅하다고 입을 모아 말했다. 이 말에서 짐작할 수 있듯이 참파 원정은 단순한 정벌이 아니라 대내적으로 중앙집권의 강화라는 포석도 깔려 있었다. 1044년 초 타이 똥은 해로로 이전의 그 어느 때보다도 규모가 큰 원정에 나섰다. 원정은 대성공이었다. 우선 베트남 중부인 트아 티엔-후에(Thừa Thiên-Huế)를 점령하여 참파 왕을 참수하고 병사 3만 명을 살해했으며 5천여 명을 생포했다. 사체가 너무 많아 타이 똥은 더 이상 죽이지 말라는 명령을 내려야 했다. 그런 다음 남쪽으로 항해를 계속하여 비자야도 무너뜨리고, 그 왕의 처첩 이하 무녀(舞女)까지 모두 붙잡았다. 이때 생포된 왕비 한 명에게 타이 똥을 모시게 하자 그녀는 울분을 참지 못해 강에 투신하여 자살했다. 타이 똥은 그녀의 수절을 갸륵하게 여겨 '부인'(夫人)의 칭호를 내렸다.

대내외적으로 큰 문제들을 해결해서 그랬겠지만, 타이 똥의 치세 마지막 10년은 비교적 평온했다. 1048년 그는 사직단을 세우고 사시(四時)로 곡식의 풍요를 기원하게 하는 한편, 이듬해에는 연화대(蓮花臺) 위에 관음불이 앉아 있는 꿈을 꾸고 이를 모방하여 절을 짓게 했다. 승려들이 독경(讀經)을 하며 황제의 장수를 빌었다고 하여 '지엔 흐우 뜨'(Diên Hựu tự 延祐寺, 또는 Liên Hoa Đài 蓮花臺)라고 명명했는데, 절이 기둥 하나에 의지하여 지어졌기 때문에 오늘날에는 일반적으로 '쭈아 못 꼿'(chùa Một Cột, 한 기둥 사원)이라 불린다. 현재의 절은, 1954년에 프랑스군이 하노이에서 후퇴할 때 파괴되었다가 재건된 것이기는 하지만, 11세기 건축양식의 일면을 보여주고 있다.

타인 똥

27년이란 긴 재위기간 동안 타이 똥은 불안정했던 왕권을 반석 위에 올려놓은 뒤 세상을 떠났다. 타이 똥에 이어 황태자가 제위에 올랐다. 그가 타인 똥(Thánh Tông 聖宗, 1054-1072)이다. 타인 똥은 즉위하자 그때까지 사용하던 다이 꼬 비엣이란 국호에서 '꼬'자를 뺀 '다이 비엣'(Đại Việt 大越)으로 국호를 바꾸었다. 타인 똥이 베트남의 전통을 지나칠 만큼 강조하는 보수적인 호아 르 출신이 아니었기에 가능한 일이었다. 달리 말하면, 그는 중국문화의 영향을 받은 델타 중심부에서 성장해서 중국문화를 쉽게 받아들일 수 있었던 것이다.

1059년 타인 똥은 모든 신하들에게 조회 때 반드시 중국식 모자를 쓰고 중국식 신발을 신으라는 칙령을 내렸다. 그리고 1070년에는 베트남 최초로 문묘(文廟)를 세워 공자와 주공(周公) 및 공자의 제자들을 배향하고, 사시(四時)에 제사를 지내게 하는 등 본격적인 유학 장려에 나섰다. 문묘에는 학교도 설치하여 황태자를 비롯한 왕자들과 고위 관리의 자제들에게 유학을 가르쳤다.

그러나 유학의 보급은 아직 초기 단계에 머물렀고, 불교는 전과 다름없이 통치이념의 역할을 하며 정치를 지배하고 있었다. 타인 똥 역시 많은 사원과 불탑을 조성했는데, 이 때문에 후대의 역사가들로부터 백성의 생활을 피폐하게 만들면서까지 불탑과 왕궁을 지었다는 비판을 받기도 한다. 당시 정치적으로 활약한 승려들은 이전의 선종파 계열이 아닌 새로운 제3의 선종파인 타오 드엉(Thảo Đường 草堂) 파였다. 타오 드엉(草堂)은 중국인 승려로, 처음 스승을 따라 참파에 가서 거주하다가 1069년 타인 똥의 참파 원정 때 포로가 되어 잡혀왔다. 그러나 그는 얼마 안 있어 타인 똥을 자기의 법문에 귀의시키고 국사(國師)로서 정치적으로도 중요한 역할을 하게 되었다. 타오 드엉 파는 '베트남의 선종'이라고도 불리며, 타인 똥이 제1대 시조가 되었다.

한편 타이 똥이 참파원정 때 붙잡아온 무녀들의 영향을 받았는지 타인 똥은 유난히 참파 음악을 좋아해서 직접 가사를 번역하여 악공들한테 연주하게 했다고 한다. 그럼에도 타인 똥은 참파에 호의적이지는 않

았던 것 같다. 참파 역시 겉으로는 사절을 보내 친선을 요구하면서도 속
으로는 리 왕조에 적개심을 가지고 있었다.

1068년 참파가 남쪽 변경을 침범하자, 1069년 봄 타인 똥은 친정(親
征)에 나서면서 장군 리 트엉 끼엣(Lý Thường Kiệt 李常傑)을 원정군 사
령관으로 임명했다. 이러한 즉각적인 대응에는 1067년 송에서 신종(神
宗)이 즉위하면서 신법으로 유명한 왕안석(王安石)을 등용하여 리 왕조
에 대한 공격을 준비하자 우선 배후세력을 쳐서 섣불리 준동하지 못하
게 하겠다는 의지가 담겨 있었다. 타인 똥의 수군은 두 달도 채 안되어
비자야를 함락했다. 참파 왕 루드라바르만 3세(Rudravarman III 制矩)
는 성이 함락되기 직전 도망쳤으나 캄보디아 국경 부근에서 리 트엉 끼
엣에게 붙잡혔다. 타인 똥은 비자야를 완전히 불태운 후 참파 왕과 수천
의 포로를 끌고 5개월 만에 탕 롱으로 돌아왔다. 참족 포로들은 현 박
닌(Bắc Ninh) 지방의 리 왕조 직할령에 정착시켰다.

루드라바르만 3세는 그해 가을 디아 리(Địa Lý 地哩)·마 린(Ma Linh
麻令)·보 찐(Bố Chính 布政) 이상 세 지역(오늘날 꽝 빈 성과 꽝 찌 성
〔tỉnh Quảng Trị〕의 북부)을 할양하겠으니 자신을 풀어달라고 요청했고,
마침내 그 요청이 받아들여져서 참파로 돌아갈 수 있었다. 베트남 역사
에서는 이 영토 획득을 '남 띠엔'(南進)의 제일보라고 부른다. 그러나 후
술하겠지만, 리 왕조는 물론 그 다음의 쩐 왕조에서조차도 이들 지역의
주도권을 둘러싸고 참파와의 충돌이 계속되었기 때문에 진정한 의미에
서 남 띠엔이 이루어졌다고 말하기는 어렵다.

1072년 리 타인 똥이 세상을 떠나고 황태자가 제위에 올랐다. 그가
년 똥(Nhân Tông 仁宗, 1072-1127)이다. 이때 년 똥의 나이는 겨우 일
곱 살이었지만 다행히 왕위계승을 둘러싼 분쟁은 없었다. 형식적으로는
적모(嫡母)인 황태후가 수렴청정을 하고, 실질적으로는 모든 국사를 황
족인 태사(太師) 리 다오 타인(Lý Đạo Thành 李道成)이 처리했다. 년

뚱의 생모(生母) 이 란(Ỷ Lan 倚蘭)은 평민출신으로 정비(正妃)가 아니
었기 때문에 정사에 참여할 수 없었다. 그러나 질투가 심했던 그녀는 년
뚱을 부추겨 황태후를 유폐시켰다가 타인 뚱의 능(陵)에 황태후와 시녀
72명을 순장(殉葬)시키는 어처구니없는 만행을 저질렀다. 일설에 의하
면, 년 뚱은 어린 마음에 어머니를 기쁘게 할 생각만 하고, 이런 일이 얼
마나 큰 잘못인 줄 몰랐다고 한다. 리 다오 타인은 응에 안 지방의 남부
로 좌천되었다.

이듬해 년 뚱은 리 다오 타인을 다시 탕 롱으로 불러들여 재상에 해당
하는 평장군국중사(平章軍國重事) 직에 임명하여 모든 일을 처리하게
했다. 리 다오 타인은 청렴하고 강직한 인물로 국사를 신중히 다루고 유
능한 인재를 적재적소에 배치함으로써 년 뚱 치세의 기틀을 다졌다.

1075년에는 베트남에서 최초로 과거(科擧)제도가 실시되어 한학(漢
學)의 과목별 시험에 의해 관리를 선발했다. 그러나 당시에 시행된 과거
제도의 상세한 내용, 이를테면 그 방법이나 응시자격, 응시자수 등에 관
해서는 알려진 게 별로 없다. 다만 기록에 의하면, 레 반 틴(Lê Văn
Thịnh 黎文盛)을 비롯해 10여 명이 급제하여 고위관리로 임명되었다.
타인 뚱 때까지는 관리의 등용이 주로 승려의 추천에 의해 이루어졌으
나, 이러한 관행은 과거제가 시행되면서 점차 줄어들게 되었다. 과거제
가 실시된 이듬해인 1076년에는 국자감(國子監)이 설립되어 유학을 가
르쳤다.

1081년 리 다오 타인은 세상을 떠난 뒤에는 과거급제자 출신인 레 반
틴이 승진을 거듭하여 1085년에 태사(太師)직까지 올랐다. 리 다오 타
인에 이어 레 반 틴도 유학진흥정책을 계속 추진했다. 1086년에는 과거
를 통해 선발한 문사를 한림원(翰林院)에 충원하고 특별히 시험성적이
우수한 자는 한림학사로 임명했다. 1089년에는 관직을 정비하여 태사
(太師)·태부(太傅)·태보(太保) 등을 정점으로 하는 송나라와 유사한 제

도를 도입했다.

그러나 유학은 굳건히 뿌리내리지 못했다. 일례로 황후는 산천을 유람하며 불사(佛寺) 건립에 열심이었으며, 년 똥 또한 불교를 숭상하여 승려 코 더우(Khô Đầu 枯頭)를 국사(國師)로 삼았다(1088년). 응오 시 리엔이 년 똥의 코 더우에 대한 태도를 레 다이 하인(黎大行)의 쿠옹 비엣 대사(匡越大師)에 대한 그것에 견주고 있는 것을 보면, 국사의 지위가 얼마나 중요했는가를 알 수 있다. 그 반면에 승승장구하던 유학자 관료 레 반 틴은 역모사건에 연루되어 실각했고(1096년), 년 똥의 배려로 겨우 사형만 면했다.

사실 리 왕조의 과거제도는 아직 초기단계에 지나지 않았다. 정기적으로 시행되지도 않았거니와 선발인원도 많지 않았다. 그리고 과거급제자가 고위직에 오르는 경우도 극히 드물었다. 기록을 살펴보면, 과거는 년 똥 때 두 번(1075년, 1086년) 실시되었고, 12세기 후반에 다섯 번(1152년, 1165년, 1185년, 1193년, 1195년) 시행되었을 뿐이다. 왕조의 통치이념은 여전히 불교였다고 해도 그다지 틀린 말이 아니었다. 그것을 방증해주는 좋은 예가 있다. 12세기 후반에, 찌(Trí 智) 선사(禪師)는 젊어서 과거에 급제하여 기록보관소에 근무하다가 출가하여 저명한 선사가 되었다. 그리고 리 왕조 때의 저명한 시인을 보아도 유학자보다 승려가 훨씬 많다. 1940년대 중반에 출판된 『리 왕조의 문학』이란 책에는 시인 24명의 작품이 실려 있는데, 그 중 21명이 승려이다. 사실, 리 왕조 때의 과거는 유학만을 시험보는 것이 아니고, '시삼교'(試三敎)라 하여 불교와 도교에 대한 이해도도 함께 평가하는 경우가 있었다. 리 왕조 문화가 유(儒)·불(佛)·도(道) 삼교를 포괄하고 특정 종교에 배타적이지 않았기 때문에 가능한 일이었다.

송의 침입

　　년 똥이 즉위 초에 직면한 가장 중대한 문제는 송의 침입이 가시화한 것이었다. 앞서 말했듯이 1067년에 송나라에서는 영종(英宗)에 이어 신종(神宗)이 즉위했다. 신종은 겉으로는 리 왕조와 친선관계를 유지하겠다고 했으나, 뒤로는 군사행동에 나설 준비를 시작했다. 베트남에서 나이 어린 년 똥이 제위에 오르자 이를 베트남 공략의 호기로 여겼던 것이다. 리 왕조에서는 기선을 제압하기 위해 선제공격을 시도했다. 1075년 2월 리 트엉 끼엣 등이 10만의 대군을 이끌고 수륙 양면으로 송나라를 공격했다. 리 왕조의 군사는 1076년 1월 광둥 지방의 흠주(欽州) 등 3개 주를 점령하고 주민 상당수를 생포하여 개선했다.

　1076년 2월 송은 곽규(郭逵)를 총사령관에 임명하여 대대적인 반격에 나섰다. 9월 옹주에서 베트남으로 출발한 곽규의 군사는 오늘날 박닌 성의 옌 퐁(Yên Phong) 현 서북쪽 꺼우 강(sông Cầu)에 당도했다. 한때 베트남군에 패배를 당하기도 했으나, 아랑곳하지 않고 무서운 기세로 진군을 계속하여, 12월에는 탕 롱에서 30리 떨어진 홍 강 북안까지 밀고 들어왔다. 그러나 리 왕조의 사령관 리 트엉 끼엣이 전함 400여 척을 강 남안(南岸)에 포진시켰기 때문에 강을 건널 수가 없었다. 결국 강을 사이에 두고 양군의 대치상태는 한 달 남짓 이어졌다. 그 사이 송군은 식량이 떨어지고 열대성 질병으로 사망자가 속출하면서 점점 전의를 잃어갔고, 리 트엉 끼엣은 이때를 놓치지 않았다. 베트남 군사는 강을 건너 기습공격을 감행하여 송군에 일대 타격을 가했다.

　전하는 바에 의하면, 이때 리 왕조 군대의 진영 근처에는 6세기에 찌에우 비엣 브엉(趙越王, 즉 찌에우 꽝 푹)을 도와 싸웠던 두 장군의 사당이 있었는데, 리 트엉 끼엣은 송군을 공격하기 전날 밤에 몰래 부하를 그곳에 보내 다음과 같은 노래를 부르게 함으로써 병사들의 사기를 끌어올렸다.

남국의 산하에는 남제(南帝)가 거(居)한다고

천서(天書)에 분명히 나와 있거늘,

어이하여 역로(逆虜)는 우리의 땅을 침범하는가.

너희는 참담한 패배를 맛보고야 말리라.

리 트엉 끼엣은 베트남을 남국, 중국을 북국으로 규정하고 동시에 베 트남의 군주를 남제로 하여 중국의 천자, 곧 북제와 대비시키고 있다. 이는 두 나라 사이에 어떤 상하관계도 존재하지 않는다는 의미이다. 더 욱이 그는 이런 대등한 관계가 천리(天理)에 따른 것으로 강조하고 있 다. 이 노래는 딘 보 린 이래 베트남의 지배자가 황제를 칭한 역사를 그 대로 반영하고 있는 것이다.

송나라 군대가 입은 타격은 실로 컸다. 그러나 리 왕조 또한 장기간의 전쟁은 백성들의 생활을 파괴할 뿐 아무런 소득도 없기 때문에 사태의 조속한 해결을 원하게 되었다. 이에 양측은 화의에 도달하여, 송나라는 이미 점령한, 오늘날의 까오 방과 랑 선(Lạng Sơn) 지역에 해당하는 꽝 응우옌의 5개 주를 비롯한 몇 개의 지역을 얻는 대신 주둔 병사들을 모 두 철수시켰다(1077년). 년 똥은 1078년 송나라에 사절을 보내 꽝 응우 옌 영토의 일부 반환을 요청했고, 그 이듬해 송은 리 왕조가 포로로 잡 은 221명을 돌려보낸다면 요구에 응하겠다는 뜻을 밝혔다. 그러나 경계 선을 놓고 갈등이 있었기 때문에, 양측은 몇 차례 협상의 진통을 겪은 끝에 1084년 마침내 합의에 도달하여 영토반환이 이루어지고 국경이 정해졌다. 꽝 응우옌은 금의 산지여서 특히 양국이 쉽게 포기할 수 없는 땅이었던 것이다.

이상과 같은 협상과정을 보면, 리 왕조는 비록 송나라에 조공을 바치 기는 하지만 거의 대등한 입장에서 협상했음을 짐작할 수 있다. 다시 말 하면, 조공은 사실상 형식에 불과하고 자신의 이익을 지키기 위해 최대한 분투하고 있었던 것이다.

한편 참파는 중국만큼 리 왕조에 위협적인 존재는 아니었지만 역시 요주의 대상이었다. 년 똥(仁宗)이 즉위한 지 2년 후인 1074년 참파는 리 왕조의 남쪽 변경을 침범했다. 그 침범이 루드라바르만 3세의 지시에 의한 것이었는지는 분명하지 않은 가운데, 년 똥은 이듬해 리 트엉 끼엣에게 명하여 참파 원정을 시도했다. 하지만 결과는 실패였다. 다만 약간의 성과는 있었다. 리 트엉 끼엣이 디아 리·마 린·보 찐 3주(州)의 지형을 그려 지도를 만들고 이들의 행정명칭을 바꾸는 동시에 베트남인들을 이주시켜 정착하게 한 것이다. 어쨌든 당시 가장 유능했던 장군인 리 트엉 끼엣이 군사적으로 실패했다는 것은 참파가 베트남 역사서에서 말하는 것처럼 그렇게 약한 존재가 아니었음을 보여주는 증거라고 할 수 있다.

이후 참파는 거의 정기적으로 리 왕조에 '조공'을 바치다가 1092년에 송나라에 리 왕조를 협공하자고 제안했지만, 송나라는 이를 받아들이지 않았다. 1094년 리 왕조가 조공을 하지 않는다고 참파를 압박하자, 참파는 1095년부터 1102년까지 모두 다섯 차례 사절을 보냈다.

그러던 중 1103년에는 지엔 쩌우(Diễn Châu 演州, 현재의 응에 안 성과 하 띤 성) 지방 출신의 주술사인 리 작(Lý Giác 李覺)이란 자가 반란을 일으켰다가 리 트엉 끼엣에 패하여 참파로 달아나는 사건이 발생했다. 리 왕조의 국내가 허술하다는 리 작의 말에 따라 참파 왕 자야 인드라바르만 2세(Jaya Indravarman II 制麻那)는 리 왕조의 남쪽 변경을 침공하여 이전에 잃었던 세 개 주를 탈환했다. 그러나 그것도 잠시, 참파 왕은 얼마 안 있어 리 트엉 끼엣에게 패하여 그 주들을 다시 반환했다. 그후 참파 왕은 리 왕조에 조공을 바치고 순종의 뜻을 표시했다.

대외적인 위협이 사라지고 대내적으로는 왕권이 안정되면서 년 똥은 농업 장려에 많은 관심을 보였다. 베트남은 농업사회였으므로 지극히 당연한 일이었다. 가뭄이 들면 기우제를 지내고, 흉년에는 농민들의 조세를 경감해주었다. 또한 농사에는 물소가 중요했기 때문에 불필요한 도살을 금지하고, 최소한 세 집이 한 마리는 보유하도록 했다.

1108년에는 홍 강의 범람으로부터 탕 롱을 보호하기 위해 꺼 싸(Cơ Xá 機舍) 지역에 제방을 쌓았다. 이전에도 홍수를 방지하기 위한 제방이 많이 있었지만, 그 대부분은 각 촌락이 자발적으로 쌓은 소규모 제방이었다. 꺼 싸 제방은 이와 달리 중앙조정의 관할하에 쌓은 것이어서 다른 제방들과는 비교가 안될 정도로 규모가 컸다. 이 정도의 제방을 쌓았다는 것은 경지면적이 확대되고 생산량이 증가하면서 그 만큼 국가권력이 강화되었음을 말해준다. 달리 말하면, 지방세력의 점진적인 약화를 의미한다.

턴 똥과 아인 똥

년 똥은 56년의 오랜 통치 끝에 1127년 세상을 떠났다. 년 똥에게는 아들이 없었기 때문에 양자로 삼았던 조카 즈엉 호안 (Dương Hoá 陽煥)이 열두 살의 어린 나이로 제위에 올랐다. 바로 턴 똥 (Thần Tông 神宗, 1128-1138)이다. 턴 똥은 어렸기 때문에 년 똥의 유언에 따라 군권(軍權)을 쥐고 있던 레 바 응옥(Lê Bá Ngọc 黎伯玉)이 금군(禁軍)으로 궁중을 철저히 통제하는 가운데 왕후(王侯)·문무신하들을 입궐시켜 새로운 황제의 즉위를 알렸다. 턴 똥은 이전 황제들이 여러 명의 황후를 두었던 것과는 달리 황후를 한 명만 두고, 다른 여인들에게는 '부인'(夫人) 등의 칭호가 주어졌다.

한편 년 똥에게는 또 다른 양자 즈엉 꼰(Dương Côn 陽焜)이 있었는데, 그는 턴 똥이 즉위하자 신변의 위협을 느끼고 남송(南宋)으로 도피했다가 우리나라 경주로 건너와 한때 정착했다. 그런데 그 후손이 강원도 정선(旌善)으로 이주하여 오늘날 정선 이씨의 조상이 되었다고 한다. 이 이야기는 사실로 받아들이기에는 의심스러운 부분이 많고 또 우리나라에서는 거의 알려져 있지 않지만, 베트남에서는 기정사실로 받아들이고 있다.

턴 똥은 우선 농업을 진작시키기 위해 국가가 몰수했던 토지를 전(前) 소유주에게 돌려주고, 빚을 지고 농노가 되었던 이들을 다시 평민 신분으로 회복시켰다. 또한 번병(番兵)은 6개월을 근무한 뒤에는 고향으로 돌아가 농사에 힘쓰게 했다.

턴 똥 치세 중에 중국대륙에서는 송나라가 여진족의 금나라에게 멸망당하고 왕족 일부가 강남으로 내려와 남송을 세웠다(1127년). 그러나 남송은 세력이 약했고 또 북방의 금나라에 신경을 쓰고 있었던 만큼 리 왕조에게는 큰 위협이 되지 않았다. 이와는 달리 캄보디아는 당시 세력이 크게 신장하고 있었다. 앙코르 와트(Angkor Wat)를 건설한 수리야바르만 2세(Suryavarman II)는 참파와 함께 응에 안과 타인 호아의 변경을 10년 새 네 차례(1128년, 1133년, 1135년, 1137년)나 침입했다. 리 왕조의 군사는 이들을 성공적으로 물리치기는 했지만, 변경지방은 여러 해 동안 불안한 상태였다.

턴 똥이 1138년 병사하고, 세 살배기 둘째아들이 제위에 올랐다. 그가 아인 똥(Anh Tông 英宗, 1138-1175)이다. 사실 턴 똥에게는 아들이 셋 있었다. 원래는 장남을 후계로 할 생각이었는데, 임종 무렵 세 부인이 같이 와서 첫째는 서자이므로 그가 제위에 오르면 그 생모가 실권을 장악하여 우리를 해칠 것이라고 걱정해서 둘째로 바뀌었다는 것이다.

아인 똥이 즉위하자 그의 어머니이자 턴 똥의 부인인 레(Lê 黎)씨가 황태후가 되었고, 그녀와 사통(私通)하고 있던 도 아인 부(Đỗ Anh Vũ, 杜英武)가 궁전령(宮殿令)이 되어 전권을 행사했다. 그는 턴 똥의 생모인 도 태후의 남동생이었다. 더욱이 그의 조카딸(형의 딸)이 아인 똥의 황후가 되면서 그의 권력은 더욱 강화되었다. 도 아인 부는 관리들 위에 군림했고, 자기에게 방해가 되는 자는 그 누구든 사형에 처하거나 유배를 보냈다. 일부 종실(宗室)과 관리들이 그를 제거하려다 실패하면서 조정은 더욱 혼란에 빠졌다.

1158년 도 아인 부가 죽고, 그 뒤를 이어 군관(軍官) 또 히엔 타인(Tô Hiến Thành 蘇憲誠)이 권력을 장악하여 국정을 수행했다. 그는 도 아인 부 생전에 권력다툼에 간여하지 않았고, 변경에서 발호하는 만족(蠻族)들을 토벌하여 많은 무공을 세웠다. 게다가 또 히엔 타인은 다른 무인들과 달리 유교적 소양도 있었다. 아마 그래서 그는 문무관료의 시험을 실시하고, 자발적으로 거세하여 환관이 되는 것을 엄격히 금지했을 것이다. 그의 인품은, 후계자인 어린 아들을 잘 지켜달라는 선황의 유지를 충실히 받든 데서도 잘 드러난다. 황태후는 행실이 부도덕해 서인(庶人)이 된 큰아들을 다시 복위시키려고 뇌물로 또 히엔 타인을 매수하려 했으나, 그는 결코 응하지 않았다.

아인 똥 시대에는 중국과의 관계에서 중요한 변화가 있었다. 남송이 전과 달리 1174년 그를 '교지군왕'이 아니라 '안남국왕'(安南國王)에 책봉하여 리 왕조를 하나의 독립국가로 인정하는 전향적인 자세를 취한 것이다. 남송으로서는 일단 시급한 금나라의 위협에 대항하기 위해서 어떻게든 리 왕조를 회유할 필요가 있었다. 실제로 그 4년 전에는 금나라와 남송이 리 왕조를 회유하기 위해 경쟁적으로 사절을 파견하기도 했다. 남송이 리 왕조를 독립국가로 인정해준 것은 중화질서 안에서 중국의 힘이 약해졌을 때 일어나는 현상을 분명하게 보여준다.

아인 똥 사후에는 그의 여섯째아들이 제위에 올랐는데, 바로 까오 똥(Cao Tông 高宗, 1176-1210)이다. 이때 까오 똥의 나이는 겨우 두세 살이었다. 또 히엔 타인은 황제가 너무 어려서 대내외적으로 있을지도 모를 혼란에 대비하여 민심의 안정과 군사력 강화에 주력했다. 그는 관리의 인사고과를 실시하여 능력에 따라 관직에 임명하는 한편, 강건한

자들을 선발하여 군대를 충원했다. 그리고 까오 똥 시대 베트남에서는 처음으로 유년칭호법(踰年稱號法)*과 삼년상(三年喪) 같은 중국식 제도가 도입되었다. 이 역시 또 히엔 타인의 제안에 따라 이루어졌던 것 같다. 또 히엔 타인의 이러한 노력 덕분에 그의 생전에는 정치가 안정되었다. 하지만 그의 죽음(1179년) 이후, 리 왕조는 쇠퇴하기 시작했다.

리 왕조의 쇠퇴

아인 똥이 어린 나이에도 친히 농민들의 생활을 살핀 것과는 달리, 까오 똥은 국사는 뒷전이고 불필요한 궁궐을 짓는 데 농민들을 강제동원하는 등 사치스러운 생활에 빠졌다. 황제가 국사에 관심이 없으니 관리들은 부패하여 농민들을 수탈하고, 설상가상으로 기근까지 발생하자, 농민들은 고향을 등지고 무리를 지어 유랑하며 약탈을 일삼았다. 이런 혼란에 편승하여 지방호족들은 반란을 일으켰다.

리 왕조 멸망의 가장 큰 원인은 두말할 나위 없이 조정의 부패였다. 그런데 망해가는 리 왕조에 결정적 타격을 가하고 새로운 왕조를 세우는 쩐(Trần 陳)씨 세력이 대두하게 된 직접적인 계기는, 응에 안 지방 군사책임자인 팜 주(Phạm Du 范猷)와 자발적으로 거세하고 궁중에 들어가 환관이 된 팜 빈 지(Phạm Bình Di 范秉彝) 사이의 알력이었다. 팜 주는 재물로 까오 똥의 환심을 샀고, 팜 빈 지는 그를 경계하면서 앙숙관계가 되었다. 그런 와중에 응에 안 지방에서 반란이 일어나자 그 진압을 맡은 팜 주가 오히려 반란세력과 손을 잡아버렸다.

1208년 조정에서는 팜 빈 지를 보내 이들을 진압하게 했다. 팜 빈 지는 이듬해 반란을 평정한 후 팜 주의 재산을 모두 불태웠다. 그런데 팜 빈 지는 전후사정을 황제에게 보고하는 자리에서 영문도 모른 채 구금

---

* 새 황제는 선황이 사망한 다음해부터 본인의 연호를 사용하는 제도.

되어버렸다. 이는 팜 주가 탕 롱에 먼저 와서 황제를 매수했기 때문이었다. 그러자 팜 빈 지의 부하들은 팜 빈 지를 구하려고 반란을 일으켰다.

반란군이 궁중에 난입하자 까오 똥은 서둘러 팜 빈 지를 죽이고 탈출하여 지금의 푸 토 성(tỉnh Phú Thọ) 쪽으로 도피했고, 황태자는 오늘날의 타이 빈 성(tỉnh Thái Bình)에 있는 한 마을로 피신했다. 그 사이 탕 롱에서는, 반란군에 의해 황제의 아들 중 하나가 제위에 올랐고 조정의 신하들도 각기 관직에 임명되는 등 그 나름대로 조정의 형태를 갖추었다. 그러나 반란세력 안에는 유능한 지도자가 없었고, 또 반란은 처음부터 치밀한 계획하에 시도된 것도 아니어서 이 상황을 계속 지탱하기가 어려웠다.

한편 황태자는 피신해 있는 동안 그 지방의 세력가인 쩐 리(Trần Lý 陳李) 집에 머물렀다. 이것이 인연이 되어 황태자는 그의 딸과 혼인을 했고, 쩐 리와 쩐리의 처남에게 관직을 주었다. 후대의 역사가들은 말하기를, 황태자가 국난을 당하여 피난 중에 혼인을 하고 마음대로 관직을 준 것은 까오 똥의 정치에 절도가 없고 조정의 기강이 해이해져 있었기 때문이라고 비판했다. 그러나 황태자의 의도는 이들의 힘을 빌려 탕 롱의 반란군에 대항하려 했던 것으로 보인다.

쩐씨 집안은 당시 타이 빈 성과 하 남 성(tỉnh Hà Nam) 일부에 막강한 영향력을 행사하던 지방세력이었는데, 처음에는 고기잡이로 부를 쌓고, 그 부를 기반으로 사병을 거느릴 수 있었으며, 다음에는 또 시대의 흐름을 타고 해적이 되어 더욱 세력을 확대했다. 쩐씨는 1209년 탕 롱을 공격하여 탈환하고 반란군을 평정했다. 그리하여 까오 똥은 궁궐로 돌아올 수 있었다.

탕 롱으로 돌아온 지 일 년 후 까오 똥이 죽고, 열여섯 살의 황태자가 제위를 계승하니 그가 후에 똥(Huệ Tông 惠宗, 1211-1224)이다. 그러나 이 무렵의 리 왕조는 사실상 망한 것이나 다름없었다. 후에 똥은 피

신 중에 혼인한 쩐씨를 황후로 맞아들이려 했으나, 황태후가 극력 반대
했다. 황태후는 쩐씨를 몹시 싫어했고 심지어 학대까지 했다. 1214년
쩐씨의 오빠 쩐 뜨 카인(Trần Tự Khánh 陳嗣慶)이 지방에서 군사를 이
끌고 탕 롱에 오자, 후에 똥과 황태후는 자기들을 해치려는 것이 아닌지
의심하여 한동안 랑 선으로 피신하기도 했다. 쩐 뜨 카인은 쩐 리의 둘
째아들로 아버지가 다른 해적들에게 살해된 후 쩐씨 세력을 사실상 이
끌고 있었다. 그럼에도 후에 똥은 부인 쩐씨를 정성을 다해 보호했다.
황태후가 쩐씨를 독살하려고 하자 후에 똥은 자기 음식의 절반을 쩐씨
에게 나누어주었다. 이렇게 쩐씨를 아끼던 후에 똥은 쩐 뜨 카인 세력의
힘을 등에 업고 마침내 쩐씨를 황후로 삼았다.

당시 후에 똥은 병약하여 국사를 제대로 돌볼 수 없었을 뿐만 아니라
나중에는 정신이상 증세마저 보였다. 국정은 태위 담 지 몽(Đàm Dĩ
Mông 譚以蒙)이 도맡아 처리했다. 담 지 몽은 황태후의 외척으로 까오
똥 때부터 고위직에 있었으나, 배우지 못해 무능하고 우유부단하다는
평을 듣던 인물이었다. 그래서인지 날이 갈수록 게을러져서 국사를 소
홀히 했다. 권력은 점차 쩐 뜨 카인에게 쏠렸고, 결국은 쩐 뜨 카인이 태
위가 되어 군권을 장악하고 조정을 좌지우지하게 되었다. 1223년 쩐 뜨
카인이 죽자 권력은 한때 그의 형 쩐 트아(Trần Thừa 陳承)에게 넘어갔
다가 곧 그의 사촌동생이자 전전지휘사(殿前指揮使)인 쩐 투 도(Trần
Thủ Độ 陳守度)가 군권을 장악했다. 이후 조정의 모든 일은 쩐 투 도의
손을 거쳐야했다.

1224년 후에 똥은 병세가 악화되자 차녀 펏 낌(Phật Kim, 佛金)에게
제위를 물려주고 탕 롱 성(城) 안의 한 절에 은거했다. 그에게는 아들이
없고 쩐 황후와의 사이에 딸만 둘 있었는데, 장녀 투언 티엔(Thuận
Thiên 順天) 공주는 이미 쩐 트아의 장자 쩐 리에우(Trần Liễu 陳柳)와
혼인했기 때문에 차녀에게 제위가 돌아갔다. 펏 낌, 즉 찌에우 호앙

(Chiêu Hoàng 昭皇, 1224-1225)은 겨우 일곱 살에 베트남 역사상 처음
이자 마지막 여제(女帝)로 즉위했다. 따라서 찌에우 호앙은 이름뿐이고
모든 권한은 쩐 투 도가 장악했다.

쩐 투 도는 리 왕조 찬탈에 앞서, 찌에우 호앙과 동갑이며 쩐 트아의
둘째아들인 쩐 까인(Trần Cảnh 陳煚)에게 찌에우 호앙의 시중을 들며
같이 놀게 했다. 하루는 쩐 까인이 대야를 들고 찌에우 호앙의 시중을
들고 있었는데, 찌에우 호앙이 쩐 까인의 얼굴에 물을 뿌리며 웃자, 쩐
까인은 빈랑(檳榔)이 든 수건을 찌에우 호앙에게 던졌다. 베트남 풍습
에서는 마을 축제 같은 때에 남자가 마음에 드는 여자에게 공을 던져 그
것을 여자가 받으면 혼사가 이루어졌다. 쩐 투 도는 이를 구실로 두 사
람을 혼인시키고, 결국에는 찌에우 호앙이 제위를 쩐 까인에게 양위하
는 조칙을 내리게 했다. 이것을 보면 핏 낌이 여제가 된 것은 후에 똥의
결정이 아니라, 쩐 투 도의 계획이 아니었나 생각된다. 아무튼 이로써
200여 년 동안 지속된 베트남 최초의 장기왕조는 1225년 12월에 막을
내렸다.

일설에 의하면, 리 왕조가 멸망하자 후에 똥의 숙부 리 롱 뜨엉(Lý
Long Tương 李龍祥)이 1226년 망명길에 올라 배를 타고 표류하다가 우
리나라 황해도 옹진에 도착했으며, 훗날 화산(花山) 이씨의 시조가 되
었다고 한다. 우리나라에서는 전설 정도로만 알려져 있으나, 베트남 정
부와 역사학계는 이를 거의 공식적으로 인정하고 있다.

6장 쩐 왕조

쩐 투 도

찌에우 호앙의 양위로 쩐 까인이 제위에 오르니, 바로 쩐 타이 똥(Trần Thái Tông 陳太宗, 1225-1258)이다. 찌에우 호앙은 찌에우 타인(Chiêu Thánh 昭聖) 황후가 되었다. 이렇게 쩐 왕조(Triều Trần 陳朝, 1225-1400)는 시작되었다. 중국을 비롯하여 우리나라나 베트남에서도 왕조의 첫 임금은 '태조'(太祖)라고 명명하는 것이 일반적이다. 그러나 쩐 왕조에서만은 첫 황제를 '타이 똥' 즉 '태종'이라고 했다. 이는 쩐 투 도가 새로운 왕조의 실질적 건설자이며 지배자였으므로 그렇게 명명했을 것이다. 당시 쩐 투 도가 모든 권력을 장악하고 있었음에도 불구하고 스스로 황제가 되지 않은 것은 찬탈자라는 오명을 피하고, 찌에우 호앙이 쩐 까인에게 제위를 양위하는 형식을 취함으로써 왕조교체가 순리에 따라 이루어졌음을 대내외에 보여줄 필요가 있었기 때문이다.

쩐 왕조의 실질적 창건자인 쩐 투 도는 태사통국(太師統國)의 자리에 올라 어린 황제를 대신하여 새로운 왕조의 기반을 다져나갔다. 그는 우선 리 왕조에 대한 민심의 잠재적 충성심을 없애기 위해, 절에 은거하며 쩐 투 도에 의해 강제로 승려가 된 리 후에 똥에게 스스로 목숨을 끊게 했다. 그리고 후에 똥의 궁녀들을 만족의 추장들에게 시집보냈다. 후에 똥의 황후는 자기의 사촌이었기에 지위를 공주로 강등하여 자신의 부인

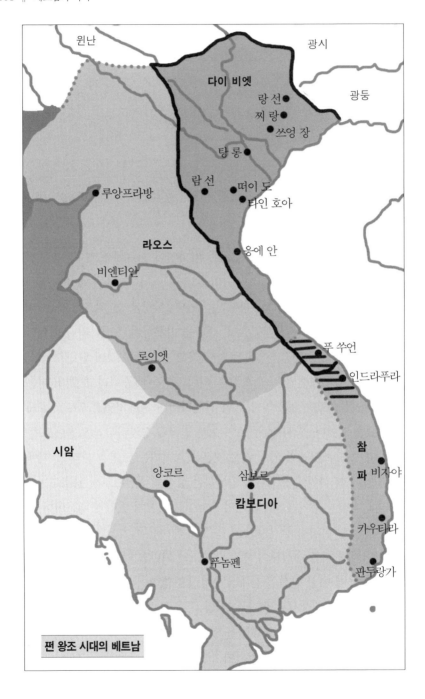

쩐 왕조 시대의 베트남

으로 삼았다. 나중에 다시 언급하겠지만, 이것은 쩐 황실의 근친혼 관행과도 관련이 있다. 그는 또한 리씨 성(姓)을 응우옌(阮)씨로 바꾸게 하는 동시에 리씨 종친들을 거의 다 죽였다. 이는 고려가 멸망한 뒤 조선 조정이 왕(王)씨 성의 사용을 금하고, 고려의 왕족들을 몰살한 것과 매우 유사하다. 하지만 동시에 쩐 투 도는 리 왕조 이래의 국호인 다이 비엣(大越)을 계승하고, 도읍도 그대로 탕 롱으로 정하여, 더 이상 민심의 혼란이 생기지 않도록 조치했다. 그리고 1127년에는 관리들의 충성을 맹세케 하는 리 왕조 시대의 혈맹의식을 행했다.

이어 쩐 투 도는 리 왕조를 찬탈했기 때문에 중국과의 관계에 주의를 기울이지 않을 수 없었다. 그는 타이 똥이 즉위한 지 5년째인 1229년 남송에 사절을 보내 안남국왕의 책봉을 받았다. 찬탈의 오명을 지우고 대내외적으로 새로운 왕조의 정통성을 확보하기 위해서는 중국의 정식 책봉을 받는 것이 무엇보다 중요했기 때문이다. 남송이 별다른 시비 없이 쩐 타이 똥을 안남국왕에 책봉한 것은 당시 중국 북방에서 팽창하던 몽골 세력에 신경을 쓰느라 그랬을 것이다.

1231년 쩐 투 도는 역정(驛亭)마다 불상을 세우라는 조칙을 내렸다. 여기에는 두 가지 의도가 있었다. 하나는 불교를 통해 민심을 달래기 위해서였고, 또 하나는 당시 상황(上皇)이던 쩐 트아가 어렸을 적에 어느 역정에서 쉬고 있는데 홀연 한 승려가 나타나 그의 용모를 보고는 훗날 귀하게 될 분이라고 했다는 이야기를 퍼뜨리기 위해서였다. 이 일화는 쩐씨가 리 왕조를 대신하는 것이 이미 한 세대 전에 예언되었다는 점을 강조하여 쩐 왕조의 정통성을 주장하는 것이었다.

대내외적으로 쩐 왕조의 정통성 확보에 노력하는 동안, 쩐 투 도에게 걱정거리가 생겼다. 그것은 무엇보다 중대한 제위 계승문제로, 찌에우 타인 황후가 10여 년이 지나도록 아이를 낳지 못했기 때문이다. 그래서 쩐 투 도는 황후를 폐위시키고, 이미 쩐 리에우에게 출가해 있던 임신

3개월의 투언 티엔 공주를 황후로 앉혔다. 이처럼 부도덕한 행위를 참을 수 없었던 쩐 리에우는 반란을 일으켰고, 타이 똥은 야반도주하여 오늘날 꽝 닌 성(tinh Quảng Ninh)에 있는 옌 뜨 산(núi Yên Tử 安子山)의 한 절에 피신했다. 쩐 투 도는 곧 뒤쫓아 가서 타이 똥에게 환궁을 간청했으나 거듭 거절당하자, 그렇다면 산중으로 궁궐을 옮기겠다고 위협했다. 이에 타이 똥은 하는 수없이 귀경했다고 한다. 때는 1237년으로 타이 똥의 나이 19세였다. 후대의 역사가들은 삼강오륜이 무너졌고, 이 일로 인해 훗날 비슷한 일이 일어났다고 개탄했다. 타이 똥은 1258년 아들 타인 똥(Thánh Tông 聖宗, 1258-1278)에게 자리를 물려줄 때까지 21년간 제위에 있었다.

모든 국정을 쩐 투 도가 처리했으므로, 타이 똥은 오로지 불교의 가르침에 열중했다. 승도관(僧道官)이란 특수 관직을 두었으며, 1249년에는 리 타이 또가 창건한 지엔 흐우 뜨(延祐寺)를 증축하고, 1256년에는 동종(銅鐘) 330개를 주조하게 했다. 그는 특히 아들 타인 똥에게 제위를 물려준 후에 중국에서 들어온 선종의 선사로부터 가르침을 받은 후 더욱 불교에 심취했다. 이리하여 타이 똥은 쩐 왕조의 황제들이 제위를 아들에게 물려준 후 출가하거나 아니면 적어도 승려들과 교류하면서 불교를 숭상하며 여생을 보내는 선례를 남기게 되었다. 그러나 쩐 왕조에서 불교의 정치적 영향력은 리 왕조에 비해 약했다. 예컨대, 승려인 국사(國師)는 리 왕조 때와는 달리 탕 롱에 있지 않고 산간의 사찰에 머물렀다. 이는 쩐 투 도가 황제와 종실에 권력을 집중시키는 과두체제를 도입한 결과였다

쩐 투 도는 황제의 지위를 안정화하기 위해 왕위계승에서 부계, 장자상속, 태상황제(太上皇制) 및 황실근친혼 등과 같은 관행을 만들었다. 태상황제란 황제가 생존 중 태상황으로 물러나고 장자를 제위에 앉히는 제도를 말한다. 태상황은 국가의 중대사가 아닌 일반 정무에는 간여하

지 않았다. 이 제도의 목적은 왕위계승분쟁을 사전에 예방하자는 것이었으나, 다른 한편으로는 중국과의 교섭에서 황제가 자신을 중국의 신하로 낮추어야 하는 상황을 피하려는 의도도 있었다. 황실근친혼은, 쩐씨가 외척으로 리 왕조를 찬탈했기 때문에 역으로 자신들도 이성(異姓)에게 권력을 빼앗길지 모른다는 우려에서 시작되었다. 그는 또한 쩐 왕조 권력의 핵심을 쩐 황실의 친족인 왕공과 귀족들로 채우고 이들이 행정과 군사의 실권을 독점하게 했다. 그리고 왕공과 귀족은 광대한 토지를 소유하고 많은 농노를 거느렸을 뿐만 아니라 사병(私兵)도 보유했다. 그래서 쩐 왕조는 '황제일인천하'가 아니고, '종실의 천하'였다고 규정하는 학자도 있다.

쩐 투 도는 지방 행정구역을 개편하여 중앙집권화를 더욱 강화했다. 전국을 12로(路)로 나누고 각 로에는 해당 지역의 통치를 담당하는 안무사(安撫使)를 두었다. 그러나 변방에는 진(鎭)이 설치되었다. 로 밑에는 부(府)·주(州)·현(縣)이 있었다. 현 아래에는 향촌 단위인 사(社)가 있었고, 사를 관리하는 사관(社官)을 두었다. 사관의 일차적인 임무는 호구조사와 징세였다.

중앙에는 삼공(三公) 같은 이제까지의 직제 외에 새로운 기구가 설치되었는데, 특별히 눈에 띄는 것은 심형원(審刑院)이다. 심형원은 황실에 반하는 행위를 하는 자와 사회기강을 어지럽히는 범법자를 처벌하기 위해 신설된 기구였다. 이와 관련하여 1230년에는 형률(刑律)도 제정되었다. 비록 상세한 내용은 알 수 없으나, 다만 리 왕조에 없었던 능지형(凌遲刑)이 도입된 것으로 보아 상당히 가혹했던 것 같다.

이렇게 개편된 중앙과 지방의 기구에 필요한 인원을 충원하기 위해 일찍부터 유학을 습득한 관리를 등용했다. 쩐 왕조 최초의 과거시험은 1232년에 실시되었고, 1246년에는 7년마다 과거시험을 시행하도록 결정하고, 그 이듬해의 과거시험에서는 다수의 급제자가 나왔다. 이에 앞서 1236년에는 국자원(國子院)을 설립하여 문신의 자제를 입학시켰다.

과거시험을 통해 관리를 선발하려는 노력에도 불구하고, 선발된 관리들의 영향력은 극히 미미했다. 쩐 왕조 권력의 핵심은 위에서 말한 바와 같이 어디까지나 쩐씨 종친이었고, 그들이 문무의 고위직을 독점하고 있었다. 일반 문신의 역할은 쩐씨를 보좌하면서 필요한 문서를 작성하는 데 그쳤다.

몽골의 침입

한편 당시 상황은 몽골이 발흥하여 북방의 위협이 커지자 군비강화가 시급한 현안이 되었다. 1253년에 강무당(講武堂)이라는 무관학교가 설립되었고, 병법에 관한 책도 처음으로 편찬되었다. 쩐 왕조의 군사는 평소 10만이었는데, 몽골이 침입할 무렵에는 20만으로 증가해 있었다. 쩐씨는 어업으로 성장한 세력이었던 만큼 수군조직에도 지대한 관심을 보였다. 그래서 몽골이 침입했을 때는 실제로 해전에서 많은 전과를 올렸다.

몽골은 처음 북중국을 정복한 후 서방으로 팽창하는 데 주력했으나 곧이어 남방으로 관심을 돌려 남송을 압박해 들어왔다. 1252년 몽케 칸(Mongke Khan 憲宗, 1251-1259)의 명령을 받은 쿠빌라이(Qubilai 忽必烈)가 몽골군을 이끌고 윈난 지방의 대리국(大理國)을 공격하여 이듬해에 정복하자 몽골과 베트남은 국경을 마주하게 되었다. 쿠빌라이는 곧 몽골로 돌아갔지만, 윈난 지방에 남은 주둔병들을 이끌고 인근 민족들을 토벌하던 우리양카다이(Uriyangqadai 兀良合台)는 1257년 쩐 왕조에 사신을 보내 항복을 요구했다. 그러나 쩐 왕조가 답하지 않자 베트남으로 쳐들어왔다. 이것이 몽골군의 제1차 베트남 침공으로, 그 목적은 베트남을 경유하여 남쪽에서 남송을 공격하는 것이었다.

타이 똥은 사신을 억류하고, 침략에 대비해 육군과 수군의 지휘를 쩐

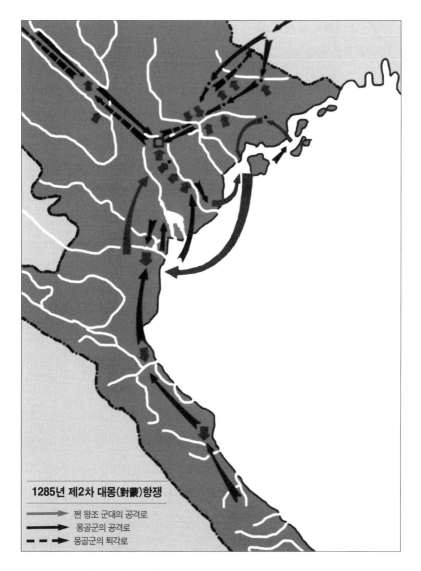

꾸옥 뚜언(Trần Quốc Tuấn 陳國峻), 즉 쩐 흥 다오(Trần Hưng Đạo 陳興
道)에게 맡겨 변경의 방비를 강화했다. 우리양카다이의 군사는 베트남
경내로 침입하여 이번에도 사신을 보냈으나 돌아오지 않자 두 길로 나
누어 홍 강과 로 강(sông Lô) 유역을 따라 남하하여 쩐 왕조의 군사를

격파하고 어렵지 않게 수도 탕 롱에 입성했다. 위급해진 타이 똥은 배를 타고 탕 롱을 탈출하여 몇몇 신하에게 어떻게 하면 좋을지 물었더니, 남 송으로 갈 것을 권했다. 하지만 쩐 투 도만은 결사항전을 주장했다.

몽골군은 열대성 기후에 적응하기 힘들었을 뿐 아니라 출병한 목적 이 베트남 정복이 아니었기 때문에 며칠 후 철수를 시작했다. 이때를 기 다렸다는 듯 쩐 왕조의 군사는 대반격에 나서 몽골군에게 큰 피해를 입 혔다(1257년 12월). 타이 똥은 또 다른 침공을 미리 방지하기 위해 이 듬해 정월, 몽골에 사절을 보내 화약을 맺고 3년에 한 번 입공(入貢)하 겠다고 약속했다. 몽골과 화약을 맺은 직후, 타이 똥은 장자, 즉 타인 똥 에게 양위하고 자신은 태상황(太上皇)으로 물러나 일반 정무에는 간여 하지 않았다.

타이 똥의 퇴위와 거의 때를 같이하여 구시대의 인물들도 사라지고 있었다. 1259년 초 쩐 투 도의 부인이 죽었다. 그녀는 리 후에 똥의 황 후였으며 쩐 타이 똥의 어머니이다. 그녀에게 황태후와 같은 대우와 함 께 '국모'(國母)의 칭호가 수여되었다. 5년 후 쩐 투 또 또한 사망했다. 그는 죽기 6개월 전까지 말을 타고 랑 선 지방의 변경을 시찰할 정도로 활동적이었다. 1262년에는 쩐씨 집안의 고향인 남 딘(Nam Định) 부근 에 태상황을 위한 행궁(行宮)이 건설되었다. 타이 똥은 궁궐 서편에 지 은 절에서 참선에 열중했다.

타인 똥의 치세 중에 쩐 왕조와 몽골의 직접적인 무력충돌은 없었으 나, 1260년 쿠빌라이가 제위에 오르면서 나라이름을 원(元)으로 바꾼 몽골은 베트남에 대해 전보다 더욱 강압적인 태도로 나왔다. 세조(世 祖) 쿠빌라이는 즉위 직후 사절을 파견하여 나라를 잘 다스리라는 조서 를 내렸고, 쩐 타인 똥은 답례로 1261년에 사절을 보내 전례에 따라 3년에 한 번 입공하기로 약속했다.

쿠빌라이는 쩐 타인 똥을 안남국왕에 책봉하는 동시에, 1264년부터

3년 1공으로 하여, 유사(儒士)·의사(醫師)·점쟁이를 비롯하여 금·은·진사(辰砂)·무소뿔·진주·상아 등의 공납을 요구하는 한편, 다루가치(達魯花赤)를 설치하여 쩐 왕조의 내정에 간섭하려 했다. 1267년에는 왕의 친조(親朝)·왕자의 인질·군역 차출까지 요구해왔다. 그럼에도 타인 똥은 남송은 이미 망한 것이나 마찬가지였기 때문에 원나라와의 화친정책을 취하여 코끼리를 바치고 왕자를 입조시켰다. 그러나 자신의 친조만은 끝내 거부했고, 1270년과 1273년 원나라 황제의 조서를 받을 때에도 본속(本俗)에 따른다고 하면서 절을 하지 않았다. 당연히 원나라가 곱게 볼 리가 없었다.

이처럼 원나라와의 관계가 순조롭지 않을 때 교섭의 임무를 맡은 사람들은 유학의 소양을 쌓은 문사들이었다. 이들은 거만한 원나라 사신을 접대하고, 또 원나라에 사절로 파견되어 원나라의 무리한 요구를 최대한 막아야 했다. 그러다보니 쩐씨 조정 내에서 문사들의 지위가 점차 높아져서 최고위직에 오르는 문사도 생기고, 불교에 대한 비판의 목소리도 점차 커졌다. 이러한 문사층의 등장은 왕조 초기에 국자원(國子院)을 설립하여 유학을 가르치고 과거제를 시행한 데 힘입은 바 컸다. 그러나 문사층은 순수한 의미의 유학자라기보다는 정책수립과정에서 유교경전을 참조하는 '고전주의자' 정도로 이해하는 편이 좋을 것 같다.

레 반 흐우가 이 무렵『대월사기』를 편찬해 조정에 바친 것도 우연은 아니었다고 할 수 있다. 그는 너무나 호전적인 원나라를 코앞에 둔 상태에서 어떻게 하면 그 침공을 받지 않고 독립을 유지할 수 있으며, 외교적으로도 굴욕당하지 않을 수 있을까 하는 고뇌에 사로잡혔을 것이다. 이런 그에게 한(漢)나라의 위협에 적절히 대처하고 심각한 외교적 갈등을 초래하지 않고 대등한 태도를 취한 조타는 진정한 베트남의 건국자로 손색이 없었을 것이다. 황제를 칭하며 중국과 대등한 모습을 보인 딘 보 린을 천년 중국의 지배로부터 완전히 벗어나 독립을 완성한 인물로

간주한 것도 같은 맥락에서였다.『대월사기전서』를 보면, 원나라와 대
등하는 것을 암시하기 위해 사신 파견을 '간다'는 뜻의 '여'(如) 자를 써
서 '여원'(如元)이라고 했다. 이는 레 반 흐우의『대월사기』에 있는 표현
을 응오 시 리엔이 그대로 따른 것이다.

반면에 남송과의 관계는 남송의 멸망이 가까워짐에 따라 완전히 관
심 밖이었다. 1263년 남송에 예속되었던 변방 소수민족의 수장이 주민
들과 함께 쩐 왕조에 귀의(歸依)했다. 1274년에는 남송의 난민과 그 가
족을 태운 30척의 배가 도착하여, 쩐 조정은 이들을 탕 롱에 거주하게
한 일도 있었다. 결국 이런 일련의 사건들은 남송 멸망의 전조였다.

1278년 타인 똥은 선례에 따라 제위를 장자, 즉 년 똥(Nhân Tông 仁
宗, 1278-1293)에게 물려주고 자신은 태상황이 되었다. 한편 그 이듬
해 남송을 정복한 원나라는 쩐 왕조에 대해 더욱 고압적으로 나왔다. 원
세조는 새로 즉위한 년 똥의 친조(親朝)를 요구했던 것이다. 년 똥은 병
을 핑계로 미루다가 1281년에 본인 대신 당숙 쩐 지 아이(Trân Di Ái 陳
遺愛)를 보냈다. 그러자 원나라는 쩐씨의 왕권을 무시하고 쩐 지 아이를
안남국왕에 책봉하고 호위대를 붙여 귀국하도록 했다(1282년). 원나라
호위대는 베트남 국경에서 쩐 왕조의 군사에 패하고, 그 와중에 쩐 지
아이는 도망쳐 귀국했다. 이제 양국의 충돌은 피할 수 없게 되었다. 그
러나 원나라는 참파를 먼저 공격했다.

중국대륙을 정복한 몽골은 이전 왕조들의 전통적인 남방 팽창정책을
이어받아 남방진출을 시도했다. 동남아시아와 인도 및 페르시아만(灣)
에 이르는 남해무역에 눈독을 들였기 때문이다. 이를 위해서 원나라는
우선 참파에 진출하기로 했다. 참파는 남해 항로의 요충지로 중국과 남
해 사이를 왕래하는 모든 선박이 경유하고 있었다. 세조는 남해 연안의
나라들을 통합하기 위해 참파에 행중서성(行中書省)을 설치했다
(1281년). 그러나 행중서성 설치가 참파에 대한 원나라의 지배를 의미

할 뿐 아니라, 원나라가 남해 정벌에 필요한 식량까지 참파에 강요하자 참파에서는 왕자 하리지트(Harijit 補的) 등을 중심으로 원나라에 반기를 들었다.

원나라는 참파에 원정군을 파견하면서 쩐 왕조에는 군사가 지나갈 수 있게 길을 터줄 것과 군량 제공을 요구했다. 쩐 왕조는 원나라의 요구를 거절하는 한편, 원나라의 침략에 대비했다. 원나라 군사는 장군 소게투(Sogetu 唆都)의 지휘하에 1282년 11월 광둥을 출발하여 해로로 참파에 상륙하여 1283년 초 비자야를 함락했다. 그러나 참파 왕이 산지로 도피하여 게릴라식으로 계속 저항하자 소게투의 원정군은 고전을 면치 못했다. 이제 세조는 원군(援軍)을 보내야 하는 상황에 처하게 되었다. 원나라는 베트남에 또다시 원나라 군사의 베트남 통과와 쩐 왕조의 출병 및 군량 보급 등을 요구했다. 쩐 조정이 이를 거부하자 1284년 4월 원나라 군사는 해로로 지금의 꾸이 년(Quy Nhơn) 부근에 이르렀지만 폭풍을 만나 큰 피해를 입었다.

그럼에도 세조는 남해(南海)로의 팽창정책을 결코 포기하지 않고, 이번에는 베트남을 경유하여 그 거점인 참파를 점령하려 했다. 그는 1284년 7월 아들 진남왕(鎭南王) 토곤(Toghon 脫歡)에게 공격 명령을 내렸다. 쩐 왕조에서는 원나라에 사절을 보내 막아보려 했지만 소용이 없었다. 토곤이 거느린 대군은 광시를 출발하여 1284년 12월 랑 선에 당도했다.

쩐 흥 다오와 병사들은 토곤의 군사를 맞아 필사적으로 싸웠으나 힘의 열세를 어쩌지 못해 1285년 초에 탕 롱이 함락되었다. 당시 쩐 왕조의 병사들은 팔에 몽골인을 죽이자는 의미의 '살달'(殺韃) 두 글자를 입묵했는데, 이것이 몽골 장수 오마르(Omar 烏馬兒)를 자극하여 많은 베트남인 포로들이 살육되었다. 태상황 타인 똥과 년 똥은 겨우 탈출하여 타인 호아로 도피했지만, 이때 쩐 익 딱(Trần Ích Tắc 陳益稷)을 비롯한 몇몇 황족과 귀족은 원나라에 항복했다. 탕 롱을 무너뜨린 원군(元軍)은 타인 똥 부자를 추격할 만큼 한동안 전세가 유리했으나, 오랜 원정으로 피로가 쌓이면서 곧 전세가 역전되었다. 쩐 왕조의 군사는 사방에서 원군을 공격하여, 꺼우 강(sông Cầu, 오늘날 하노이와 박 닌 성〔tinh Bắc Ninh〕부근) 전투와 뒤이은 남 사익(Nam Sách 南策, 현 하이 즈엉 성〔tinh Hải Dương〕소재) 전투에서 원군에는 타격을 가했다. 부하 장수의 도움으로 간신히 탈출한 토곤은 어쩔 수 없이 군대를 이끌고 퇴각했다. 이로써 몽골의 제2차 침입도 실패로 끝나고 말았다. 6월에 타인 똥과 년 똥은 탕 롱으로 돌아왔다.

두 차례의 패배에 격노한 세조는 1285년 토곤을 총사령관으로 하여 또다시 베트남 원정을 시도하려 했으나, 오랜 싸움으로 원정군이 지쳐있다는 이유로 연기되었다. 1287년 11월 마침내 8만의 병력과 500척의 선박으로 구성된 원군은 광둥과 광시와 윈난 세 방면에서 공격을 개시했다. 육군은 쩐 흥 다오의 군사를 패퇴시키고, 남 사익 북쪽의 반 끼엡(Vạn Kiếp 萬劫)을 거쳐 남하를 계속하여 12월 푸 르엉 강(sông Phú Lương 富良江, 지금의 홍 강)을 건넜다. 타인 똥 부자가 탕 롱을 버리고 도망치자 원군은 손쉽게 탕 롱을 손에 넣었다.

그러나 군량을 실은 선단이 쩐 왕조 수군의 공격과 풍랑으로 도착하지 못하면서 원군은 보급이 끊기게 되었다. 결국 토곤의 부하장수들이 군량이 부족하고 날씨도 더워서 병사들이 견디기 힘들어하는 사정을 설명하며 퇴각을 건의하자 쿠빌라이는 이를 받아들였다.

1288년 3월 원군은 반 끼엡에 집결하여 수로와 육로로 총퇴각을 시작했다. 쩐 흥 다오는 바익 당 강에서 퇴각하는 원나라 수군과 일대 격전을 벌였다. 그는 350년 전 응오 꾸옌이 남한(南漢)의 군사를 격파했던 것과 같은 방법으로, 썰물 때 강에 말뚝을 박아놓고 만조 때 원나라 전함을 상류로 유인했다가 간조로 강물이 얕아져 원나라의 큰 배들이

말뚝에 걸려 움직이지 못하자 총
공세를 가하여 대승을 거두었다.
원나라 육군도 쩐 왕조의 복병을
만나 큰 타격을 입고 간신히 샛길
로 귀환할 수 있었다.

쩐 왕조는 몽골의 침입을 성공
적으로 막아내기는 했지만 그 피
해는 컸다. 년 똥은 더 이상의 전
쟁을 원하지 않았기 때문에 사절
을 보내 사죄하는 동시에 금인(金
人, 즉 자신의 대체물)을 바쳤다.
그 후에도 여러 차례 사절을 파견

13세기 몽골군의 침략을 막아낸 쩐 흥 다오 장군.

했지만, 세조는 이에 만족하지 않고 새로운 원정준비를 하다가 1294년
사망하고, 티무르(Timur), 즉 성종(成宗)이 뒤를 이으면서 원나라의 베
트남 원정계획은 막을 내렸다.

원과의 관계에서 한 가지 주목할 점은, 원나라는 앞에서 본 바와 같이
타인 똥을 안남국왕에 책봉했던 것을 제외하고는 쩐 왕조의 군주들을
왕으로 인정하지 않았다는 사실이다. 이는 세조가 1281년 쩐 지 아이를
안남국왕에 책봉했다든가, 원나라의 제2차 원정 때 항복한 쩐 익 딱을
1286년 안남국왕에 봉하여 쩐 왕조의 실제 지배자를 완전히 무시하고
있는 것에서도 확인할 수 있다. 쩐 익 딱 사후에는 그 아들이 아버지의
뒤를 이어 안남국왕에 책봉되었다. 쩐 왕조의 군주들은 단지 '세자'(世
子)로만 취급되었다. 그럼에도 쩐 왕조가 원에 계속 사절을 보냈다는 것
은 이를 별로 문제삼지 않았다는 의미로 해석할 수 있다. 쩐 왕조의 입
장에서는 원의 침입을 세 차례나 성공적으로 물리쳤다는 자부심이 크게
작용했던 것이 아닐까 생각된다.

몽골의 침입 이후

몽골과의 전쟁이 초래한 피해는 엄청나게 컸다. 쩐 조정은 1288년에 피해 정도에 따라 농민의 세금을 감면해주었지만 큰 효과는 없었다. 더구나 1290년 가을부터 2년간 기근이 들어 많은 사람이 굶어죽었고, 살아남았어도 농토는 물론 처자식까지 팔아 겨우 연명하는 비참한 상황이 이어졌다. 아마도 이런 기근은 전쟁에 농민들이 장기간 동원되면서 논의 물관리가 제대로 안된데다가 모내기와 추수가 제때 이루지지 않아서 더 심각해졌을 것이다. 1292년에 상황이 좀 나아지자 양민이 노비로 팔린 자는 이전 신분을 회복할 수 있도록 하는 법이 반포되었다. 단 팔아버린 토지는 반환되지 않았다. 이는 쩐 왕조 귀족들의 대토지소유를 보호해주기 위해서였을 것이다.

반면에 몽골에 대한 승리는 베트남인에게 무한한 자긍심을 갖게 했다. 수세기에 걸친 대외항쟁에서 형성되어온 이들의 민족의식이 세 차례에 걸친 원나라의 침략에 대항하면서 더욱 굳건해졌던 것이다. 지배계급 중에는 적군에 항복하여 부역한 자가 없지 않았지만, 그 외의 모든 베트남인은 일치단결하여 마침내 승리를 거두었다. 베트남인의 단결에 더하여 전쟁을 승리로 이끄는 데 결정적인 역할을 한 인물은 쩐 흥 다오였다. 그는 천부적인 전략가로, 필요한 경우에는 언제라도 도읍을 포기할 준비가 되어 있었으며, 특히 그의 초토전술이 적군에게 큰 타격을 입혔다.

항쟁에 의해 강화된 민족의식은 민족문화의 융성으로 이어졌다. 앞에서 말한 바와 같이, 원나라와의 교섭에서 두각을 나타낸 문신들은 이전의 엘리트 승려들을 대신하여 식자층을 형성했고 많은 한문학작품을 남겼다.

그러나 이보다 중요한 것은 쯔놈(字喃)으로 쓴 이른바 '국어시'(國語詩)의 발달이었다. 국어시의 유행은 한자·한문에 비하여 속자(俗字)·

속어(俗語)로 천시되고 있던 베트남 민족 본래의 언어가 문학 언어로까지 격상되었음을 의미하는 것으로, 이는 민족의식의 고양이라는 시대적 분위기 때문에 가능했다.

국어시는 당률의 시법(詩法)을 이용하여 쯔놈으로 지은 시이다. 창시자는 년 똥 때 형부상서를 지낸 응우옌 투옌(Nguyễn Thuyên 阮銓)인데, 한 투옌(Hàn Thuyên 韓銓)으로도 알려져 있다. 홍 강 하류에 악어가 나타났을 때 그가 시를 지어 강물에 던졌더니 악어가 사라졌다고 하는 이야기를 들은 년 똥이, 당나라 한유(韓愈)의 고사(故事)를 떠올려 '한'이란 성을 하사했기 때문이다. 후술할 쭈 반 안(Chu Văn An 朱文安) 역시 많은 국어시를 남겼다.

원 세조의 사망 1년 전인 1293년, 년 똥은 장자 아인 똥(Anh Tông 英宗, 1293-1314)에게 양위하고 불교에 귀의하여 두 승려와 함께 보 응 온 통 파(無言通派)로부터 분리된 쭉 럼 파(phái Trúc Lâm 竹林派)라는 새로운 종파를 개창했다. 쭉 럼 파는 오래 계속되지는 못했지만 중세 베트남에서 선종을 확립시키려는 최초의 시도였다.

년 똥의 뒤를 계승한 아인 똥은 쩐 왕조 황제들 가운데서 처음으로 상황(上皇)의 명령에 불복하고 용 문신을 받지 않은 것으로 유명하다. 1299년 상황은 모든 왕자들을 모아놓고 그 앞에서 아인 똥에게 허벅지에 용 문신을 하도록 명했다. 그러나 아인 똥은 문신을 하고 싶지 않아서, 상황이 다른 사람들과 대화하는 틈을 타 재빨리 궁궐을 빠져나갔다. 이 사건을 계기로 이후의 쩐씨 황제들은 용 문신을 하지 않게 되었다. 쩐 황실의 정체성을 상징하는 문신의 거부는, 왕조의 통치체계에 점진적이면서도 근본적인 변화를 가져왔다. 몽골과의 전쟁으로 중단되었던 과거시험이 아인 똥의 문신 거부 후 세 차례씩이나(1304년 3월과 11월, 1314년 10월) 시행된 것도 우연은 아닌 것 같다.

아인 똥 시대의 대외관계에서 중요한 것은 오늘날 후에 북부의 평야에 있는 일부 지방을 참파로부터 획득한 일이다. 1301년 초 참파는 쩐 왕조에 오랜만에 사절을 보냈고, 곧바로 상황 년 똥이 참파를 방문해 9개월간이나 머물렀다. 심하바르만 3세는 년 똥이 떠나기 전 년 똥의 공주를 부인으로 삼고 싶다는 뜻을 밝혔고, 년 똥은 이를 받아들였다. 그렇다면 1301년의 참파 사절은 심하바르만 3세가 처음부터 베트남 공주를 얻기 위한 사전포석이었는지도 모른다.

참파 왕에게 공주를 보낸다는 사실이 알려지자, 중화관념에 따라 이웃 소국들을 야만으로 간주하던 쩐 왕조의 문인들은 이를 강력히 반대했다. 자야 심하바르만 3세는 쩐 왕조 내부의 이러한 분위기를 전해 듣고, 1305년 백여 명의 사절단을 파견해 금은과 진귀한 물건들을 혼례예물로 보냄과 동시에 오(烏)와 리(里), 즉 오늘날 꽝 찌와 트아 티엔-후에(Thùa Thiên-Huế) 두 성에 해당하는 지역의 할양을 제의했다. 그럼에도 조신들은 불가하다는 주장을 굽히지 않았다. 이때 쩐 칵 쭝(Trần Khắc Chung 陳克終)이 적극 찬성하여 공주의 혼인은 성사되었다.

쩐 칵 쭝의 본래 이름은 도 칵 쭝(Đỗ Khắc Chung 杜克終)으로, 그는 몽골의 침입 때 탕 롱이 함락되기 직전 황제가 몽골 진영 내부의 사정을 살필 사람을 찾자 자청해서 오마르와 담판을 하고 돌아온 공로로 고위직에 오르고 쩐 성(姓)을 하사받았다. 1306년 마침내 후옌 쩐(Huyền Trân 玄珍) 공주가 참파로 출가하자 조야의 문인들은 국어시로 공주를 한나라 때 흉노족 왕에게 시집간 왕소군(王昭君)에 비유하여 풍자했다.

오와 리 두 주가 아무리 넓다고 하여도
후옌 쩐 공주 한 사람이 그 수십 배의 가치가 있는 것을

이듬해 1월 오와 리 두 주의 이름을 각각 투언 쩌우(Thuận Châu 順州)와 호아 쩌우(Hóa Châu 化州)로 바꾸었다. 그러나 일부 촌락은 쩐

왕조에 복속되는 것을 완강히 거부했는데, 그런 촌락에 한하여 주민들 중에서 관리를 임명하고 토지도 주고 3년간 세금을 면제했다. 이리하여 베트남의 영역은 중부의 요충지인 하이 번 관(đèo Hải Vân 海雲關)까지 확대되었으나, 안정적인 지배가 이루어진 것은 아니었다. 참파는 한 사건을 계기로 이 지역을 되찾고자 계속 도발을 해왔기 때문이다.

심하바르만 3세는 베트남 공주를 얻었지만, 불운하게도 일 년 만에 세상을 떠났다. 문제는 여기에서 발생했다. 참파 풍습대로라면 왕이 죽으면 왕후는 왕과 운명을 같이하여 왕을 화장하는 장작더미 위에서 같이 분신해야 했기 때문이다. 공주가 해를 입을까 걱정한 쩐 왕조에서는 공주를 구하기 위해 조문사절 명목으로 쩐 칵 쭝을 파견했다. 그는 해변에서 화장을 해야 한다고 참파인을 속인 후, 공주와 배를 타고 탈출하여 수개월간 남녀의 정을 나누며 즐기다가 탕 롱으로 돌아왔다.

참파에서는 자야 심하바르만 3세의 아들이 왕위(베트남어 쩨 찌[Chế Chí], 制至)를 물려받았다. 그는 아버지의 혼인이 무효가 됨에 따라 잃어버린 두 주를 되찾기 위해 자주 침입을 했고, 그 지역 내에서도 반란이 빈번히 일어났다. 그래서 1311년 말 아인 똥은 직접 정벌에 나섰다. 아인 똥은 1312년 5월 쉽게 참파 왕을 생포하여 개선했다. 그리고 참파 왕의 동생에게 속국의 왕이라는 뜻의 '아후'(亞侯) 칭호를 주어 참파를 다스리게 했다. 아인 똥의 원정으로 참파는 쩐 왕조의 권위에 굴복했지만 갈등의 불씨는 그대로 남아 있었다.

국내가 평온하고 대외문제도 해결되자 아인 똥은 관례에 따라 자신은 상황이 되고, 제위를 아들 민 똥(Minh Tông 明宗, 1314-1329)에게 양위했다. 한편 참파의 굴복은 역시 오래가지 않았다. 새로운 참파 왕은 곧 잃어버린 북부의 땅을 되찾으려고 했다. 1318년 쩐 왕조는 원정군을 보내 그를 몰아내고, 다른 참파 지도자인 쩨 아 난(Chế A Nan 制阿難)을 '아왕'(亞王)에 봉하여 그에게 참파의 통치를 맡겼다. 1326년 그가 반란을 일으키자 쩐 왕조는 원정군을 보냈는데, 이번에는 실패하고 말았다. 쩐 왕조 원정군의 패배로 참파는 속국의 지위에서 벗어났다. 쩨아 난은 더 이상 쩐 왕조에 사절을 보내지 않았다.

민 똥은 주변에 젊은 유학자들을 많이 불러 모았다. 이들은 몽골 침입 시기의 문사들과는 달리 유학자적인 면모가 강했다. 이때에 이르면 전쟁영웅들과 쩐 종실 요인들은 노쇠해졌기 때문에 이들 젊은 유학자의 등장이 가능했다. 이들은 1370년대 초까지 조정의 각종 요직을 차지하고 내정을 주도했다. 대표적인 인물로는 쯔엉 한 시에우(Trương Hán Siêu 張漢超)와 응우옌 쭝 응안(Nguyễn Trung Ngạn 阮忠彦) 등을 들 수 있다. 민 똥이 문무의 관제를 재정비하는 한편, 1323년에는 금위군에 선발된 자들에게도 문신(文身)을 금지한 것 역시 이와 관련이 있었다. 이러한 조치들은 중국식 제도의 적극적인 수용으로, 베트남 고유의 전통과는 멀어짐을 의미하는 것이기도 하다.

민 똥 말기에는 제위계승문제로 황실 내에서 심각한 갈등이 생겼다. 민 똥은 적장자가 없었고, 쩐씨가 아닌 후비한테서만 왕자를 얻었기 때문이다. 후비와 동향인 소보(少保) 쩐 칵 쭝은 황태자의 즉각적인 책봉을 주장한 반면, 황후의 아버지이며 아인 똥의 동생으로 민 똥을 도와 국사를 이끌도록 부탁받은 국부상재(國父上宰) 쩐 꾸옥 쩐(Trần Quốc Chân 陳國瑱)은 황후가 아직 출산할 수 있으니 좀 더 기다리자며 황태자 책봉을 강력하게 반대했다. 그러자 쩐 칵 쭝 측은 쩐 꾸옥 쩐을 모함하여 역모죄를 뒤집어씌워 투옥했고, 결국 쩐 꾸옥 쩐은 감옥에서 굶어 죽었다. 쩐 꾸옥 쩐의 옥사는 이전 쩐 종실의 강점이었던 상호신뢰와 단결력을 깨뜨렸다. 일찍이 쩐 홍 다오의 아들은 쩐 칵 쭝이 우리 왕조를 불길하게 할지 모른다면서 "그 이름이 왕조를 끝낸다는 뜻이 아닌가?"라고 했다는데, 결국 쩐 칵 쭝은 쩐 왕실에 큰 화를 불러왔다. 민 똥은 쩐 꾸옥 쩐의 옥사를 막지 못한 것이 자신의 '과오'라고 생각하여 죄책감에 시달렸다.

쩐 꾸옥 쩐이 옥사한 이듬해(1329년) 후비 태생의 왕자가 아홉 살의 어린 나이로 제위에 오르니, 그가 히엔 똥(Hiến Tông 憲宗, 1329-1341)이다. 그의 치세 12년 동안 쩐 왕조는 그런대로 평온을 유지했다. 이러한 평온은 상황 민 똥의 노력 덕분이었다. 그는 1334년 응에 안 지방을 침범한 라오 족을 정벌하고, 1337년에는 베트남 서북부에 위치한 다 강(sông Đà), 흑강(黑江) 중부 유역의 므엉 족이 자주 소요를 일으키자 이를 평정했다.

1341년 히엔 똥이 22세의 젊은 나이로 사망하면서 민 똥의 황후가 낳은 아들 중 하나가 제위에 올랐다. 그가 주 똥(Dụ Tông 裕宗, 1341-1369)이다. 주 똥의 재위는 두 시기로 나눌 수 있다. 전기는 연호가 티에우 퐁(Thiệu Phong 紹豊, 1341-1357)이던 시기이고, 후기는 연호가 다이 찌(Đại Trị 大治, 1358-1369)였던 시기이다. 응오 시 리엔은 이 후기에 주 똥은 술과 향락에 빠져 쩐 왕조가 쇠퇴했다고 평했다.

쩐 왕조는 주 똥이 제위에 오를 때부터 이미 가뭄·홍수·병충해 등이 빈발하고 기근이 발생해 농민들의 생활이 궁핍했다. 이에 상황 민 똥이 미곡방출과 조세감면 등의 적절한 조치를 취해, 비록 몇몇 지역에서 농민반란이 일어나기는 했지만, 그의 생전에는 더 이상의 큰 사회적 혼란은 없었다. 그러나 1357년 민 똥이 세상을 떠나면서 왕조는 뿌리째 흔들리기 시작했다. 민 똥은 임종 시에 주 똥의 어머니인 황태후에게 출가(出家)하지 말고 궁궐에 남아 있도록 권했는데, 이는 아마도 자신의 사후 주 똥의 행실을 예상하고 그를 자제시켜 달라는 뜻이었을 것이다.

주 똥은 향락에 빠져 궁궐을 신축하고 정원을 화려하게 꾸며 황실재정을 탕진했다. 그뿐만 아니라 때마침 전해진 원나라 창극(唱劇), 즉 원곡(元曲)을 밤낮으로 즐기거나 부호들과 도박에 빠져서 국정을 통 돌보지 않았다. 이리하여 권력은 몇몇 부패한 관리들의 차지가 되어 국정이 혼탁해지자, 민 뙁의 권유로 주 뙁의 황태자 시절 스승이었던 저명한 학자 쭈 반 안은 권신 7인을 참수하라는 상소문을 올렸다. '칠참소'(七斬疏)라고 불리는 이 상소문이 황제에게 보고조차 되지 않은 것을 보고 낙담한 그는 관직에서 물러나 낙향했다. 그러고는 사숙(私塾)을 열고 교육에 전념하여 유명한 문사들을 배출했다. 쭈 반 안은 훗날 문묘에 배향되었다.

참파의 침입

이처럼 쩐 왕조의 정치가 혼란에 빠질 무렵 참파의 공격이 시작되었다. 1360년 참파에서 쩨 봉 응아(Chế Bồng Nga 制蓬峩)라는 유능한 왕이 등장했다. 쩨 봉 응아가 쩐 왕조를 상대로 계속 승리할 수 있었던 배경에는, 참파에서 생산되는 물품의 수출과 중계무역을 통한 경제적 번영이 있었고, 이외에도 참파와 친선관계를 맺은 명나라의 등장과 이웃 캄보디아 및 쩐 왕조의 약화라는 국제정세의 변화가 있었다. 그러나 무엇보다 중요했던 것은 쩐 왕조의 쇠락이었다

쩨 봉 응아의 치세 30년간 쩐 왕조는 참파의 침입에 일방적으로 당하기만 했다. 1361년 참파는 지 리(Dĩ Lý 迤里) 항구를 공격했으나 다행히도 오늘날의 꽝 빈 성 및 꽝 찌 성의 북부에 주둔하고 있던 군대에 의해 격퇴되었다. 이후에도 참파의 침공이 계속되자 쩐 왕조는 원정준비에 착수했다(1367년). 이듬해 초 쩨 봉 응아는 사절을 보내 호아 쩌우 반환을 요구했다. 그러나 이를 무시하고 쩐 왕조의 군사는 찌엠 동(Chiếm Động 占洞, 현재의 꽝 남)까지 진격했다가 참파의 복병을 만나 대패했다. 이런 와중에 쩐 조정에서는 제위계승을 둘러싸고 분란이 일어났다.

1369년 주 뙁이 후사 없이 죽고, 형 쩐 죽(Trần Dục 陳昱)의 서자 즈엉 녓 레(Dương Nhật Lễ 楊日禮)가 황태후의 후원을 받아 일단 제위에

오르기는 했는데, 그는 쩐 씨의 적통이 아니었다. 그의 아버지 쩐 죽은 주 뚱처럼 원곡(元曲)을 좋아해서 한 여배우를 아내로 삼았다. 그런데 당시 그녀는 이미 즈엉 크엉(Dương Khương 楊姜)이란 자와 살면서 임신한 상태였고 쩐 죽과 혼인하고 나서 아이를 낳았다. 그럼에도 쩐 죽은 그 아이를 친아들로 입적시켰는데, 그가 바로 즈엉 녓 레였던 것이다. 6개월 후 즈엉 녓 레는 자신을 제위에 앉힌 황태후가 후회하는 걸 알고 황태후를 시해하고, 음주와 향락에만 몰두했다. 더욱이 그가 쩐 왕조를 친부의 성인 즈엉(楊)으로 바꿀 생각까지 하자, 쩐 황실의 귀족들이 마침내 그를 제거하고 민 뚱의 셋째아들을 황제로 추대했다. 그가 응에 뚱(Nghệ Tông 藝宗, 1370-1372)이다.

이와 같은 쩐 조정의 혼란은 1371년 봄 참파의 침입을 불러왔다. 쩨 봉 응아는 인드라푸라와 응에 안과 타인 호아를 차례로 지나 전투 한 번 하지 않고 탕 롱을 점령했다. 참파군은 방화와 약탈을 자행하고 돌아갔다. 참파가 탕 롱을 점령한 것은 이때가 처음이었다.

응에 뚱은 나약하여 외환(外患)의 충격에서 벗어나지 못하고 1372년 11월 제위를 이복동생에게 양위했는데, 그가 주에 뚱(Duệ Tông 睿宗, 1373-1377)이다. 그런데 응에 뚱은 원래 정치에 무관심했기 때문에 양위 전부터 이미 국정을 이종사촌 레 꾸이 리(Lê Quý Ly 黎季犛)에게 맡긴 상태였다.* 레 꾸이 리가 권력 중심부에 들어가 활약할 수 있었던 직접적인 계기는 즈엉 녓 레 축출이었다. 그 공으로 그는 고위직에 임명되고 몇 달 후에는 작위까지 받았다. 한편 그는 자신의 지위를 더욱 공고히 하기 위해 이미 아내가 있었음에도 응에 뚱의 누이를 다시 부인으로 맞아들이고, 자기의 사촌 누이동생을 주에 뚱과 혼인시켰다.

주에 뚱은 군사력을 키우고, 남쪽 지방의 군비를 강화하는 한편 타인

---

* 응에 뚱의 생모와 주에 뚱의 생모는 둘 다 민뚱의 후궁으로 친자매간이었고, 레 꾸이 리의 고모였다.

호아와 응에 안 지방의 항구 준설 및 두 지방을 잇는 도로의 보수 등 참파에 대적하기 위한 조치를 취했다. 1376년 여름 참파가 꽝 찌와 후에(Huế) 지방을 침공하자, 주에 똥은 주변의 충고를 듣지 않고 그해 말 12만의 대군을 이끌고 친정에 나섰다.

주에 똥은 진격을 거듭해 이듬해 1월, 비자야 근교에 이르렀다. 쩨 봉 응아는 성 밖에 진을 치고, 신하한테는 자기가 도망가 성이 비었으니 기회를 잃지 말고 속히 진격하는 게 좋겠다고 거짓말을 하게 했다. 그러나 이 말을 믿은 주에 똥은 성이 비어 있는 줄 알고 들어가려다가 복병에게 살해되었다. 쩨 봉 응아는 쩐 왕조의 원정군을 무찌르고 내친김에 배를 타고 북쪽으로 올라가 6월에는 탕 롱 부근에 도착했다. 상황 응에 똥이 미리 길목을 차단하고 있었으나 끝내 저지할 수 없었다. 쩨 봉 응아는 탕 롱을 또 한 번 점령했다.

한편 주에 똥이 전사하자, 그의 장자가 제위에 올라 페 데(Phế Đế 廢帝, 1377-1388)가 되었다. 그는 약간 우둔했다고 하며, 훗날 권신 레 꾸이 리에 의해 폐위되었기 때문에 페 데, 즉 '폐제'라고 불린다.

쩨 봉 응아는 1377년에 응에 똥의 아들을 생포하여 자기의 딸과 혼인시켰고, 이듬해에 그 사위에게 응에 안을 침공하게 했다. 쩨 봉 응아 본인은 홍 강 델타에서 쩐 왕조의 군사를 격파하고, 탕 롱을 세 번째 유린하고 돌아왔다.

페 데의 재위기간 중에 상황도 생존해 있었지만, 권력은 완전히 레 꾸이 리가 장악하고 있었다. 전쟁으로 국고가 바닥나자, 레 꾸이 리는 조세제도를 바꾸어, 소유토지의 크기에 따라 부과되던 세금을 모든 정남(丁男)은 일 년에 삼전(三錢)씩 납부하도록 했다(1378년). 적지 않은 수의 가난한 농민들은 세금과 요역을 피해 장원의 농노가 되거나 무적(無籍)의 승려가 되었다. 이런 부작용은 있었지만 어쨌든 어느 정도 국고를 비축하게 되었고, 이를 바탕으로 참파와의 대결을 유리한 국면으로 전환시킬 수 있었다.

1380년 봄 쩨 봉 응아는 또다시 꽝 찌와 트아 티엔 지방 주민들을 동원해 응에 안과 타인 호아를 침공했다. 당시 실권자였던 레 꾸이 리는 직접 군사를 이끌고 가서 쩨 봉 응아의 참파 군을 격퇴했다. 그럼에도 불구하고 응에 안과 타인 호아 지역은 계속해서 참파의 영향권 안에 있었던 것 같다. 이는 이듬해 승군(僧軍)이 참파군을 물리치고 참파를 지원하는 현재의 타인 호아 지방 유력자를 제거한 일에서 알 수 있다. 1382년 참파는 또 다시 타인 호아를 침입했으나, 이번에는 레 꾸이 리가 총애하는 부하가 결사적으로 싸워 이들을 물리쳤다.

이 승리를 계기로 쩐 왕조는 지금까지의 수세에서 벗어나 공세적인 자세로 전환했다. 그래서 1383년 1월 레 꾸이 리는 수군을 이끌고 참파를 공격할 계획을 세웠다. 이를 위해 새롭게 대형선박 여러 척을 건조하기도 했다. 하지만 참파로 항해하던 선단이 풍랑을 만나 난파하면서 원정시도는 실패로 끝났다.

그해 6월 쩨 봉 응아는 수장(首將)들과 함께 군사를 이끌고 이전과는 달리 산길을 따라 탕 롱 서쪽의 하 떠이 성(tỉnh Hà Tây 河西省, 현 하노이의 일부)에 이르렀다. 그러나 참파군은 몇 달에 걸친 공격에도 탕 롱을 함락하지 못했고, 결국 연말에 철수했다.

레 꾸이 리는 1388년 페 데가 자신을 제거하려 한다는 것을 알아채고 선수를 쳐서 페 데를 폐하고 상황 응에 똥의 어린 막내아들을 제위에 앉혔다. 그가 투언 똥(Thuận Tông 順宗, 1388-1398)이다. 그리고 레 꾸이 리의 장녀가 투언 똥의 황후가 되었다. 레 꾸이 리는 이듬해 참파의 타인 호아 공격을 저지하기 위해 출정했다가 패하고 탕 롱으로 돌아왔다. 이 패배로 레 꾸이 리는 응에 똥의 신망을 약간 잃었다.

1390년 1월 쩨 봉 응아는 또 다시 탕 롱을 향해 북진하여 흥 옌(Hưng Yên 興安)까지 이르렀다. 이때 그의 질책을 받은 한 신하가 변심하여 쩐 진영으로 와서 쩨 봉 응아가 타고 있는 배를 알려주었다. 이에 쩐 왕조의 군사는 '화총'(火銃)으로 그 배를 집중 공격했고, 쩨 봉 응아는 마침내 전사했다. 참파군은 대패를 당하고 물러갔다. 이로써 30년 가까웠던 참파의 공세는 끝이 났고 비자야의 세력도 약화되었다. 쩐 왕조 군사들의 새로운 무기인 화총 사용은 이후 베트남 왕조들과 참파의 싸움에서 힘의 균형이 베트남 쪽으로 기우는 전환점이 되었다. 당시 화총은 명나라의 무역상이나 도망병들로부터 구입한 것으로 보인다.

이제는 쩐 왕조가 공세를 취했다. 응에 똥의 신임을 다시 얻은 레 꾸이 리는 1391년 초 직접 군사를 이끌고 호아 쩌우를 돌아본 후 성벽의 보수를 지시했다. 그러는 한편 원정군을 보내 참파를 공격하게 했으나 실패하고 탕 롱으로 돌아왔다.

쩐 왕조가 남에서 이처럼 참파와 치열한 싸움을 벌이고 있는 동안, 새로운 위협이 북쪽에서 다가오기 시작했다. 1368년 명 태조 홍무제(洪武帝, 1368-1398)가 즉위하고 그 사실을 알려오자, 주 똥(裕宗)은 곧 답례로 사신을 보내 빙물(聘物)을 바쳤다. 그래서 이듬해에는 안남국왕으로 책봉되어 양국관계는 정상화되었다. 그리고 1388년에 조공은 3년에 한 번 하는 것으로 정례화했다. 하지만 동시에 쩐 조정은 대내적으로 군민(軍民)에게 중국식 옷을 입지 못하게 함으로써 중국과 대등하다는 의지를 보였다.

한편 명나라는 1384년 윈난 지방에서 소요가 일어나자 쩐 조정에 군량 5천 석을 요구했다. 당시 쩐 왕조의 재정상태로는 도저히 감당하기 힘든 무리한 요구였지만 받아들일 수밖에 없었다. 명은 이듬해와 그 이듬해에도 각각 사절을 보내 승려 20명을 비롯해서 빈랑(檳榔)과 여지(荔枝) 같은 각종 남방식물의 묘목 등을 요구하며 베트남에 계속 부담을 주었다.

레 꾸이 리는 투언 똥이 즉위한 지 2년 후인 1390년 참파의 위협이 사실상 사라지자, 조정 안에서 자신의 권력을 더욱 강화해 나갔다. 그는 쩐 황실에 충성하며 자신에게 반대하는 자는 신분과 직위의 고하를 막론하고 무자비하게 제거하고, 이들의 자리를 자기 친족이나 동향 출신, 즉 타인 호아와 응에 안 출신들로 대체했다. 이를테면 1393년 응에 안 출신인 호 끄엉(Hồ Cương, 胡綱)을 군의 고위직에 임명했다. 각종 직책에 친족과 동향인의 추천은 이미 그가 권력의 중추부로 들어가기 시작한 1370년대부터 시작되었다. 1372년 호 똥 똑(Hồ Tông Tộc 胡宗簦)이 한림원학사에 임명된 것이 그 좋은 예이다. 쩐 황실로서는 불행하게도 상황(上皇)은 레 꾸이 리를 신임했고, 그가 추진하는 정책들을 전적으로 지지했다. 하지만 1394년 상황은 임종이 가까워질 무렵, 레 꾸이 리의 찬탈의지를 어느 정도 감지했는지 다음과 같이 말하고 있다.

지금 국세가 쇠약한데 짐(朕)은 너무 늙었다. 짐이 죽은 뒤에 황실이 보필할 가치가 있으면 도와주고, 그렇지 못하면 경(卿)이 취해도 좋다.

말은 이렇게 했지만, 어쩌면 상황은 레 꾸이 리가 고대 중국의 주공(周公)과 같은 역할을 해주길 내심 바랐는지도 모른다. 물론 그 자리에서 레 꾸이 리는 자신에게 딴 뜻이 없음을 맹세했다. 그러나 그의 본심은 그렇지 않았던 것 같다. 상황 사후에 그는 투언 똥을 가르치기 위해 『서경』(書經)의 일부를 쯔놈으로 번역했는데, 그 내용은 주공이 어린 왕에게 국정을 운영하려면 얼마나 노력해야 하는가를 가르치는 대목이었다. 여기에는 자신을 주공으로 부각시켜 그 누구도 자기의 권위에 도전하지 못하게 하려는 의도가 담겨 있었다.

레 꾸이 리는 상황 생전에도 모든 일을 거의 자신의 뜻대로 처리했는데, 상황이 죽었으니 거칠 것이 전혀 없었다. 이제는 마음만 먹으면 왕조 건설의 야망을 언제든 실현할 수 있었다.

7장 호씨 정권과 명의 베트남 지배

호 꾸이 리

  레 꾸이 리의 조상은 본래 성이 호(胡)씨로 중국 저장(浙江) 지방에 살다가 오대(五代)의 혼란기에 베트남 응에 안 지방으로 이주했다고 한다. 그 12대 손(孫)이 타인 호아로 이주하고 레(Lê 黎)씨 집안의 양자가 되면서 성이 '레'씨로 바뀌게 되었으며, 레 꾸이 리는 그 4대 손으로 알려져 있다.

  레 꾸이 리는 아버지 대에 황실과 사돈관계를 맺음으로써 권력의 중심부로 들어갈 수 있었다. 그가 이 빠른 시간 안에 권력을 장악하게 된 데는 상황 응에 뜽의 비호가 있었다고 하지만, 근본적으로는 상황의 유약함이 이런 결과를 가져오지 않았나 생각된다. 상황은 자신의 권한을 행사하지 않고, 레 꾸이 리가 대신하게 했다. 레 꾸이 리는 이렇게 상황의 권한을 누리면서 점점 황제가 되려는 야망을 키웠던 같다. 탕 롱 거리에서는 아이들이 레 꾸이 리가 임금의 자리를 탐낸다는 노래를 불렀다고 할 정도니까, 당시의 모든 사람이 그렇게 믿고 있었을 것이다. 마침내 그는 상황 사후에 제위에 오른 쩐 왕조의 황제들을 차례로 폐위시키고, 마침내 본인이 선양의 형식을 통해 제위에 올랐다(1400년).

  1392년 레 꾸이 리는 정적들을 모두 제거하고 나서, 자기 나름의 생각을 유교의 관점에서 쓰고 있다. 여기에서 그는 주공(周公)을 최고의 성인, 공자는 첫째가는 스승으로 서술했다. 또 한유(韓愈)의 불교배척을 극구 칭송했는데, 이는 쩐 왕조의 왕공(王公)과 귀족들이 불교를 신봉하면서 많은 토지를 사찰에 바치고, 사찰은 인력과 재원을 낭비한다고 비판했기 때문이다. 1396년 승려의 대량 도태에 관한 법령도 이와 관련이 있어 보인다. 이 법령에 따라 50세 미만인 자는 시험을 쳐서 불합격하면 환속시켰다. 그리고 성리학자 정호(程顥), 정이(程頤), 주자(朱子) 등 7인은 박학하기는 해도 베끼기에만 힘쓴다고 비판했다. 충효사상을 강조하는 그들의 신유학이 자신의 등극에 방해가 된다고 판단했던 것이다.

1394년 상황이 사망한 후 레 꾸이 리는 태사평장군국중사(太師平章軍國重事)로서 대권을 장악하고, 정치·경제·군사 등 각 방면에 걸쳐 개혁에 착수했다. 그는 참파원정에 나섰다가 비록 두 번이나 실패했지만, 당시 베트남사회가 당면한 내외의 여러 문제를 정확히 파악한 현실감각이 뛰어난 인물이었다. 전방위적인 그의 개혁은 대내외적으로 베트남이 처한 난국을 타개하려는 시도이자, 새 왕조의 등장을 위한 정지작업이기도 했다.

레 꾸이 리가 가장 우려했던 부분은 가중하는 명나라의 압력이었다. 1385년과 1386년에 이어, 1395년에는 용주(龍州)에서의 반란토벌을 구실로 명나라는 또다시 군사 5만, 코끼리 50마리, 군량 50만 석을 요구하고, 또 같은 해 승려·여안마사·환관 등의 파견도 요청했다. 이듬해에는 다시 사절을 보내, 오늘날 랑 선 지방에 해당하는 몇몇 지역이 명나라 영토라고 주장하면서 국경문제를 거론했다. 내정이 불안정했으므로 레 꾸이 리는 승려·여안마사·환관의 파견 같은 최소한의 요구를 들어주면서 가급적 정면충돌을 피했다. 우선 대내적으로 시급한 재정문제를 해결하는 데 주력했다.

1396년 베트남 최초의 지폐를 발행하고, 그때까지 발행된 동전은 사용을 금지시키는 동시에 모두 회수했다. 지폐는 7종이 있었는데, 액면 가에 따라 각각 다른 그림이 도안되었다. 지폐 발행은 홍 강 델타 부유층의 경제력을 약화시키기고, 30년에 걸친 참파와의 전쟁으로 인한 재정난을 해소하기 위한 방책이었다. 회수한 동전으로는 앞으로 있을지 모를 전쟁에 대비하여 무기를 생산할 계획이었다.

레 꾸이 리는 세제도 개혁하여 농민의 부담을 덜어주었다. 이전에는 정세(丁稅)가 토지소유 유무에 관계없이 일률적이던 것을, 소유토지의 크기에 따라 이를 부과하여, 토지가 없는 자는 세금을 완전히 면제받았다. 그의 경제개혁 중에서 무엇보다 중요한 것은 토지소유의 제한이었다. 레 꾸이 리는 토지 없는 농민은 늘어만 가는 데 반해, 왕족과 귀족들은 노비를 이용하여 새로운 간척지를 만들어 계속 토지를 넓혀가며 세력을 강화하고 있는 현실을 직시했다. 그는 1397년 한전법(限田法)을 반포하여 적계(嫡系)의 왕자와 공주 외에는 누구도 10무(畝) 이상의 토지를 소유할 수 없도록 했다. 이 법은 요역과 군역에 필요한 인원을 확보하는 효과도 있었다.

레 꾸이 리는 과거와 교육제도에도 깊은 관심을 보였다. 1396년 그는 과거시험에서 이전까지 불확실했던 향시법(鄉試法)을 실시하여 지역시험에서 합격한 자에 한하여 회시(會試)에 응시할 수 있는 자격을 부여했다. 그리고 회시에서 합격하면 어시(御試)를 보고 그 성적에 따라 등급이 매겨졌다. 레 꾸이 리가 주공을 숭배했기 때문에 시험에서는 사서(四書)보다 오경(五經)이 중시되었다. 이밖에도 그는 교육보급에도 힘을 기울여 지방에 독학(督學) 또는 교수와 같은 교육관을 파견하고 이들을 적극 지원해주었다(1397년). 교육관들이 매년 말 우수한 자를 조정에 추천하면, 황제는 이들에게 시험을 치게 하여 성적이 우수한 자를 관리로 등용했다. 결국 이러한 제도는 레 꾸이 리가 자기의 이념을 전국에 널리 보급하는 동시에 지지자들을 끌어모으는 데 유용했다.

레 꾸이 리의 교육개혁에서 또 한 가지 주목할 것은 쯔놈(字喃)의 장려이다. 앞에서 언급한 바 있지만, 그가『서경』의 일부를 쯔놈으로 번역했다는 사실은 그가 유학에 조예가 깊고 쯔놈에도 능통했음을 말해준다. 레 꾸이 리는 쩐 왕조를 찬탈하고 제위에 오른 후 쯔놈을 조정의 공식문자로 채택했다. 국가의 법령을 쯔놈으로 작성하게 한 통치자는 레 꾸이 리말고는 18세기 떠이 선(Tây Sơn 西山) 시기의 꽝 쯩(Quang Trung 光中)밖에 없었다.

1397년 레 꾸이 리는 투언 똥을 압박하여 자신의 세력기반인 타인 호아 지방에 새로운 도읍을 건설하여 천도하게 했다. 오늘날 타인 호아 성의 빈 록 현(huyện Vĩnh Lộc 永祿縣)에 자리한 새로운 도읍은 떠이 도(Tây Đô 西都)라 했고, 탕 롱은 동 도(Đông Đô 東都)로 개칭되었다. 떠이 도 천도는 200년 가까운 쩐씨 세력의 기반인 탕 롱에서 벗어나기 위해서였다. 천도의 또 한 가지 이유는 앞으로 있을지 모를 명나라의 침입에 대비하기 위해서였다. 탕 롱은 델타 중심부에 위치하여 외적을 방어하기가 어려웠다.

레 꾸이 리는 떠이 도 천도 이듬해, 투언 똥을 퇴위시키고 갓 세 살된 태자이자 외손자인 안(An 㷭)을 제위에 앉혔다. 이 어린 황제 티에우 데(Thiếu Đế 少帝, 1398-1400)가 쩐 왕조의 마지막 황제이다. 상황 투언 똥은 퇴위 후 도관에 머물다 이듬해 살해되었다. 반대로 조정 내의 쩐씨 지지세력들은 레 꾸이 리를 제거하려 했으나, 사전에 발각되어 370여 명이 처형당했다(1399년). 이런 대학살은 정적 제거라는 측면에서는 불가피한 일이었겠지만, 레 꾸이 리의 신망을 크게 떨어뜨리고 그의 정치적 기반을 약화시키는 요인이 되었다.

호 왕조
반대파 제거 후 레 꾸이 리는 국조장황(國祖章皇)을 자칭하고, 황궁 내에 머물면서 출입할 때에는 태자에 준하는 의례를 갖추게 했다. 그리고 1400년 2월 티에우 데가 선양하는 형식으로 레 꾸이 리는 황제의 자리에 올랐고, 마침내 쩐 왕조는 역사의 무대에서 영영 사라졌다. 쩐 투 도는 왕조 초기부터 외척을 배제하기 위해 황실근친혼을 제도화했는데, 역설적이게도 쩐 왕조 역시 외척에게 나라를 빼앗기고 말았다. 쩐 왕조의 멸망과 함께 다이 비엣(大越) 전통도 약화되기 시작했다.

명 태조 홍무제는 레 꾸이 리의 일련의 행동에 우려를 표하면서도 베트남 내정에 깊이 개입하지는 않았다. 북쪽 변경에서 몽골의 침입을 대비하는 데 주력해야 했기 때문이다. 홍무제의 대외정책은 건문제(建文帝, 1399-1402) 때에도 그대로 계승되었다. 그래서 1400년 레 꾸이 리가 선양의 형식을 빌리기는 했지만, 사실상 제위를 찬탈한 것이나 다름없는데도 별다른 조치를 취하지 않았다.

제위에 오른 레 꾸이 리는 연호를 타인 응우옌(Thánh Nguyên 聖元), 국호를 다이 응우(Đại Ngu 大虞)로 하고, 성을 본래의 성인 호(Hồ 胡)씨로 고쳤다. 그렇게 함으로써 자신을 전설적인 인물인 호공(胡公) 만(滿)과 연결시키고, 더 나아가 호공 만의 할아버지인 순(舜) 임금까지 자신의 조상으로 삼았다. 이제 그는 주공의 역할에 머물지 않고 주공을 뛰어넘은 성군이 되겠다는 의지를 드러낸 것이다. 다시 말하면 자신이 단순히 혈연에 의해서 황제가 된 것이 아니라 '덕'(德)에 의해서 된 것임을 강조하며 새로운 왕조의 정통성을 확립하고자 했던 것이다. 그가 국호를 다이 응우(大虞)라 한 것도 순 임금의 성이 우(虞)였던 것과 관련이 있다.

호 꾸이 리는 제위에 오래 머물지 않았다. 제위에 오른 지 10개월 후인 1400년 12월 제위를 둘째아들 호 한 트엉(Hồ Hán Tương 胡漢蒼, 1401-1407)에게 양위하고 본인은 태상황이 되었다. 호 꾸이 리가 둘째아들에게 제위를 물려준 것은, 그의 생모가 쩐 민 똥(明宗)의 딸이고, 장자의 생모는 쩐씨가 아니었기 때문이다. 그가 양위한 직후, 명에 사신을 보내, 쩐씨는 후사가 끊겼기에 외손인 호 한 트엉이 뒤를 이었다고 하면서 책봉을 요청하고 있는 것을 보면 왜 둘째아들을 제위에 앉혔는지가 분명해진다. 이렇게 제위를 빨리 물려준 것은 어디까지나 자신의 찬탈 행위에 대한 비난을 모면하기 위해서였을 뿐, 모든 실권은 여전히 그가 쥐고 있었다.

호 꾸이 리의 당면과제는 세 가지였다. 첫째는 국내 정권을 안정시키는 것, 둘째는 앞으로 있을지 모를 명나라의 침입에 대비하는 것, 셋째는 참파와의 전쟁이었다. 호 꾸이 리는 쩐 왕조와 마찬가지로 자기 친족에게 크게 의존했지만 문사층도 많이 등용했다. 이들은 대개 1380년대와 1390년대의 과거급제자들로 호 꾸이 리의 유학이념에 충실했음은 말할 것도 없다. 그는 즉위 직후에 과거시험을 실시하여 20명의 급제자를 등용했다. 훗날 레 왕조 건국 때 중요한 역할을 한 응우옌 짜이 (Nguyễn Trãi 阮廌)도 그 중 하나였다. 1405년 과거시험에서는 170명이라는 유례없이 많은 인원을 선발했는데, 그 이면에는 호씨 정권에 충성하는 세력을 키우려는 목적이 있었을 것이다.

이보다 앞서 1401년에는 한노법(限奴法)을 제정하여 신분과 지위에 따라 소유할 수 있는 노예의 수를 제한했다. 이 법은 잔존한 쩐씨 세력을 약화시키기 위해 만들어졌지만, 다른 한편으로는 신흥세력의 등장을 막는 동시에 국가가 필요로 하는 노동력을 확보하려는 의도도 있었다.

한편 명나라에 호 한 트엉의 책봉을 요청한 것은, 명나라가 호 꾸이 리의 찬탈사실을 알게 될 경우, 그 책임추궁을 면하고 대내적으로 호 꾸이 리의 지위를 합법화하기 위해서였다. 명의 영락제(永樂帝, 1403-1424)는 호 한 트엉 옹립의 진위를 조사하게 한 후 일단은 호 한 트엉을 안남국왕에 책봉했다. 그러나 당시 대외 팽창정책을 추진하고 있던 영락제에게 이는 그냥 형식적인 일이었을 뿐이다.

호 꾸이 리도 이러한 사실을 분명히 인식하고 명의 침입에 대비하기 위해 군사력 강화에 주력했다. 그는 우선 필요한 병력을 확보하기 위해 1401년 전국의 호적을 개편하여 두 살 이상의 남자는 모두 등록하도록 했다. 등록되지 않은 자에 대한 처벌을 강화하고, 고향을 떠난 유민(流民)들도 원적(原籍)에 올리게 했다. 그 결과 15세에서 60세 사이의 남자 수가 배나 늘어났다고 한다. 호 꾸이 리는 전함도 개조했다. 전함을 상부와 하부로 나누어, 상부는 전투에 활용하고 하부는 노만 젓는 공간으로 만들었다. 병기고도 네 곳을 새로 지었다.

이에 앞서 호 꾸이 리는 전쟁준비에 필요한 재원을 마련하기 위해 모든 상선과 여객선에 세금을 부과했다. 선박은 등급에 따라 상등은 5관, 중등은 4관, 하등은 3관의 세금을 내야 했다.

국내개혁이 어느 정도 진전을 보이고 자신의 지위가 점차 안정되자 호 꾸이 리는 참파공격을 재개했다. 호씨의 참파 원정은 쩐 왕조 말 이래 계속된 일이기도 하지만, 다른 한편으로는 앞으로 있을지도 모를 명의 침입에 대비하여 그 배후세력을 사전에 확실하게 제압해둘 필요가 있었던 것이다. 1402년 초에는 호씨의 도읍인 떠이 도(西都)에서 호아 쩌우까지의 도로를 정비하고, 가을에는 대규모 원정에 착수하여 참파군에 대승을 거두었다. 다급해진 참파 왕은 사절을 보내 찌엠 동을 양도하는 조건으로 화친을 요청했다. 그러나 호 꾸이 리는 여기에 만족하지 않고 꼬 루이(Cổ Lũy 古壘)까지 요구했고, 기어이 두 지방을 모두 할양받았다. 할양받은 지역은 네 주(州)로 나누고, 이들 전부를 합해 탕 호아 로(lộ Thăng Hoa 升華路)로 정했다. 이리하여 참파의 영역은 쩨 봉 응아 때의 절반으로 줄어들었다. 호 꾸이 리는 이 지역을 베트남화하기 위해 땅 없는 농민들을 이곳으로 이주시키고, 열심히 농사를 짓도록 물소까지 나누어주었다. 그 대신 팔뚝에 거주지명을 문신하여 다른 곳으로는 옮겨가지 못하게 했다.

1402년에 이어 1403년에도 호 꾸이 리는 20만 대군을 동원하여 참파의 비자야를 공격했다. 그러나 끝내 함락시키지는 못했다. 식량이 떨어져서 철수할 수밖에 없었다. 참파왕은 점점 도를 더해가는 베트남의 압력을 피하기 위해 명나라에 사절을 파견하여 도움을 요청했고, 명은 이를 받아들여 호씨에게 전쟁을 중지하라고 권유했다. 이 권유를 받아들여 호 한 트엉이 사죄한 것도 그가 안남국왕에 책봉될 수 있었던 이유 중 하나였다.

명의 침입

호씨와 명이 별다른 갈등 없이 친선관계를 맺었지만, 그 관계가 그리 오래 가지는 않았다. 당시 영락제는 대외팽창을 추구하여 1405년에 환관 정화(鄭和)에게 함대를 이끌고 동남아시아에서 아프리카 동부 해안에 이르는 지역들을 원정하도록 했으며, 특히 당대(唐代)까지만 해도 중국의 식민지였던 베트남을 다시 병합하려 했다. 하지만 명분 없이 출병할 수는 없어서 기회를 노리고 있었는데, 때마침 군사행동의 명분이 될 만한 세 개의 사건이 터졌다(1404년).

첫번째 사건은 양국의 국경분쟁이었다. 광시 성 사명부(思明府)의 타이계 수장이 전에 자기의 영토였던 녹주(祿州) 등을 호씨가 빼앗았다고 명 조정에 호소했던 것이다. 여기에 더하여 참파가 사신을 보내 베트남이 명의 명령을 무시하고 다시 침범하여 영락제에게 보낼 예물까지 약탈했다고 보고했다. 명은 곧 호씨에게 사절을 보내 참파 침략과 사명부 일대에 대한 영토 점유가 결코 베트남에 이롭지 못할 것이라는 경고성 주의를 주었다.

그러나 이것보다도 호씨와 명의 관계를 더욱 악화시킨 사건은 호씨의 찬탈을 둘러싼 시비로, 명이 베트남을 침공하게 되는 직접적인 계기가 되었다. 이미 말한 바와 같이, 명은 처음에는 베트남 사정을 잘 모르고 호 꾸이 리가 요청한 대로 호 한 트엉을 책봉했다. 그런데 1404년 쩐 왕조의 신하였던 부이 바 끼(Bùi Bá Kỳ 裴伯耆)가 명 조정에 가서 호씨 부자의 찬탈을 전하고, 이어 쩐씨의 일족이라고 하는 쩐 티엔 빈(Trần Thiên Bình 陳天平. 또는 쩐 티엠 빈 Trần Thiêm Bình 陳添平)도 똑같이 호씨의 만행을 호소했다. 쩐 티엔 빈의 출신에 대해서는 의문을 제기하는 견해가 있는 만큼, 명이 그의 출신을 조작하여 베트남 침입의 구실을 만들었을 가능성도 있다. 여하튼 명은 호씨에게 찬탈 해명과 영토 반환을 요구했다. 호 한 트엉은 사신을 보내, 자신은 찬탈하지 않았으며 쩐 티엔 빈을 영립(迎立)하고, 녹주를 반환하겠다고 약속했다. 그러나 약속은 약속일 뿐, 쩐 티엔 빈을 받아들일 수는 없었다.

호씨 부자는 명의 침입이 임박했음을 감지하고, 그 방어책으로 적 함대의 접근을 차단하기 위해 모든 해구와 홍 강 및 바익 학 강(sông Bạch Hạc 白鶴江)의 전략요충지에 말뚝을 박도록 했다. 또한 홍 강 상류의 길목에 다 방 성(thành Đa Bang 多邦城, 현재는 하노이의 북쪽 외곽에 소재)을 쌓았다. 마침내 1406년 쩐 티엔 빈과 그를 호위한 명군은 베트남 영내에서 호씨의 군사와 정면으로 충돌했다. 결과는 명군의 패배였다. 쩐 티엔 빈은 호씨에게 붙잡혀 처형되었다.

영락제는 쩐 티엔 빈의 호위병들이 호씨의 군사에 패했다는 소식에 격노했다. 중화적 세계질서라는 관점에서 볼 때 주변의 소국이 명나라에 도전했다는 것은 도저히 용납될 수 없는 일이었다. 영락제는 호씨 부자의 죄로 안남왕을 시해하고 나라를 빼앗았다는 것과, 중국의 정삭(正朔, 책력)을 받들지 않고 마음대로 황제를 칭하며 연호를 사용했다는 것 등 20여 가지 죄목을 들어 즉시 베트남 정벌을 결정했다. 요컨대 간악한 호씨 부자를 토벌하여 안남을 안정시키고, 이전의 쩐 왕실을 회복시킨다는 것이었다.

영락제는 20여만의 원정군을 동서로 나누어, 동군은 광시 성으로부터 랑 선 지방을 공격하게 하고, 서군은 윈난 성을 출발하여 홍 강 유역을 따라 진격하도록 명령을 내렸다. 당시 원정군 사령관들은 명나라에서 가장 유능한 장수들이었다. 동군은 처음 주능(朱能)이 총사령관이었으나 도중에 사망하여 장보(張輔)가 지휘를 맡았으며, 서군의 총사령관은 목성(沐晟)이었다.

명의 원정군은 1406년 겨울, 베트남 영내에 진입한 지 2개월 만에 동도(東都)인 탕 롱과 호씨의 도읍 떠이 도(西都)를 어렵지 않게 점령했다. 영락제는 풍토병인 말라리아를 염려하여 병사들에게 천천히 진군하라는 명령을 내리기까지 했지만, 명군은 호씨 부자를 계속 추격하여 1407년 여름 지금의 하 띤(Hà Tĩnh 河靜) 지방에서 붙잡아 금릉(金陵, 현재 난징)으로 압송했다. 이리하여 호 꾸이 리 정권은 7년 만에 무너지고, 베트남은 400여 년 만에 또다시 중국의 지배를 받게 되었다.

베트남을 점령한 명은 그때까지 중국에게 알려졌던 국호인 안남을 교지(交阯, 자오 찌)로 바꾸고, 명의 지방제도를 도입하여 각각 독립적으로 군사·행정·감찰을 담당하는 도지휘사(都指揮司)·포정사(布政司)·안찰사(按察司)의 3사를 두었다. 하급 지방행정단위로는 부·주·현을 두고 군사기구 또한 위소제(衛所制)에 따라 요충지에 위와 소를 설치했다.

현 밑에는 기존의 마을들인 사(社)·촌(村)·방(坊)·책(冊) 등을 그대로 유지시켰는데, 그 수는 전부 3,385개에 달했다. 그러나 마을의 수가 그 80년 후와 비교했을 때 절반에도 미치지 못했다는 것은 명나라의 지배가 실제로는 제한적이었음을 말해준다. 레 왕조의 타인 똥(Thánh Tông 聖宗, 1460-1497) 때인 1490년의 마을 수는 대략 7,910개였다.

명은 처음 출병의 명분으로 호 꾸이 리의 찬탈과 쩐 왕조의 회복 등을 내세웠는데, 베트남을 점령한 다음 행정단위의 명칭까지 바꾼 것은 출병이란 이름하에 정복, 즉 직접지배의 의도가 있었음을 보여준다고 해도 무방하다. 1409년에 장보는 쩐 왕조의 후손이라고 주장하며 명나라의 지배에 반기를 든 쩐 꾸이 코앙(Trần Quý Khoáng 陳季擴)이 보낸 사절에게, 나는 황제의 명을 받들어 반도(叛徒)를 진압할 뿐, 쩐 왕실의 후손을 찾는 일은 본인의 소관이 아니라고 말했다. 따라서 화평이란 말은 명의 베트남 지배를 합리화하려는 것에 불과했다. 바꾸어 말하면, 명의 지배는 어떤 형태로든 이제까지 베트남이 누려온 독립과 자유를 부정하는 행위인 것이다.

명의 지배는 순조롭게 진행되지 않았다. 각지에서 크고 작은 반란이 일어났고, 특히 쩐씨의 저항이 거셌다. 1407년 가을 응에 똥의 차남 쩐 응오이(Trần Ngỗi 陳頠)는 잔 딘 데(Giản Định Đế 簡定帝)를 자칭하고 흥 카인(Hưng Khánh 興慶)이란 연호까지 만들었다. 그래서 응오 시 리엔은 쩐 응오이와 그의 뒤를 이은 쩐 꾸이 코앙(陳季擴)의 시기(1407-1413)까지를 허우 쩐(Hậu Trần 後陳)이라 해서 하나의 독립된 왕조로 보고 있다.

쩐 응오이는 오늘날 닌 빈 성(tỉnh Ninh Bình 寧平省)에 위치한 옌 모(Yên Mô)에서 처음 궐기했으나, 명군의 공격을 받고 응에 안으로 달아났다. 이후 명에 항복했다가 도망쳐온 당 떳(Đặng Tất 鄧悉) 등의 도움을 받아 타인 호아 남쪽지방에서 세력을 확대해 나갔다. 특히 장보 등이 이끄는 명의 주력부대가 본국으로 회군한 이후에는 더욱 세력이 커져서 명군의 본거지인 동 도를 향해 북상하기에 이르렀다.

영락제는 베트남에 주둔시킨 병력만으로는 사태를 수습할 수 없다고 판단하고 다시 목성에게 4만의 군사를 주어 출병시켰지만, 이들마저 패했다. 쩐 응오이의 세력은 더욱 확대될 수 있는 상황이었지만, 불행히도 전략을 놓고 내분이 일어나 그 기세가 꺾이고 말았다.

1409년 2월에 쩐 응오이가 최측근인 당 떳과 응우옌 까인 쩐(Nguyễn Cảnh Chân 阮景眞) 등을 의심하여 살해하는 사건이 일어났다. 이에 앙심을 품은 두 사람의 아들들과 그 동조세력이 응에 똥의 아들이며 쩐 응오이의 조카 쩐 꾸이 코앙을 황제로 추대했다. 이로써 쩐씨의 세력은 적전분열 양상을 보이는 듯했지만, 두 세력 사이에는 곧 화해가 이루어져, 쩐 꾸이 코앙은 자신이 저항세력의 주도권을 장악하는 대신 쩐 응오이를 상황에 앉혔다.

이윽고 두 황제는 북진을 개시했으나, 영락제가 파견한 장보에게 패하고, 쩐 응오이는 붙잡혀 난징으로 압송되었다. 1410년 쩐 꾸이 코앙은 일단 응에 안 지방으로 물러났고 별다른 활동을 하지 못했다. 장보는 몽골 정복을 위해 귀국했다가 1411년 세 번째로 베트남에 와서 처음에는 '관휼지은'(寬恤之恩)의 방침 아래 평화적인 해결을 모색했다. 그러나 타협이 이루어지지 않자 적극적인 공세로 나와 1414년 3월 쩐 꾸이 코앙을 생포했다. 이로써 쩐 왕실 부흥운동은 막을 내렸다.

명의 기록에 의하면, 명군에 붙잡힌 쩐 꾸이 코앙 등은 곧 연경(燕京, 현 베이징)으로 압송되어 처형되었다. 반면 베트남의 기록에는 쩐 꾸이 코앙이 압송 도중 강에 투신하여 자살했는데, 충직한 신하인 응우옌 쑤이(Nguyễn Súy 阮帥)도 그의 뒤를 따랐다고 쓰여 있다. 이 기록은 베트남인의 저항정신을 미화하기 위해 편찬자가 지어낸 이야기일 가능성이 많다.

명은 베트남에 대한 지배권을 재확립한 후 이를 영속화하기 위해 행정체제를 정비하는 한편 문화적으로는 동화정책을 실시했다. 부와 주와 현은 인구분포에 따라 자주 바뀌다가 1419년 대규모 통폐합이 이루어져 초기보다 전체 수는 더 줄었다.

동화정책을 실시하기 위해 문화기관이 다수 설립되었다. 명 조정은 베트남인에게 중국문화를 보급하여 중국식 예절을 익히게 하는 한편, 베트남 고유의 관습은 '이속'(夷俗)이라 하여 금지시켰다. 예컨대 남녀 공히 지난날처럼 머리를 짧게 깎지 못하게 했으며, 모든 여성은 '짧은 저고리와 긴 치마(短衣長裙)를 입도록 강요했다.

중국문화를 보급하기 위해서는 중국식 학교제도의 도입이 필요한데, 1407년 포정사 겸 안찰사로 부임한 황복(黃福)은 기존의 베트남 교육기관을 이용하여 이 문제를 해결했다. 그리고 우수한 학생들을 유치하기 위해 자신의 양자 황종유(黃宗儒)를 자진해서 입학시키기도 했다. 학교에는 물론 중국과 마찬가지로 의학·음양학·유학의 세 종류가 있었다. 그 중 유학의 수는 1410년대 중반 모두 161개교로 부학(府學)이 14개, 주학(州學)이 34개, 현학(縣學)이 113개였다고 한다. 그리고 특별히 우수한 학생에게는 입학연한에 상관없이 '공생'(貢生)으로 선발되어 난징의 국자감에서 공부할 수 있는 기회를 주었다. 공생으로 선발된 학생들은 훗날 귀국하여 관리가 되어 명의 지배체제를 도울 수도 있었고, 중국적 이념의 보급에 기여할 수도 있었다. 1416년 명 조정은 불교와 도교의 교단과 승려들을 통제하기 위해 승강사(僧綱司)·승정사(僧正司)·도기사(道紀司) 등을 부·주·현에 다수 설치했다.

명은 1418년 쩐 왕조 때까지 저술된 베트남 고금의 모든 도서를 수집하여 본국으로 보내고 일부는 태워버렸다. 이듬해에는 사서오경과 『성리대전』(性理大全) 및 효순(孝順) 관련 서적을 각급 학교에 나누어주고 불경과 도경도 승사(僧司)와 도사(道司)에게 전해주었다.

이런 정책에도 불구하고 베트남의 중국화는 기대만큼의 성과를 거두지는 못했던 것 같다. 그럴 만도 한 것이 명의 지배가 시작되어 10여 년이 지난 1419년에도, 베트남인 관리나 학생 모두 부모상을 당했을 때 베트남 고유의 관습대로 장례를 치렀다는 중국관리의 상소가 있었다.

명 지배정책의 한 축이 문화적 동화라고 한다면, 다른 한 축은 경제적 수탈이었다. 중국의 역대 왕조가 베트남을 지배하려 한 가장 큰 이유가 전통적으로 경제적 이득에 있었음은 이미 앞에서도 언급한 바 있다. 물론 여기에서는 베트남에 대한 직접적인 수탈뿐만 아니라 남해무역의 중

개지로서의 역할도 중요했다. 여하튼 명은 베트남을 점령하자 즉시 각
종 세금을 징수하기 위해 시박사(市舶司)·염과사(鹽課司)·금장국(金場
局) 등 경제 관련 기관들을 설치했는데, 쩐씨 저항세력을 진압한 뒤에는
그 수를 더욱 늘려 베트남인을 수탈했다. 영락제는 베트남 지배 초기에
정치적 동요를 고려하여 세액을 경감 또는 감면해준 적도 있었지만
(1408년), 이런 정책은 어디까지나 일시적이었고 더욱이 악질 관리가
부임해 오면 언제든 탄압과 수탈이 반복되었다. 베트남인에게 가장 큰
부담은 명 황실에서 요구하는 특산품의 상공(上貢)이었는데, 관리들이
중간에서 지나치게 착복을 했다. 상공품은 금·은·상아·부채·비단·옻
등 다양했지만, 특별히 중요한 품목은 비단·옻·소목(蘇木)·취우(翠羽,
물총새 깃털)·부채 등 다섯 가지였다.

베트남인은 명의 과중한 세금을 부담해야 하는 것 외에도 둔전(屯田)
경작이나 교량건설 및 축성(築城) 등에 노역 봉사를 해야 했다. 명의 식
민정부는 건기에 남녀노소를 불문하고 베트남인들을 동원하여 홍 강 델
타의 수많은 수로 위에 다리를 건설했고 전략상 중요한 곳에는 성보를
쌓았는데, 이전 같으면 농한기에는 베트남인들이 농사에서 해방되어 축
제 등으로 생활의 여유를 즐기던 때였다. 교량은 명이 베트남을 통치하
는 데 있어 교통과 통신의 편의를 위해 건설한 것으로, 다리 위로는 역
마가 달리고 병력이 이동했으며 보급품이 수송되었다.

레 러이의 저항

명의 지배에 대한 누적된 불만은 자연히 저항으로 표출되
었다. 장보가 본국으로 소환되고, 그 이듬해인 1417년 홍 강 평야의 중
심부와 그 남쪽 여러 지방에서 베트남인 하급관리들이 주도하는 저항운
동이 연이어 일어났다. 그러나 대부분 일시적이고 국지적이어서 별다른
성공을 거두지 못했다. 이에 비해 1418년 타인 호아 지방의 봉기, 즉

'커이 응이아 람 선'(khởi nghĩa Lam Sơn 起義藍山)의 지도자 레 러이(黎利)는 달랐다. 그는 10년 동안의 끈질긴 항쟁 끝에 마침내 명나라 군사를 몰아내고 베트남의 독립을 되찾는 데 성공했다. 그래서 응오 시 리엔은 1414년부터 1417년까지만 명의 지배기, 즉 '명속기'(明屬期)라고 보았다. 다시 말하면 '명속기'를 최소화함으로써 중국의 지배보다 베트남의 저항에 초점을 맞춘 것이다. 이는 베트남인의 중국에 대한 저항정신을 단적으로 보여주는 예라고 할 수 있다.

레 러이에 대해서는 그의 집안이 타인 호아의 람 선(Lam Sơn 藍山) 지방 토호였다는 사실 외에는 거의 알려진 것이 없다. 어쩌면 그는 순수 '낀족'이 아니었을지도 모른다. 레 러이는 처음 저항에 실패한 후 명에 항복하여 잠시 불법소금장수나 여행객 등을 검문하는 순검(巡檢)으로 일을 했다고 한다. 그러나 그가 순검 자리에 만족하지 않고 반란을 꿈꾸었으리라는 것은 충분히 짐작할 수 있다. 그는 친척과 동향인 및 지역의 반란세력들을 끌어모았는데, 이때 모여든 인물들 중에는 이후 저항운동에서 그의 오른팔 역할을 하게 되는 응우옌 짜이(阮廌)도 있었다. 응우옌 짜이는 호씨 정권하에서 관직에 있었고, 그 때문에 명의 침공 후 한동안 가택연금을 당했다.

1418년 레 러이는 빈 딘 브엉(Bình Định Vương 平定王)이라 칭하고 명 지배에 공개적으로 반기를 든 이후, 그의 저항운동은 10년 동안 계속되었다. 이 10년은 1418년부터 1423년까지를 제1기, 1424년부터 1427년까지를 제2기로 나누어볼 수 있다. 제1기는 명에 저항했다가 일단 좌절된 시기이고, 제2기는 명의 세력을 베트남에서 완전히 축출한 시기이다.

처음에 그는 주로 매복작전으로 명군에 타격을 주었는데, 배신자가 생겨 오히려 역공을 당하면서 도망자 신세가 되었다. 이후 레 러이는 주로 마(Mã) 강 상류지역을 거점으로 게릴라전을 전개하면서 세력을 유지했다. 이와 함께 그는 명의 관직을 받고 일하던 베트남인 관리들에게 도 동참을 호소했다. 하지만 그의 제안을 거절하면 암살하거나 공격을 가했다.

1420년 레 러이의 군사는 한때 떠이 도(西都) 부근까지 진격한 적도 있었다. 그러나 1422년까지는 그를 제외한 다른 모든 반명(反明) 운동 이 거의 실패로 돌아갔기 때문에, 명군은 레 러이 세력을 집중 공략할 수 있었다. 1423년 명군에 대패를 당한 레 러이는 하는 수 없이 람 선으 로 돌아와 금과 은을 바치고 명군에 화의를 청했다. 명측도 이를 받아들 여 그에게 우마·어염·곡물·농기구 등을 보내주었다.

1424년 전세는 갑자기 레 러이에게 유리해졌다. 영락제의 뒤를 이은 홍희제(洪熙帝)가 대(對)베트남 정책을 소극적으로 바꾸었던 것이다. 홍희제에 이어 1425년에 즉위한 선덕제(宣德帝, 1426-1435)는 더욱 소극적인 정책을 택하고, 심지어 쩐 왕실을 회복시키는 게 더 낫겠다는 의견까지 제시했다.

명의 이런 정책적 전환을 좋은 기회로 삼아 레 러이는 1424년 9월 재 차 반기를 들어 응에 안 지방의 명군을 격파하고, 이곳을 저항의 거점으 로 삼았다. 그후 명군을 더욱 거세게 몰아붙여 1425년 가을에는 떠이 도와 응에 안 성(城) 등 두세 곳을 제외한 남부 전역을 탈환했다. 그리 고 병력을 더욱 증강한 후에는 홍 강 델타까지 진출하기에 이르렀다.

레 러이의 세력이 점점 더 강력해지고 명나라의 주둔병이 연전연패 하자, 명 조정은 1426년 왕통(王通)을 총사령관으로 임명하여 2만의 증 원군을 보냈다. 그러나 레 러이는 오히려 더 적극적인 공세를 취해 10월 에는 동 도 서쪽 지역에서 명군과 일대 격전을 벌였다. 그 결과 명군은 대패했고, 왕통 등은 간신히 몸을 피해 동 도로 물러갔다. 레 러이는 즉 시 동 도를 포위하고 항복을 요구했다. 왕통은 전세의 불리함을 깨닫고 일단 싸움을 멈추고 협상할 태도를 보였다.

양측의 협상에서 명은 레 러이가 쩐 왕실의 후손을 찾아서 왕위에 앉히면 철군하겠다고 했다. 이는 명의 침공이유가 표면적으로는 호씨를 징벌하고 쩐 왕조를 재건하는 것이었기 때문이다. 레 러이도 전쟁이 장기화되는 것을 원하지 않았으므로 왕통의 제의를 받아들였다. 이리하여 1426년 말 쩐 까오(Trần Cảo 陳暠)라는 사람이 왕에 옹립되었다. 쩐 까오는 호 옹(Hồ Ông 胡翁)이란 이름으로 하 띤 지방에 살면서 쩐씨의 후손 행세를 했다고 한다.

그런데 왕통의 군사가 동 도에 포위되어 곤경에 처했을 때, 명 조정은 유승(柳升)과 목성이 지휘하는 11만의 증원군을 보냈다. 레 러이의 군사는 1427년 9월과 10월 랑 선 부근과 윈난 접경지대에서 각각 명의 증원군을 격퇴했다. 결국 고립무원에 빠진 왕통은 1427년 12월 레 러이와 화약을 맺고 서둘러 철수했다. 명은 철군과 동시에 쩐 까오를 안남국왕에 봉하고, 자오 찌를 폐지했다. 그러나 쩐 까오는 몇 주 후 독살되었다. 그는 원래 명군(明軍) 철수의 명분으로 잠시 옹립되었던 만큼, 명군이 철수하고 나자 불필요한 존재가 되어버렸던 것이다.

10년에 걸친 레 러이의 항전 덕분에, 마침내 베트남은 20년에 걸친 명의 지배에서 벗어나 독립을 달성했다. 이를 기념하여 응우옌 짜이(阮廌)는 레 러이의 명을 받아, 저 유명한 『평오대고』(平吳大誥)를 지었다. 『평오대고』는 베트남과 중국은 서로 다른 나라이며, 두 나라는 대등하다는 것을 천명하고 있다.

우리 다이 비엣 국(國)은 진실로 문명화된 나라이다. 산천의 경계가 다르고 남북의 풍속 또한 다르다. 우리는 찌에우(趙)·딘(丁)·리(李)·쩐(陳)이 창업할 때부터 한·당·송·원과 더불어 각각 그 나름의 영토에서 황제를 칭하고 다스려왔다.

『평오대고』에서 '오'는 춘추시대 월왕(越王) 구천(句踐)에 멸망당한 나라를 암시하는 동시에 명의 창건자인 주원장이 1364년 오왕(吳王)을 칭했던 것과 관련이 있어, 사실상 명을 의미하는 것이다. 전근대 베트남 사료들이 월(越)을 조상으로 받아들이고 있음을 고려할 때, 레 러이는 자신이 구천의 계승자이고 적국인 명은 오나라의 계승자라고 암시하고 있다고 볼 수 있다.

앞에서 인용했던 리 트엉 끼엣의 노래에서 '천서'(天書)를 거론한 것에 비하면 『평오대고』는 몇 걸음 더 나아간 것이다. 남북의 강역이 다르고 풍속이 다를 뿐만 아니라 역사가 다르기 때문에 '각각 그 나름의 영토에서 황제를 칭'(各帝一邦)한 것이라고 했다. 지리적 이유, 문화적 이유, 역사적 이유, 이념적 이유에서 베트남의 독립은 유지되어야 한다고 선언한 것이다.

호씨 정권과 명의 지배기간은 정치적 격동기였지만, 문화적으로도 베트남 역사에서 중요한 전환기였다. 그 30년 동안 시행된 호씨의 유학 장려와 명의 베트남인 교화정책은 곧바로 가시적인 성과를 거두지는 못했지만, 반세기 후인 레 타인 똥(黎 聖宗) 때 그 영향이 나타났다.

8장 레 왕조와 막 당 중 정권

레 타이 또

1428년 봄 동 도에 돌아온 레 러이는 제위에 올라 연호를 투언 티엔(Thuận Tiên 順天), 국호를 전과 같이 다이 비엣(大越)으로 정했다. 이른바 레 왕조가 수립된 것이다. 베트남의 군주들이 황제를 자칭하듯이, 다이 비엣이란 국호 역시 중국의 승인을 받지 않고 독자적으로 결정했다.

레 러이, 즉 타이 또(Thái Tổ 太祖, 1428-1433)는 재위 5년 동안 법률·행정·인사·재정·도덕·국방·의례·제위계승 등 왕조의 제도적 기틀을 마련하는 데 주력했다. 응우옌 짜이를 위시한 문신들은 주로 의례·외교·법률·행정 등과 같은 실무적인 일을 맡았다. 반면에 조정에서 권력을 잡은 세력은 처음부터 레 러이와 동고동락하며 명과 싸운 타인 호아 출신 무인집단이었다.

무엇보다도 타이 또는 자신의 권력기반을 공고히 하고, 오랜 전란으로 피폐해진 나라를 재건해야 했다. 그는 이미 동 도를 포위하고 명군을 압박할 무렵(1426년) 자신의 승리가 확실해지자, 동 도 부근의 로(路)와 진(鎭)을 동·서·남·북의 4도(道)로 나누고 문무의 관리를 임명했다. 독립을 이룩한 1428년에는 4도에 타인 호아와 응에 안을 하이 떠이 도(đạo Hải Tây 海西道)로 재편한 것을 비롯하여, 전국을 5도로 나누고 문무의 일을 모두 문관인 행견(行遣)에게 맡겼다. 각 도는 다시 로·진· 부·현으로 나누어지고, 최소 행정단위로는 사(社)가 있었다. 또한 1430년에는 동 도(東都)를 동 낀(Đông Kinh 東京)으로 개칭했는데, 오늘날 국제적으로 통용되는 통킹 만은 '동 낀'에서 유래한 것이다. 베트남어로는 빅 보 만(vịnh Bắc Bộ 北部灣)이라고 한다.

중앙에는 최고직으로 재상(宰相)·부재상(副宰相)이 있고, 그 아래에 대행견(大行遣)을 두었다. 그 외에 이부(吏部)·삼성(中書省·門下省·黃門省), 심형원, 한림원 같은 기관들이 있었는데, 초기에는 인원이 부족하여 각 부처의 업무를 분담하기보다 서로 의논하여 처리하는 편이었다. 그러나 최고의사결정은 타인 호아 출신 개국공신들에 의해 이루어졌다. 많은 경우 문신들은 이들이 결정한 정책을 수행하는 데 지나지 않았다.

타이 또는 행정기관의 확대로 인한 인력부족을 해결하기 위해 세 차례(1429년, 1431년, 1433년) 과거시험을 실시했다. 1429년에는 고위관료의 자제를 위한 국학(國學)을 세우고, 이곳에서 공부한 학생들을 관리로 등용했다. 그래도 인력이 부족하여 3품 이상 관리들은 의무적으로 '현재'(賢才) 한 명씩을 천거하도록 했다. 그러나 추천되어 문관직에 임용된 자들은 사실상 대다수가 공신의 친척이나 자제였다. 그러다보니 무신인데 문관에 임명되는 경우가 많았는데, 이 관행은 두고두고 해악을 끼치게 된다.

행정제도가 어느 정도 정비되자, 타이 또는 당시 심각했던 토지문제에 관심을 돌렸다. 타이 또가 명과 10년 동안 싸운 목적이 베트남의 정치적 독립이었던 것과는 달리, 그를 도운 농민들의 주목적은 대토지소유와 농노제에 대한 불만 때문이었다고 해도 과언이 아니다. 몽골 침입 이후 지배층의 토지소유 증가, 이른바 명속기에 진행된 명의 경제적 수탈, 장기간의 전쟁, 명에 투항하여 협조한 관리들의 토지겸병으로 농민의 빈곤은 더욱 악화되었다.

타이 또는 왕조의 성립과 동시에 촌락의 모든 경작지를 토지대장에 등록하고 균전법을 제정하여 토지가 촌민들에게 균등히 분배되도록 했다. 균전법 시행은 명속기에 명나라 관리나 베트남인 부역자가 수탈했던 토지와 쩐 황실 귀족들이 소유했던 토지를 몰수함으로써 가능했다.

균전법 시행은 농민들의 불만을 가라앉혀, 내정의 안정을 도모하고 생산을 늘려 안정적인 재정을 확보하기 위한 방책이었다. 그래서 전쟁 중에 각지로 흩어져 있던 농민들의 귀향을 적극 장려하고, 관리들은 이러한 명령이 잘 이행되도록 했다. 1429년에는 각 도에 배치된 군대를 5개 반으로 나누어, 한 반은 군무에 종사하고 4개 반은 귀향하여 농사를 짓도록 했다. 만일 농사일을 소홀히 하고 장기를 둔다거나 도박에 빠지는 자는 엄벌에 처했다. 승려와 도사도 호씨 정권 때처럼 특권이 폐지되어 시험을 통과하지 못하면 환속되어 호적에 올랐다. 이는 인력을 확보함과 동시에 불교와 도교에 대한 차별이기도 했다.

비록 명과 싸워서 나라를 세우기는 했지만, 타이 또 역시 이전 왕조들처럼 중국과의 관계를 중시했다. 그는 즉위 후 곧바로 명에 사절을 보내 쩐 까오가 사고로 사망했다는 것과 쩐씨 후손이 끊겼다는 것을 알리고 금인(金人)과 특산물을 바쳤다. 타이 또는 레 왕조가 강대국인 명나라를 상대로 지속적인 평화와 안정을 유지하려면 조공외교가 절대적으로 필요하다는 것을 너무나 잘 알고 있었던 것이다.

1429년과 1430년에도 레 러이는 사신을 보내 책봉을 요청했으나, 선덕제는 쩐씨 후손이 어딘가 있을 테니 찾아보라고 할 뿐 책봉을 해주지 않았다. 다시 1431년에 책봉을 요청하는 공식 사절을 보내서, 쩐씨 자손을 두루 찾아보았으나 없다고 하자, 명 조정은 마지못해 레 러이를 '권서안남국사'(權署安南國事)에 책봉했다. 권서안남국사란 안남의 국사를 맡은 임시 통치자라는 뜻이다. 이로써 양국의 외교관계는 일단 수립되었지만, 명이 레 러이를 안남국왕으로는 인정하지 않았기 때문에 양국관계가 완전히 안정되었다고는 말할 수 없었다. 타이 또는 이 문제를 미완의 과제로 남긴 채 세상을 떠났다(1433년).

타인 호아 집단

타이 또의 뒤를 이어 나이 어린 타이 똥(Thái Tông 太宗, 1434-1442)이 제위에 올랐다. 타이 똥은 타이 또의 둘째아들로 즉위할 때 겨우 열한 살이었음에도 불구하고 섭정이 있지는 않았던 것 같다.

레 조정은 타이 또 사후에 즉시 명에 고애사(告哀使)를 보냈고, 이듬해 정월과 5월에도 사절을 파견하여 베트남 특산물을 바치며 책봉을 요청했다. 마침 명에서도 타이 또에게 불신감을 가졌던 선덕제가 죽고 정통제(正統帝, 1436-1449)가 뒤를 이었다. 정통제는 쩐씨 후손은 이미 끊어졌으니 타이 똥을 책봉하는 것이 옳다고 생각하여 조정의 동의를 얻어 1436년 그를 안남국왕에 책봉한다는 조칙을 내리고 책봉사(冊封使)를 베트남에 보냈다. 책봉사는 이듬해 정월 베트남에 도착하여 정통제의 조칙과 안남국왕의 금인(金印)을 전함으로써 책봉과 조공에 기초한 양국관계는 완전히 안정을 되찾았다.

타이 똥의 치세에는 유교를 숭상하고 과거를 실시하는 등 유학 진흥에 힘쓴 시기였다고 하지만 사실과는 거리가 있다. 타이 또는 임종이 가까워지자 타인 호아 출신의 개국공신 레 삿(Lê Sát 黎察)에게 태자를 잘 보필하도록 당부했다. 그러나 레 삿은 이를 기회로 전권을 장악하여 반대파를 숙청하고 자신의 친인척을 문무 요직에 앉혔다. 요컨대 타인 호아 출신 무인집단의 과두정치라고 해도 과언이 아니었다.

타인 호아 출신 무인들은 공식적으로 타이 또의 유교이념을 계승하면서도, 다른 한편으로는 불교계와 밀착되어 있었다. 이들이 불교를 얼마나 신봉했는가는 1434년 가뭄이 계속되자 교외에 있는 사원의 불상

바깥 쪽에서 바라본 문묘의 전경.

문묘 안에 있는 진사제명비(進士題名碑).

을 동 낀에 모셔다 놓고 기우제를 지냈다든가, 동 낀에 새로운 절을 짓
기 시작한 사실에 잘 나타나 있다. 타이 똥이 레 삿의 전횡을 문제 삼아
레 삿을 파면한 후 권력을 잡은 레 응언(Lê Ngân 黎銀) 역시 레 삿 못지
않게 불교에 열심이었다. 그는 집안에 관음불(觀音佛)을 모셔 놓고 황
후가 된 딸이 타이 똥의 총애를 받도록 기원했다고 한다. 『대월사기전
서』에 의하면, 레 삿과 레 응언만이 아니고 타인 호아 집단의 개국공신
들이 모두 유학을 멀리하여 그 영향이 하급관리들은 말할 것도 없고 감
생(監生)들에게까지 미쳐 문제가 적지 않았다는 것이다.

반면에 델타 출신의 문신관료들은 문치주의를 추구했다. 타이 똥의
즉위와 동시에 과거제가 재정비된 것은 이들의 노력 덕분이었다. 이제
과거시험은 일단 1438년에 향시를, 이듬해에 회시를, 그후에는 3년마
다 실시하도록 했다. 문신들은 유교 교화에도 힘을 기울여 1435년에는
공자묘에서 석전제(釋奠祭)를 지냈고, 이것이 계기가 되어 이후 매년
석전제를 지냈다.

그런데 실제로 레 왕조에서 과거시험이 처음 실시된 것은 1442년으
로 진사 급제자는 33명이었다. 베트남의 진사는 중국의 진사와 같은 의
미로 우리나라 조선시대의 문과급제에 해당한다. 조정에서는 그들의 명
예를 기념하기 위해 진사제명비(進士題名碑)를 세우기로 했으나, 그것
이 실현된 것은 한참 뒤인 타인 똥(聖宗) 때에 이르러서였다(1484년).
타이 똥은 유학을 장려한 것말고도 명의 궁중의식을 모방하는 등 중국
식 제도를 많이 도입했다.

그러나 타이 똥의 문신(文臣) 위주의 정책은 그에게 불행한 결과를
가져왔다. 1442년 타이 똥은 하이 즈엉 지방의 찌 린 산(núi Chí Linh
至靈山)에 순행을 갔다가 돌아오는 길에, 타인 호아 집단의 권력전횡이
싫어 관직에서 물러나 찌 린에 은거하고 있던 응우옌 짜이 집을 방문했
다. 그런데 타이 똥은 그만 응우옌 짜이의 첩에게 홀딱 반해 그녀를 데

리고 귀경하던 중 박 닌(Bắc Ninh)
지방에서 갑자기 사망했다. 타이
똥의 사망원인은 명확치 않지만,
조정의 타인 호아 출신 개국공신들
이 점점 약화되던 자신들의 세력을
회복하기 위해 음모를 꾸며 황제를
살해했을 가능성이 높다. 그러나
공신들은 타이 똥의 죽음에 응우옌
짜이가 연루되어 있다고 모함하여
응우옌 짜이 본인은 물론 그의 삼
족을 멸했다. 응우옌 짜이는 델타

응우옌 짜이

출신에다가 개국공신과 대립하여 그들의 미움을 샀기 때문이다. 당대
제일의 정치가이자 학자이며 시인이었던 응우옌 짜이는 이렇게 권력투
쟁의 희생양이 되었다. 20여 년 후 타인 똥은 그의 무고함을 밝히고 생
전의 지위를 회복시켜주었다.

타이 똥이 사망하자 아직 채 두 살도 안된 그의 셋째아들이 제위에 올
랐다. 그가 년 똥(Nhân Tông 仁宗, 1443-1459)이다. 년 똥은 너무 어
렸기 때문에 모후(母后) 응우옌(阮)씨가 섭정을 했다고 하는데, 실은 그
녀를 황태후에 앉힌 타인 호아 무신집단의 영향력이 작용하지 않았나
생각된다. 모후는 타인 호아 출신으로 무신집단의 후원으로 그 자리에
올랐기 때문이다. 비록 황태후는 델타 출신의 젊은 문신들을 옹호하긴
했지만, 무신들의 영향력에서 벗어날 수는 없었다.

년 똥이 즉위하자 참파는 레 왕조의 황제가 어리다는 약점을 이용하
여 호안 쩌우를 계속 침공했다. 참파는 1444년의 침공에서는 주민들을
약탈하고 돌아갔으나, 1445년에는 홍수로 인해 크게 패하고 말았다. 이
에 레 왕조는 1446년 참파 원정을 결정하고 대군을 파견했다. 참파 왕

이 세 번째 대대적인 침공을 하려는 데 대한 선제공격이었다. 레 왕조의 군사는 비자야까지 쳐들어가서 왕과 비빈 등을 생포하여 귀환했다.

과거시험은 1434년에 만들어진 규정에도 불구하고 3년마다 시행되지는 않고, 띄엄띄엄 세 차례(1448년·1453년·1458년) 실시되었다. 어쩌면 타인 호아 무신들의 방해가 있었으리라 추정된다. 예컨대 1448년의 과거시험에서는 타인 호아 집단의 사주를 받은 고시관의 부정이 있었다는 소문이 있었다. 그 때문에 1451년에 실시되어야 할 시험이 1453년으로 연기되었다.

1448년에는 가뭄이 들어 황제를 비롯한 문무백관이 동 낀의 한 절에서 기우제를 지냈으며, 승려들은 리 타이 또(李太祖)의 고향에 있는 절에 모셔져 있던 불상을 1434년 동 낀에 새로 조성된 절로 옮겨와서 비를 기원하는 송경(誦經)을 했다. 한림학사들은 절에서 기우제를 올리는 것에 반대했지만, 황태후는 그들의 의견을 받아들이지 않았다. 타인 호아 지방은 홍 강 델타의 남쪽 변두리에 위치하여 유교문화의 영향을 적게 받았기 때문에 당시는 물론이고 그 이후에도 토착 전통을 고수하려는 경향이 강했다.

년 똥은 1453년부터 친정(親政)을 시작했는데, 판 푸 띠엔(Phan Phu Tiên 潘孚先)에게 명령하여 레 반 흐우가 지은 『대월사기』 보편(補編)을 편찬하게 하는 등 그 나름의 통치를 시도했다. 그러나 불행하게도 1459년 10월 이복형 응이 전(Nghi Dân 宜民)이 정변을 일으켜 모후와 함께 죽음을 맞았다. 이때 년 똥의 나이는 19세였다.

응이 전은 타이 똥의 장자로 년 똥에 앞서 태자로 책봉되었으나, 생모 즈엉(Dương 楊)씨가 질투가 심하다는 이유로 폐위되어 서인이 되는 바람에 태자의 지위를 잃었다. 이 일로 불만을 품었던 그는 결국에는 파당을 짓고 정변을 일으켜서 년 똥과 황태후를 시해하고 제위에 올랐다.

최근의 연구에 의하면, 즈엉씨의 폐위 배후에는 타인 호아 집단이 있었다고 한다. 즈엉씨가 하이 즈엉 출신이기 때문에 응이 전이 즉위하게 되면 델타 출신자들이 권력을 독점할지 모른다는 우려에서 타인 호아 출신의 공신들이 음모를 꾸며 타이 똥이 태자와 모후를 폐위시키지 않을 수 없게 했다는 것이다. 비록 응이 전의 정변이 성공한 뒤에도 타인 호아 출신들이 제거되지는 않았지만, 델타 출신 문인들이 대거 등용된 것만은 사실이다. 타인 호아 출신들이 제거되지 않은 것은, 그들의 음모에 대한 확실한 증거가 없었기 때문이 아니었을까 생각된다.

응이 전은 베트남 역사상 처음으로 육부(六部)와 육과(六科)를 설치하여 문신의 권력을 강화했다. 이·호·예·병·형·공의 육부는 중앙의 행정을 맡았고, 중서과(中書科)·해과(海科)·동과(東科)·서과(西科)·남과(南科)·북과(北科)로 구성된 육과는 중앙관과 지방관을 감독하는 기능을 했다. 이들 관직에도 델타 출신의 젊은 과거 급제자들이 임명되었다. 육과는 본래 중국에서 이·호·예·병·형·공의 각 과에 해당되는 육부의 부들을 감시하는 것이 주요 임무였다. 응이 전이 중국의 육과와는 달리 지방관을 감독하게 한 것은, 자신이 정변으로 제위에 올랐기에 혹 있을지도 모를 지방의 반대세력을 감시하기 위해서였다. 그는 또한 부·주·현의 관리들에 대해서도 개혁을 했다고 하는데, 그 내용은 알려져 있지 않다.

타인 똥

응이 전의 새로운 정책에 따라 권력의 중심에서 밀려나기 시작한 타인 호아 출신 개국공신들은 가만히 보고만 있지 않았다. 그들은 사악한 응이 전이 무뢰배 집단을 이끌고 심야에 궁중에 난입하여 황제와 황태후를 시해한 죄보다 더 큰 죄는 없다고 주장하며, 1460년 6월 정변을 일으켜 응이 전과 그 추종자들을 몰아낸 후, 타이 똥의 넷째아들을 황제로 추대했다. 그가 타인 똥(Thánh Tông 聖宗, 1460-1497)이다.

타인 똥의 치세는 베트남 역사상 유례없는 번영과 안정의 시대였다. 그래서 후대의 군주들은 모두 타인 똥의 치세를 황금기로 생각하여 그 정책을 열심히 따라했다. 타인 똥은 대내적으로 정치·법률·경제·문화 등 각 방면에 걸쳐 모든 제도를 완비했으며, 대외적으로는 참파를 정벌하여 영토를 넓혔다.

타인 똥은 유교이념을 강조하고, 군주의 중앙집권을 강화하는 데 역점을 두었다. 그는 베트남의 어느 군주보다도 유학을 존중했고, 유교윤리에 입각하여 베트남 사회를 변화시키려 했다. 타인 똥이 얼마나 유교윤리에 충실했는가는, 인간이 금수와 다른 것은 예(禮) 때문이라고 한 말에서 그 일면을 엿볼 수 있다. 그리하여 이후 관리들의 승진은 예법의 준수 여부에 따라 결정되었다.

타인 똥이 유교윤리를 중시하게 된 데는, 그가 어려서 유교교육을 받았기 때문이다. 넷째아들로 태어나서 제위나 정치에는 관심을 갖지 않고 오직 유교경전을 읽는 데만 몰두했다고 한다. 그런 그가 제위에 오르게 되면서 어려서 배우고 익힌 유교이념을 현실정치에서 실현하겠다는 사명감을 갖게 되었을 것이다.

타인 똥이 유교이념의 실현을 위해 노력한 또 다른 이유는 황제권을 강화하기 위해서였다. 그는 제위에 오르기 전 타이 똥과 년 똥이 조정에서 전개된 파벌싸움에서 무기력했음을 보았고, 그 자신 또한 파벌싸움의 결과로 제위에 올랐음을 분명히 인식했다. 그래서 그는 황제권 강화의 필요성을 절실하게 느꼈고, 그 이념적 근거를 유교의 충(忠) 개념에서 찾았다. 결국 타인 똥은 송대(宋代) 신유학의 충효사상을 통해 유교적 이상의 실현과 황제권 강화라는 두 마리 토끼를 한꺼번에 잡을 수 있었다.

타인 똥의 유교윤리 강조는 우선 개인의 도덕성을 검증하는 형태로 나타났다. 1462년부터 향시응시자는 출신지 지방관과 사장(社長, 촌락의 장)의 신원보증을 받아야 했다. 아무리 학문이 뛰어나도 불효나 불륜 등 유교윤리에 어긋나는 행위를 한 자에게는 응시자격이 주어지지 않았다. 그리고 이듬해 첫 과거시험이 실시되었고 이후 3년마다 시행하도록 정례화되었다. 첫 과거시험에서 유례없이 많은 44명이 선발되었는데, 이는 청년 급제자들로 나이 많은 문무관원을 교체하여 황제의 권력을 강화하려는 의도였다. 실제로 그해에 관리들의 정년제가 도입되어 65세 이상인 자는 관직에서 물러나게 했다. 이후 1466년과 1469년을 합쳐 세 차례에 걸친 과거시험의 급제자들로 중앙과 지방의 주요 관리들을 상당부분 교체할 수 있었다.

1466년 중앙과 지방의 행정제도 개혁은 이러한 과거제도의 시행을 배경으로 해서 이루어졌다고 볼 수 있다. 타인 똥은 명나라 홍무제의 정책을 모방하여 당시까지 막강하던 대장군과 대신의 직위를 무력화시키고, 유명무실하던 육부를 강화하여 황제 직속기관으로 만들었다. 이리하여 조정 내의 모든 문제는 황제에게 직접 보고되고, 또 황제에 의해 결정되는 황제 친정체제가 확립되었다. 그러면서도 타인 똥은 문신관료의 비대화를 예견하고 기존의 육과를 이·호·예·병·형·공으로 개편하여 육부의 정책을 감독하는 기관으로 바꾸었다.

지방행정제도는 레 왕조 초기 이래의 5도를 12도로 세분화했다. 또한 각 도에 도사(都司)·승사(承司)·헌사(憲司)의 3사를 두고 각각 치안·행정·감찰을 맡겨 권력을 분산시켰다. 도 아래 있던 로(路)와 진(鎭)은 각각 부(府)와 주(州)로 개편하여, 이전 무인관리가 담당했던 지방관을 모두 문인관리로 교체했다. 부·주 밑에는 현, 현 밑에는 촌락인 사(社)가 있었다. 산간지역의 촌락은 동(峒)이나 장(庄)으로 불렸다. 당시 촌락의 수는 7,910개였다고 하는데, 그 수의 정확성 여부를 떠나서 나름대로 촌락의 수까지 파악했다는 것은 국가권력이 지방의 말단까지 미쳤음을 의미한다.

타인 똥은 행정제도가 어느 정도 정비되자, 다시 유학의 진흥에 관심을 돌렸다. 1470년 연호를 꽝 투언(Quang Thuận 光順)에서 홍 득(Hồng Đức 洪德)으로 바꾼 것도 이와 무관하지 않다. 그는 연호를 바꾸기 얼마 전 베트남 역사상 처음으로 오경박사(五經博士)를 두었는데, 이는 과거응시자들이 시험과목인 사서(四書)와 시경만 열심히 공부하고, 예기·춘추·주역을 익히는 사람은 드물었기 때문이다. 아울러 회시 급제자인 진사의 명단을 발표할 때는 엄숙한 궁중의식을 거행했고, 앞에서 말한 바와 같이 1484년에는 문묘(文廟) 안에 진사제명비를 세워 그 명예를 기렸다.

타인 똥은 선대 황제들처럼 토지와 농민의 통제에도 주의를 기울였다. 그래서 토지대장과 호적에 관한 칙령을 자주 내렸고, 그가 제정한 규정들은 레 왕조의 근간이 되었다. 1470년 칙령으로 4년마다 토지조사를 실시하여 토지대장인 전부(田簿)를 작성하고, 호적은 3년에 한 번 보완하며, 6년마다 수정하게 했다. 그리고 18세부터 60세까지의 모든 성인 남자는 장항(壯項)·군항(軍項)·민항(民項)·노항(老項)·고항(顧項)·궁항(窮項) 등 6등급으로 나누었다. 이 분류는 조세납부와 인력동원을 체계화하는 것으로, 첫 두 등급에 속하는 사람들은 징병대상이었고 민항은 생산의 담당자였다.

농민보호 역시 타인 똥의 주요 관심사였다. 만약 평민들이 적절히 보호되지 못하면, 나라는 조세와 인력의 원천을 상실하게 되어 쇠락할 수밖에 없었다. 그래서 농업을 장려하고, 특히 제방의 수리나 관개시설 정비에 신경을 썼다. 하제관(河堤官)과 권농관(勸農官)의 신설이 이를 말해준다. 또한 권문세가들로부터 농민들을 보호하려 노력했다. 사실 권문세가의 횡포는 모든 왕조의 지배자들이 당면했던 고질적인 병폐였다. 그래서 타인 똥은 권문세가가 가난한 농민들과 토지를 놓고 분쟁을 일으켜 강제로 팔게 하는 행위를 법으로 금했다. 농민의 경제활동을 보호

하기 위한 법령, 즉 토지소유·상속·토
지의 근저당 등에 관한 법들도 제정되
었다.

타인 똥은 이밖에도 다수의 법을 제
정했다. 그 법들은 『홍덕선정서』(洪德
善政書)에 거의 다 수록되어 있다. 그러
나 무엇보다 중요한 것은 흔히 『여조형
률』(黎朝刑律)로 알려진 『국조형률』(國
朝刑律)의 편찬이었다. 이 법은 현존하
는 베트남 최고(最古)의 성문법으로,
이후 레 왕조가 멸망할 때까지 기본법

『여조형률』(黎朝刑律)

이 되었다. 타인 똥의 법은 유교도덕에 기초하여 군주권의 옹호를 궁극
의 목표로 하고 있는데, 그 체재와 내용은 당률을 근간으로 하면서 베트
남의 관습법과 사회제도도 반영하고 있다. 형벌체계는 중국법에서와 마
찬가지로 태형(笞刑)·장형(杖刑)·도형(徒刑)·유형(流刑)·사형(死刑)
의 오형이지만, 그 구체적 적용에서는 차이가 있었다. 예컨대, 장형은
신체조건을 고려해 여성에게는 적용되지 않았고, 도형에서도 남성죄수
에게는 코끼리 사육 등의 일을 시킨 반면, 여성죄수에게는 누에치기 같
은 일을 시켰다. 부부의 재산상 권리는 거의 같았으며, 아들과 딸의 재
산상속권도 동일했다. 그래서인지는 몰라도 베트남어로 부부를 뜻하는
'버 쫑'(vợ chồng)은 한자로 '夫婦'가 아니라 '婦夫'라고 썼다. 효의 개념
에서도 차이가 있어서, 중국법에서는 부모 생존 중에 아들은 분가가 불
가능했으나 베트남법에서는 가능했다. 이처럼 베트남에서는 가족성원
간의 개인주의적 경향이 강한 편이었고, 여성의 지위가 가정 내에서는
물론 사회적으로도 비교적 높았다.

『국조형률』이 기본적으로 군주권을 옹호했다는 것은 다음의 예를 보

『대월사기전서』 표지

면 쉽게 알 수 있다. 이 법은 유교적 효를 강조하여 아들이 부모 대신 벌을 받으면 이를 효자라고 칭송하여 감형의 대상이 되었다. 반면에 군역(軍役)은 자식이 결코 아버지를 대신할 수 없었다. 국가는 병력의 충원에서는 한 사람 한 사람을 각각 별개로 지배하려고 했다.

타인 똥은 문화의 창달에도 깊은 관심을 가졌다. 그의 지시로 국사(國史)가 편수되었으나, 이는 전해 내려오지 않고, 국사 편수에 잠시 참여했던 응오 시 리엔이 개인적으로 레 반 흐우의 『대월사기』에다 당시의 전승자료와 중국 사서들을 참고하여 『대월사기전서』를 편찬했다(1479). 건국설화에서부터 레 타이 또가 왕조를 세우는 1428년까지 다루고 있는 이 책은 당시 사람들에게 신유학을 진작시키는 데 역점을 두었지만, 동시에 중국에 대한 저항의식도 강조하고 있다. 이 책은 정사(正史)처럼 취급되었고, 나중에 속편이 계속 간행되어 현존하는 것은 레 왕조 말까지 다루고 있다. 『대월사기전서』보다 조금 늦게 타인 똥은 홍 득(洪德) 연간의 중요 사건들과 형률을 서술한 『천남여가집』(天南餘暇集)을 편찬했다. 이 책은 극히 일부만 남아 전해오고 있다. 이후 쩐 왕조 후기의 설화집인 『영남척괴』(嶺南摭怪)를 보 꾸인(Võ Quỳnh 武瓊)이 발견하여 오자를 바로잡고 책의 체재도 정비하여 본인이 직접 서문을 써서 간행한 것 역시 당시의 시대적 분위기 속에서 이루어졌다고 할 수 있다.

타인 똥은 그 자신 문학적 재능이 뛰어난 당대 일류 작가의 한 사람으로, 시에 능한 신하 28명을 뽑아 '따오 단'(Tao Đàn 騷壇)이란 모임을 만들고, 본인을 따오 단 원수(騷壇元帥)로 하여 시회(詩會)를 주재했다. 이들의 작품은 대부분 유교적 세계관을 표현하고 있지만, 타인 똥의 작품 중에는 대외원정과 같은 역사적 사건을 주제로 삼은 것도 적지 않다.

중앙집권적 국가체제를 어느 정도 확립한 타인 똥은 이를 기반으로 인도차이나 주변국들에 대해 적극적 공세를 취했다. 1467년 참파가 레 왕조에 사절을 보내 공물을 바쳤다는 기록이 남아 있다. 이때 레 왕조 측은 참파가 사대의 예로 섬길 것을 요구했다. 참파는 이 요구에 따르지 않고, 오히려 2년 뒤인 1469년에는 배를 타고 와서 호아 쩌우를 약탈하는 일이 벌어졌다. 이듬해 8월에는 참파 왕이 직접 수륙 양면으로 10여 만의 군사를 이끌고 호아 쩌우를 습격하여 포위했다. 정말로 군사가 10만이나 되었는지는 확실하지 않지만, 여하튼 대규모 병력을 동원할 수 있었다는 것은 참파의 세력이 크게 약화되지 않았음을 알려준다. 다시 말하면 참파의 침공은 레 왕조가 사대의 예를 요구한 것에 대한 반발이 아니었나 생각된다. 그러나 참파 왕의 레 왕조 침공은 결과적으로는 참파의 운명에 치명적인 타격을 주게 되었다.

타인 똥은 참파의 침입을 보고받고 3개월 후인 11월 초 친정을 한다는 조칙을 내리고 26만의 정예부대를 동원하도록 했다. 계절은 건기여서 원정에 적합했다. 이 원정의 목적은 참파의 침공을 종식시키고 참파 땅에 유교문화를 확립하는 것이었다. 실제로 타인 똥의 이 원정은 과거와 달랐다. 과거의 참파 원정을 보면 비자야를 점령한 후 포로들을 잡아오는 것으로 일단락되는 패턴이었지만, 이번에는 거기서 한 걸음 더 나아가 참파 땅을 아예 레 왕조의 영토에 편입시켰던 것이다.

타인 똥은 11월 초 수군 10만을 먼저 출정시켰다. 그리고 열흘 뒤 본인도 15만의 수군을 이끌고 원정길에 올랐다. 1471년 2월 전투용 코끼리와 5천의 병력으로 저항하는 참파 군과 레 왕조의 500척 전선(戰船) 및 3만 병력이 정면으로 충돌했다. 타인 똥은 1,000척의 전선과 7만의 병력으로 참파 수군의 뒤로 가서 이들을 포위하여 궤멸시켰다. 그리고 다시 남으로 진격하여 비자야를 포위하고 사흘 만에 함락시킨 후 그 왕과 처첩들을 생포하여 탕 롱으로 개선했다. 비자야 함락 때 3만여 명이 포로가 되고, 4만여 명이 살해되었다고 한다.

참파 장군 보 찌 찌(Bô Trì Trì 逋持持, 지금의 판 랑[Phan Rang])는 판두랑가로 도피하여 참파 왕을 칭했다. 그리고 타인 똥에게 사절을 보내 신하로서 조공을 바치겠다고 하여 그대로 왕에 봉해졌다. 이때 그의 영토는 이전 참파 영역의 1/5에 지나지 않았다. 다시 말하면, 참파는 베트남에게 이전 영토의 4/5를 잃고 두 번 다시 이를 되찾지 못했다.

1471년 타인 똥의 원정 결과 꾸 몽 관(đèo Cù Mông)*이북은 완전히 베트남에 편입되어, 이전의 찌엠 동 및 꼬 루이와 함께 꽝 남 승선(承宣)†으로 되었고, 참파는 그 이남의 카우타라(지금의 냐 짱[Nha Trang])와 판두랑가에서만 겨우 명맥을 유지했다. 이 두 곳은 일찍부터 독자적이었으나 비자야의 그늘에 가려져 그 존재가 뚜렷하지 않았다.

꽝 남 승선의 설치는 베트남 영토의 확대를 의미하지만 그것이 곧 이 지역의 베트남화를 뜻하는 것은 아니었다. 다만 남진의 과정에서 하나의 큰 길을 열어 놓은 것만은 분명했다.

이 지역은 1527년 막 당 중(Mạc Đăng Dung 莫登庸)이 레 왕조를 찬탈하자 레 왕조 부흥운동을 일으킨 응우엔 낌(Nguyễn Kim 阮淦)의 둘째아들 응우엔 호앙(Nguyễn Hoàng 阮潢)이 1550년대에 후에 부근에 정착하여 근거지로 삼을 때까지만 해도 베트남인 범죄자의 도피처이거나 유배지에 불과했다. 이는 타인 똥이 1470년 참파원정의 한 이유로 베트남인 도망자들에 대한 은신처 제공을 들고 있는 데서도 알 수 있다.

타인 똥은 남방정벌 성공 후 서쪽으로도 정벌에 나섰다. 다만 남방정

---

* 관은 관(關)을 말함. 지금의 꾸이 년(Quy Nhơn) 부근.
† 승선은 지금의 성(省)에 해당함.

벌이 영토의 확장이었던 것과는 달리 서쪽 정벌은 변경을 소란스럽게
하는 소수민족들을 진압하는 것이 목적이었다. 서쪽은 산간지방으로 베
트남인들은 별로 효용성이 있다고 생각하지 않았다. 쯔엉 산맥 북부 고
원지대의 타이 족 계열의 족장이 문제를 일으키자, 이를 기회로 1479년
타인 똥은 친정에 나서 군사를 다섯 방면에서 서쪽 산간지대로 진격시
켰다. 원정군은 라오 족(族) 왕국인 란 쌍(Lan Xang)을 공격하여 도읍
루앙프라방(Luang Prabang)을 함락하고 더 서쪽까지 진격했다고 하는
데, 자세한 내용은 알려져 있지 않다. 이리하여 쯔엉 산맥 북부에 위치
한 라오스 내 고원지대, 일명 단지평원(Plain of Jars, 베트남어로는 쩐 닌
〔Trấn Ninh 鎭寧〕)까지를 영향하에 두고 통치는 그 지방 소수민족의 자치
에 맡겼다.

젊은 황제들과 무인의 등장

레 왕조의 영광은 타인 똥 시대에 절정에 달했고, 타인 똥
사후에는 기울기 시작했다. 타인 똥의 업적은 아들 히엔 똥(Hiến Tông
憲宗, 1498-1504) 치세 때까지 유지되었다. 히엔 똥은 비교적 역량 있
는 군주로, 농업생산에 많은 관심을 보였으며, 가난한 집안의 자제들에
게는 때때로 군역을 면제해주었다. 또한 법이 신속하고 공정하게 집행
되도록 주의를 기울였고, 유능한 인재를 등용하여 부패한 지방관을 교
체했다.

그러나 불운하게도 히엔 똥이 재위 7년 만인 1504년 사망하고, 그 뒤
를 이은 히엔 똥의 셋째아들 뚝 똥(Túc Tông 肅宗, 1504)마저 불과 6개
월 만에 세상을 떠났다. 그의 나이는 17세였다.

이것은 조선왕조에서 세종·문종·단종으로 이어지는 왕위계승과 흡
사하다. 그러나 이후 조선에서는 세조(世祖, 1455-1468)가 비록 유교
정치의 법도에 어긋나는 왕위찬탈로 많은 유신들의 반발을 사기는 했지

만, 재위 14년 동안 왕권강화에 노력했고 관료제도와 국가재정도 안정
시켰다. 반면에 레 왕조에서는 뒤 이은 황제들이 나이는 어린데다 국사
는 등한시하고 사치스러운 생활을 하여 조정은 권신들 간의 각축장이
되었다. 그 결과 레 왕조의 정치는 조선과는 전혀 다른 양상으로 전개되
었다. 막 당 중이 레 왕조의 왕위를 찬탈하는가 하면, 1592년 막씨가 동
낀에서 쫓겨난 이후 200년 동안 베트남은 남북으로 갈라졌다. 이는 또
한 타인 똥이 추구했던 유교이념의 실현에도 부정적인 영향을 미쳤다.

뚝 똥 사후에는 그보다 두 달 반 먼저 태어난 이복형이 제위에 오르니
그가 우이 묵 데(Uy Mục Đế 威穆帝, 1505-1509)이다. 우이 묵 데는 즉
위 후 자기를 관비(官婢)의 아들이라 하여 뚝 똥에 앞서 황제가 되는 것
을 반대했던 태황태후와 두 사람의 중신 등 많은 사람을 처형했기 때문
에 명나라 사신이 '귀왕'(鬼王)이라 했다고 한다. 게다가 주색에 빠져 국
사를 돌보지 않았다. 결국 1509년 그의 사촌동생이 정변을 일으켜 그를
죽이고, 열다섯 살에 제위에 올랐다. 그가 바로 뜨엉 즉 데(Tương Dực
Đế 襄翼帝, 1509-1516)이다. 뜨엉 즉 데는 일련의 유교적 성향의 법령
을 반포했는데, 이는 전 황제의 만행을 비판하는 동시에 자신의 정변을
합리화하기 위해서였다. 따라서 이런 법령들은 말뿐이고, 그 역시 사치
에 빠지고 불필요한 토목공사로 농민들을 동원하여 원성을 샀다.

자연히 각지에서 반란이 일어났다. 이런 반란을 진압하는 과정에서
개국공신의 자제들인 타인 호아 출신 무인들의 세력이 점차 강해졌다.
1511년 동 낀의 서북에서 쩐 뚜언(Trần Tuân 陳珣)이 일으킨 반란은 도
읍을 위협할 정도로 심각했으나, 뜨엉 즉 데가 제위에 오르는 데 공을
세운 찐 주이 산(Trịnh Duy Sản 鄭惟㦪)이 쩐 뚜언을 죽이고, 계속 저항
하는 그 잔당을 모두 진압하면서 끝이 났다. 1516년에는 타이 똥의 현
손을 자처하는 쩐 까오(Trần Cảo 陳暠)가 난을 일으켰다. 절의 주지였
던 그는 하이 즈엉 지방 출신으로 이적을 행하여 추종자가 만여 명에 달

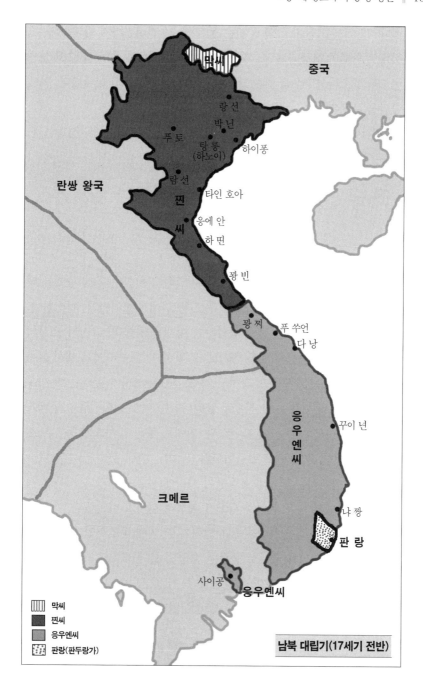

중국

란쌍 왕국

랑 선
박 닌
푸 토
탕 롱
(하노이)
하이퐁
람 선
찐
씨
타인 호아
응에 안
하 띤
꽝 빈
꽝 찌
푸 쑤언
다 낭
응우옌씨
꾸이 년
크메르
냐 짱
판 랑
사이공
응우옌씨

||||| 막씨
■ 찐씨
▨ 응우옌씨
▦ 판랑(판두랑가)

남북 대립기(17세기 전반)

했다. 그 여세를 몰아 그의 군사는 동 낀의 강 건너편까지 다다랐다. 그럼에도 황제의 행동에는 조금의 변화도 없었다. 보다 못해 찐 주이 산은 충고를 했으나, 뜨엉 즉 데는 오히려 그에게 장형(杖刑)을 내렸다. 이에 앙심을 품은 찐 주이 산은 뜨엉 즉 데를 살해했다.

그 전에 응우옌 호앙 주(Nguyễn Hoằng Dụ 阮弘裕)는 반란진압을 위해 군사를 이끌고 동 낀으로 오고 있었다. 그는 뜨엉 즉 데를 제위에 앉히는 데 큰 공을 세운 공신의 아들로, 아버지 사후에 응우옌씨 집안을 이끌었다. 응우옌 호앙 주는 황제의 죽음에 분노하여 동 낀을 크게 파괴했다. 그 사이 타인 똥의 증손자(당시 14세)가 찐 주이 산의 주도로 황제의 자리에 오르니, 그가 찌에우 똥(Chiêu Tông 昭宗, 1516-1522)이다. 찐 주이 산은 응우옌 호앙 주가 또 무슨 일을 저지를지 몰라 황제를 데리고 떠이 도로 가고, 응우옌 호앙 주도 동 낀에서 물러났다. 이러한 혼란을 틈타 찐 까오는 동 낀에 입성하여 황제를 칭했다. 그러자 조정의 각파는 합심하여 공동의 적을 공격했다. 찐 주이 산도 떠이 도에서 돌아와 합세했으나 전투 도중 붙잡혀서 처형당했다. 하지만 결과는 찐 까오의 패배였다. 찐 까오는 랑 선으로 물러나 그곳에서 지휘권을 아들에게 물려주고 자신은 다시 절에 들어갔다. 찌에우 똥은 찐 까오가 동 낀에서 물러난 지 이틀 후 동 낀으로 돌아왔다.

이때 동 낀에서는 찐씨와 응우옌씨 사이에 갈등이 생기고, 사태가 확대되어 응우옌씨 측은 찐씨가 황제를 폐하려 한다고 비난했다. 이로 인해 찐씨측의 지도적 인물들이 처형당하자, 찐씨에 동조적인 쩐 쩐(Trần Chân 陳眞)이 자신의 군사로 응우옌 호앙 주를 공격했다. 결국 응우옌 호앙 주는 패하여 타인 호아로 돌아갔다. 이런 혼란의 와중에서 두각을 나타낸 인물이 무천후(武川侯) 막 당 중이었다.

막 당 중은 자신이 쩐 왕조 때 진사로서 이름 높았던 막 딘 찌(Mạc Đĩnh Chi 莫挺之)의 후예라고 했는데 확실한 근거는 별로 없다. 중국 쪽

사료에 의하면, 그의 조상은 본시 광둥 지방에서 수상생활을 하던 단민 (蛋民) 출신인데 훗날 베트남으로 들어갔다고 한다. 베트남 사료에는 그가 1483년 오늘날의 하이 퐁(Hải Phòng) 인근 마을에서 태어났는데, 할아버지 때 그 마을에 들어온 것으로 되어 있다. 집안이 가난하여 어려서는 고기잡이를 업으로 했고, 성장하면서 좋은 체격에 교육도 받아 무과에 급제할 수 있었다. 우이 묵 데 때 타인 호아 출신을 견제하기 위해 처음으로 중용되고, 뜨엉 즉 데 치하에서 도지휘사(都指揮使)로 승진하는 동시에 귀족칭호도 받았다.

권신들이 세력을 다투는 틈바구니에서 두려움을 느낀 찌에우 뚱 데가 막 당 중에게 도움을 요청했다. 이리하여 막 당 중은 병권을 손에 쥐고 반대파를 하나하나 제거하면서 권력의 요직에 친족 내지 심복들을 앉혔다. 최고 권력자가 된 막 당 중은 황제까지도 자기의 감시 하에 두었다. 찌에우 뚱은 신변의 위험을 느끼고 궁중을 탈출하여 응우옌 호앙 주에게 도움을 요청했다가 거절당하자, 타인 호아에 있는 찐 주이 산의 동생 찐 뚜이(Trịnh Tuy 鄭綏)에게 몸을 의탁했다(1522년).

막 당 중은 곧바로 찌에우 뚱의 동생을 옹립하여 맞대응하는 방법을 택했다. 이 동생이 꿍 호앙 데(Cung Hoàng Đế 恭皇帝, 1522-1527)이다. 1525년 막 당 중은 군대를 이끌고 타인 호아 산간 지방으로 진군하여 찐 뚜이를 토벌하고 찌에우 뚱과 그의 추종자들을 붙잡아서 동 낀으로 돌아왔다. 막 당 중은 찌에우 뚱을 퇴위시키고 꿍 호앙 데를 유일한 황제로 선포했다. 찌에우 뚱을 따라갔던 신하들은 체포되어 죽임을 당했고, 그렇지 않으면 은신하거나 자살했다. 1526년 말 찌에우 뚱은 결국 처형되었다.

이제 더 이상 막 당 중에 대항할 만한 세력은 없었다. 1527년, 막 당 중은 레 왕조에 충성하는 관리들의 반대를 물리치고 꿍 호앙 데를 압박하여 선양의 형식으로 제위에 올랐다. 몇 개월 후 꿍 호앙 데는 자결했다. 이로써 레 러이 이래 100년을 이어져온 레 왕조는 일단 맥이 끊겼다. 이는 타인 호아 세력에 대한 델타 세력의 승리이기도 했다.

막 당 중의 찬탈

막 당 중이 제위에 오른 후 한동안은 조용했다. 그도 그럴 것이 찌에우 똥을 따라갔던 상당수의 신하들은 이미 제거된 상태였고, 동 낀에 있으면서 레 왕조에 충성했던 사람들은 산속으로 은신하든가 낙향하든가 자살했기 때문이다.

막 당 중은 연호를 민 득(Minh Đức 明德)이라 하고, 레 왕조, 특히 레 타인 똥의 유교적 전통과 제도를 그대로 이어받았다. 이는 타인 똥 때 편찬된 제도집의 개정판 『황조관제전례』(皇朝官制典禮)를 간행하고, 타인 똥이 반포한 법령들을 모아 『홍덕선정서』(洪德善政書)를 편찬한 사실만 보더라도 확인할 수 있다. 또 1529년에는 회시를 실시하여 모두 27명의 진사를 선발했다.

『대월사기전서』에는 막 당 중이 민심의 동요를 두려워해서 제도를 바꾸지 않았다고 기록되어 있다. 하지만 당시 일반 농민들이 지배층의 정권교체에 어느 정도 관심을 가졌을지는 의문이다. 농민들이 20여 년 동안 조정의 권력투쟁으로 사실상 피해를 보았기 때문에 새로운 왕조가 어떤 정책을 취할 것인가에 관심을 가진 게 사실이라고 하더라도, 그들이 미리부터 동요할 정도는 아니었다. 막 당 중이 레 타인 똥의 제도를 답습한 것은 민심의 동요를 두려워해서라기보다는 그 제도가 중앙집권화에 유리하게 만들어졌기 때문이다. 애당초 막 당 중은 토지제도와 군사제도를 개혁하여 자신의 권력을 더욱 강화하려고 했다. 토지개혁의 내용은 자세히 알 수 없으나, 그 동안 조정의 혼란으로 조세수입이 제대로 이루어지지 않은 점을 감안하면, 국고수입을 확보하는 데 초점이 맞춰져 있었을 것이다. 군사제도 개혁은 궁궐 보호를 위해 두 개의 금위군을 증설한 것이 전부였다.

1530년 막 당 중은 제위를 장자 막 당 조아인(Mạc Đăng Doanh 莫登瀛, 1530-1540)에게 물려주고 고향으로 돌아갔다. 이는 자신에게 쏟아지는 비난을 일단 모면하기 위해서였다. 그는 태상황으로서 국사에 간여하며 전과 다름없이 실질적인 권한을 행사했다.

막 당 조아인은 성품이 관후(寬厚)한 인물로 솔선해서 법을 준수하고 농민들의 조세와 부역을 덜어주고 그들의 생활을 안정시키려고 애썼다. 또 유학을 존중하고 국자감을 중수(重修)했으며, 과거시험도 두 차례(1535년과 1538년) 실시하여 각각 32명과 36명을 선발했다. 훗날 저명한 학자로 존경받는 응우옌 빈 키엠(Nguyễn Bỉnh Khiêm 阮秉謙)은 1535년의 급제자였다. 이처럼 막씨는 좋은 성품과 유학의 진흥에 힘입어 즉위 초기에 자기세력을 꽤 많이 키울 수 있었다. 막 당 조아인 이후에도 과거시험은 거의 3년마다 어김없이 시행되었다.

그러나 막 당 조아인 시대의 안정도 잠시뿐이었다. 곧 레 왕조를 지지하는 타인 호아 집단의 도전이 시작되면서 베트남은 혼란에 휩싸였다. 레 왕조 부흥운동의 기치를 처음 든 인물은, 막 당 중이 정권을 장악했을 때 라오 족 지역으로 도피했던 응우옌 호앙 주의 아들 응우옌 낌(Nguyễn Kim 阮淦)이었다. 그는 라오 족 왕의 도움을 얻어 1532년에 찌에우 똥의 아들 레 닌(Lê Ninh 黎寧)을 황제로 추대했는데, 그가 바로 짱 똥(Trang Tông 莊宗, 1533-1548)이다. 그러자 응우옌 낌은 상당한 호응을 얻었다. 또한 그는 초기에 막 당 중에 대한 열세를 만회하기 위해, 우선 명에 구원을 요청하기로 하고 1533년에 사절을 보냈다. 응우옌 낌은 막씨의 찬탈이 명의 책봉정책에 위배된다고 호소하여 명 조정이 막씨에게 압력을 가하게 하는 동시에 대내적으로는 자신의 위치를 강화하려 했다.

사절 10여 명은 막씨의 방해를 피하기 위해 참파에서 상선으로 광둥

(廣東)에 도착한 다음 육로로 이동했는데, 무려 4년 만인 1537년 베이징(北京)에 도착했다. 그들은 명 조정에, 막 당 중이 왕을 시해하고 스스로 왕을 칭했을 뿐만 아니라, 새로운 왕[레 닌]이 베트남 내의 어려움을 알리려고 여러 차례 명에 보낸 사신들을 모두 중간에 길을 막고 살해하였으니 군사를 파견하여 그 죄를 추궁하고 제거해줄 것을 요청했다.

때마침 전년부터 명 조정에서는 베트남 문제를 놓고 설전을 벌이고 있었다. 1536년에 가정제(嘉靖帝, 1522-1566)의 태자가 태어나자 이 소식을 중화질서 관념에 따라 번속국에 알려야 하는데, 베트남에는 사절을 보내야 할지 말아야 할지 의견이 갈렸던 것이다. 평상시라면 당연히 보내야 하겠지만, 1522년에 가정제가 등극한 사실을 알리려고 파견된 사절이 베트남의 내란으로 인해 베트남에 들어가지 못하고 중도에 돌아와 그 혼란상을 보고한 선례가 있어서 선뜻 결론을 내리지 못했다.

처음 명조의 예부(禮部)에서는 베트남이 조공을 바치지 않은 지 20년이나 되었고, 막 당 중이 임금의 자리를 빼앗은 반역 죄인이니 사절을 보낼 것이 아니라 오히려 토벌해야 한다고 중화질서의 원칙론에 입각한 강경한 주장을 폈다. 그러나 잠시 후 이전의 사절이 교통단절로 베트남에 들어가지 못했으니 잠시 사태를 관망하자는 쪽으로 한 발 물러났다. 이것을 보면, 당시 명 조정은 막 당 중의 찬탈경위를 정확히 파악하지 못했던 것 같다.

그러나 가정제는 이에 개의치 않고 베트남 정벌의 뜻을 굳히고 구체적인 계획을 검토하게 하는 한편, 관리를 윈난과 광시에 각각 보내 베트남 궁정의 찬탈사건을 조사하도록 했다. 계획안을 검토하는 과정에서 정벌에 반대하는 내용의 상소문이 올라왔다. 상소문은 현재의 정치적·경제적 상황은 영락제 때와는 다르다면서 군사행동에 반대하는 몇 가지 이유를 들고 있다. 첫째는 이적(夷狄)이 나누어져 서로 싸우는 것은 중국에 이롭다는 것, 둘째는 베트남이 비록 나누어져 싸우더라도 조공을

바치겠다고 한다면 그가 누구이건 간에 이를 받아들이지 않을 이유는
없다는 것이었다.

　이러한 주장은 유연하고 실리적인 중화주의라고 할 수 있을 것이다.
다시 말하면, 중국의 안전을 최우선시하고 조공이라는 형식조차도 그
당사자가 누구인가 하는 것은 문제될 게 없으며, 번속국의 국내문제에
대해서는 중국의 안위와 이해에 직접적인 관계가 없는 한 간섭할 필요
가 없다는 입장이다.

　그럼에도 가정제는 계속 정벌론 쪽으로 기울었다. 결국 반대론에는
귀를 기울이지 않고, 상중(喪中)이던 우도어사(右都御使) 모백온(毛伯
溫)을 베트남 정벌군 총사령관으로 임명했다. 그리고 응우옌 낌이 보낸
사절이 알려준 베트남의 상황도 명의 정책에 적지 않은 영향을 미쳤을
것이다.

　한편 응우옌 낌은 사절로부터 아무 소식이 없자 1536년 다시 명에 사
절을 보냈다. 이들은 도중에 윈난에서 가정제가 보낸 명나라 관리를 만
나 막 당 중의 시역(弑逆)과 레 닌의 옹립을 알리면서 막씨에 대한 토벌
을 요청했다. 레씨 부흥운동 초기에는 아직 막씨에 대항할 힘이 부족했
던 응우옌 낌은 레씨의 정통성을 내세워 명의 도움을 받는 것 외에는 막
씨를 제거할 방법이 없었던 것이다.

　1537년 명 조정은 마침내 막 당 중의 열 가지 대죄를 들어 가정제에
게 토벌을 주청했다. 그 목록을 보면 응우옌 낌의 사절이 알려준 내용과
비슷하다. 그 가운데 몇 가지를 보면, ①찌에우 똥을 축출하고 수도를
점거한 죄, ②레 닌을 압박하여 멀리 쫓아낸 죄, ③태상황을 참칭한 죄,
④연호를 민 득(明德)과 다이 찐(Đại Chính 大正)으로 제멋대로 바꿔
사용한 죄, ⑤조공 길을 막은 죄 등이었다. 이 모든 죄는 책봉과 조공에
관련되는, 다시 말하면 명이 막 당 중을 정벌하기 위한 대의명분인 셈이
었다.

　요컨대 정벌을 주장하는 측의 논리는, 안남은 중국의 번신(藩臣)으로서 조공을 해오고 있어 북적(北狄)이나 서융(西戎)과는 다르므로, 만약 앞으로도 막 당 중과 같은 자가 나타나 임금을 시해하고 나라를 빼앗은 다음 책봉을 요청하는 경우의 해법은 철저하게 중화적 세계질서의 원칙에 따라야 한다는 것이었다.

　태상황이나 연호는 중국황제만이 사용할 수 있는 법인데, 일개 제후국인 베트남이 칭제건원한 것은 결코 용서할 수 없는 죄에 해당된다. 따라서 중국 측에서 보면 당연히 정벌의 명분이 될 수 있다. 하지만 당시 명나라는 국가재정의 부족과 북방 이민족의 위협으로 쉽사리 군사를 동원할 수 없는 형편이었다.

　모백온이 부친상을 마치고 베이징에 오자 가정제는 즉시 베트남 정벌의 명을 내렸다. 이때 모백온은 베트남 정벌에 요구되는 여섯 가지 방침을 상주(上奏)했다. 그 중 가장 중요한 것은 정명(正名)에 관한 부분이다. 요점은 정벌에 앞서 격문을 보내 막 당 중이 투항하면 황제께 주청하여 죽음을 면하게 할 것이며, 혹 사리분별을 못해 개전(改悛)의 여지가 없으면 반드시 죽여 용서하지 않을 것이니 이를 분명히 해달라는 내용이었다.

　상주문을 읽은 가정제는 베트남은 마땅히 정벌해야 하지만, 레 닌이 막 당 중의 찬탈이나 조공의 저지를 알린 데 대해 아직 자세한 조사를 하지 않았으니 잠시 정벌준비를 중단하도록 했다. 이는 지금까지의 강경책에서 한 발 물러선 것이었다. 그러나 가정제는 윈난 순무(巡撫)가 막 당 중의 간첩을 체포했다는 보고를 받고 다시 강경책으로 선회하여 정벌계획을 실행에 옮기도록 했다.

　결국 이러한 모든 상황이 막씨를 불안하게 했던 것 같다. 그래서인지 1538년 3월 막 당 중 부자는 사절을 보내 항복의 뜻을 밝혔다. 명 조정은 항복 수용 여부를 놓고 갑론을박을 벌였으나 확실한 결론을 내리지

못했다. 막 당 중은 1539년 2월 또다시 사절을 보내 진남관(鎮南關)*에
서 토지와 호구 수를 포함한 항복문서를 바쳤다. 토지와 호구 수까지 보
고했다는 것은 명나라에 완전히 항복하겠다는 표시로 볼 수 있다. 타인
호아 지역의 레씨 부흥세력이 버티고 있는 상태에서 명의 공격은 자신
에게 치명적이라는 것을 막 당 중은 너무나 잘 알고 있었던 것이다.

명 조정에서는 다시 격론이 벌어졌는데, 이번에도 막씨의 항복문서
를 액면 그대로 믿을 수 없다면서 결론을 내리지 못했다. 그 대신 명 조
정은 모백온에게 전권을 주고 화전(和戰)의 두 안 중 하나를 선택하도
록 했다. 만일 막씨 부자가 숨기는 게 있으면 무력으로 정벌하고, 다른
마음이 없다면 항복을 받아들이도록 했던 것이다. 1540년 봄 광둥에 도
착한 모백온은 직접적인 군사행동보다는 일단 위협을 가해 가급적 막씨
가 자진 항복을 해오도록 유도했다. 그는 막씨가 레씨 부흥세력과 대결
하고 있는 만큼 결국에는 명에 굴복할 수밖에 없을 것으로 내다보았다.

한편 막씨 내부에서는 이보다 조금 먼저 1월에 막 당 조아인이 죽고
그 아들 막 푹 하이(Mạc Phúc Hải 莫福海, 1541-1546)가 제위에 올랐
다. 물론 실권은 여전히 막 당 중의 수중에 있었다. 그는 곧 모백온에게
사절을 보내 투항을 타진했고, 이어 모백온의 지시에 따라 11월에 자신
이 직접 진남관에 가서 항복문서를 바쳤다. 막 당 중은 조카와 신하
40여 명을 데리고 모백온 진영에 도착하여 도선포복(徒跣匍腹)하고 머
리를 땅에 닿도록 절을 하며 항복의 표문(表文)을 바쳤다. 동시에 토지
와 군민(軍民) 및 관직을 명의 처분에 맡기고, 옌 꽝(Yên Quảng 安廣)
등 변경의 일부를 명에 할양하며 정삭(正朔)과 국왕인(國王印)을 요청
했다. 이어 조카 등을 베이징에 보내 동일한 내용의 표문을 올렸다.

명 조정은 막 당 중의 항복 표문을 받고, 1541년 4월 정식으로 수리

---

* 광시좡족 자치구에 있는 유이관(友誼關)의 옛 지명.

하면서 양측의 긴장관계는 일단락되었다. 그러나 명은 안남국을 안남도통사(安南都統司)로 격하하고 막 당 중을 안남도통사(安南都統使)에 임명함으로써, 베트남은 독립왕조의 지위를 상실하고 중국 변방의 한 행정구역으로 전락했다. 그러나 이는 명목뿐이었고, 실제상황은 달랐다. 막 당 중은 3년 1회 세공(歲貢)을 바치는 것 외에는 명의 간섭을 받지 않았다. 그런 점에서 명은 명분을 얻었고, 막 당 중은 사실상 독립왕조를 유지했다.

레씨 부흥운동

응우옌 낌은 명의 군사적 후원을 얻는 데는 성공하지 못했으나, 스스로 세력을 키워 나라의 절반을 차지할 수 있었다. 1532년 타인 호아 출신의 귀족이 막씨 조정을 설득하여 타인 호아 일부 지방의 부사령관이 되었다. 그런데 그는 1537년에 막씨를 배반하고 응우옌 낌에게 가세했다가 너무 오만해서 4년 뒤 처형당했다. 1542년 응우옌 낌은 타인 호아와 응에 안을 공격하기 시작하여 이듬해에는 떠이 도를 포함한 타인 호아 전 지역을 장악했다. 이로부터 반세기 동안 베트남은 타인 호아 이남을 지배하는 레씨 부흥세력과 오늘날 닌 빈 성(tinh Ninh Binh 寧平省) 이북을 지배하는 막씨로 나누어져서 대결상태가 계속되었다.

1541년 여름 막 당 중이 죽고, 1546년에는 막 푹 하이까지 사망하면서 막씨 조정에서는 후계문제를 둘러싸고 내분이 일어났다. 장자상속원칙을 따르면, 막 푹 하이의 아들이 계승해야 했지만, 유력한 장군 한 사람이 지금 레씨 부흥세력과 싸우고 있는 상황에서 너무 어린 후계자는 안된다며 반대했다. 그는 막 당 중의 장성한 아들이 적임자라고 했고, 적지 않은 수가 이 의견에 찬동했다. 반면에 막씨 집안의 권력자였던 막 당 조아인의 셋째아들 막 낀 디엔(Mạc Kính Điển 莫敬典)은 막 푹 하이의 아들이 계승해야 한다는 주장을 굽히지 않았다. 두 주장이 대립하는 가운데 후자를 지지하는 응우옌 빈 키엠의 사위가 점점 영향력을 확대했다. 그러나 그는 타인 호아에서 레씨 부흥세력과 싸우고 있던 명망 있는 사령관과 어떤 연유에서인지는 모르나 갈등이 생겼다. 응우옌 빈 키엠의 사위가 장군을 반역자로 몰아붙이자 장군과 그의 추종자들은 레씨 편에 투항했다.

한편 레씨 부흥세력을 주도하고 있던 응우옌 낌은 1545년 막씨 측에 의해 독살되고, 권력은 사위 찐 끼엠(Trịnh Kiểm 鄭檢)에게 넘어갔다. 그러자 응우옌 낌의 둘째아들 응우옌 호앙(Nguyễn Hoàng 阮潢)은 아버지 사후에 형 응우옌 우옹(Nguyễn Uông 阮汪)이 원인 모르게 죽자 자기도 찐 끼엠에게 화를 입지 않을까 두려워했다. 그러던 중 어려서 그를 키워준 외삼촌 응우옌 으 지(Nguyễn Ư Dĩ 阮於巳)의 권유를 받아들여 광인 행세를 했다. 그러나 그의 위장(僞裝)을 어떤 자가 찐 끼엠에게 밀고하면서 더는 견딜 수가 없어, 누나이자 찐 끼엠의 아내인 응옥 바오(Ngọc Bảo 玉寶)에게 타인 호아에서 멀리 떨어진 투언 호아(Thuận Hóa 順化)로 보내달라고 간곡히 부탁했다.

찐 끼엠은 권력을 잡은 후 여러 해에 걸쳐 착실히 명성과 권위를 쌓았고, 1557년 닌 빈 지방의 막씨를 공격하여 큰 승리를 거두면서 입지가 탄탄해졌다. 게다가 1556년 제위에 오른 아인 똥(Anh Tông 英宗, 1557-1573)도 찐 끼엠의 추대를 받아 황제가 되었다. 이런 상황이었기 때문에 응우옌 호앙은 부흥운동의 중심지인 타인 호아에 있기보다는 차라리 내일을 기약하고 찐 끼엠의 감시로부터 좀 더 자유로운 남부로 전출되기를 희망했던 것 같다.

그런데 당시 투언 호아 지방은 치안이 불안한 상태였다. 민심은 레씨 부흥운동에 호의적이지 않았으며 막씨의 침입도 잦았다. 찐 끼엠 입장에서는 이렇게 멀고 통제되지 않는 지방에 응우옌 호앙을 보내버리면 그가 가까이 있을 때 느끼는 심적인 부담을 덜 수 있었고, 또 골치 아픈 그 지방을 어느 정도 통제할 수 있다면 좋은 일이었기 때문에 응우옌 호앙의 요청을 굳이 거절할 필요가 없었다. 그래서 그 지방의 대소사와 조세 등 일체를 응우옌 호앙에게 일임하고, 연말에 적정액만을 상납하게 하는 예상 밖의 후의까지 베풀었다. 찐 끼엠은 임종 직전인 1570년 그를 방문한 응우옌 호앙에게 투언 호아 이남인 꽝 남 지방의 지배권까지 맡긴 것을 보면 말년에는 그를 위험한 존재로 생각하지 않았던 것 같기도 하지만, 동시에 응우옌 호앙에게 나라의 중책을 맡기니 초심을 잃지 말고 황실을 잘 보필하도록 당부했다는 점에서, 본인 사후에 드러낼지도 모를 응우옌 호앙의 야망을 경계했던 것 같기도 하다.

찐 끼엠과 막 낀 디엔은 장기간 치열한 공방을 벌였으나, 어느 쪽도 결정적인 승리를 거두지는 못했다. 1570년 찐 끼엠이 죽고 군권은 잠시 장자의 손에 들어갔으나 그는 무능하고 주색만 탐했기 때문에 곧 동생 찐 뚱(Trịnh Tùng 鄭松, 1550-1623)에게 쫓겨나고 말았다. 대권을 장악한 찐 뚱은 당시 황제였던 아인 뚱을 폐위시키고 그의 다섯째아들, 즉 테 뚱(Thế Tông 世宗, 1573-1599)을 옹립하는 한편, 불필요한 전쟁을 피하고 내실을 다졌다.

막씨 측에서는 1580년 막 낀 디엔이 죽으면서 세력이 점점 쇠퇴했다. 이 무렵 찐 뚱은 공세를 취하여 1583년에는 닌 빈 평야지대까지 진출했고, 막씨는 저항할 여력이 없었다. 더욱이 막씨 최후의 집권자인 막 머우 헙(Mạc Mậu Hợp 莫茂洽, 1562-1592)은 능력이 부족했고, 한때 낙뢰(落雷)의 후유증으로 몸이 마비되면서 제 역할을 하지 못했다.

1592년 말 막 머우 헙은 찐 뚱의 공세에 동 낀(東京)이 점령당하자 직접 군대를 이끌고 나아가 싸우다 붙잡혀 처형되었다. 이로써 막씨 정권은 우리나라에서 임진왜란이 일어나던 해에 막을 내리고 레 왕조가 부활했다. 1597년 레 왕조는 책봉사(冊封使) 풍 칵 코안(Phùng Khắc

Khoan 馮克寬)을 연경(燕京)에 보냈는데, 당시 그가 만난 조선 사신 이수광(李睟光)과의 친교에 대한 이야기가 『대월사기전서』에 실려 있다. 풍 칵 코안이 명 황제의 만수절(萬壽節)에 하시(賀詩) 30수를 바쳤는데, 그 시가 맘에 들었던 황제는 판각을 명했고, 이때 이수광이 그 서문을 썼다는 것이다. 이수광은 귀국해 풍 칵 코안과 문답한 내용과 시들을 모아 『안남국사신창화문답록』(安南國使臣唱和問答錄)이라는 책을 엮었다. 이 책은 당시 조선의 문인과 지식인들 사이에서 일종의 베트남 붐을 일으킬 만큼 큰 화제가 되었다고 한다.

한편 막씨가 동 낀에서 쫓겨났다고는 해도 그 세력이 완전히 소멸된 것은 아니었다. 그 잔존세력은 이후 명나라에 인접한 까오 방에 근거를 두고, 명과 그 뒤를 이은 청의 보호 아래 1677년까지 지방정권으로나마 명맥을 유지했다. 명과 청은 레 왕조를 견제하기 위해 막씨 세력의 소멸을 원치 않았던 것이다. 이러한 정책은 중국의 역대왕조뿐만 아니라 현재의 중국정부까지도 변함이 없다.

50여 년에 걸친 대결국면 속에서 막씨와 레씨는 사활을 걸고 군사력 강화에 매진했다. 앞에서 언급한 바와 같이, 막씨는 처음부터 거의 정기적으로 과거시험을 실시했지만, 그렇다고 무인들의 세력을 무시할 수는 없었다. 특히 1540년대 중반 이후에는 더욱 그랬다. 막 당 조아인 사후 승계문제로 유력 무인이 막씨 집안의 실력자와 대립할 정도였다는 것이 이를 증명해준다. 뿐만 아니라 1579년 막씨는 육부상서 중 서열상 네 번째이던 병부상서를 제일 윗자리에 두고 다른 상서들을 지휘·감독케 했다.

이런 전란의 시대에도 응우옌 빈 키엠 같은 역사상 보기 드문 학자 겸 문사가 배출되기도 했다. 그는 과거시험에서 장원급제하여 한동안 관직 생활을 한 후 고향으로 돌아와 학교를 세우고 후학양성에 전념했으며, 파벌에 구애받지 않고 막씨와 응우옌씨 어느 쪽이든 조언을 구하면 성

심껏 응해주었다. 또한 그가 남긴 많은 한시와 국어시는 베트남 문학사
상 걸작으로 꼽히고 있다.

그의 문하생인 응우옌 즈(Nguyễn Dữ 阮嶼)는 『전기만록』(傳奇漫錄)
의 저자로 유명하다. 『전기만록』은 조선시대 김시습의 『금오신화』(金鰲
新話)처럼 중국 명대의 작품인 『전등신화』(剪燈新話)를 모방하되, 베트
남의 소재를 가지고 재구성한 단편소설집이라고 할 수 있다.

레씨 부흥세력은 막씨를 동 낀에서 물리친 후 명과 교섭을 시작하여
국교를 정상화했으나, 명은 레 왕조의 왕을 '안남도통사'로만 인정했다.
레씨 측에서는 명이 도통사로 임명한 것에 불만이 있었겠지만 일단은
이를 수용했다. 아마도 이는 명의 보호를 받고 있는 막씨의 잔당이 까오
방을 중심으로 저항하고 있었기 때문일 것이다.

그후 1644년 명나라가 청나라에 멸망당하고, 중국 남부에 남명(南
明) 정권이 서자 베트남과 중국의 관계는 새로운 전기를 맞았다. 레 왕
조는 사절을 보내 책봉을 요청했고, 이에 응해 남명에서는 태상황이던
턴 똥을 안남국왕에 봉하고 이듬해 이를 공식적으로 인정했다. 이리하
여 베트남은 명목상이기는 했지만 중국의 속지에서 벗어나 완전한 독립
국이 되었다. 남명이 베트남을 독립국으로 인정한 것은 레 왕조의 도움
을 기대했기 때문이다. 이는 남송이 금나라와의 대립 속에서 리 왕조의
군주를 안남국왕에 책봉한 것과 비슷한 경우라고 볼 수 있다.

9장 남북대립과 남진

응우옌 호앙의 남하

16세기를 특징짓는 대립과 분열은 막씨를 몰아내고 레 왕조를 재건한 이후에도 끊이지 않았다. 레 왕조의 중흥을 주도했던 찐씨와 응우옌씨의 대립은 200년 가까이 지속되었다. 그 동안 레 왕조의 황제는 '부어'(vua, 帝王)라고 불리면서 다이 비엣(大越)의 유일한 지배자로 인정되었지만, 그 지위는 일본 막부시대(幕府時代)의 천황처럼 의례적이었을 뿐이다. 실권은 '쭈어'(chúa 主)라고 불리는 북쪽의 찐씨와 남쪽의 응우옌씨에게 있었다.

응우옌 호앙은 1550년대에 남하에 앞서 당시 찐씨와 막씨 등 모든 권력집단에게 존경받는 학자였던 응우옌 빈 키엠(阮秉謙)에게 자문을 구했더니, 하 띤 성과 꽝 빈 성의 경계지역인 호아인 선(Hoành Sơn) 일대가 만대에 걸쳐 몸이 안전할 곳이라며 추천했다고 한다. 사실 응우옌 호앙뿐만 아니라 이전, 이후의 북부 베트남인들 누구에게도 출로는 중부 해안선을 따라 남으로 내려가는 길 외에 다른 선택은 없었다.

1558년 응우옌 호앙은 고향 타인 호아 지방의 친족과 추종자 및 군사 등 1,000여 명을 이끌고 남하하여, 오늘날 꽝 남 성의 꽝 찌 시(thị Quả Trị) 부근인 아이 뜨(Ái Tử 愛子)에 정착했다. 전해오는 이야기에 의하면, 응우옌 호앙이 아이 뜨 부근에 이르렀을 때, 토착주민들이 맑은 물

(nước)이 든 일곱 항아리를 바쳤다고 한다. 이때 큰 외숙부가, 이는 하늘이 내리는 것으로 나라를 세울 수 있는 징조라고 말했다고 한다. 베트남어로 물을 뜻하는 'nước'(느 억)은 '나라'라는 뜻도 있어서 그렇게 해석한 것이다. 그러나 이 전설은 후대에 만들어진 것이며, 당시 응우옌 호앙은 아직 자신의 나라를 세울 생각은 하지 않았다.

아이 뜨에 정착한 응우옌 호앙은 유능한 인재를 중용하고 농민에게는 세금과 요역을 가볍게 해주면서 새로운 정착지의 개척에 힘썼다. 그러자 타인 호아와 응에 안에서 적지 않은 수의 사람들이 꽝 빈·꽝 찌·트아 티엔 지방으로 이주하여 새로운 촌락을 형성했다고 한다.

응우옌 호앙은 우선 현지인들한테 신망을 얻어야 한다고 생각했다. 그래서 그는 십여 년 통치하는 동안 주민들을 관대하게 대했고, 매사에 가능한 한 은혜를 베푸는가 하면 법 적용에는 최대한 공평을 기했다. 또한 관리들에게는 함부로 무력을 쓰지 못하게 했다. 그런 노력 덕분인지 나중에는 투언 호아와 꽝 남 주민들의 풍속이 바뀌었다고 한다. 도적이 없어 사람들은 문을 잠그지 않았으며, 외국상인들은 자유로이 와서 상거래를 함으로써 교역이 발달했다. 군령은 엄격해서 모든 사람이 자기 일을 열심히 하니, 막씨는 다시 쳐들어올 엄두를 내지 못했다. 이는 응우옌 호앙에 대해 결코 호의적이라고 할 수 없는 북측의 기록인 만큼 사실 그대로라고 보아도 무방하다.

응우옌 호앙은 남으로 내려온 후 북쪽을 두 차례 방문했는데, 첫 번째는 1569-1572년이었고, 두 번째는 1593-1600년이었다. 첫 번째 방문은 병중이던 찐 끼엠이 혹시라도 사망할 경우를 대비하여 내부상황을 엿보기 위해서가 아니었을까 생각된다. 『대월사기전서』에는 응우옌 호앙이 찐 끼엠을 찾아가 형제의 정을 나누었다고 했지만, 이는 형식적이었을 것이다. 그는 찐 끼엠의 아들이자 자신의 조카인 찐 뚱의 권력승계가 이미 확고해졌으며, 아직 자신이 찐씨에 반기를 들기에는 역부족이

라는 사실을 깨닫고 찐 끼엠이 준
투언 호아 이남의 직책을 흔쾌히 수
락했다.

두 번째 방문은 찐 뚱이 막씨로
부터 동 낀을 탈환하고 막씨 세력을
까오 방의 산간지역으로 축출하던
시기에 이루어졌다. 응우옌 호앙은
막씨 토벌에 적극 참여하여 공을 세
웠다. 응우옌 호앙으로부터 응우옌
왕조의 창건 전까지를 다루고 있는
『대남식록전편』(大南寔錄前編)이
응우옌 호앙과 레 황제와의 관계에

『대남식록전편』(大南寔錄前編) 표지.

중심을 두고 찐 뚱과의 관계를 중시하지 않은 것을 보면, 그는 레 왕조
부흥이라는 결정적 순간에 직접 참여함으로써 다시 한 번 권력 핵심부
에 등장할 기회를 엿보았던 것 같다.

1599년 찐 뚱이 빈 안 브엉(Bình An Vương 平安王)이라고 왕을 칭하
며 왕부(王府)를 개설하고 레 왕조 황제의 권위를 무력화(無力化)하는
것을 보고는 더 이상 북에는 희망이 없음을 알았다. 더군다나 찐 뚱 역
시 자신을 억류시키고 남부지역을 직접 지배하려 하는 것을 알고는 빨
리 북부를 떠나고 싶어했다. 그러려면 황제의 재가가 필요한데, 찐 뚱이
모든 권력을 장악하고 있는 상황에서 그것은 거의 불가능한 일이었다.
그런데 이듬해에 홍 강 하류에 주둔하고 있던 장군 세 사람이 반란을 일
으키자 응우옌 호앙은 반란 진압을 구실로 동 낀을 떠나 남쪽으로 돌아
왔고, 두 번 다시 북쪽을 방문하지 않았다. 찐씨의 역사가들은 응우옌
호앙이 동 낀을 떠나기 위해 은밀히 반란을 사주한 것으로 의심하고 있
다. 당시 상황을 고려하면 그 가능성을 완전히 배제하기가 어렵다.

응우옌 호앙은 남으로 돌아오면서도 찐 뚱의 의심을 사지 않기 위해 다섯째 아들과 손자를 동 낀에 인질로 남겨 놓았다. 그뿐만 아니라 딸을 찐 뚱의 아들 찐 짱(Trịnh Tráng 鄭梉)과 혼인시켰다. 응우옌 호앙은 자신의 힘이 아직은 부족하다고 보았기 때문에 가능한 한 찐 뚱과 친선을 도모했던 것이다. 응우옌 호앙의 태도가 마음에 들었는지, 찐 뚱은 신하들이 누차 응우옌 호앙을 정벌해야 한다고 권했는데도 군사행동을 꺼렸다고 한다.

응우옌 호앙은 뜻을 이루지 못했지만, 그의 후손들이 계속 북쪽 '동 낀에 대한 향수'를 간직하고 있었음은 17세기 말 응우옌씨의 초빙에 의해 꽝 남을 방문한 중국인 승려 대산(大汕)이 입증해주고 있다. 그에 의하면, 응우옌씨는 동 낀이 본래 우리의 강토였는데 선대 때 사위가 나누어 가진 다음 강성해져서 지금처럼 갈라졌다고 말했다는 것이다.

조선이 임진왜란 이후 왕조가 계속 유지되면서 유학이 발달될 수 있었던 데 반해, 베트남은 막씨 축출 후 남북으로 대립하여 전쟁을 벌이면서 유학이 뒷전으로 밀려났다. 조선과 베트남은 똑같이 유교의 영향을 적잖이 받았다고 하지만, 두 나라 사이에는 큰 차이가 있다. 조선이 사회적으로 유학의 영향을 더 받았고, 학문적으로도 조선의 유학연구가 더 깊었다. 정확한 표현일지는 모르나, 당시 베트남은 외견상으로만 유교의 영향을 받은 것 같은 인상이다. 후술하겠지만, 베트남이 두드러지게 유교의 영향을 받게 되는 것은 응우옌 왕조 제2대 군주인 민 망 황제 시대에 이르러서였다.

응우옌 호앙은 남으로 돌아오자 통치기반을 굳히는 데 힘을 기울였다. 진정한 의미에서 베트남인들의 남진은 이때부터 본격화되었다고 하는 표현이 더 적합할 것 같다. 1601년 투언 호아 창(倉)을 설치하고, 또한 티엔 무 사(chùa Thiên Mụ 天姥寺)를 지었다. 『대남식록전편』에 따르면, 응우옌 호앙이 주변 산천을 구경하며 다니던 중 한 곳에 이르렀

1841년에 창건된 티엔 무사(天姥寺)의 자인탑(慈仁塔), 훗날 복록보탑(福綠寶塔)으로 탑의 이름이 바뀌었다.

다. 그곳에 전해오는 이야기에, 티엔 무라는 노파가 예언하기를 미래의
주인이 이곳 언덕에 절을 짓고 나라의 번영을 빌 것이라고 했다는 말을
듣고 절을 지었다는 것이다. 이 전설은 어쩌면 응우옌 호앙이 자신의 기
반을 투언 호아에 굳히기 위해 지어낸 이야기일지도 모른다. 이 절은 그
후 여러 번 재건되어 지금도 후에에 있다. 절에 있는 팔각칠층전탑은
19세기 중반 응우옌 호앙의 후손인 티에우 찌 황제(Thiệu Trị 紹治帝,
1841-1847) 때 세워졌다. 오늘날은 푸억 주옌 탑(Phước Duyên Tháp 福
緣塔)으로 알려져 있으며, 비공식적이기는 하지만 후에의 상징물처럼
되어 있다.

　1602년 응우옌 호앙은 투언 호아보다 토지가 비옥하고 물산이 풍부
한 꽝 남에 관심을 가졌다. 북부와 대결하기 위해서는 무엇보다도 재정
의 뒷받침이 필요했기 때문이다. 그리하여 훗날 자신의 후계자가 되는
여섯째아들을 꽝 남 영(廣南營)의 진수(鎭守)로 임명하고, 자신도 그곳
을 시찰하기 위해 처음으로 하이 번 관을 넘어 현지를 둘러보았다. 이때
그는 본인이 직접 진영(鎭營)을 세울 자리를 지정하고 창고를 짓도록
했다. 이는 그가 군제(軍制)를 확립하려 했음을 말해준다. 군제의 확립
을 통해 당시 불안했던 중부의 치안을 안정시키고 더 나아가서는 북의
찐씨에 대항하여 독자적인 세력을 유지하는, 일거양득의 효과를 노릴
수 있었다.

　1613년 응우옌 호앙은 임종 시에 여섯째아들 응우옌 푹 응우옌
(Nguyễn Phúc Nguyên 阮福源, 1613-1634)을 후계자로 지명하고 그와
신하들에게 다음과 같이 말했다. "뚜언 꽝〔투언 호아와 꽝 남〕은 북쪽으
로는 호아인 선(Hoành Sơn)과 린 강(Linh Giang)*이 험하고, 남쪽으로
는 견고한 하이 번 관이 있는데다가 산에서는 금과 철이 생산되고 바다

---

* 지금은 일반적으로 자인 강(Sông Gianh)이라고 한다.

에서는 어염(魚鹽)이 산출되어 능히 찐씨와 대적하기에 부족함이 없는
곳이다."

응우옌 호앙이 여섯째아들을 후계자로 삼을 수 있었던 것은, 위의 네
아들은 이미 죽었고 다섯째아들은 북쪽에 있었기 때문이다. 그의 지배
하에서 이미 중국인과 일본인 상인들이 거주하고 있던 호이 안(Hội An
會安)에는 포르투갈 상인들도 진출해 있었다. 이후 호이 안은 응우옌씨
의 대외무역에서 중요한 항구가 되었다. 호이 안은 다 낭(Đà Nẵng 沱
瀁)에서 남쪽으로 약 30km 떨어져 있으며, 현재 유네스코 지정 세계문
화유산이다.

응우옌씨와 불교

1602년 꽝 남 방문 때 응우옌 호앙은 진영의 동쪽에 절을
세우도록 했고, 이후에도 꽝 남과 꽝 빈을 비롯한 여러 곳에 절을 지었
다. 그가 이처럼 사찰건축에 관심을 가졌던 것은, 타인 호아의 무인집안
출신이어서 유교보다는 불교를 신봉했기 때문일 것이다. 사실 타인 호
아 지방은 통킹 델타의 남부에 자리하고 있어서 15세기 말, 아니 어쩌
면 더 늦게까지도 유교문화의 영향을 비교적 적게 받았다. 응우옌씨의
고향인 똥 선 현(huyện Tống Sơn 宋山縣)이나 찐씨의 고향인 빈 푹 현
(huyện Vĩnh Phúc 永福縣) 모두 1527년 막씨가 정권을 잡을 때까지 단
한 명의 진사(進士)도 배출하지 못했다. 타인 호아 전체로 보아도 같은
기간 전체 진사 수의 5%(40명)에 불과했다.

더구나 응우옌 호앙이 남으로 와서 처음 정착했던 투언 호아라는 곳
은 타인 호아보다 훨씬 남쪽에 위치하여 홍 강 델타의 중국식 문화와는
확연히 달랐다. 그래서 그런지 1463년부터 1559년까지 한 세기 가까운
기간 동안 겨우 3명의 진사만을 배출했다. 이 지역은 찐 왕조 때 이미
베트남 영토가 되었지만, 이곳의 참파인들은 자신의 풍속을 버리지 않

고 끈질기게 고수했다. 베트남의 기록에 의하면, 이들의 성격이 흉악하고 고통을 잘 참기 때문에 이들을 제압하기가 쉽지 않았다고 한다.

응우옌 호앙의 불교 신봉은 대를 이어 계승되어 응우옌씨 정권 말까지 변함이 없었다. 후대의 응우옌씨 통치자들이 불교에 호의적이었음은 이미 말했듯이 중국인 승려 대산을 초빙한 사실에서도 알 수 있다. 대산은 당시 집권자였던 응우옌 푹 쭈(Nguyễn Phúc Chú 阮福凋, 1691-1725)를 비롯한 응우옌씨 일족을 모두 불교로 개종시켰다. 그 결과 응우옌 푹 쭈는 궁중까지 불교식으로 꾸몄고, 자신이 '불주'(佛主)로 불리기를 더 원했다. '불주'라는 명칭은 이미 응우옌 푹 응우옌 때부터 사용되었다. 응우옌씨에 관한 실록인『대남식록전편』에서 유학 내지 유교윤리를 강조하는 기사는 거의 보이지 않고, 오히려 사찰 건축이나 보수에 대한 기사가 자주 나오는 것도 동일한 배경에서 이해할 수 있다. 응우옌 푹 쭈와 관련하여 한 가지 특기할 것은, 1687년에 도읍을 푸 쑤언(Phú Xuân 富春)으로 옮기고, 자신의 칭호도 총진(總鎮)에서 1693년에는 국주(國主)로 바꾼 점이다. 1700년대 들어서면서 응우옌씨는 중국의 책봉을 요청했으나, 중국은 탕 롱에 아직 레 왕조의 왕이 있다는 이유로 요청을 받아들이지 않았다. 결국 1744년에 응우옌 푹 코앗(Nguyễn Phúc Khoát 阮福闊, 1738-1765)은 왕(王)을 칭하고 북쪽과의 관계를 끊었다.

『대남식록전편』에서 유학과 관련된 기록은 과거제도에 관한 것이 거의 전부이다. 이에 따르면, 응우옌씨는 1632년부터 향시를 6년마다 시행하기로 정했지만, 제대로 지켜진 것 같지가 않다. 응우옌씨 정권의 권력은 어디까지나 응우옌 호앙의 고향 똥 선 지방 출신이나 타인 호아 출신에게 집중되어 있었고, 이들 내부에서는 근친혼도 꺼리지 않았다. 그런 점에서 응우옌씨 정권은 홍 강 델타 출신 문신관료들의 지원을 받는 북의 찐씨 정권과는 성격이 달랐다. 이는 응우옌씨 정권의 관명(官名)

에서도 엿볼 수 있다. 예컨대, 1638년에 설치된 국정최고기관의 명칭이
내좌(內左)·외좌(外左)·내우(內右)·외우(外右)로 구성된 사주조정(四
柱朝廷)이었는데, 사주조정은 베트남의 전통적인 관직 명칭은 결코 아
니다.

앞에서 언급한 응우옌 호앙의 딸과 찐 짱의 아들 사이의 혼인은 아내
가 남편보다 윗세대인 경우 이를 금지한 레 왕조의 법에 어긋나는 일이
었지만, 당시는 아직 레 왕조 부흥 초기여서 특별히 문제가 되지 않았
다. 그러나 후대의 북부에서는 이러한 일이 발생하면 문신관료들의 강
력한 항의가 있었다. 예컨대, 낀 똥(Kính Tông 敬宗, 1600-1619)의 황
후는 찐 뚱의 차녀 응옥 찐(Ngọc Trinh 玉楨)으로 찐 짱은 낀 똥과 응옥
찐 사이에서 태어난 아들 턴 똥(Thần Tông 神宗, 1619-1643, 1649-
1662)에게 자신의 출가한 딸 응옥 쭉(Ngọc Trúc)을 황후로 맞게 했다.
이때 신하들이 상소문을 올려 간했으나, 턴 똥은 찐 짱이 낀 똥을 시해
하고 옹립되었기에 상소를 받아들일 수 없었다. 그러나 이 혼인은 거의
예외적인 경우였고, 더욱이 1600년대 중반부터 찐씨 자체도 유학 진흥
에 힘썼다.

응우옌 호앙은 꽝 남을 방문하던 중에 화이 년 부(府)의 군사책임자
였던 찐 득 호아(Trần Đức Hòa 陳德和)를 만났다. 그의 아버지는 꽝 남
영(營)의 부장(副將)을 지냈다. 아마도 찐 득 호아 집안은 그 지방의 상
당한 권세가였던 것 같다. 따라서 응우옌 호앙이 찐 득 호아를 만난 것
은, 화이 년 부가 당시 꽝 남의 최남단일 뿐만 아니라 자신이 남으로 오
기 전에 이미 찐씨에 의해 임명되어 그곳에 부임한 관리였으며 영향력
도 있었던 그에게 자신에 대한 지지를 부탁하기 위해서였다고 생각된
다. 찐 득 호아는 이후 응우옌씨의 충실한 지지자가 되었다. 한편 훗날
응우옌씨를 위해 중요한 역할을 하는 다오 주이 뜨(Đào Duy Từ 陶維
慈)는 타인 호아에서 처음 남쪽으로 와 찐 득 호아 밑에서 관리를 하다

가 나중에는 그의 사위가 되었다.

1604년 응우옌 호앙은 꽝 남의 행정조직을 개편하여 투언 호아 관할의 찌에우 퐁 부(phù Triệu Phong 肇豐府)에 속했던 디엔 반 현(huyện Điện Bàn 奠磐縣)을 부(府)로 승격시켜 5개현(縣)으로 나누고 꽝 남에 편입시킴과 동시에 꽝 남의 기존 부(府)들도 개편하는 등 남쪽의 기반을 공고히 했다.

2년 전 응우옌 호앙이 꽝 남을 방문했을 때 참파는 사절을 보내 친선을 도모하는 데 그쳤다. 그러나 응우옌 호앙이 남쪽 변경에 군사력을 증강시키자, 참파는 더 이상 위협을 감수하고만 있을 수만은 없었는지 1611년 꽝 남 남변을 공격했다. 응우옌 호앙은 마치 기다렸다는 듯 신속하게 꾸 몽 관을 넘어 푸 옌 성을 점령하고 지배했다. 다시 말하면, 그의 영역이 남쪽으로 다이 라인 곶(mũi Đại Lãnh)까지 확대된 것이다. 새로운 점령지에는 푸 옌 부(phù Phú Yên 富安府)를 두고, 이를 2개 현(縣)으로 나누어 다스렸다.

남북대결

응우옌 호앙은 1613년 사망하고 응우옌 푹 응우옌(1613-1635)이 뒤를 이었고, 북에서는 10년 뒤 찐 뚱이 물러나고 찐 짱(1623-1657)이 권력을 계승했다. 응우옌 호앙과 찐 뚱은 어느 정도 레 왕조에 대한 충성심을 가지고 있었으며, 또 서로 친척이라는 의식도 있었다. 그러나 그 아들 대에 이르면 이런 충성심이나 친족의식은 없어지고 대립의식만 남아 1627년에는 마침내 무력충돌까지 벌어졌다.

남북을 완전히 분열시킨 이 충돌은 찐 짱의 공납요구를 응우옌 푹 응우옌이 거절하면서 시작되었다. 그러나 자세히 살펴보면, 1625년에 응우옌 푹 응우옌의 두 동생이 찐 짱의 사주를 받아 형을 제거하려는 음모를 꾸민 게 충돌의 발단이었다. 찐 짱은 이 음모를 이용하여 군사를 파견했다. 그런데 응우옌 푹 응우옌의 유능한 사령관이자 그의 큰 형의 아들이 이를 눈치채고 응우옌 형제를 제거하면서 음모는 실패로 끝났다. 이때는 다행히 찐 짱이 군사를 회군시켜 무력충돌은 일어나지 않았다. 하지만 분노한 응우옌 푹 응우옌은 흉작을 핑계 삼아 공납을 거부했다.

나날이 증대하는 응우옌씨의 세력을 좌시할 수 없었던 찐 짱은 1627년 초 전투용 코끼리(戰象) 300마리, 전선(戰船) 500척을 포함한 20만(?)의 대군으로 남침을 개시했다. 찐 짱의 남침에는 북방의 명나라가 이미 약화되어 더 이상 위협이 되지 않았다는 것도 고려되었다. 그러나 원정은 오래 지속되지 않았다. 동 낀에서 찐 짱에 반대하는 정치적 음모가 있다는 응우옌씨 측의 유언비어에 속아서 서둘러 귀환했던 것이다. 이후 1672년까지 찐씨와 응우옌씨는 일곱 차례*에 걸쳐 주로 자인 강과 동 허이(Đồng Hới) 사이에서 전투를 벌였다. 군사력이 월등히 우세한 찐씨가 주로 공세를 취했고, 응우옌씨는 단 한번만 선제공격을 시도했다(1655년).

50년간 싸우면서 양측은 모두 레 왕조의 이름을 내세웠다. 찐씨는 응우옌씨가 레 왕조의 권위를 부정하고 반독립적인 국가를 이루고 있기 때문에 이를 응징해야 한다는 주장을 했고, 반면에 응우옌씨는 찐씨에게 빼앗긴 레 황제의 권위를 되찾아야 한다고 주장했다. 찐씨 측의 군사적 우세에도 불구하고 전쟁이 점차 교착상태에 빠지자, 1672년의 싸움을 끝으로 두 집안은 자인 강을 경계로 무언의 휴전상태에 들어갔다. 휴전은 이후 1세기 동안 계속되다가 1770년대 떠이 선(Tây Sơn 西山) 운동이 발발하면서 끝이 났다.

전쟁은 실질적으로 응우옌씨의 승리였다. 당시 응우옌씨의 군사력은 병력이 4만에 전함이 130여 척 정도로 찐씨의 전력에 비하면 보잘 것이

---

* 1627년, 1643년, 1648년, 1655년, 1657년, 1661년, 1672년.

없었다. 이처럼 군사력의 열세에도 불구하고 응우옌씨 정권은 군사대결 과정에서 자신의 지위를 확고히 하여 하나의 독립국처럼 되어, 중국인이나 일본인은 이를 광남국(廣南國)이라고 불렀다.

반면 찐씨가 월등한 군사력을 가지고도 전쟁을 승리로 이끌지 못한 것은 원정군이 갖는 불리한 상황 때문이었다. 전투가 주로 응우옌씨 영토에서 이루어져 군량보급이 여의치 않았고, 기후도 달라 상당수의 병사들이 질병에 시달렸다. 이에 반해 응우옌씨측은 대부분이 둔전병(屯田兵)으로, 원정에 따른 체력 소모가 없음은 물론 자신의 토지를 지켜야 한다는 강한 열망이 있었다. 찐씨가 실패한 또 다른 이유는 까오 방에 막씨의 잔당이 버티고 있었다는 데 있다. 응우옌씨를 상대로 전력을 다하다가 오히려 배후에서 허를 찔리지 않을까 두려웠던 것이다. 결국 명과 청의 막씨 지원은 그들의 의도대로 베트남이 계속 분열되어 있게 하는 중요한 요인이 된 셈이다. 응우옌씨는 이러한 힘의 역학관계 덕분에 점진적으로 남방의 진출을 꾀하며 부족한 재원을 보충할 수 있었다.

반세기에 가까운 전쟁으로 찐씨와 응우옌씨는 군사력 강화에만 주력하게 되었다. 예컨대 북쪽의 찐씨는 왕부(王府) 내에 제일 먼저 병번(兵番)·호번(戶番)·수사번(水師番)을 설치했다. 병번과 수사번은 각각 육군과 수군을 담당하고, 호번은 인구와 조세를 관장하는 기관이었다. 반면 남쪽의 응우옌씨는 찐씨의 인재등용정책에 불만을 품고 남쪽으로 온 다오 주이 뜨의 건의를 받아들여 1630년과 1631년에 두 장성(長城), 쯔엉 죽 루(lũy Trường Dục 長育壘)와 동 허이 루(luỹ Động Hới 東海壘)를 녓 레 강(sông Nhật Lệ 日麗江)의 지류와 본류를 따라 죽 쌓아 북방 경계를 강화했다. 특히 동 허이 루는 높이가 6m, 길이가 12km나 되는 방벽으로 남북분단의 상징처럼 되었다.

오랜 전란과 군사 우선 정책은 농민들에게 많은 고통과 피해를 주었다. 찐씨 지배하의 농민들 중에는 고향을 떠나 장기간 먼 전쟁터에서 보내야 하는 사람이 적지 않았다. 인구와 자원이 부족했던 남쪽에서는 많은 사람들이 요새건설 등에 자주 동원되고 또 과중한 세금에 시달렸다. 응우옌씨는 전쟁비용을 충당하기 위해 개간을 장려하고 토지세를 징수하는 외에 인두세를 신설했으며, 금·은 등에는 특산물세를, 선박에는 상선세(商船稅)를 새로 부과했다. 남북 모두 관리들의 횡포도 농민들에게는 견디기 어려운 문제였다. 중앙정부는 전쟁에 주력하느라 지방관의 수탈에 거의 주의를 기울이지 못했고, 혹 이를 알고 단속을 한다고 해도 감독할 여력이 없었기 때문에 하나마나였다.

17세기 중반부터 찐씨와 응우옌씨 양측 모두 어느 쪽도 승리할 수 없음을 느꼈다. 전쟁의 주도권을 쥔 북쪽의 찐씨는 몇 차례의 공격에도 불구하고 응우옌씨의 방어선을 뚫지 못했고, 더욱이 1648년의 공격은 대실패였다. 남쪽의 응우옌씨는 인구와 자원이 부족했기 때문에 방어에 주력할 뿐 북진은 엄두도 낼 수 없었다. 오히려 과도한 세금과 강제노역으로 민심을 잃어가고 있었다. 결국 어느 쪽도 결정적인 승리를 할 수 없는 상황에서 양측은 극한적인 대결보다 내실을 다지는 쪽으로 관심을 돌렸다.

찐씨와 유교

북에서는 찐 딱(Trịnh Tạc 鄭柞, 1657-1682)이 병상에 있는 아버지 찐 짱(Trịnh Tráng 鄭梉, 1623-1657) 대신 국정을 운영하면서부터 정책전환이 이루어지기 시작되었다(1645년). 그는 홍 강 델타 지방의 과거급제자 출신 문인들과 협력하여 새로운 개혁을 실시했다. 찐 딱과 델타 집단의 개혁목표는, 군주에 대한 충성과 부모에 대한 효를 통한 정치안정과 사회질서의 확립이었다. 이 유교윤리의 부활이야말로 관리와 일반 백성이 가족과 사회를 위해 성실히 자기의 본분을 다하게 할 것이라고 믿었던 것이다.

1657년 찐 짱이 죽고, 찐 딱이 완전히 권력을 장악하자, 그와 그의 주변 문신집단은 개혁에 박차를 가했다. 그후 15년간 행정과 조세 및 유교윤리에 관한 각종 법령들이 반포되고 시행되었다. 당시의 시대적인 분위기는 1658년에 시행된 과거시험에서 전과 달리 22명이라는 많은 수의 급제자가 나온 것에 잘 나타나 있다. 이 과거시험은 분명히 유학을 장려하고 문신관료제를 강화하려는 첫 조치였음에 틀림없다. 그 직후에 국자감이 수리 확장되고 향시제도(鄕試制度)가 완전히 바뀌었다. 이러한 노력은 모두 유교적 전통, 다시 말해서 사회정치적으로 기성질서의 유지를 강조하는 신유학을 부흥시키려는 것이었다. 당시 북부 베트남을 방문했던 청나라 사람 반정규(潘鼎珪)에 의하면, 베트남 학자들은 사마광(司馬光)의 『자치통감』(資治通鑑)과 주자학(朱子學)을 숭상했다고 한다.

중앙 조정은 또한 15세기 말인 홍 득 연간 이래 어느 정도 자치가 부여되었던 촌락의 통제를 확대하여 그 내부문제에도 간섭하기 시작했다. 1658년 찐 딱은 지현이 사장(社長)과 그를 보좌하는 사사(社史) 및 사서(社胥)를 유생들 중에서 직접 임명하도록 했다. 그들이 스스로 촌락의 규약을 만들어서 유교윤리가 자연스럽게 촌민들 사이에 스며들기를 바랐던 것이다. 1660년대에는 레 왕조 중흥 이래 사장이 6년마다 수정 보고하기로 되어 있던 호구조사를 중지하고, 각 촌락에 토지면적과 정남(丁男)의 수를 고정시켜 그에 따라 세금을 부과하고 군역(軍役)을 동원하도록 했다. 세금 징수와 군역 동원은 도(道)와 부(府)의 관리들이 직접 감독하게 했다. 이는 호적 수정 때 하급지방관들의 농간이 심했고, 조세 징수와 군역 동원의 절차가 복잡했기 때문에, 이를 간소화하여 부정을 방지하는 동시에 남북대결에 필요한 재정과 인력을 확보하기 위해서였다.

유교윤리의 강조에 의한 간접적인 사회통제는 1663년 47조나 되는

「교화조례」(敎化條例)가 만들어짐으로써 더욱 강화되었다. 「교화조례」는 유교적 덕목, 특히 군주에 대한 충성과 가족에 대한 의무를 강조하고 있다. 가족이나 친족과의 관계를 무시하고 개인행동을 하는 것은 기성 질서를 어지럽힐 위험이 있다고 간주되어 허용되지 않았다. 유교적 관점에서 이질적인 종교인 그리스도교와 불교의 금지 및 베트남인과 외국인의 분리는 작게는 베트남 관습을 지키기 위해서였고, 크게는 사회분열을 막기 위해서였다. 그러나 이러한 금령에도 불구하고 불교는 많은 사람들, 특히 신분과 상관없이 여성들로부터 절대적인 지지를 받았다.

1664년 찐 딱은 전쟁으로 비대해진 군사조직을 장악하기 위해, 군사를 비롯해서 국정 제반에 걸쳐 강력한 발언권을 갖고 있는 5부(五府)의 조직을 오부부료(五府府僚)로 개편했다. 즉 종전에 오군도독(五軍都督)으로만 구성되어 있던 오부에 문관의 최고직인 참종(參從)과 배종(陪從)을 참여시켜 도독들과 국정을 의논하게 한 것이다. 같은 해 그는 육부상서가 공석이라서 각 부가 제 기능을 못하는 것이라 판단하고 빈자리를 전부 충원했다.

찐 딱과 그를 보좌하는 관리들은 전란으로 혼란에 빠진 사회를 안정시키는 데 일시적으로 성과를 거둔 것 같다. 19세기 초의 한 학자는 까인 찌(Cảnh Trị 景治, 1663-1671) 시대에 전국이 화평을 누렸다고 칭송했다. 유교의 부흥을 앞세운 당시의 개혁은 시대에 따라 조금씩 다르기는 하지만, 이후 찐씨의 통치기 내내 정책의 근간이 되었다.

델타 출신 문신들이 주도권을 쥐고 개혁을 추진하자, 점차 권력 중심부에서 소외되고 있음을 느낀 무신들이 불만을 갖기 시작했다. 1674년에는 타인 호아와 응에 안 출신들이 주도하는 정변이 일어났다. 정변은 비록 실패로 끝났지만, 찐 딱은 이 사건을 계기로 전권(全權)을 아들 진 깐(Trịnh Căn 鄭根, 1682-1709)에게 넘겼다. 찐 깐은 남쪽 응우옌씨와의 전쟁터에서 오랜 세월을 보냈기 때문에 무신들의 불만을 가라앉힐

수 있을 것으로 기대되었다.

장기간 전쟁터를 누빈 장군이었지만, 찐 깐 역시 아버지의 문민정책을 충실히 이어 나갔다. 국자감의 교수를 증원했으며, 그리스도교 선교사의 활동을 금지했다. 또한 단호하게 관리의 부정부패를 근절하고 기강을 바로잡으려 했다. 찐 딱의 집권 이후 관료층이 급증하고 특히 1658년부터 재정난을 타개하기 위해 허용한 관직매매가 관리의 저질화를 가속화시켰기 때문이다. 찐 깐은 권력을 이어받고 얼마 지나지 않아 이부(吏部)에 명하여 앞으로 관리의 임용·승진·처벌은 반드시 자신의 지휘·감독을 받도록 했다.

찐 깐은 기존의 사법체계에도 많은 관심을 가졌다. 당시 유력자들은 항소제도를 악용하여 소송사건에 대한 하급기관의 판결에 불복하여 불필요하게 상급기관에 재심을 요청하는 일이 지나치게 많았다. 그래서 소송의 남발을 막기 위해, 항소는 일정기간 내에만 할 수 있도록 제도를 보완했다.

그러나 찐 깐의 이런 노력들은 그다지 성공적이지 못했다. 중앙의 관리든 지방관이든 모두 다 부패했고, 육부의 상서들과 관리의 감찰을 책임진 어사(御使)들조차도 사리사욕에 사로잡혀 있었다. 소송담당 관리는 뇌물을 받거나 아니면 권력의 압력을 받았다. 17세기 말 하노이에 체류했던 어떤 유럽인은, "뇌물을 받지 않는 관리는 거의 없기 때문에 돈이면 무슨 범죄든 무마할 수 있다"고 했다.

1705년 히 똥(Hy Tông 熙宗, 1676-1705)이 퇴위하면서 뒤를 이어 장자 주 똥(Dụ Tông 裕宗, 1705-1729)이 제위에 올랐고, 1670년대 이래 번영의 시기가 계속되고 있음을 상징하기 위해 연호를 '빈 틴'(Vĩnh Thịnh 永盛)으로 정했다. 그러나 그것은 말뿐이었다. 찐씨는 이미 재정적 파탄이라는 심각한 현실에 직면했다. 사람들이 촌락을 등지면서 농촌은 황폐해지고, 세력가들은 사유지를 넓혀갔다. 18세기 초에 이르면,

넓은 토지와 더불어 많은 백성이 각급 관리의 녹봉이라든가 또는 공적에 대한 보상으로 주어졌다. 이에 따라 나라에 필요한 조세수입과 인력이 대폭 줄어들었다. 19세기의 사료에 의하면, 1713년의 과세 대상자는 찐씨 지배하에 있는 인구의 1/3도 채 안되었다.

이렇다보니 18세기 초에 반포된 법령은 대부분 사회 안정과 세원(稅源) 확보와 관련되어 있다. 물론 다른 법들, 예컨대 유교윤리에 의한 교화라든가 그리스도교 금지 및 소송절차에 관련된 법들도 반포되었다. 1709년 아버지 찐 깐의 뒤를 이은 찐 끄엉(Trịnh Cương 鄭棡, 1709-1729)은 유랑민의 귀향을 독려하기 위해 농민의 세금을 면제해주거나 삭감해주는 조치를 취했다. 당시 가장 눈에 띄는 개혁은 공전(公田)을 6년마다 가난한 사람들에게 균등하게 나누어주도록 한 것이었다. 부유한 집은 이 분배에서 제외되었다. 또한 세금징수를 확실히 하기 위해, 조정은 징세 담당 관리를 파견하여 그때까지 사장(社長)이 해오던 징세 업무를 그들에게 이관시켰다. 그러나 이러한 개혁은 본질적으로 기존의 세원을 바탕으로 징세를 철저히 하는 것일 뿐, 세원의 확대로는 이어지지 않았다.

재정상태가 좀처럼 개선되지 않자 1720년에는 구리와 계피, 그 이듬해에는 소금에 대한 전매제도를 도입했다. 그래도 부족했던지 1722년에는 레 왕조 역사상 처음으로 사유토지에 세금을 부과했다.

1723년 조정은 당나라의 조용조(租庸調) 제도를 모방하여 조세제도에 대한 전면적인 개편을 시도했다. 조용조 제도에 의하면, 농민은 토지를 분배받는 대가로 토지세[租], 노역[庸], 견포(絹布)나 마포(麻布) 같은 토산물에 부과하는 현물세[調]를 부담했지만, 당나라와 달리 베트남에서는 현금으로 납부하게 했다. 용(庸)과 조(調)에 대한 세액은 법으로 정해서 관리들의 수탈이나 불법적인 징수를 못하게 했다. 그렇지만 당나라의 경험이 말해주듯이, 이 제도의 성공은 중앙조정의 능력과 밀접한 관련이 있었다. 불행하게도 18세기의 찐씨는 관료들과 권세가들을 통제하기에는 그 세력이 너무 약했다. 결국 새롭게 도입했던 조용조 제도는 붕괴되고 말았다.

찐 끄엉은 이에 앞서 1718년에 기존의 삼번(三番)을 이·호·예·병·형·공의 육번(六番)으로 확대하여 육부가 관장하던 일을 대신하게 했다. 관리의 감찰을 맡은 어사대의 권한도 대폭 축소시켜, 황제에게 하는 정기보고를 연간 두 차례(여름과 겨울)로 줄였다. 또한 종묘사직에 관련된 정치적 중대 사안은 보고대상에서 제외시킴으로써, 이제 황제는 그저 상징적인 존재에 불과하게 되었다.

1730년대 초에 조정의 정책기조는 경제중심에서 유교이념의 강조로 다시 바뀌었다. 유교경전들이 새롭게 간행되고 학자들에게는 이에 대한 연구를 장려했다. 정책기조가 이처럼 바뀐 것은, 1729년 찐 장(Trịnh Giang 鄭杠, 1729-1740)이 아버지 찐 끄엉의 자리를 승계하면서 집권층 내부가 변했기 때문이었다. 새로운 집권세력은 이전 집권층과는 다른 차별성을 정책적으로 보여줄 필요가 있었고, 더 나아가 거의 통제불능이었던 관리들을 유교이념을 통해 바로잡음으로써 심각해지고 있는 사회문제를 개선하려 했던 것이다.

그럼에도 찐 장의 최대 과제는 재정난 해소였다. 이를 위해 관직매매를 확대했다. 1738년에는 6품 이하의 관리는 600관(貫)을 내면 한 등급 승진했으며, 평민은 1,800관에 지현(知縣) 자리를, 그리고 2,800관에는 지부(知府) 자리를 얻을 수 있었다.(18세기에 물소 한 마리 가격은 40관 정도였다.) 관직매매는 심각한 정치적·사회적 문제를 낳았다. 관직을 산 사람은 자기가 지불한 값 이상의 부를 축적하는 데만 열중하고 공정한 법집행이나 사회질서 유지는 안중에도 없었다. 관리의 무능과 부패로 인한 피해는 고스란히 일반 백성에게 전가되었고, 당연히 그들의 불만은 커질 수밖에 없었다. 결과적으로 관직매매는 직접적이든 간접적이든 조정의 권위를 스스로 방기하는 행위가 되었다.

찐 장의 뒤를 이어 권력을 잡은 그 동생 찐 조아인(Trịnh Doanh 鄭楹, 1740-1767)은 부족한 재정을 보충하고자 1750년에 누구나 3관(貫)만 내면 향시에 응시할 수 있는 자격을 주었다. 이제 관리의 자질을 갖춘 사람은 찾아볼 수 없게 되었다. 당시 과거시험장의 광경을 19세기의 사료는 다음과 같이 묘사하고 있다.

> 그곳에 농사꾼·장사치·백정 모두가 흔연히 모여들었다. 시험 당일에는 굉장히 혼잡하여 서로 밟고 밟혀 죽는 자까지 생겼다. 시험장 한가운데 는 책을 옆에 끼고 돌아다니는 자가 있는가 하면, 또 어떤 자는 돈 주고 그 책을 사기도 했다. 이런 일들은 모두 공공연히 이루어졌다. 그리고 시험감독관은 장사치처럼 벼슬을 외치며 팔고 다녔다. 이후 과거제도 는 완전히 무너지고 말았다.

또 다른 문제는 응시자들 자신이 과거급제를 위해 문장형식에만 매 달려 창의성이 부족했다는 점이다. 이런 경향으로 인해 유교이념을 제 대로 배우지 못했고, 당연히 관리로서의 자질도 갖출 수가 없었다. 그 결과 중앙 조정의 최고위직에서 말단 지방관에 이르기까지 부패가 만연 했다. 이들은 나라의 이익보다 자신의 이익이 우선이었다.

더구나 조정은 점점 환관에게 의존했다. 1631년에 이미 환관이 타인 호아의 진수로 임명된 적이 있었다. 시간이 지나면서 더 많은 환관들이 행정과 군사에서 중요한 역할을 맡기 시작했다. 1739년에 찐씨는 환관 들로 조직된 감반(監班)을 만들고, 감반에 문반(文班)과 무반(武班)에 버금가는 지위를 부여했다. 그러나 환관 역시 부패하기는 마찬가지였 다. 그런 점에서 찐씨가 추진했던 권력구조 개편은 실패할 수밖에 없었 다. 찐씨에게 필요했던 부분은 근본적인 쇄신이었음에도 불구하고, 찐씨는 자기 집단의 권력강화에만 매달렸던 것이다. 이제 찐씨 정권에게 남아 있는 시간은 별로 없어 보였다.

응우옌씨의 남진

응우옌씨 지배하의 중부 베트남에서는 찐씨가 지배하는 북부 베트남이 직면했던 정치·경제상의 문제가 처음에는 그다지 두드러지지 않았다. 무엇보다도 중부 베트남의 경우 메콩 델타로의 진출이라는 돌파구가 있었기 때문이다. 새로이 개발된 델타 지역은 응우옌씨에게 인력과 자원을 제공해주었고, 관리들에게는 영지가 되었으며, 농민들에게는 관리의 수탈과 전쟁과 기근을 피할 수 있는 도피처가 되었다. 실제로 응우옌씨는 찐씨와의 전쟁이 소강상태에 들어가자, 거의 모든 여력을 남진에 쏟아부었다. 역설적이게도, 남북분단은 베트남의 영토 확장에 기여했던 것이다.

앞에서 언급했듯이, 응우옌 호앙은 푸 옌까지 진출했고, 이후 참파와는 소규모 충돌은 있었지만, 대체적으로 평온한 편이었다. 그러다가 1653년에 참파 왕이 푸 옌을 침범했다. 당시의 집권자였던 응우옌 푹 떤(Nguyễn Phúc Tần 阮福瀕, 1648-1687)은 참파인 훙 록(Hùng Lộc 雄祿)을 총사령관으로 임명하고, 3,000명의 군사를 주어 참파군을 공격하게 했다. 훙 록은 야음을 틈타 참파 성을 공격했다. 예상치 못한 기습에 변변히 싸워보지도 못한 채, 참파 왕은 도주하여 판 랑 강(sông Phan Rang 潘郎江)에 이르렀다. 그는 아들을 통해 항복을 청했고, 응우옌 푹 떤은 이를 받아들여 판 랑 강을 경계로 삼아 북쪽은 응우옌씨의 지배하에 두고 남쪽은 참파에 돌려주었다. 그러고는 새로운 점령지, 즉 오늘날의 카인 호아 성과 닌 투언 성(tỉnh Ninh Thuận)의 일부를 진(鎭)으로 만들어 훙 록에게 방어를 맡겼다. 이처럼 응우옌씨의 영토가 판두랑가의 일부까지 확대되자, 참파는 판두랑가에 있던 도읍을 더 남쪽인 빈 투언 성(tinh Bình Thuận)의 판 리(Phan Ri)로 옮길 수밖에 없었다.

응우옌 푹 떤은 이미 약화된 참파를 더 이상 압박하지 않았다. 그보다는 우선 점령지에 대한 지배를 확실히 하고자 사람들을 이주시켜 토지를 개간하고 촌락을 형성하여 정착하도록 했다. 더욱이 인력과 물자가 크게 부족했음에도 불구하고, 1627년부터 시작된 찐씨의 침입을 몇 차례 성공적으로 막아내고 나자, 찐씨에 대한 두려움도 많이 사라진 상태였다. 이런 상황에 힘입어서 응우옌씨는 미래를 내다보고 남쪽 변경지역에 대한 적극적인 개간을 추진했다.

참파의 고토(故土)인 판 랑 강 이북은 인구가 적고 땅은 비교적 넓은 지역이었다. 그래서 응우옌 푹 떤은 그곳에 사람들을 옮겨 살게 하고, 소와 농기구를 주어 땅을 개간한다면 수년 내에 징세가 가능할 것으로 예상했다. 이때 떠올린 것이 1648년 찐씨와의 전투에서 승리할 때 붙잡아온 3만여 명의 포로였다.

응우옌 푹 떤은 이들 중 자유민으로 풀어주고, 남은 2만여 명을 50명 단위로 촌락을 형성하게 했다. 이들에게는 반년치 식량을 주는 동시에 부유한 농가에게도 이들에게 식량을 빌려주게 해서 자생력을 갖게 했다. 그 결과 판 랑 강 이북에서부터 푸 옌까지 촌락이 이어졌으며, 얼마 후에 이들 이주민은 정식 주민으로 호적에 등재되었다. 1651년 화이 년 부는 꾸이 닌 부(phù Quy Nhin 歸寧府)로 바뀌었다. 응우옌 푹 떤은 몇 년 뒤, 즉 레 왕조의 틴 득(Thịnh Đức 盛德, 1653-1657) 연간에 응에 안 지방을 공격하여 붙잡은 포로들도 이곳으로 이주시켰다. 1770년대 떠이 선 운동을 일으킨 응우옌씨 삼형제도 그 4대 선조가 본래 응에 안 지방 사람이었는데, 이때 붙잡혀 와서 꾸이 닌의 떠이 선에 살게 되었다고 한다.

응우옌씨는 판 리의 참파에 관심을 갖기 전 지금의 호찌민 시 지방으로 진출할 기회를 엿보고 있었다. 사실 오늘날 빈 딘 성과 남부 사이의 지역은 해안을 따라 약간의 농토가 있을 뿐, 거의 불모지나 다름없었다. 그런 의미에서 이 지역은 남부로 가는 통로에 불과했다.

응우옌씨는 북의 찐씨와의 전쟁에서 무엇보다 중요한 것은 재원을 마련하는 것이었으므로 일찍부터 남부에 관심을 가지고 있었다. 응우옌 푹 응우옌이 응우옌 호앙의 뒤를 이은 지 얼마 안된 1610년대 후반에 그의 딸과 캄보디아 왕자가 혼인을 맺은 것은 이러한 배경에서였다.

혼인을 먼저 제안한 쪽은 캄보디아 왕이었다. 캄보디아 사료에 의하면, 왕은 타이족의 위협 때문에 응우옌씨와 손을 잡으려 했다고도 하고, 두 세력 간의 중간에서 균형을 유지하기 위한 정책이었다고도 한다. 그 외에 캄보디아와 응우옌씨는 국경을 맞대고 있지 않아 직접적인 위협이 되지는 않을 것이라는 점도 고려된 듯하다. 어쨌든 캄보디아 왕은 신하들의 동의를 얻어 응우옌 푹 응우옌에게 자기 아들이자 후계자인 자야제타(Jayajettha)와 응우옌씨의 딸의 혼인을 청했다. 응우옌 푹 응우옌은 즉시 이 청을 받아들여 그의 둘째 딸 응옥 반(Ngọc Vạn, 캄보디아어로는 앙 쿠브[Ang Cuv])를 캄보디아 왕자에게 시집보냈다. 혼례는 캄보디아의 도읍에서 양국 고관들이 대거 참석한 가운데 사흘 간에 걸쳐 성대하게 거행되었다. 캄보디아 왕은 그후 얼마 안 있어 아들에게 왕위를 물려주었다.

한편 응우옌 푹 응우옌은 딸을 시집보낼 때 수백 명의 시녀와 호위병을 딸려 보냈는데, 그로 인해 뜻밖에도 캄보디아 도읍에 베트남인 거주지가 형성되었다. 또한 1622년에 응우옌 푹 응우옌은 캄보디아에 침입한 타이군을 바다에서 무찌르고 위기에 처한 캄보디아를 구해주었다.

캄보디아의 연대기에 따르면, 1623년 응우옌 푹 응우옌은 자야제타 2세에게 선물을 보내면서 캄보디아 동단(東端) 지역, 구체적으로는 당시 참파와의 접경 부근이었던 다웅 나이(Daung Nay, 베트남어로는 동 나이[Đồng Nai]) 분지에 위치한 프레이 노코르(Prei Nokor)와 그 부근에 있는 세관 두 곳을 5년간만 빌려달라고 했다.* 캄보디아 왕은 1년 전 응우엔씨의 원조를 고맙게 생각해서인지 이 요청을 흔쾌히 받아들였다.

1627년에 찐씨와의 충돌이 처음 일어난 것을 고려하면, 응우엔 푹 응우엔은 전쟁을 예견하고, 그에 대비해 부족한 재원을 보충하기 위해 세관을 빌려달라고 했음에 틀림없다. 그렇다면 사이공 지역은 당시 이미 말레이 등지와의 중요한 교역중심지였던 것 같다. 또한 이 무렵에는 남북대립의 피해자인 베트남 빈민·범죄자·유랑민 등이 바 리아(Bà Rịa) 지역과 비엔 호아(Biên Hòa) 등지에 집중적으로 정착하여 토착 캄보디아인들과 함께 토지를 개간했다고 한다.

자야제타 2세는 찐씨와 응우엔씨 사이에 첫 무력충돌이 일어나던 1627년 49세의 나이로 병사하고, 그의 장자가 응옥 반의 후원을 얻어 왕위에 올랐다. 자야제타 2세의 죽음으로 응우엔 푹 응우엔에게 두 가지 문제가 생겼다. 하나는 임차기간이 만료되어 가는 세관들의 반환 여부이고, 또 하나는 남편이 죽으면 아내도 같이 죽어야 하는 캄보디아의 관습 때문에 딸의 운명이 어떻게 될까 하는 것이었다.

응우엔 푹 응우엔은 선물과 함께 사절을 보내 새로운 왕의 즉위식에 보냈다. 또한 선왕의 왕비 응옥 반을 '대비'(大妃)로 추대하도록 요청하여 허락을 받았다. 그리하여 응옥 반은 과거에 후엔 찐 공주와 같은 운명을 겪지 않아도 되었다. 그럼에도 만일에 대비하여 응옥 반의 호위를 위해 500명의 응우엔씨 병사가 캄보디아에 머물렀다. 반면에 세관에 대해서 새 왕은 응우엔 푹 응우엔에게 반환을 요구했는데, 다행히 이 문제도 대비 응옥 반이 그 지위를 이용하여 적절히 개입함으로써 해결되었다. 이후에도 응옥 반은 캄보디아가 프레이 노코르와 세관의 반환을 요

---

* 특히 '숲속의 도시'라는 뜻을 가진 프레이 노코르에는 이미 중국상인들이 들어와 활동하고 있었는데, 얼마 후 이 일대가 사이공(오늘날의 호찌민 시)이 되면서, 프레이 노코르는 사이공 내 중국인 거주지 쩌 런(Chợ Lớn)이 된다.

구하려 할 때마다 중간에서 무마시켰다.

응우옌씨가 이 지역에 대해 직접적인 영향력을 행사하게 된 계기는 1658년 캄보디아 궁중 내분 때 군사개입을 하게 되면서였다. 당시 캄보디아 왕은 삼촌과 사촌형제를 죽이고 1642년에 왕이 된 라마티파디 1세(Ramathipadi I)였는데, 그는 왕위에 오른 후 젊은 무슬림 여성을 아내로 맞아 이슬람으로 개종했다.

1658년 타이 왕이 캄보디아를 침공할 준비를 하자, 라마티파디 1세 즉위 때 응옥 반의 주변으로 도피하여 살아남은 라마티파디 1세의 사촌 앙 수르(Ang Sur)와 앙 탄(Ang Tan) 형제가 라마티파디 1세에게 반기를 들었다. 그리고 응옥 반에게 응우옌씨의 군사원조를 부탁했다. 응옥 반은 이를 받아들여 조카 응우옌 푹 떤에게 서한을 보냈다.

응우옌 푹 떤은 캄보디아 측이 푸 옌 지방을 먼저 침범했기 때문에 3,000명의 군대를 동원하여 우동(Oudong)을 점령하고 라마티파디 1세를 포로로 붙잡았다고 주장했다. 그러나 이 주장은 응우옌씨의 군사개입을 정당화하기 위한 구실이었다. 캄보디아는 응우옌씨의 영역을 결코 침범하지 않았다. 결국 응우옌 푹 떤의 침입은 이전부터 추구해온 남방팽창정책의 일환이었다고 볼 수 있다.

앙씨 형제는 응우옌씨를 불러들여 일단은 뜻을 이루었지만, 곧 응우옌씨의 군사에 대한 불만이 생겼다. 앙씨 형제가 응우옌 푹 떤에게 도움을 요청한 것은 캄보디아의 독자적 세력확립을 위해서였는데, 뒤늦게 응우옌 푹 떤의 속셈이 따로 있음을 깨달았기 때문이다. 뿐만 아니라 응우옌씨 군사가 촌락을 파괴하고 수많은 금과 은을 약탈한 것도 묵과할 수 없었다.

앙씨 형제는 1659년 응우옌씨에게 반기를 들었다. 응우옌씨 군사는 약탈품과 함께 포로로 붙잡은 라마티파디 1세를 데리고 물러가자 앙 수르는 왕위에 올랐다. 이에 응우옌 푹 떤은 라마티파디 1세를 다시 캄보디아 왕으로 삼아 되돌려 보내면서 그곳에 사는 베트남인들에게 피해를 주지 않겠다는 약속을 받았으나, 불운하게도 귀국하는 길에 병사하고 말았다.

앙 수르는 베트남인에 대한 적대감 때문인지 중국인에 대해서는 호의적인 태도를 보였다. 그리하여 중국인 이주민이 서서히 늘어나더니, 타이완의 지배자 정성공(鄭成功)이 죽은 후에는 그의 일파 3,000명 이상이 타이완에서 이주해왔다고 한다(1667년). 이들은 앙 수르의 암묵적 승인하에 우동 부근에 살고 있던 베트남인을 기습하여 꽤 많은 사람을 살해했고, 살아남은 베트남인은 캄보디아를 떠났다. 이 사건으로 앙 수르와 응우옌씨의 적대관계는 계속되었다. 그렇지만 이러한 적대관계에도 불구하고, 세관이 설치된 사이공 지역은 별 영향을 받지 않았다.

응우옌씨의 캄보디아에 대한 영토적 야망은 1673-1674년의 제2차 군사개입에 의해 확연히 드러났다. 두 번째 개입 역시 캄보디아 궁중 내분이 빌미가 되었다. 앙 수르의 양자로 입적한 조카가 1672년에 앙 수르를 살해하고 스스로 파두마라자 2세(Padumaraja II)로 등극하는 변란이 일어났던 것이다. 이 사건은 캄보디아 궁중의 분열뿐만 아니라 외국의 개입이라는 정치적 파란을 초래했다.

형이 살해될 때 앙 탄은 우동에서 멀리 떨어져 있었다. 그는 새로운 왕에 대항하기 위해 일단 바레아로 가서 응우옌 푹 떤에게 군사원조를 요청했다. 그 사이 파두마라자 2세는 앙 탄의 처를 왕후로 삼았는데, 오히려 그녀는 파두마라자 2세를 살해하고, 고관들과 의논하여 먼 숲에 살고 있던 앙 수르의 장자 앙 체아(Ang Chea)를 왕으로 추대했다.

한편 앙 탄이 양자로 들였던 앙 난(Ang Nan)은 앙 수르와 앙 탄의 관계가 불편해지면서 앙 수르 치하에서 어떤 역할도 맡지 못하고 있었다. 그는 파두마라자 2세가 살해되자 새로운 왕과 경쟁관계에 있을 수밖에 없었다. 역시나 새 왕이 앙 난을 제거하려고 타이에 도움을 요청하자 앙 난은 프레이 노코르로 몸을 피했다. 그런데 앙 탄이 사망하면서 그는 자연히 새 왕의 반대파에 의해 왕으로 추대되었다. 응우옌 푹 떤은 앙 난을 도와 1674년 군사를 파견했다. 이리하여 캄보디아는 타이의 지원을 받는 우동 세력과 응우옌씨가 후원하는 프레이 노코르 세력으로 양분되었다. 그 와중에 메콩 강 하류지역은 캄보디아의 통제에서 점차 벗어나게 되었다. 그런데 이 현상을 가속화시킨 집단이 중국인 이주자들이었다. 일단 이 문제는 잠시 접어두고 이번에는 참파로 눈을 돌려보자.

응우옌씨가 카우타라를 점령한 지 39년이 지난 뒤인 1692년 판두랑가의 참파 왕이 카우타라를 침범하여 주민을 약탈하는 사건이 있었다. 이듬해 응우옌 푹 쭈(Nguyễn Phúc Chu 阮福澍, 1691~1725)는 군사를 보내 참파 왕을 생포하고 판두랑가를 점령했다. 그러고는 판두랑가를 응우예씨 영토에 편입시켰다. 프레이 노코르 지역에 영향력을 행사하고 있던 응우옌 푹 쭈로서는 남부와의 연결을 위해 판두랑가 점유의 필요성을 느꼈을 것이다.

판두랑가는 몇 달 뒤 베트남식 이름으로 개칭되고 포로가 된 참파 왕의 동생과 그의 세 아들이 관리로 임명되었으나, 참파인은 베트남식 복식의 착용을 비롯해서 베트남화를 강요당했다. 그러자 곧 반란이 일어났고 응우옌씨는 난을 진압한 이듬해 참파 왕의 동생에게 번왕(藩王)의 지위를 부여하여 자치를 하도록 했다. 그러나 번왕이란 이름뿐이고 정치적 실권은 없었다.

실권이 없는 자치의 허용은 전술한 바와 같이 이 지역이 척박하여 남부로 가는 통로 외에는 별다른 관심거리가 되지 못했기 때문이다. 그러나 1697년 이 지역에 두 현(縣)을 설치한 것은 이미 이곳으로 베트남인이 적지 않게 이주했음을 말해준다. 현의 설치는 아마도 이들을 보호하기 위해서였을 것이다.

판두랑가 번왕의 무력함은 1770년대 떠이 선 운동이 발발했을 때 참파 왕의 상징인 휘장을 아무런 저항도 없이 넘겨준 것에서도 그대로 드러난다. 응우옌 왕조에 들어와서도 초기에는 자 딘 성(Gia Định Thành 嘉定城) 아래 번왕이 통치하는 진(鎭)을 존속시켰다. 응우옌 푹 아인은 참파 왕족 계열의 인물에게 자치를 맡겼는데, 이는 참족의 불만을 달래기 위해서였다. 이 상태가 한동안 지속되다가, 민 망 황제와 자 딘 성 총진(總鎭) 레 반 주옛(Lê Văn Duyệt 黎文悅) 사이에 갈등이 생기면서 번왕의 입지가 불안해졌다. 민 망 황제는 번왕이 레 반 주옛과 연계되어 있을지 모른다고 생각했던 것이다. 그러던 차에 레 반 주옛이 죽고(1832년 7월), 그 직후인 1832년 10월 민 망 황제는 진(鎭)의 이름을 바꾸고 빈 투언 성(省)에 통합했다. 이로써 참파 왕국은 완전히 소멸되고 말았다.

중국인의 남부개척

그러면 위에서 말한 중국인 이주민에 대해서 좀 더 살펴보자. 응우옌씨의 메콩 강 하류 지역 진출과 관련해서 이들 중국인의 활동은 두 시기로 나누어진다. 첫 번째는 명나라의 유장(遺將) 양언적(楊彦迪)과 진상천(陳上川)이 메콩강 하류에 정착한 시기이고, 두 번째는 명나라 유민 막구(鄚玖) 부자가 하 띠엔(Hà Tiên 河仙) 지방을 개발하는 시기이다.

1679년 정월 명나라 장군 양언적과 부장(副將) 황진(黃進), 그리고 또 다른 장군인 진상천과 부장 진안평(陳安平)이 병사 3천여 명과 전선(戰船) 50여 척을 이끌고 다 낭 만에 도착하여 신하가 되기를 청했는데, 그 이면에는 명나라와 중부의 호이 안 및 부근 항구들 사이에 무역이 성행하고 있었던 것이 작용한 게 아니었을까 생각된다. 당시 응우옌씨의 집권자 응우옌 푹 떤(阮福瀕)은 언어와 풍속도 다른 명나라 군사들을 받아들이기 난감했지만, 그렇다고 거절할 수도 없었다. 오갈 데 없어 막

막혀진 그들이 무슨 일을 저지를지 알 수 없었기 때문이다. 응우옌 푹 떤은 신하들과 논의한 끝에 이들을 이용하여 앙 난이 지배하고 있던 캄보디아의 동부를 개척하기로 결정하고, 양언적과 황진은 미 토(Mỹ Tho 美萩)에, 그리고 진상천과 진안평은 비엔 호아(Biên Hòa 邊和)에 정착시켰다. 미 토와 비엔 호아는 지리적으로 프레이 노코르에 가깝거나 접근이 용이했다.

응우옌 푹 떤은 이들을 통해 우동의 앙 소르(Ang Sor, 앙 수르의 둘째 아들)에 대한 압박의 강도를 높이려 했을 가능성도 많다. 베트남 사료에 의하면, 양언적의 부장 황진이 양언적을 살해하고 캄보디아 내에 독자적 세력을 형성하려 하자 앙 소르는 이에 대비하여 요새를 구축하는 한편 응우옌씨에 대한 조공을 거부했다고 한다. 앙 난은 이를 좋은 기회로 여기고 앙 소르를 공격하기 위해 응우옌 푹 타이에게 원조를 요청했다는 것이다.

응우옌 푹 떤의 뒤를 이은 응우옌 푹 타이(Nguyễ Phúc Thái 阮福溙, 1687-1691)는 메콩 강 하류지역을 지배하는 데 걸림돌이 될 황진을 마냥 방치할 수가 없어서 앙 수르 제거를 구실로 출병하여 황진을 죽이고, 아울러 진상천을 선봉장으로 삼아 프놈펜을 점령했다(1688년). 그러나 진상천은 앙 소르가 꾸민 미인계에 빠져 일단 화해를 하고 이듬해 철병했다. 이 소식을 들은 응우옌 푹 타이는 다른 인물로 대체하여 1690년 재차 출병하여 캄보디아를 점령했으나, 그 역시 앙 소르가 보낸 사절의 유혹에 걸려들어 철수했다고 한다. 이에 분노한 응우옌 푹 타이는 회군한 장수를 서인(庶人)으로 만들었다. 그런데 응우옌 푹 타이는 얼마 후 병사했고, 이에 조금 앞서 앙 난도 세상을 떠났다. 앙 난의 뒤를 이은 것은 아들 앙 엠(Ang Em)으로 어머니는 중국인이었다. 응우옌 푹 타이의 후계자는 장자 응우옌 푹 쭈였다.

이러한 전쟁을 거쳐 응우옌씨는 메콩 강 하류 유역을 자신의 영토에 편입시키고 직접 지배하게 되었다. 응우옌 푹 쭈는 1698년 자 딘 부(phủ Gia Định 嘉定府)를 설치하고, 그 아래에 지금의 동 나이와 사이공에 해당하는 지역에 각각 현(縣)을 두었다. 한편 군사적으로는 두 개의 영(營)을 설치하여 현을 보호하게 했다. 당시 자 딘 부는 호수가 4만에 불과했기 때문에 응우옌씨는 지배를 보다 공고히 하려고 중부의 꽝 빈 이남에서 유민을 모집하여 이주시켰고, 이주민들은 촌락을 형성하고 토지를 개간했다. 한편 이곳에 거주하는 청나라 상인들은 베트남인과 분리해서 청하사(淸河社)와 명향사(明鄕社)라는 촌락을 형성하게 했다. 그리고 이들도 베트남인처럼 호적에 등재되었다.

응우옌씨의 남진이 영 못마땅했던 앙 소르는 군사적 대응을 준비했다. 진상천의 보고를 받고 응우옌 푹 쭈는 그에게 캄보디아 공격을 지시했고, 그 이듬해 진상천은 선봉장인 일명 응우옌 흐우 까인(Nguyễn Hữu Cảnh 阮有境)과 함께 캄보디아를 점령했다(1700년). 앙 소르는 도망치고, 그의 사위가 잠시 저항하다가 응우옌 흐우 까인에게 항복해 캄보디아 왕이 되었다. 얼마 후 응우옌 흐우 까인이 죽자, 응우옌씨의 군사는 철수하고 앙 소르는 다시 돌아왔다. 이후 18세기 초 앙 소르의 아들과 앙 엠은 서로 대결을 벌이는 상황에서 각각 타이와 응우옌씨의 원조를 받는 대신 캄보디아 영토의 상당부분을 타이와 응우옌씨에게 할양했다.

한편 자 딘 부가 설치될 때 양언적과 황진의 거점이었던 미 토는 자 딘 부에 편입되지 않았다. 진상천은 토지개간과 농업경영에 열중하여 그의 주둔지에 베트남인은 물론 중국인·유럽인·일본인·말레이인 등이 몰려든 반면, 양언적과 황진은 캄보디아 침입에만 주로 관심을 기울이고 미 토 지역 개발에는 별로 신경 쓰지 않았기 때문일 것이다.

미 토가 베트남 영토가 된 것은 1730년대에 들어서였다. 베트남 사료들에 따르면, 1732년 미 토에 주(州)가 설치되고, 빈 롱(Vĩnh Long 永隆) 일대에는 영(營)이 설치되었다. 라오족과 캄보디아군이 자 딘 부를 공격했을 때, 이 지역 총책임자는 진상천의 아들과 부하 장수들을 보내 이들을 물리친 바 있는데, 캄보디아 왕은 혹시라도 보복을 당할까 봐 자 던 지방을 전부 응우옌씨에게 할양했고, 그 땅이 너무 넓어 이를 나누어 새로이 주와 영을 설치했다.

17세기 말 베트남 남부의 서쪽 변경 하 띠엔에서는 또 다른 중국인 막구(鄭玖)가 세력을 확장하면서, 응우옌씨가 하 띠엔을 장악하는 데 적극적 역할을 하게 된다. 막구는 본래 광둥 성 출신으로 양언적이나 진 상천과 마찬가지로 명나라 멸망 후 청의 지배에 불만을 품고 1671년 캄 보디아로 이주했다고 한다. 그는 우동의 궁중에서 일하면서 앙 소르의 신임을 얻어 하 띠엔 지방의 조세징수를 맡았다. 몇 년 후 그곳이 베트 남인·중국인·캄보디아인·말레이인 등의 무역으로 번영하는 것을 보고 왕에게 요청하여 그곳을 다스리는 크메르 관직인 옥냐(oknha 屋牙), 즉 총독에 임명되면서 정착했다고 한다. 막구의 하 띠엔 정착시기에 대해 서는 여러 가지 설(說)이 있으나, 1680년대와 1700년 사이의 어느 때인 것만은 틀림없다.

막구는 하 띠엔에 정착한 후 도박이 성행하는 것을 보고 공식적으로 도박장을 개설하여 세금을 징수했고, 은광 개발을 통해 상당한 부를 축 적했다. 또한 많은 유민을 모집하여 토지개간에 투입했다. 그 결과 하 띠엔 지역이 크게 번창했고, 막구는 하 띠엔 외에도 베트남 남서부에서 캄보디아의 남부지역을 자신의 영향력 아래 두고 부와 권력을 누렸다.

그러나 타이와 좋은 관계를 유지하면서 막구를 후원하던 앙 수르의 세력이 약화되고, 베트남인과 중국인의 수가 메콩 강 연안을 따라 점점 늘어나게 되자, 막구는 안전을 위해 1710년을 전후하여 응우옌 푹 쭈 (阮福澍)에게 보호를 요청했다. 이것을 계기로 하 띠엔은 베트남 영토 가 되었고, 응우옌 푹 쭈는 막구를 하 띠엔 진(鎭)의 총병(總兵)에 임명 했다. 그러나 내정은 전적으로 자치에 맡겼다.

응우옌씨의 보호에도 불구하고 막구는 캄보디아의 왕위계승분쟁의 불똥을 피할 수 없었다. 1702년에는 앙 소르의 아들 앙 탐(Ang Tham)이 왕위에 올랐다. 그런데 얼마 후 그는 응우옌씨의 지원을 받고 있던 앙 난의 아들 앙 엠에게 쫓겨나 타이로 갔다. 1711년 그는 다시 캄보디아로 돌아와 세력을 키운 후, 타이 군사와 함께 1715년에 우동 부근에 머물고 있던 앙 엠을 공격했다. 또한 타이 수군은 하 띠엔을 함락하고 약탈을 벌여 하 띠엔에 큰 피해를 입혔다. 타이의 침입은 1717-1718년에도 있었다. 막구는 탈출하여 하 띠엔에서 그리 멀지 않은 캄보디아 남부 해안에 머무르다가 타이군이 물러가자 다시 돌아와 하 띠엔에 새롭게 보루를 쌓아 방비를 강화하며 복구에 진력했다. 그리하여 하 띠엔과 그 일대는 이전의 번영을 되찾았다.

1735년 막구가 죽자 아들 막천사(鄭天賜)가 아버지의 뒤를 계승해 하 띠엔을 지배했다. 막천사는 아버지의 부음을 응우옌씨에게 알렸고, 이듬해 응우옌씨는 그에게 하 띠엔 진(鎭) 도독(都督) 직과 함께 3척의 배를 주고 자치를 허용했다. 막천사는 세금이 면제되고, 바다에서 보화를 채취하거나 매입하여 공납하는 것이 의무의 전부였다. 그는 또한 대외교역을 위한 주조권(鑄造權)도 쥐고 있어서 각국의 상인들이 모여들었다.

1739년에는 캄보디아가 하 띠엔을 침입했다. 타이의 지원을 받아 왕위에 오른 캄보디아 왕이 막구 때 잃은 하 띠엔을 되찾으려는 것이었다. 막천사는 병사들을 이끌고 필사적으로 싸웠으나 물자가 부족했다. 이때 막천사의 부인이 병사들의 부인들과 함께 조직적으로 부족한 물자를 조달하여 캄보디아 군사를 격퇴할 수 있었다고 한다. 막천사는 이 공로로 '장군'(將軍)의 칭호가 주어졌다. 이후 캄보디아와는 한동안 평화가 유지되었다.

그러나 1747년 캄보디아 왕이 죽고 그 아들이 뒤를 이으면서 다시 전쟁을 일으켰다. 이때 캄보디아 군사는 미 토를 점령하고 약탈을 자행했다. 당시 응우옌씨의 집권자 응우옌 푹 코앗(阮福闊)은 그 보복으로 캄보디아의 우동까지 쳐들어가 새로운 왕을 앉혔다. 그러나 그는 곧 쫓겨나서 죽었다.

1755년 타이의 원조 아래 캄보디아 왕이 1만여 명의 병사로 베트남 남부를 공격했는데, 응우옌씨의 군사는 이를 격퇴하고 내친김에 프놈펜까지 진격했다. 캄보디아 왕은 하 띠엔으로 도피하여 막천사에게 중재를 요청했다. 1757년에는 캄보디아 왕 사후에 왕위계승분쟁에서 패한 자가 막천사에게 피신해오자 응우옌씨가 개입하여 그를 캄보디아 왕에 앉혔다. 응우옌씨는 이처럼 두 차례에 걸친 개입의 결과로, 처음에는 미토 지방에서 메콩강 지류에 이르는 모든 영토를, 그 다음에는 깜폿에서 까 마우 곶까지 타이 만(灣) 연안지역에 대한 공식지배권을 캄보디아로부터 받아냈다. 그리고 막천사에게 이 땅을 관리하게 했다.

결국 막씨 부자의 도움으로 응우옌씨는 남부의 서쪽 해안지방에 대한 지배권을 확립할 수 있었다. 이후 하 띠엔은 1770연대와 1780년 초에 타이와 떠이 선 군대의 침입으로 막대한 피해를 입었으나, 1780년대 후반 응우옌 푹 아인의 떠이 선에 대한 승리로 평온을 되찾았다.

10장 떠이 선 운동과 응우옌 왕조

찐·응우옌 양씨의 쇠퇴

떠이 선 운동(Phong trào Tây Sơn)은 레 왕조가 명맥만 유지하던 시기, 즉 북쪽의 찐씨와 남쪽의 응우옌씨로 나누어져 서로 대립하고 있던 시기에 시작되어 베트남의 정치와 사회에 일대 변혁을 일으킨 대사건이었다.

떠이 선이라는 명칭은 1771년 응우옌씨 정권에 반대하여 저항운동을 일으킨 응우옌씨 삼형제, 즉 응우옌 반 냑(Nguyễn Văn Nhạc 阮文岳)·응우옌 반 르(Nguyễn Văn Lữ 阮文呂)·응우옌 반 후에(Nguyễn Văn Huệ 阮文惠)의 고향 떠이 선(Tây Sơn 西山)에서 유래한다. 이곳은 베트남 중남부에 위치한 빈 딘 성(tỉnh Bình Định) 내의 꾸이 년(Quy Nhơn)에서 서쪽으로 40km 조금 넘게 떨어진 곳에 있다. 삼형제는 남쪽의 응우옌씨와 북쪽의 찐씨를 차례로 무너뜨리고, 마침내 350년간 지속된 레 왕조까지 멸망시켰다(1788년). 그리하여 독자적 독립왕조를 세우고 남북의 통일을 이루는 듯했으나, 응우옌씨의 일족인 응우옌 푹 아인(Nguyễn Phúc Ánh 阮福映, '暎'이 휘[諱]자이기에 '映'으로 표기)이 남부로 도망가서 저항함에 따라 완전한 통일을 이루지는 못했다.

베트남 정부나 역사학계는 떠이 선 운동이 베트남 역사상 최대의 농민운동이라고 높이 평가하고 있으나, 최근 서구 학자들의 연구에 의하

면, 떠이 선의 군사에는 농민·승려·하급관리·상인·소수민족을 비롯해
서 중국인 해적까지 가담하고 있었다. 물론 처음 운동이 시작되었을 때
는 "부자의 재산을 빈자에게"라는 구호에 나타나듯이 농민운동의 성격
이 짙었지만, 세력이 커지면서는 점차 다양한 세력이 연합한 권력집단
으로 변질되었던 것이다. 세력이 갑자기 커진 것도 농민 외에 이질적 구
성원들이 증가했기 때문에 가능했다. 그렇더라도 18세기의 베트남은
반란을 피할 수 없는 상황에 처해 있었음은 분명하다.

17세기 후반 찐씨와 응우옌씨는 무언의 휴전상태를 유지했다는 것은
앞에서 언급한 바 있다. 이후 찐씨는 내치에 힘쓰면서 유학 진흥에 노력
했지만, 변화하는 사회경제적 상황에 적절히 대응하지는 못했다. 만성
적인 재정문제를 해결하기 위해, 18세기 초에는 세제를 개혁했으나 결
과적으로는 농민의 부담만 가중시켰다. 더구나 1730-1740년대의 연속
적인 자연재해와 부패한 관리들의 과도한 수탈로 농민의 생활은 말로
다할 수 없이 어려웠다. 토지가 없어서 고향을 등진 유민이 증가하면서
사회불안은 점점 커지고 각지에서 반란이 발생했다. 대표적인 예로는
레 주이 멋(Lê Duy Mật 黎維密)과 호앙 꽁 쩟(Hoàng Công Chất 黃公質)
및 응우옌 흐우 꺼우(Nguyễn Hữu Cầu 阮有求)의 반란을 들 수 있다.

1738년 황제의 동생 레 주이 멋 등 3명의 레 씨 친족이 권력에서 소
외된 데 불만을 품고 찐씨를 제거할 계획을 세웠다가 실패하고, 세 사람
은 타인 호아로 달아났다. 그곳에서 두 사람은 먼저 죽고, 레 주이 멋은
가난한 농민들과 산간지대의 소수민족들을 규합했다. 쯔놈으로 쓰인 그
격문을 보면, 찐씨의 축출과 레씨의 부흥이 이 저항의 목적임을 분명히
밝히고 있다. 이후 근거지를 닌 빈과 응에 안 등지로 바꿔가며 찐씨에
대한 저항을 30년간 계속했다. 한편 그는 자기 세력권 안에 있는 농민
들의 부채를 탕감해주고 대토지소유자의 토지를 몰수하여 가난한 농민
들에게 나누어 주었다. 1764년에는 남쪽의 응우옌씨에게 원조를 요청

했으나 남쪽 정권은 현상유지를 원했기 때문에 완곡하게 거절했다. 1767년 찐 조아인이 사망하고 그 뒤를 이은 아들 찐 섬(Trịnh Sâm 鄭森, 1767-1782)은 처음에는 레 주이 멋을 회유하려 했다. 그러나 상황이 여의치 않자, 찐씨는 1769년부터 이듬해까지 타인 호아·응에 안 등지에서 대대적인 공세를 전개했다. 레 주이 멋은 믿었던 사위마저 배반을 하여 성이 함락되려 하자, 부인과 함께 자살했다.

레 주이 멋의 반란과 거의 때를 같이 하여 델타의 남부지역에서도 반란이 일어났다. 1739년 호앙 꽁 쩟이 일으킨 이 반란 역시 30년간 이어졌다. 이 지방은 인구가 과밀하고 홍수와 가뭄이 번갈이 일어나 빈곤이 극심했다. 1만여 명의 농민들은 "찐씨를 멸하고 레 왕조를 부흥시키자"(復黎滅鄭)는 구호를 외치며 망치와 몽둥이를 들고 도시와 농촌을 약탈했다. 호앙 꽁 쩟은 찐씨의 공격을 피하기 위해 일종의 게릴라 전법을 구사해 근거지를 이리저리 옮겨다니면서 진압을 모면했다. 그러나 결국 그는 1769년 북부 산간지방에서 사망하고, 그의 아들은 중국의 윈난 지방으로 도주함으로써 반란은 끝이 났다.

한편 델타 중심부의 하이 즈엉 지방에서는 1741년 응우옌 끄(Nguyễn Cừ 阮篹)와 응우옌 뜨옌(Nguyễn Tuyển 阮選) 등이 반란을 일으켰고, 홍 강 하류에서 치열한 싸움이 여러 차례 벌어졌다. 이곳은 타인 호아와 탕 롱을 물길로 연결하는 교통의 요충지였기 때문에 찐 조아인으로서는 반도들이 진입하는 것을 어떻게든 막아야 했다. 반란의 주모자들은 곧 붙잡혀 처형되었지만, 응우옌 끄우의 사위 응우옌 호우 꺼우가 또다시 대규모 농민반란을 일으켰다. 유능한 학자였지만 과거제도에 실망한 그는 도 선(Đồ Sơn)의 해안지대에 근거지를 두고 스스로를 동도총국보민대장군(東道總國輔民大將軍)이라 자칭하면서 부자의 재산을 빼앗아 빈자에게 나누어 주었다. 응우옌 호우 꺼우는 병법에도 뛰어나, 그의 군사는 육상은 물론 해상에서도 게릴라식 전법으로 토벌군을 격파하고,

1744년에는 탕 롱을 위협하기까지 했다. 10년 가까이 이 지방 저 지방으로 근거지를 옮기며 항상 수천의 농민을 동원할 수 있을 만큼 농민들의 많은 지지를 받았지만, 그도 결국에는 1751년에 응에 안에서 붙잡혀 처형되었다.

이들 반란은 1730년대와 1770년 사이의 거의 모든 기간을 찐씨 정권과 그 군사들이 반란 진압에만 몰두하게 만들었다. 다시 말하면, 찐씨는 농민의 생활을 돌아볼 여유가 없어서 사회불안은 날이 갈수록 커질 수밖에 없었다.

반면에 남부의 응우옌씨는 18세기를 전후하여 자기의 권력을 강화하고 남부의 부를 획득하기 위해 이전의 군사체제를 유지했다. 이러한 상황에서 유교적 덕목보다는 친소(親疎) 관계가 승진에서 중요한 요인이 되었다.

응우옌씨는 남부만이 아니라 서쪽 산간지대로도 점점 영토를 확대하면서 산지 주민들과 충돌을 빚기도 했다. 산지 주민들은 저지대의 베트남인을 자주 공격했다. 그들은 전통적으로 산지생산물을 저지대의 물품과 물물교환을 해왔는데, 응우옌씨의 관리들이 그 교환에 개입하여 지나치게 사적으로 착복을 했던 것이다. 더 나아가 이런 저지대와 산간지방의 충돌은 떠이 선 운동의 성공요인이 되기도 했다. 산간지방에서 적지 않은 주민들이 떠이 선 운동에 호응해왔기 때문이다.

응우옌씨의 영토가 남으로 확대되긴 했어도 푸 쑤언 이남의 하이 번 관(海雲關) 남쪽 꽝 남 지역은 교통이 불편하고 주민들도 다양했으므로 중앙통제가 비교적 느슨할 수밖에 없었다. 특히 꾸이 년 부근의 주민들은 포로가 된 북측 병사들이나 남으로 이주하지 못하고 남아 있는 참족 사람들이어서 응우옌씨에 대한 충성심도 없었다. 게다가 중부지방은 약간의 해안평야 외에는 농경지가 별로 없어서 평상시에도 미곡생산이 부족했다. 부족분은 남부의 자 딘 지방에서 대량 수입한 쌀로 보충했다.

그런데 꾸이 년은 푸 쑤언과 자 딘의 중간에 위치하고 부근의 티 나이(Thi Nại)에 큰 항구가 있어서 쌀 수송에 필요한 인력과 선박을 제공하는 희생을 강요당했다. 그러다보니 불만이 쌓인 주민들은 떠이 선 운동이 일어나자 거기에 가세했다.

찐씨와의 전쟁이 소강상태에 접어든 후 개시된 응우옌씨의 캄보디아 영토 정복사업에는 막대한 군사비가 필요했다. 더욱이 1760년대에 타이에서 강력한 왕조가 성립하여 캄보디아를 원조하고 막구의 하 띠엔까지 위협하게 되자, 군사력은 당연히 그쪽으로 집중되어 떠이 선 운동이 발발하기 직전에는 내란에 대한 대비가 거의 없는 상태였다. 또한 관리나 세력가들의 농민 수탈은 여전했다.

그럼에도 북쪽과의 전쟁이 중단된 이후 오랫동안 평화가 유지되면서 궁중에는 사치가 유행했다. 응우옌씨는 궁궐을 신축하여 값비싼 물건들로 장식했다. 문제는 당시 대외무역이 축소되어 국고수입이 줄어들었다는 점이다. 응우옌씨의 주요 무역항이던 호이 안(Hội An)에 입항하는 외국선박이 1740년대에는 60-80척이었는데, 1770년대 초에는 16척 이하로 감소했다. 감소의 주된 이유는 궁중의 사치를 위해 수입물품에 부과하는 관세를 대폭 올린 데 있었다. 물론 베트남 농민이 너무 가난해 외국상품에 대한 수요가 없었던 것도 한 원인이었다. 이는 동시에 수출에도 악영향을 미쳐 국내경제가 어려워졌다. 하지만 응우옌씨 조정은 농민들의 궁핍을 개선해주기는커녕 오히려 더 많은 세금을 거둬들였다. 농수산물을 비롯해서 가능한 한 모든 물품에 세금을 부과하고, 그러고도 모자라서 강제로 공물을 바치게 했다.

경제위기는 화폐제도의 문란으로 더욱 심각해졌다. 초기에는 동전이 통용되었는데, 남쪽에서는 구리가 산출되지 않았기 때문에 중국과 일본에서 들여오는 수입품에 의존했다. 그런데 중국과 일본 국내에서 구리 가격이 오르자 두 나라는 수출을 중단했고, 응우옌씨는 동전을 아연전

(亞鉛錢)으로 대체하는 치명적인 정책적 실수를 범했다. 아연전은 내구성이 떨어져서 대량으로 주조해야 했고, 조정은 아연전 주조를 늘리기 위해 개인에게도 주조를 허용했는데, 이게 더 큰 화를 초래했던 것이다. 현직 관리나 유력가가 세운 주조소가 백 곳을 넘어가자, 아연전의 가치가 폭락하고 물가가 상승하여 농민의 생활은 더욱 고달파졌다. 당시 꽝응아이 순무(巡撫)의 말대로, "백성들의 곤궁이 극에 달했다." 이런 지경이었으니 반란이 일어나지 않았다면 오히려 이상했을 것이다.

떠이 선 운동이 일어나기 전 응우옌씨 조정의 권력은 섭정 쯔엉 푹 로안(Trương Phúc Loan 張福巒)이 장악하고 있었다. 응우옌씨에게는 불행하게도 그는 무능하고 탐욕스러운 위정자였다. 1765년 당시 집권자였던 응우옌 푹 코앗(阮福濶)의 유언대로라면 33세의 둘째아들이 후계자가 되어야 했다. 그러나 응우옌 푹 코앗의 외삼촌이며 조정 내에서 영향력이 컸던 쯔엉 푹 로안은 총명한 후계자를 두는 게 싫어서 유언장을 위조하여 열여섯째아들인 11세의 응우옌 푹 투언(Nguyễn Phúc Thuần 阮福淳, 1765-1775)을 후계자로 삼고, 둘째아들은 투옥시켰다가 처형했다.

이후 쯔엉 푹 로안은 본인이 섭정이 되어 실권을 쥐고 자기의 아들들을 응우옌씨의 딸들과 혼인시켜 조정의 요직에 앉혔으며, 정적들을 모두 제거하고, 곳곳에 심복들을 심어 놓았다. 또한 항구의 관세수입을 독점하여 금·은·보석·비단 등이 집안에 가득했고, 토지와 하인은 다 헤아릴 수도 없을 만큼 많았다. 이런 사치스러운 생활로 쯔엉 푹 로안은 각계각층으로부터 불만을 샀다.

떠이 선 삼형제

응우옌 삼형제의 집안은 증조부 때까지 응에 안 지방에서 살았는데, 찐씨와 응우옌씨의 대립이 한창이던 1650년대에 응우옌씨의 포로가 되어, 당시에는 미개척지이던 꾸이 년 부(phủ Quy Nhơn 歸仁府)의 떠이 선으로 보내졌다. 아버지 대까지는 성(姓)이 호(胡)씨였으나, 반란을 계획하면서 삼형제는 남쪽이 응우옌씨의 통치하에 있는 점을 고려하여 마침 어머니의 성(姓)이기도 했던 응우옌으로 바꾸었다. 베트남인은 편의에 따라 성을 바꿀 수 있었다.

삼형제 중 맏이인 응우옌 반 냑은 베트남인의 생활필수품인 빈랑을 파는 상인이었다. 한때는 번 돈(Vân Đồn 雲屯), 즉 지금의 하이 번 관 지역에서 세금을 징수하던 관리 노릇도 했다. 이 두 직업 덕분에 그는 여러 곳을 다니며 사람들의 불만을 직접 보고들을 수 있었다.

훗날 응우옌씨의 역사가들은 응우옌 반 냑이 도박을 좋아해 세금으로 거둔 돈을 도박으로 탕진해 문제가 되자 산간지대로 도망쳐 반란을 일으켰다고 했다. 그러나 그가 책임 맡은 지역의 경제사정이 안 좋고 주민들의 불만 때문에 징세할당량을 채우지 못해서 그랬을 가능성도 있다. 실제로 응우옌 반 냑이 반란을 일으키면서 산지민들과 참족을 규합할 수 있었을 뿐만 아니라 꾸이 년의 중국인들까지 지지한 것을 보면 후자 쪽이 훨씬 설득력이 있다. 그런 점에서 그에 대한 지지는 쯔엉 푹 로안의 실정에 대한 반발에서 비롯되었다.

1771년부터 30년간 지속된 떠이 선 운동은, 전기·중기·후기의 3단계로 구분할 수 있다. 전기는 응우옌 삼형제의 봉기(1771년)에서부터 응우옌씨 정권과 찐씨 정권을 무너뜨리고 남북분단을 종식시킨 1786년까지이고, 중기는 레 왕조의 마지막 황제인 찌에우 통(Chiêu Thống 昭統)이 1787년 청나라에 구원을 요청한 때로부터 청나라가 떠이 선을 왕조로 공식 승인하고(1789년), 응우옌 반 후에, 즉 꽝 쭝(Quang Trung 光中)의 개혁이 실시되는 1792년까지이며, 후기는 꽝 쭝이 요절한 해(1792년)부터 응우옌 푹 아인이 떠이 선 세력을 진압하고 응우옌 왕조(Triều Nguyễn 阮朝)를 건설하는 1802년까지이다.

응우옌 형제는 처음 2년간은 떠이 선보다 더 서쪽의 안 케(An Khê)를 중심으로 세력을 키웠다. 이곳은 평지가 아니고 길도 험하여 방어에 용이했기 때문이다. 어느 정도 세력을 키우자, 그들은 해안지대에 거점을 마련하기 위해 1773년 여름 꾸이 년을 공격하여 성(城)을 점령했다. 그해 말 떠이 선 군의 영역은 남으로 자 딘 경계, 북으로는 꽝 남 접경지대까지 확대되었다. 1774년 초 응우옌씨 군대는 남과 북에서 잃은 지역 상당 부분을 되찾았다.

북부의 집권자 찐 섬(Trịnh Sâm 鄭森)은 쯔엉 푹 로안을 축출하고 떠이 선 당(黨)을 평정한다는 명분하에 호앙 응우 푹(Hoàng Ngũ Phúc 黃五福)에게 대군을 이끌고 남부를 정벌하게 했다. 그러나 떠이 선 당 진압은 구실일 뿐, 속셈은 남부의 오랜 적을 무너뜨리는 것이었다. 북부의 대군이 푸 쑤언을 향해 진격하자 응우옌씨 조정은 쯔엉 푹 로안을 넘겨주었지만, 그들은 진격을 계속해 1774년 말 푸 쑤언을 점령하고 다시 하이 번 관을 넘어 꽝 남으로 향했다. 푸 쑤언이 점령되기 직전 응우옌씨 조정은 바다를 이용해 남부의 자 딘으로 피신했고, 이후 떠이 선 시대가 끝날 때까지 자 딘에서 명맥을 유지했다.

떠이 선 당은 이때 찐씨와 응우옌씨 양측으로부터 협공을 당하는 처지에 놓였다. 찐씨가 하이 번 관을 넘어 압박해왔으며, 응우옌씨가 남쪽에서 반격을 가하여 빈 투언을 탈환하고 푸 옌까지 진격해왔다. 상황이 불리해지자 응우옌 반 냑은 군량 공급이 어렵고 지리도 잘 모르는 찐씨 측이 덜 위험하다고 판단하여 일단 복종의 뜻을 전했다. 호앙 응우 푹은 응우옌 반 냑의 뜻을 받아들이고 그를 선봉장으로 삼았다.

그러나 얼마 후 찐씨 병사들 사이에 전염병이 돌아 군사력이 크게 약화되자, 찐씨 군사는 하는 수 없이 푸 쑤언으로 물러났다. 응우옌 반 냑은 이 틈을 타 응우옌씨를 완전히 붕괴시키려 했다. 응우옌 반 냑은 북진하여 꽝 남을 되찾고, 응우옌 반 후에는 남으로 향해 푸 옌을 공격했다. 한편 둘째 동생은 해상 원정군을 이끌고 자 딘으로 가서 사이공을 점령했다. 그러나 두 달 후 응우옌씨의 명장 도 타인 년(Đỗ Thanh Nhân 杜淸仁)이 사이공을 탈환했고 둘째 동생은 꾸이 년으로 도망쳤다.

이후 몇 년 동안 베트남에는 두 정권이 아닌 세 정권이 유지되었다. 찐씨는 푸 쑤언에 조용히 머물러 있었고, 항쟁은 주로 응우옌씨와 떠이 선 당 사이에 벌어졌다.

1777년 봄 응우옌 반 냑은 응우옌 반 르와 응우옌 반 후에를 보내 사이공을 점령하게 했다. 이들은 수륙 양면에서 대군을 이끌고 공격하여 응우옌씨 군사를 격파하고 응우옌 푹 투언을 비롯해 응우옌씨 일족을 거의 다 몰살하고, 일부 병력만 남겨놓은 채 꾸이 년으로 돌아갔다. 이 때 유일하게 살아남은 응우옌씨 가문의 청년 응우옌 푹 아인은 까 마우 의 늪지로 도피했다가 떠이 선 당이 떠났다는 소식을 듣고 군사를 재정비해 1778년 초 사이공을 탈환했다. 그러고는 자신의 권위를 대외적으로 확립하기 위해 타이에 사절을 파견해 우호관계를 맺는 한편, 캄보디아의 왕위계승분쟁에 개입해 자신을 지지하는 사람을 왕위에 앉혔다. 대내적으로는 자신이 직접 지배하는 지역에는 군사조직인 세 개의 영(營)을 설치했으며, 관리를 임명하고 조세제도를 확립했다. 1780년에는 막 티엔 뜨가 후사 없이 사망하자 하 띠엔을 자신의 세력권에 넣었다. 이 당시 18세였던 그는 자신의 정치적 지위를 확실히 하기 위해 응우옌씨의 새로운 지배자를 자임했다. 한편 그 2년 전인 1778년에 응우옌 반 냑은 참파의 옛 도읍 비자야에서 황제를 칭하고, 연호를 타이 득(Thái Đức 泰德, 1778-1793)이라고 했다.

1782년 봄 응우옌 반 냑과 응우옌 반 후에는 100여 척의 전선을 준비하여 사이공 강(sông Sài Gòn)을 거쳐 자 딘 성을 함락했는데, 특히 중국인 상점들을 약탈하고 수천의 중국인을 학살했다. 이는 갈수록 중국인들이 응우옌 푹 아인을 지원했기 때문이다. 야만적인 승리 후에 떠이 선 당은 소수의 병력을 남겨놓고 북으로 돌아갔다. 응우옌 반 냑과 응우옌 반 후에가 도시를 떠났다는 이야기를 듣고 응우옌 푹 아인은 다시 반격을 가해 몇 달 후 사이공을 수복했다. 그러나 이 역시 잠시뿐이었다. 이듬해 응우옌 반 후에와 응우옌 반 르의 군사가 다시 사이공을 공격했다. 대패한 응우옌 푹 아인은 타이 만에 있는 푸 꾸옥 섬(đảo Phú Quốc 富國島)으로 쫓겨나 겨우 명맥을 유지했다.

응우옌 푹 아인은 얼마 후 타이로 가서 타이 왕의 보호를 받고 생활하면서 다음 계획을 세웠다. 마침내 1785년 1월 그는 타이 왕이 원조해준 2만의 병사와 300척의 선박과 함께 캄보디아와 타이 만을 거쳐 베트남 남부의 성들을 공격했다. 응우옌 반 후에는 미 토 부근의 메콩 강을 따라 병사를 매복시켰다가 기습을 가했다. 타이 선박들은 모두 파괴되고 타이 병사들은 천여 명만이 살아남았다. 응우옌 푹 아인은 타이 패잔병들과 함께 방콕으로 퇴각했다.

이보다 조금 앞서 응우옌 푹 아인은 아드란(Adran)의 주교 피에르 피뇨 드 베인(Pierre Pigneau de Béhaine)의 권유에 따라 프랑스 왕 루이 14세의 군사원조를 요청하기로 마음먹었다. 주교는 프랑스와 교섭할 수 있는 전권을 위임받은 후 응우옌 푹 아인의 어린 아들 응우옌 푹 까인(Nguyễn Phúc Cảnh 院福景)을 데리고 프랑스로 떠났다. 이들이 도중에 인도의 퐁디셰리에 도착한 것은 1785년 2월로, 이때는 이미 자 딘 지방이 떠이 선 당의 수중에 완전히 넘어간 상태였다.

남부를 장악하고 응우옌 푹 아인을 타이로 몰아낸 떠이 선 당은 찐씨의 상황이 좋지 않다는 소식에 관심을 북으로 돌렸다. 여기에는 응우옌 흐우 찐(Nguyễn Hữu Chin 阮有整)의 권유가 크게 작용했다. 그는 전에 호앙 응우 푹의 선봉장이 되어 응우옌 반 냑과 함께 남쪽 응우옌씨 정복에 참전한 적도 있었다. 찐씨의 장군들 중 가장 유능한 축에 속했으며 야심도 컸던 그가 떠이 선 당에 투항하게 된 것은, 찐 섬 사후에 호앙 응우 푹의 아들이자 그의 상관이었던 호앙 딘 바오가 동 낀 수비를 맡고 있던 삼부군(三府軍)에게 살해되었기 때문이다.* 그뿐만 아니라 1770년대의 잦은 홍수와 기근으로 많은 농민들이 고향을 떠났기 때문에 찐씨 권력은 크게 약화되어 있었다.

1786년 여름 응우옌 반 냑은 응우옌 반 후에를 불러, 1774년 이래 찐씨 지배하에 있던 푸 쑤언을 점령하고 찐씨와 응우옌씨의 전통적 경계선 이북으로는 진출하지 말도록 지시했다. 응우옌 반 후에는 응우옌 흐우 찐과 함께 푸 쑤언으로 향해 며칠 만에 이를 점령하고 자인 강 지역까지 손에 넣었다.

응우옌 반 후에는 여기서 그치지 않고 응우옌 흐우 찐의 강력한 권유에 따라 북진을 계속하여 찐씨의 지배영역까지도 점령할 생각을 했다. 그는 북진할 때 다른 농민운동들 같이 '복려멸정'(復黎滅鄭)의 명분을 내세웠다. 응우옌 반 후에와 응우옌 흐우 찐은 아무런 저항도 받지 않고 북으로 진격하여 1786년 7월 21일 탕 롱에 입성했다. 이에 앞서 찐 카이는 선 떠이(Sơn Tây)†로 도망쳤다가 주민들에게 붙잡히자 스스로 목숨을 끊었다.

응우옌 반 후에는 탕 롱에 입성한 다음날 레 히엔 똥(Hiển Tông 顯宗, 1740-1786)을 알현하고, 황제에게 복종한다는 뜻으로 호적과 병적을 바쳤다. 이에 대한 답례로 히엔 똥은 응우옌 반 후에에게 작위를 주고, 그를 사위로 삼았다. 연로했던 황제는 며칠 후 사망하고 손자가 제위를 계승하니 그가 레 왕조의 마지막 군주 찌에우 통(Chiêu Thống 昭統, 1787-1788)이다. 응우옌 반 냑은 동생의 승전소식을 듣고 질투심에 급

---

* 일명 '삼부군의 난'이라고 하는 이 정변은 1782년 찐 섬 사후에 넷째아들 찐 깐(Trịnh Cán 鄭 檊)이 호앙 딘 바오의 비호를 받아 권력을 잡자 장자 찐 카이(Trịnh Khải 鄭楷)가 삼부군과 결탁하여 일으켰다. 삼부군은 호앙 딘 바오를 살해하고 찐 카이를 왕으로 추대했다.

† 오늘날의 하노이 외곽지대.

히 탕 롱으로 달려와 새로운 황제를 알현했다. 그는 전권을 황제에게 일임하고 응우옌 반 후에와 함께 남으로 돌아왔다. 탕 롱에 남겨진 응우옌 흐우 찐은 스스로를 보호하는 일이 쉽지 않다고 판단하여 응에 안으로 근거지를 옮겼다.

남으로 돌아온 후 응우옌 반 냑은 새로 확장된 영토를 삼분하여, 응우옌 반 르에게 동 딘 브엉(Đông Định Vương 東定王)의 칭호를 주어 자 딘 지방을 다스리게 하고, 응우옌 반 후에에게는 박 빈 브엉(Bắc Bình Vương 北平王)으로 임명하여 푸 쑤언에서 하이 번 관 이북의 타인 호아와 응에 안을 다스리게 했다. 그 자신은 쭝 으엉 호앙 데(Trung Ương Hoàng Đế 中央皇帝)로 칭하면서 꾸이 년을 도읍으로 하고 꽝 남과 빈 투언 지방을 지배했다. 이에 불만을 품은 응우옌 반 후에는 꾸이 년을 포위 공격하여 형으로부터 하이 번 관 이남의 일부 지방을 할양받았다.

북쪽 레 왕조에서는 찌에우 통 황제가 우유부단하여 권신들에게 휘둘렸다. 이러한 그의 성격을 이용하여 살아남은 찐씨들이 이전의 권력을 다시 잡고 영향력을 행사했다. 이에 두려움을 느낀 찌에우 통 황제는 응에 안에 머무르고 있는 응우옌 흐우 찐에게 비밀리에 조정의 상황을 알렸다. 응우옌 흐우 찐은 자신의 입지를 강화할 수 있는 좋은 기회라고 생각하여 1786년 말 군대를 이끌고 북진하여 이듬해 정월 찐씨를 제거하고 자신이 권력을 장악해버렸다. 응우옌 반 후에는 응우옌 흐우 찐의 권력전횡 소식을 듣고는 돌아오도록 권했으나 거절하자 격분하여 군사를 보내 그를 제거했다. 찌에우 통 황제는 응우옌 반 후에의 힘이 무서워서 궁에서 탈출했다. 그후 이리저리 주유하다 마침내 청나라에 사절을 보내 구원을 요청하려 했으나, 사절이 도중에 돌아오고 말았다.

다른 한편 황태후는 광시 성 변경으로 가서 청에 구원을 요청했다. 양광 총독 손사의(孫士毅)는 레씨를 돕는 것은 청의 의무인 동시에 안남의 고지(故地)도 획득할 수 있는 기회라고 조정에 건의문을 올렸다. 건륭제(乾隆帝, 1736-1795)는 우선은 레 왕조가 자력으로 해결하기를 바라지만, 만약 그렇게 못한다면 군사개입도 불가피하다는 비교적 온건한 의견이었으나, 손사의의 거듭된 요청에 마침내 원정에 동의했다.

1788년 10월 손사의를 총사령관으로 하는 청군이 국경을 넘어 구원하러 온다는 소식을 접한 찌에우 통 황제는 탕 롱으로 돌아왔다. 11월 청군은 탕 롱에 입성하고, 손사의는 황제를 대신하여 찌에우 통을 안남 국왕에 봉했다.

응우옌 반 후에

이 소식을 들은 응우옌 반 후에는, 청나라의 출병동기가 레 황제의 복위는 명분에 불과할 뿐, 실은 베트남의 지배에 있다고 생각했다. 그리하여 그는 베트남의 합법적인 지배자로서 청과 일전을 벌이려고 11월 황제의 자리에 오르고 연호를 꽝 쭝(Quang Trung 光中)으로 정했다. 응우옌 반 후에는 10만의 수륙 양군을 이끌고 북진하여, 때마침 춘절(春節, 설)을 즐기고 있는 청군을 1789년 1월 5일 새벽에 기습 공격했다. 청군은 대혼란에 빠졌고, 손사의는 말을 타고 간신히 북쪽으로 도망쳤다. 이에 앞서 청 조정에서는 "하늘이 레씨를 싫어한다"(天厭黎氏)는 논의가 일어나 레씨를 도울 필요가 없다고 하여 철병을 지시했으나 이미 엎지른 물이었다. 청군의 대패에도 불구하고 건륭제가 베트남 침공을 성공적 대외원정 열 번〔十全〕의 하나로 꼽는 것은 중국황제들이나 지배층이 얼마나 자기중심적인지를 잘 보여준다.

응우옌 반 후에의 청군 격파는 쩐 흥 다오의 대몽항쟁과 더불어 베트남 역사상 가장 위대한 승리의 하나로 꼽히고 있다. 청군이 패하자 찌에우 통 황제와 황후 및 측근들 역시 청나라로 도망쳤다. 중국의 지배를 물리치고 세워진 레 왕조의 마지막 통치자가 자발적으로 청나라의 원조까지 받고 결국에는 패하여 청나라로 도망쳐버렸으니, 역사의 아이러니가 아닐 수 없다.

건륭제는 원정군의 패배 직후 양광 총독에 복강안(福康安)을 임명하여 베트남문제를 평화적으로 해결토록 했다. 응우옌 반 후에도 꾸이 년 부근에 있던 만형과의 대립 및 남부에 있는 응우옌씨 일족과 그들이 끌어들인 타이 군의 위협을 고려하여 청과의 관계를 조속히 해결할 필요가 있었다. 응우옌 반 후에를 도와 협상을 맡은 학자들은 사죄하면서, 청이 꽝 쭝 황제의 권위를 인정해주는 동시에 안남국왕에 책봉해줄 것을 요청하여 확답을 얻었다. 이처럼 협상이 타결된 데에는 1790년 건륭제의 팔순만수축제에 응우옌 반 후에가 친조(親朝)하기로 약속했기 때문이기도 하다. 그러나 그는 속으로 청의 권위를 인정하지 않았기 때문에 탕 롱에서의 책봉식이나 만수축제에는 자신과 용모가 비슷한 조카 팜 꽁 찌(Phạm Công Trị 范公治)를 대신 보냈다. 중국관리들은 응우옌 반 후에가 자기 대신 팜 꽁 찌를 만수축제에 보낸 것을 알았지만, 문제가 커지지 않도록 입을 다물었다.

꽝 쭝은 청과의 관계가 원만히 해결된 다음에도, 베트남의 이익이 된다면 중국의 반감에는 아랑곳하지 않았다. 예컨대, 광시 지방에 있는 반청(反淸) 비밀결사인 천지회(天地會)를 도와주었는데, 이는 고대에는 베트남 땅에 속했던 양광 지방을 재정복하기 위해서였다. 응우옌 반 후에의 이러한 행동은 그가 조타의 남월을 베트남 왕조로 간주했기 때문일 것이다. 그러나 1792년 응우옌 반 후에가 40세의 이른 나이에 죽음으로써 이 꿈은 물거품이 되고 말았다. 물론 그가 더 오래 살았다 하더라도 계획이 이루어졌으리라는 보장은 없지만.

대외관계와는 달리 꽝 쭝은 국내문제에서는 이렇다 할 성과를 보이지 못했다. 그는 푸 쑤언에서 다스려왔으나, 새로운 도읍을 오늘날 응에 안 성의 성도(省都)인 빈(Vinh) 부근에 건설하려다 중단되었다. 이곳은 푸 쑤언과 탕 롱의 중간에 위치한다는 점이 고려되었던 것 같다. 정부기구의 개편이나 행정관행을 고치려는 노력도 별로 하지 않았다. 법과 조세에 관한 것도 찐씨 아래서 담당했던 관리들에게 맡겼다. 또한 꽝 쭝은 조세수입에 대해서도 특별히 관심을 보이지 않았는데, 이는 그의 수군에 편입된 많은 중국인 해적들로부터 계속해서 수입이 들어왔기 때문이다.

꽝 쭝의 이런 미온적인 내정은 적지 않은 부패를 낳았다. 지방관은 부패해서 많은 경우 돈으로 매수되었다. 1789년 당대의 이름난 학자였던 응우옌 티엡(Nguyễn Thiếp 阮浹)은 꽝 쭝에게 보낸 편지에서 응에 안 지방을 예로 들어, 관리들이 증가하면 할수록 농민들은 더 많이 피해를 보며, 권력은 문제가 많고 업무는 일관성이 없다고 했으며, 무관과 문관 모두 감독자가 없는데 이 또한 문제라고 간언했다.

떠이 선 지도층이 적절한 법을 입안할 능력이 부족했던 것도 문제였다. 사법제도의 부재로 관리들의 부패를 통제하기가 어려웠다. 당시에는 성문법이 없었다. 꽝 쭝이 권력을 잡았을 때 새로운 법전이 만들어졌다고 하는데, 공표되지는 않았다. 송사가 생기면 관리들이 쌍방의 말을 듣고 구두로 판결을 내렸다. 이런 상황이었다면 관리가 자의적으로 처리했으리라는 것은 불문가지이다.

그러나 가장 시급한 과제는 농업문제였다. 오랜 전쟁과 정치적 혼란으로 사회경제적 손실이 컸던 만큼, 꽝 쭝은 농업생산을 회복하는 데 우선적인 관심을 보였다. 고향을 떠난 농민들이 자기 마을로 돌아와 황폐해진 농지를 개간하면 세금을 감면해주었다. 토지대장도 새로 작성하고 호적의 수정도 명했다. 상업 부문에서는 중국 접경지대에 있는 까오 방과 랑 선에 일시 중단되었던 변시(邊市)를 다시 열었다. 또한 유럽과의 무역도 장려했다.

이밖에 꽝 쭝 시대의 중요한 변화는 종전에 중시되었던 한문보다 베트남 고유의 쯔놈을 강조한 일이다. 꽝 쭝은 교육과 행정 및 공식문서에 쯔놈을 사용토록 했다. 응우옌 티엡에게는 사서삼경(四書三經)을 쯔놈으로 번역시켰다. 응우옌 티엡은 이에 앞서 꽝 쭝에게 공맹의 사상을 널리 알리기 위해 사서삼경의 번역을 건의한 적이 있었다. 쯔놈 강조는 전통적 지배계층의 한문화(漢文化)에 대한 도전으로, 18세기의 사회적 혼란과 함께 쯔놈 사용이 광범위해진 것과 밀접한 관련이 있었다. 실제로 18세기 농민반란들의 격문은 쯔놈으로 쓰였다.

쯔놈으로 쓰인 문학작품은 주로 인간의 애정과 권선징악을 노래하며, 부패하고 악랄한 권세가나 부자와 가난한 농민을 대비시킨다. 18세기 초 북부의 여류시인 도안 티 디엠(Đoạn Thị Điểm 段氏點)이 당 쩐 꼰(Đặng Trần Côn 鄧陳琨)의 한시『정부음』(征婦吟)을 번역한『정부음곡』(征婦吟曲)은 대표적인 작품으로, 전장에 나가 있는 남편의 무사귀환을 기원하는 아내의 애절한 심정을 노래한 장편시이다. 아울러 이 작품은 전쟁이 끊이지 않던 당시의 사회적 비극을 묘사한 것이기도 하다. '음곡'이란 17세기에 형성된 문학양식으로 쯔놈으로 창작된 장편시를 가리킨다.『정부음곡』과 쌍벽을 이루는 작품으로 응우옌 자 티에우(Nguyễn Gia Thiều 阮嘉韶)의『궁원음곡』(宮怨吟曲)이 있다. 이 작품은 한때 임금의 총애를 받았지만 왕이 싫증을 느끼고 찾아주지 않자 외롭게 된 후궁(後宮)의 처지를 노래한 작품이다. 응우옌 자 티에우는 찐 끄엉(鄭棡)의 외손자이다.

1792년 꽝 쭝이 40세의 나이로 갑자기 세상을 떠났다. 그의 통치는 4년도 채 안되었지만 꽝 쭝은 베트남의 후대 역사가들에 의해 영웅으로 평가되고 있다. 이는 그가 남에서는 타이군을, 그리고 북에서는 청나라 군사를 물리쳤기 때문이다. 꽝 쭝 사후에는 열한 살의 아들 응우옌 꽝 또안(Nguyễn Quang Toản 阮光纘)이 뒤를 이었고, 이듬해에는 형 응우옌 반 냑마저 세상을 떠남으로써 떠이 선 정권의 힘은 급격히 약화되었다. 게다가 나이 어린 응우옌 꽝 또안, 즉 까인 틴 황제(Cảnh Thịnh Đế

景盛帝)를 보필하면서 정사를 돌보게 된 외삼촌 부이 닥 뚜옌(Bùi Đắc Tuyên 裵得宣)이 전횡을 일삼고, 궁중 내부에선 파벌싸움이 벌어지면서 대외문제를 등한시했다. 응우옌 반 냑이 형제들 간에 통치지역을 분할할 때부터 떠이 선 당은 초창기의 혁신적인 성격을 잃어버리기 시작했는데, 이때에 이르면 한낱 권력집단으로 전락하고 말았다.

1799년 청의 가경제(嘉慶帝)가 친정(親政)을 하자 그동안 중국의 해적을 비호해왔던 떠이 선 정권과 청나라의 관계가 급격히 악화되기 시작했다. 당시 문제가 된 것은 1801년 11월 해적 진첨보(陳添保)가 투항하고 진술한 내용 때문이었다. 그는 광둥 성 연해에서 고기잡이를 하며 살았는데, 배가 풍랑을 만나 베트남으로 떠내려갔다가 1783년 떠이 선 반군에 붙잡힌 후 총병(總兵)의 직책을 맡아 찐씨와의 전쟁에 참가하도록 강요받았다고 했다. 청 조정은 진첨보의 증언을 받아들여 응우옌 반 후에의 행위를 패륜으로 규정하고 떠이 선 정권을 더 이상 지지하지 않았다. 남부의 응우옌씨 입장에서 보면, 이것은 쾌재를 부를 일이었다. 청의 군사개입을 두려워하지 않고 떠이 선 정권을 공격할 수 있게 되었으니까 말이다.

응우옌 푹 아인은 1787년 떠이 선 정권의 내부 분쟁을 틈타 타이에서 다시 메콩 강 하류로 돌아와 이런저런 잡다한 집단들을 끌어모아 세력을 확대하여 1790년 초까지는 자 딘 지방 전체를 지배하기에 이르렀다. 이때부터 그는 장기전을 목표로 전략을 세우고, 떠이 선 군에 대한 공세를 재개했다. 다행히 농민들은 떠이 선 정권의 징병과 세금 및 강제노동 등에 염증을 느끼고 있었으며, 여기에 더하여 응우옌 반 후에의 갑작스런 죽음과 뒤이은 떠이 선 당의 내분은 응우옌 푹 아인에게 보이지 않는 힘이 되었다.

이에 앞서 응우옌 푹 아인의 아들을 데리고 프랑스에 간 피뇨 드 베인 주교는 루이 16세를 만나 설득하여 1786년 말 베르사유 조약을 맺게 했다. 이로써 프랑스는 원정군을 보내 응우옌 푹 아인을 도울 수 있게 되었다. 그러나 조약은 곧 프랑스 측에 의해 일방적으로 파기되고 말았다(1788년). 인도 주둔 프랑스군 사령관의 반대와 프랑스 국내에서 혁명의 조짐이 일고 있었기 때문이다. 이에 피뇨 드 베인 주교는 스스로 자금을 마련하여 무기를 구입하는 한편, 의용병을 모집하여 응우옌 푹 아인에게 보냈다. 이들은 전투에서 별달리 중요한 역할을 하지 않았지만, 그 중 몇몇 사람은 요새 건설이라든가 무기제작 및 군사훈련 등에서는 그 나름의 족적을 남겼다.

응우옌 푹 아인은 점차 북으로 진출하여 한때 꾸이 년을 점령했다가 다시 잃기도 했지만, 1801년 6월에는 마침내 조상의 도읍지인 푸 쑤언을 함락시켰다. 그는 북진에 앞서 1802년 5월 푸 쑤언에서 제위에 오르고 연호를 자 롱(Gia Long 嘉隆, 1802-1819)이라 정했으나 황제를 칭하지는 않았다. 자 롱이란 자 딘에서 탕 롱까지란 의미로 베트남 전체를 뜻한다.[*] 이런 뜻의 연호를 정했다는 것은 통일에 대한 강한 의지를 나타내기 위해서였을 것이다. 이듬해 6월에는 북진을 계속하여 한 달 만인 7월 20일에 탕 롱에 입성했다. 이리하여 떠이 선 운동은 시작된 지 30년 만에 종말을 고하고, 오늘날의 베트남과 같은 영토를 포괄하는 사상 최초의 왕조, 즉 응우옌 왕조가 성립되었다.

자 롱 황제

응우옌 푹 아인은 푸 쑤언에서 탕 롱의 떠이 선 정권을 무너뜨리기 위해 청의 도움을 기대하며 광둥에 사절을 파견했다. 사절의 광둥 도착을 보고받은 청 조정은, 응우옌 푹 아인의 공순함을 칭찬하면서 베트남 전토를 통일한 다음 청봉사(請封使)를 보내올 것을 기대한다

---

[*] '龍'자를 쓸 수 없어 발음이 같은 '隆'자로 대체했다.

고 했다.

1802년 마침내 새로운 왕조를 세우자 응우옌 푹 아인은 지체 없이 청에 사절을 보내 자신의 국왕 책봉을 요청하고, 국호는 '남 비엣'(Nam Việt 南越)으로 정하고 싶다는 뜻을 전했다. 청 조정은 책봉은 문제 삼지 않았으나, 국호를 남 비엣으로 하는 것은 절대 불가하다는 입장이었다. 남 비엣이 예전 조타가 세운 남월과 이름이 같은데, 이는 암묵적으로 광둥·광시 두 성을 포함하고 있기 때문이었다. 응우옌 푹 아인은 1804년 1월 다시 사절을 보내 문제를 논의했다. 청 조정은 두 글자를 서로 바꾸어 '비엣 남'(Việt Nam 越南)으로 하면 예전의 남월과도 혼동되지 않으니 좋을 것 같다는 의견을 제시했다. 응우옌 왕조 측에서도 조상 전래의 땅인 비엣 트엉(Việt Thường 越裳)의 '비엣'이 앞에 오고 찐씨가 통치하던 안남의 '남'자가 뒤에 오는 것에 만족하여 청의 제안을 받아들였다. 그리하여 오늘날의 베트남이라는 명칭이 생겨났다.

베트남이란 국호가 승인됨에 따라 응우옌 푹 아인은 국왕에 책봉되었다. 그는 도읍을 오랫동안 베트남 정치의 중심지였던 탕 롱 대신 응우옌씨의 본거지였던 푸 쑤언, 즉 현재의 후에(Huế)로 정했다. 푸 쑤언은 조상 전래의 땅일 뿐 아니라, 더 중요하게는 지리적으로 중앙에 위치하여 중앙집권화에 유리하고 또 탕 롱에 기반을 둔 구세력을 약화시키기에도 적합한 도읍지라고 판단되었던 것이다. 그러나 응우옌 왕조는 남북 어느 쪽도 완전히 통제하지 못했다. 북부는 응우옌씨에 대한 정치적 반감이 여전히 남아 있었고, 남부는 베트남에 편입된 지 얼마 안되어 문화적 이질감을 가지고 있었다. 게다가 행정과 경제의 중심지인 하노이와 사이공은 각각 북으로 거의 650km, 남으로 900km나 떨어져 있었기 때문이다.

자 롱 황제는 이를 인식하고 북에는 11진(鎭)으로 박 타인(Bắc Thành 北城)을, 남에는 5진으로 자 딘 타인(Gia Định Thành 嘉定城)을 구성하고, 총진(總鎭)이라는 고위관리를 두어 통치를 맡겼다. 총진은 진수(鎭守) 위에 있으면서 자기 관할 내에서 군사와 재정 등에 관해 상당히 광범위한 권한을 가졌다. 북과 남의 총진에는 자 롱 황제가 신임하는 두 장군 응우옌 반 타인(Nguyễn Văn Thành 阮文誠)과 레 반 주옛(Lê Văn Duyệt)을 각각 임명했다.

우선 자 롱 황제는 통치기구를 정비하는 데 힘을 기울였다. 그의 방침은 궁극적으로는 황제 권력의 절대화, 강력한 중앙집권화 및 통일된 행정체계를 수립하는 것이었지만, 왕조 초기의 사정을 고려해 급격한 개혁을 단행하지는 않았다.

중앙행정기구는 이부·호부·예부·병부·형부·공부의 육부(六部)를 두고 각 부의 상서(尙書)에게 지휘감독을 맡겼다. 상서는 부의 일을 단독으로 결정할 수 없고, 그를 보좌하는 두 명의 참지(參知) 및 몇 명의 시랑(侍郞)과 협의를 거쳐서 처리했다. 만일 한 사람이라도 의견이 다르면 황제에게 보고하도록 했다. 그리고 육부의 일은 감찰기관인 도찰원(都察院)의 감사를 받았다.

전국은 23진, 4영(營)으로 나누어 진에는 진수, 영에는 유진(留鎭)을 두어 다스리게 했다. 북부와 남부에 대해서는 이미 언급한 바와 같다. 응우옌씨 조상의 기반인 중부지방에는 7진을 설치했으며, 푸 쑤언 부근인 기내(畿內)에는 4영을 두고 조정(朝廷)의 안전을 위해 황제 직할로 했다. 진과 영은 부(府)로, 부는 다시 현(縣)으로 나누어 지부(知府)와 지현(知縣)이 다스리게 했다. 산지 소수민족의 거주지역에는 별도의 주(州)를 두고 산지 주민의 수장에게 어느 정도 자치를 인정했다. 최소 행정단위는 레 왕조 때의 촌락인 사(社)를 리(里)로 변경했으며, 리의 장은 이장(里長)이라고 했다.

응우옌 왕조의 중앙과 지방의 행정제도는 청조의 제도를 많이 모방하고 있는데, 리 같은 새로운 촌락 명칭은 이갑제(里甲制)를 참조한 것

후에 궁궐의 남문인 오문(午門).

이다. 이들 촌락은 실질적으로 자치에 맡겨졌으며, 조정이 간여하지 않았다. "왕의 법은 촌락의 문전에서 멈춘다"는 베트남 속담은 바로 촌락의 자치가 어느 정도였는지를 잘 말해주고 있다. 그러나 이러한 자치란 어디까지나 중앙의 권위를 인정하고 중앙에 복종하는 한에서만 가능했다. 결국 중앙의 권위는 절대적이어서 그에 대한 도전은 결코 용납하지 않았다.

자 롱 황제는 대규모 토목사업도 일으켰는데, 이는 바로 왕조의 권위를 높이고 중앙의 권력을 강화하기 위한 수단이었다. 베이징의 자금성을 모방해 지은 후에 궁정을 비롯하여 각지에 쌓은 성채는 농민 위에 군림하는 군주의 상징이었으며, 동시에 반란을 진압하기 위한 군사 요새였다. 중국과의 접경지역에 있는 랑 선에서 남쪽의 자 딘까지 약 2,000km에 달하는 간선도로, 이른바 관로(官路)의 건설은 북부와 남부를 중앙의 후에 조정에 결속시키기 위해서였다. 그 밖에도 군사적 목적과 농업의 장려를 위해 많은 도로와 교량 그리고 제방이 건설되었다.

황제권력의 강화와 중앙집권화는 법전편찬에서도 엿볼 수 있다. 자롱 황제는 레 왕조 시대의 법률 규정 같은 것은 이미 시대에 맞지 않으며, 떠이 선 당의 반란 또한 상하의 질서체계가 무너졌기 때문에 일어났다고 생각했다. 그리하여 응우옌 반 타인(阮文誠) 등에 명하여 새로운 법전을 편찬케 하고, 1815년 『황월율례』(皇越律例)라는 이름으로 반포했다. 응우옌 반 타인은 단순한 무인이 아니라 문무를 겸비한 인물로, 모친상을 당해 총진 자리를 그만둔 후 자 롱 황제에게 여러 가지 건의를 했고, 황제는 이를 받아들였다. 『황월율례』는 이전 왕조의 관습을 일체 배제하고, 청조의 『대청율례』(大淸律例)를 거의 그대로 모방하고 있다. 이 법은 본질적으로 30년간의 전쟁이 끝난 뒤 새로운 질서를 확립하는 데 필요한 수단이었다. 따라서 군주와 가장에게 강력한 권한을 부여하고, 이전 시대의 법에 반영되어 있던 베트남 고유의 관습들은 전혀 고려하지 않았다. 물론 현실에서 이 새로운 법이 얼마나 효력이 있었는가는 별개의 문제이다.

응우옌 반 타인은 또한 유학자들을 고위직에 임명하도록 건의했다. 자 롱 황제 역시 치세 초기부터 당시의 유학자 대부분이 북부출신임을 감안하여 새로운 조정에 참여해줄 것을 권했는데, 박 타인(北城) 지역에서는 원하던 원하지 않던 간에 황제의 권고를 받아들였다. 그러나 후에(Hué)의 중앙관직은 주로 전공(戰功)을 세운 남북분열시대의 남부출신들이 차지하고 있었다. 이들 대다수는 유교교육을 받지 못했거나, 받았다고 하더라도 초보적인 수준이었다. 자 롱 황제는 고전교육을 충실히 받은 북부출신들과 교육수준은 낮아도 자기에게 충성스런 남부출신들 사이의 보이지 않는 갈등을 알면서도 적극적으로 이를 해결하려고 하지는 않았다. 그 대신 교육을 장려하고 어디서든지 유능한 인물을 보면 등용했으며, 과거시험은 향시(鄕試)만 실시했다. 그럼에도 유능한 북부의 인재들을 고위직으로 승진시키는 데는 인색했다.

자 롱 황제가 과거시험에 별로 관심을 보이지 않은 것은 북부에서 정권을 잡았던 레 러이나 찐씨의 정책과 비교할 때 상당히 대조적이다. 이는 북에서는 과거시험이 출세의 관문이었던 데 반해, 남에서는 북에서처럼 교육이 그다지 중요하지 않았기 때문이다. 아마도 또 다른 이유는 과거시험을 볼 경우 남부출신이 북부출신에게 실력 면에서 크게 뒤떨어져 있으므로, 오히려 갈등만 키울 것으로 생각했을 가능성도 없지 않다.

자 롱 황제는 왕조의 경제적 기초를 확립하기 위해 1803년 공전토(公田土)의 매매금지, 1804년 균급공전공토례(均給公田公土例), 1810년 은루전토경징례(隱漏田土耕徵例, 토지를 은닉하여 소유하는 것을 금지한 법령) 등 공전에 관한 일련의 법령을 공포했으며, 종래 6년에 한 번씩 하던 공전의 분배를 3년에 한 번씩으로 바꾸었다. 그리고 호적과 토지대장을 개정하기 위해 1804년 정호객호례(正戶客戶例)를 제정하여 호구수의 정확한 파악에 노력했다. 자 롱 황제가 1803년 새로 제정한 세법에 의하면, 국가의 주요 수입은 전부(田賦, 토지세)와 정부(丁賦, 인두세)였다.

자 롱 황제의 치세는 걸출한 시인들의 활약이 돋보였던 시대로도 유명하다. 그 중에서도 18세기 말에서 19세기 초에 이르는 역사적 대격변을 온몸으로 체험한 문신(文臣) 관료이자 작가인 응우옌 주(Nguyễn Du 阮攸, 1765-1820)가 단연 독보적이다. 떠이 선 시대에 진일보한 쯔놈 문학을 기반으로 응우옌 주는 베트남 문학사상 최고 걸작으로 꼽히는 『낌 번 끼에우』(Kim Vân Kiều 金雲翹), 일명 『쭈옌 끼에우』(Truyện Kiều 翹傳)를 완성했다. 『낌 번 끼에우』는 응우옌 주가 1814년 청나라에 사신으로 갔다가 돌아오는 길에 구해온, 청나라 사람 청심재인(靑心才人)의 통속소설 『금운교전』(金雲翹傳)을 운문으로 번역한 작품으로 원제목은 『단장신성』(斷腸新聲)이었다. '낌 번 끼에우'라는 제목은 작중인물 세 사람, 낌 쭝(Kim Trùng 金重)·브엉 투이 번(Vương Thúy Vân 王翠雲)·

브엉 투이 끼에우(Vương Thúy Kiều 王翠翹)에서 한 자씩 따온 것이다. 『낌 번 끼에우』는 주인공 브엉 투이 끼에우의 기구한 인생역정을 그린 것으로 그 밑바닥에는 불교적 체념관이 흐르고 있다. 20세기 전반의 유명한 지식인 팜 꾸인(Phạm Quỳnh 范瓊, 1892-1945)은 "『낌 번 끼에우』가 존재하는 한 베트남어는 존재하고, 베트남어가 있는 한 베트남은 영원히 존재할 것이다"라고 『낌 번 끼에우』를 극찬했다.

또 다른 시인으로는 호 쑤언 흐엉(Hồ Xuân Hương 胡春香, 1772-1822)이 있다. 호 쑤언 흐엉은 베트남문학사에서 여성작가로서, 여성의 목소리로, 여성의 심정을 시로 담아낸 최초의 시인이다. 그리고 '쯔놈시의 여왕'이라는 칭송도 들을 만큼 베트남 민족어문학의 높은 수준을 보여준 작가이기도 하다. 그녀는 작품 속 여성화자의 입을 통해 남성의 선택에 내맡겨진 운명을 체념하고 받아들일 수밖에 없었다고 말한다. 즉 여성은 남성의 욕망을 채워주는 존재일 뿐이라는 것이다. 그래서 유교적 전통과 식자층을 비꼬고, 여성에 대한 전통적 제약을 비판한다. 시집 『유향기』(琉香記)는 여러 남성과 주고받은 한시와 당률쯔놈시를 모은 책이다.

대외적으로 자 롱 황제도 대대로 추구해온 남방팽창정책을 추구했다. 지난날 캄보디아는 베트남에서 찐씨와 응우옌씨가 대립하고 있던 시기에 남쪽 응우옌씨에게 예속되어 있었다. 그러나 18세기 말 베트남이 내란으로 혼란스러울 때 방콕 왕조의 세력이 커지면서 그 쪽으로 기울었다.

1802년 응우옌 왕조가 성립되고 베트남이 안정되자, 당시 캄보디아 왕 앙 찬(Ang Chan)은 자 롱 황제에게 사절을 보내 베트남의 종주권을 인정하고 베트남과 타이 두 세력 사이에서 균형을 유지하려 했다. 타이는 앙 찬의 태도에 불만을 품고 앙 찬의 동생을 사주하여 반란을 일으킨 다음 이를 핑계로 군사를 주둔시켰다. 앙 찬은 자 딘으로 도피하여 원조를 요청했다. 자 롱 황제는 1811년 당시 자 딘 성 총진이던 레 반 주옛에게 그를 호위하여 캄보디아에 가서 다시 왕위에 앉히게 했다. 1812년 타이군은 마지못해 철수하고 베트남측은 정변의 재발을 막기 위해 프놈펜에 수비군을 남겨두었다. 이리하여 캄보디아는 다시 베트남의 세력권 안으로 들어왔다.

자 롱 황제는 메콩 강 하류의 미개간지역에 크메르인, 참족, 중국인의 이주를 장려하는 한편 베트남인이 그들을 핍박하지 않도록 관리들에게 지시했다. 과연 황제의 명령이 하부에까지 잘 전달되었는지는 의문이지만, 한 가지만큼은 확실하다. 자 롱 황제는 외국인이 자기에게 순종하고 타인에게 해를 끼치지 않는 한 그들의 생활양식을 존중하고 동화(同化)를 강요하지 않았다는 것이다.

창업 군주로서 자 롱 황제는 18년간 왕조의 기틀을 다지는 데 전력을 기울였다. 그러나 그의 치세 동안 북부는 그다지 평온하지 않았다. 북부 지식인들이 자 롱의 권고를 받아들이기는 했어도 후에 조정에 대해 소극적인 태도를 보이는 가운데, 응에 안과 타인 호아 등지에서 농민들의 소요가 발생하곤 했다.

자 롱 황제는 황태자 까인(景)이 죽은 후, 까인의 장자와 본인의 넷째 아들 중에 누구를 후계로 정할지를 놓고 한동안 고민한 적이 있었다. 황제는 장손이 아직 어리고 넷째아들은 이미 성년이어서 후자 쪽으로 마음이 기울었다. 그래서 그는 장손을 지지하는 자들은 흑심을 품고 있는 게 아닐까 의심했다. 응우옌 반 타인(阮文誠) 부자가 장손을 지지하고 더욱이 북부 쪽으로 기운다는 소문에 평소 북부에 촉각을 곤두세우고 있었던 자 롱 황제는 이들을 잡아들여 처형하고 넷째아들을 후계자로 삼았다.

민 망 황제

자 롱 황제가 1819년 세상을 떠나고, 예정대로 넷째아들이 뒤를 이었다. 그가 민 망 황제(明命帝, 1820-1840)이다. 민 망 황제는 나라를 어떻게 통치해야 할 것인가에 대한 명확한 생각을 가진 지적이면서도 활력 넘치는 위정자였다. 다만 사실 여부를 떠나 제위의 경쟁자였던 조카와 그 생모 즉 형수를 근친상간으로 몰아, 조카는 서인(庶人)으로 강등하고 형수를 사형시킨 일은 오점으로 남았다.

민 망 황제는 제위에 오르자 선황(先皇)이 마련한 제도에 수정을 가해 이를 한층 더 강력한 중앙집권체제로 전환시켰다. 이때에 이르면 자 롱 황제 때의 불안도 차츰 가시고 왕조의 기반도 어느 정도 탄탄해져서 황제 독재의 중앙집권체제를 구축하는 데 큰 문제는 없었다.

그는 우선 중앙의 육부 위에 내각을 설치했으며, 1834년에는 다시 그 위에 기밀원(機密院)을 두어 정치와 군사에 관한 주요 사안들의 심의를 맡겼다. 지방제도도 개편하여 지방에 대한 통제를 강화했다. 종래 통킹과 자 딘에 두었던 총진을 폐지하고 전국의 진(鎭)과 영(營)을 모두 성(tinh 省)으로 통일했으며, 규모가 큰 성에는 총독, 작은 성에는 순무(巡撫)를 두어 다스리게 했다. 총독은 순무를 감독할 의무가 있었으며, 총독과 순무 밑에는 포정(布政), 안찰(按察), 영병(領兵)을 두어 각각 업무를 분담시켰다. 이러한 개편은 청의 제도를 그대로 모방한 것이다. 이에 앞서 1831년에는 탕 롱에 '롱' 즉 '龍'자가 있는 것이 바람직하지 않다고 생각해 탕 롱을 '하노이(Hà Nội 河內)로 개칭했다.

민 망 황제는 총진 폐지에서 알 수 있듯이 무인을 멀리했고, 반면에 유학 보급에는 레 왕조의 타인 똥(聖宗)에 비견될 만큼 열심이었다. 뿐만 아니라 민 망 황제 자신이 유학에 조예가 깊어서 유교이념에 충실한 『명명정요』(明命政要)라는 책을 쓰기도 했다. 『청회전』(淸會典)을 보면 그가 신하들에게 조정 내 관리들의 의관(衣冠)이 만이의 풍습을 따르고

있어 옛사람들의 복식과 다르니 이런 경망스러운 일이 없도록 하라고
지시한 것을 보아도 이 책의 주요 내용이 무엇인지를 짐작케 한다.

그러면서도 민 망 황제는 청나라의 정세에 깊은 관심을 갖고 청나라
에 가는 사절들에게 중국에서 보고들은 것을 『사정일기』(使程日記)에
상세히 기록하도록 했다. 1840년 4월 민 망 황제는 아편전쟁을 전망하
면서, 만약 영국이 다시 공격해온다면 청나라는 영국을 저지할 수 없어
임칙서(林則徐)에게 죄를 묻고, 영국에 항복할 것이 틀림없다고 했다.
민 망 황제의 예측은 정확하여, 임칙서는 해임되고 후임자가 임명되었
다. 이러한 예측이 가능했던 것은 여청사가 쓴 『사정일기』라든가 그 밖
의 정보가 축적되어 있었기 때문일 것이다. 선황 자 롱 황제도 청나라에
갔던 사절이 귀국하면 곧바로 청나라 사정을 상세하게 물었다고 한다.
이 같은 황제들의 관심은 청나라의 정치적·사회적 변동에 베트남이 얼
마나 민감했는가를 잘 말해준다.

민 망 황제는 자 롱 황제와 달리 과거제도의 완비에도 힘을 기울였다.
1822년 처음 회시를 실시한 이후 3년마다 시험을 보아 관리를 선발했
는데, 때로는 민 망 황제가 직접 출제하기도 했다. 그러나 관료집단의
지나친 비대화를 우려했는지 선발인원은 15-16세기에 비해 적었다.
1822년부터 1850년까지 13번 시행된 회시에서 진사급제자는 124명으
로 한 번에 10명 정도였다. 처음에는 북부 출신이 압도적으로 많았으
며, 1830년대에 이르러 중부출신도 보이기 시작했다. 그러나 남부출신
은 극히 드물었다. 이는 민 망 황제가 자 롱 황제보다 북부출신을 선호
했다는 의미이기도 하다. 물론 이런 현상은 민 망 황제가 유학을 존중한
것과 관련이 있을 것이다.

민 망 황제는 유학을 존중하면서도 중국에 대해 누구 못지않게 대등
한 태도를 취했다. 그뿐만 아니라 시문에도 자부심을 가졌으며, 건륭제
의 시를 논평하기도 했다. 사실 조공체제 하에서 조공국의 왕이 종주국

민 망 황제

황제의 시에 대해 이러쿵저러쿵 비평한다는 것은 상상도 하기 어려운 일이었다. 그럼에도 그는 1835년에 신하들과 시를 논하는 중에, 건륭제가 지은 시는 아주 많지만 하나같이 정경(情景)을 그대로 묘사하고 있을 뿐 시어(詩語)가 제대로 다듬어지지 않았다고 비평했다. 그는 또한 비엣 남(越南)이란 이름이 청의 승인을 받아서 그랬는지 모르지만, 1838년에는 국호를 '다이 남'(Đai Nam 大南)이라 하고 이듬해부터 국내와 중국을 제외한 다른 나라들과의 관계에서 사용하기로 했다. 다이 남의 '다이'는 대청(大淸)의 '대', '남'은 응우옌 짜이가 지은 「평오대고」에서 말한 '남북의 풍속'에서의 '남'과 같은 의미로, 중국과 대등하다는 의미를 담고 있다.

청나라와의 관계에서는 대등성을 강조했다면, 역설적이게도 다른 인접국인 캄보디아와 라오스에 대해서는 침략적인 팽창정책을 구사했다. 민 망 황제는 중화사상에 기초하여 주변 민족들을 이적시하고 응우옌 왕조를 종주국으로 생각했다. 중화질서에 비유하여 말한다면 '대남제국질서'인 셈이다.

타이군(軍)은 자 롱 황제 때 베트남군에 밀려 캄보디아에서 일단 물러났으나 1831년 다시 캄보디아에 침입해왔다. 캄보디아군은 크게 패하고, 캄보디아 왕 앙 찬은 빈 롱(Vĩnh Long)으로 피신했다. 타이의 세력이 커지자 민 망 황제는 1834년 1만 5,000명의 군사를 보내 타이군을 몰아내고 앙 찬을 복위시켰다. 민 망 황제는 캄보디아인을 야만인이라고 생각하여 이들의 베트남화에 노력했는데, 일례로 짧은 치마 대신 바지를 입게 하고, 머리를 짧게 자르지 말고 길게 기르도록 했다. 더군다나 1834년 캄보디아 왕 앙 찬이 아들 없이 딸들만 남기고 죽자, 1835년 초 첫째 공주는 타이에 우호적이라고 생각하여 둘째 공주를 왕위에 앉혔다. 동시에 캄보디아를 쩐 떠이 성(thành Trấn Tây 鎭西城)으로 하고 그 아래 베트남식 행정제도를 도입했다. 이후 관리의 임명, 봉급 및 군사문제 등 모든 권한을 베트남인이 장악했다.

베트남식 제도는 캄보디아인들에게 이질적인 것이었다. 그래서 응우옌 왕조에 대한 거센 반발이 일어났고, 캄보디아 내의 많은 베트남인이 학살되었다. 그리고 앙 찬의 동생 앙 두옹(Ang Duong)을 중심으로 독립운동이 일어났고, 1840년대 중반에 이르면 베트남은 타이를 이기고 캄보디아를 지배할 수 있다는 자신감을 완전히 잃었다. 결국 티에우 찌 황제(Thiệu Trị 紹治帝)는 1847년에 철수 칙령을 내림으로써 베트남은 캄보디아에서 물러났다. 이후 베트남의 영토확장은 더 이상 없었다. 정확히 말하면 오늘날 안 장 성(tỉnh An Giang 安江省)의 쩌우 독(Châu Đốc)에서 멈추었다.

이처럼 캄보디아는 1811년부터 응우옌 왕조의 군사가 물러날 때까지 공간적으로는 타이와 베트남이 충돌하는 전장이었고, 시간적으로는 폭력과 불안의 시대였다. 베트남이 물러간 다음에는 비록 베트남보다는 덜했지만 타이의 압력을 받았다. 그래서 19세기의 첫 60년은 1970년대 이전 캄보디아 역사의 암흑시대 중에서도 '가장 어두운 부분'이라고 표현되기도 했다. 이 시기 베트남인은 캄보디아에게는 확실히 '악당'이었고, 캄보디아는 이때부터 베트남에 많은 적대감을 갖게 되었다고 말할 수 있다.

한편 오늘날 라오스 중심부에 위치했던 비엔티안(Vientiane) 왕국은 18세기 말 타이의 영향권에 있었으나, 그 왕은 자 롱 황제가 떠이 선 당과 싸울 때 군사원조를 했으며, 통일이 완성되자 축하사절까지 보냈다. 그 왕의 뒤를 이은 동생 차오 아누(Chao Anu)*는 유능한 인물이었으나, 왕국을 멸망의 길로 이끌었다. 그는 타이의 예속에서 벗어나려고 1827년 경솔하게 반기를 들었다가 대패를 당해 응에 안 변경으로 도피한 후 민 망 황제에게 도움을 요청했다.

민 망 황제는 차오 아누의 요청을 받아들였고, 덕분에 차오 아누는 민 망 황제가 제공한 호위군과 함께 비엔티안으로 돌아갈 수 있었다. 그러나 차오 아누는 또 다시 타이의 압력을 받고 쩐 닌(Trần Ninh 鎭寧, 오늘날 라오스 북동부의 시앙쿠앙〔Xiangkhouang〕)으로 달아났다가 쩐 닌 왕 차오 노이(Chao Noi)에 의해 타이에 인도되었다. 이 일로 차오 노이는 민 망 황제의 분노를 샀다. 결국 차오 노이는 후에로 붙잡혀 와서 공개 처형되고, 그 왕국은 베트남에 병합되었다. 루앙프라방(Luang Prabang) 왕국은 베트남과 소원한 관계였으나 비엔티안 왕국의 멸망을 보고, 타이에 대항할 만한 군사력이 필요함을 깨달았다. 그래서 응우옌 왕조에 사절을 파견하여 조공을 바쳤다.

민 망 황제의 제반 정책은 대내적으로 황제의 권력을 강화하고 대외적으로는 응우옌 왕조의 권위를 높였지만, 사회 각층의 불만을 사서 반란이 빈번히 발생했다. 지방의 관리나 호족은 자신들의 권한이 축소되는 것에 불안해했다. 농민들은 군사시설에 동원되든가 아니면 병사로 징집되어 전쟁에 나가야 했기 때문에 편안한 날이 거의 없었다. 떠이 선 시대의 전쟁에 염증을 느끼던 사람들은 응우옌 왕조의 성립으로 평화를 기대했던 만큼 실망도 컸다. 그리고 조정이 농민들에게 나누어주는 공전(公田)은 생계유지에 못 미쳤다. 그럼에도 불구하고 민 망 황제는 전면적인 농업개혁이나 세제개혁을 하지 않고 각 지역의 변화에 따라 적

---

* 아누웡(Anuvong) 또는 차오 아우웡(Chao Anuvong)이라고도 한다.

당히 대응하는 식이었다. 이런 상황에서 농민반란이 일어나는 것은 당연했다.

최초의 반란은 민 망 황제가 즉위한 이듬해 홍 강 델타 남부의 남 딘 (Nam Định)과 타이 빈(Thái Bình) 등지를 중심으로 일어났다. 이 지역은 인구가 조밀하고 홍 강의 범람으로 늘 생명의 위협을 받고 있었으며, 또한 레 왕조의 자취도 가장 많이 남아 있는 곳이었다. 타이 빈 지방의 빈농 출신인 판 바 바인(Phan Bá Vành 潘伯鑅)은 농민과 지주 등을 이끌고 민 망 치하에서 최대 규모의 농민반란을 일으켰다. 세력이 최고조에 달했을 때는 추종자가 5천에 달했고, 그 영향력이 하이 퐁 지역에까지 미쳤다고 한다. 응우옌 왕조는 응에 안과 타인 호아 등지에서 군사를 모집해 반란 발생 6년 만인 1827년에야 반란군을 진압할 수 있었다.

1833년 봄에는 레 왕실의 후예라고 주장하는 레 주이 르엉(Lê Duy Lương 黎維良)이 호아 빈 성(tỉnh Hòa Bình) 산간지대에서 왕을 선언했다. 타인 호아와 응에 안의 주민들이 가담하고 므엉족의 지지도 받아 한때는 하노이 서부 지방을 상당 부분 석권할 정도였다. 그러나 여름까지는 거의 진압이 되고, 레 주이 르엉은 붙잡혀 처형되었다. 이 사건을 계기로 민 망 황제는 살아남은 타인 호아의 레씨 가족들을 후에 남부의 각성으로 강제 이주시켰다.

레 주이 르엉의 반란이 채 평정되기 전에 남부의 자 딘 성에서는 환관 레 반 주옛의 양자인 레 반 코이(Lê Văn Khôi)가 후에 조정에 반기를 들었다. 그는 레 주이 르엉으로부터 후에 조정에 반기를 들라는 연락을 받았던 것이다. 한편 레 반 주옛은 자 딘 성 총진으로 임명된 후 타이·캄보디아·유럽과의 관계를 돈독히 했다. 그리고 자 롱 황제를 도와준 프랑스인들에 대한 고마움에서 가톨릭에도 호의적이었다. 더욱이 북부 출신의 범법자들을 자신의 군사조직에 편입시켜 보호했는데, 이런 모든 행동을 민 망 황제는 도저히 묵과할 수 없었다. 그 결과 레 반 주옛 사후에

민 망 황제는 그의 묘를 파헤치고 관직을 박탈했으며, 레 반 코이를 투옥시켰다.

레 반 코이는 본래 북방의 산지 소수민족 출신으로 남으로 내려와 레 반 주옛의 병사가 되었다가 전공을 세우고 그의 양자까지 되었다. 그는 민심의 동향을 잘 파악했는지, 민 망 황제의 중앙집권화에 반대하면서 가난한 농민의 보호를 외침으로써 많은 추종자를 모을 수 있었다. 이들 중 상당수는 이전 레 반 주옛의 부하였던 베트남인들을 비롯해서 중국인과 가톨릭 교도 및 소수민족들이었다.

레 반 코이가 1833년 5월 감옥을 탈출하여 평남대원수(平南大元帥)라 스스로 칭하고 민 망 황제의 폐위를 선언하면서 시작된 반란은 이후 2년 넘게 지속되었다. 반란군은 타이군까지 끌어들이고, 정작 자기들은 사이공과 비엔 호아를 점령했다. 베트남 관군은 곧 사이공을 포위하고, 레 반 코이는 저항하던 중 1834년 초 갑자기 병사했다. 반란군은 1년 반을 더 버텼지만, 1835년 가을 마침내 사이공이 함락되었다. 반군과 그 가족들을 포함해 2천여 명이 모두 한 곳에서 학살을 당했다. 프랑스인 신부 조제프 마르샹(Joseph Marchand)을 포함한 6명의 가톨릭 교도와 레 반 코이의 아들 한 명은 후에로 압송되어 공개 처형되었다. 마르샹 신부는 반군에 가담했지만, 자발적이 아니라 우연히 연루되었다고 한다.

레 반 코이의 고향 까오 방에는 그의 가솔과 친척들이 있었는데, 이들도 붙잡혀 죽임을 당했다. 그러자 북부 까오 방 지역 수장이며 레 반 코이의 큰처남인 능 반 번(Nùng Văn Vân 儂文雲)이 난을 일으켜 수천에 달하는 군사와 함께 홍 강 상류지역의 하 장(Hà Giang), 뚜엔 꽝(Tuyên Quang), 타이 응우엔(Thái Nghuên), 박 깐(Bắc Kạn)에서 청나라 접경지대에 이르는 지역을 2년 넘게 지배했다. 그는 이전의 다른 산림지대 수장들처럼 평야지대에 사는 베트남인들의 지배로부터 벗어나 독자적인 나라를 건설하려 했다. 눙 반 번은 3년 가까이 저항하다 관군에 쫓기는 신세가 되자 청나라에 망명을 요청했으나 거절당했다. 결국 1835년 봄 숲속에서 관군의 화공(火攻)에 타죽었다.

민 망 황제는 반란진압 후 유학교육을 통해 문화적으로 남부를 중앙조정에 통합시키려 했다. 그 일환으로 남부에 부학(府學)과 현학(縣學)을 증설하고, 독학(督學)·교수(敎授)·훈도(訓導)를 두었다. 아울러 남부의 민족집단들, 예컨대 크메르인을 베트남 문화에 동화시키려 했고, 중국인에 대해서는 조심스럽게 그들의 공동체를 해체시키려 했는데, 이렇다 할 성과를 거두지는 못했던 것 같다. 그 밖에도 남부로 이주한 이주민들이 정착할 때 개척한 토지의 사유화를 인정해줌으로써 개척을 장려했다.

결론적으로 말하면, 토지개간 외에 민 망 황제의 문화적 동화정책은 별다른 효과가 없었다고 할 수 있다. 과거시험은 1856년이 마지막이었다. 이후 프랑스 해군이 남부를 점령해버렸기 때문이다. 그러나 그 이전에도 남부사람들이 과거시험을 보기 위한 교육에 관심을 가졌다는 증거는 없다. 그들은 수년이 걸리는 교육보다 넓은 땅과 시장 및 전통적인 전사의 역할에 더 관심을 가졌다.

민 망 황제의 후계자는 티에우 찌 황제(Thiệu Trị 紹治帝, 1841-1847)로 그의 치세는 7년으로 짧았다. 그는 지적인 인물이었지만, 어려서부터 유학교육을 철저히 받아 중국 외의 외세에 대해서는 의구심을 갖고 선황의 고립주의를 고수했다. 그 당시 유럽 국가들이 대외팽창정책을 강화하면서 베트남의 문을 두드렸음에도 불구하고 그의 정책에는 변함이 없었다.

티에우 찌 황제와 관련하여 한 가지 언급되어야 할 것은 후계자문제이다. 그에게는 이복형제인 두 아들 홍 바오(Hồng Bảo 洪保)와 홍 넘(Hồng Nhậm 洪任)이 있었다. 티에우 찌 황제는 장자 홍 바오를 후계자로 정했다. 홍 넘은 어려서 천연두를 앓으면서 성불구가 되었고, 성격도 소심했다. 그런데 당시 조정에서 영향력이 컸던 중신(重臣) 쯔엉 당 께 (Trương Đăng Quế 張登桂)는 홍 넘이 후계자가 되어야 자기가 권력을 장악하기 쉽겠다는 생각에서, 심복을 시켜 황제의 유언을 변조하여 후계자를 홍 넘으로 바꾸었다고 한다.

뜨 득 황제

홍 넘, 즉 뜨 득 황제(Tự Đức 嗣德帝, 1848-1883)는 민망 황제의 제도를 그대로 따르고 별다른 개혁을 하지 않았다. 그의 최대 업적이라면 자 롱 황제 이래 칙명에 의해 시작된 대규모 편찬사업들을 완성한 것이다. 중국 역대 왕조의 실록을 모방한 응우옌 왕조의 실록인 『대남식록』(大南寔錄), 응우옌 왕조의 인물평전인 『대남열전』(大南列傳), 베트남역사의 기원으로부터 레 왕조 말까지의 편년체 역사서인 『흠정월사통감강목』(欽定越史通鑑綱目), 베트남 전국의 지리와 풍물을 기록한 『대남일통지』(大南一統志) 등이 속속 간행되었다.

뜨 득 황제의 즉위 첫 10년 동안 반란이 전국 각지, 특히 북부에서 빈번히 일어났다. 더욱이 궁중 내부에서까지 정변이 일어남으로써 왕조의 운명에 중대한 위협이 되었다. 제위에서 밀려난 후 감시하에 있던 홍 바오가 1851년 1월 신년축하행사 때 어수선한 틈을 타 싱가포르로 망명하려다 실패했다. 사면된 후 홍 바오는 제위를 되찾으려고 몇 번이나 시도했고, 1853년에는 무리를 모아 거사를 도모하려다 발각되어 실패하고 말았다. 이때 그는 가톨릭 교도들에게 신앙의 자유를 약속해준다는 조건으로 그들의 지원을 요청했다.

1866년에는 다시 관리들이 뜨 득 황제를 암살하려는 사건이 일어났다. 자연재해로 인한 잦은 기근 때문에 경제적 어려움을 겪고 있는데도, 뜨 득 황제가 막대한 비용을 들여가며 자신의 능을 건설하는 데 불만을 품은 자들이 암살을 기도했던 것이다.

뜨 득 시대 최대의 반란은 1854년 레 왕조의 후예라고 하는 레 주이 끄(Lê Duy Cừ 黎維柜)와 시인 까오 바 꽛(Cao Bá Quát 高伯适)의 주도로 일어났다. 두 사람은 하노이 서북의 선 떠이 지방이 황재(蝗災)를 입어 농민들이 굶주리자 이를 이용하여 반란을 일으켰다. 이들이 황재를 기화로 반란을 일으켰다고 해서 그 반란의 무리를 황적(蝗賊)이라고 불렀다. 까오 바 꽛은 5개월 만에 총에 맞아 죽고, 레 주이 끄는 1855년 여름에 체포되었다. 이후에는 그 세력이 많이 약해져서 명맥만 이어가는 수준이었다.

까오 바 꽛은 당대의 유명한 유학자이자 시인이었지만 동남아시아를 여행하면서 서양문물의 우수성을 깨닫게 되었다. 그래서 전통적인 중국 중심의 사고에 사로잡혀 있던 당시의 유학자들과는 많이 달랐다. 결국 그가 반란에 적극 참여한 것은 기성체제에 대한 반발이었다.

뜨 득 황제 때에는 농민반란과는 또 다른 성격의 사회적 동요가 발생하여 응우옌 왕조의 쇠락에 일조했다. 1856년 타이 응우옌 지방에서는 청조에 반기를 든 태평천국운동에 자극을 받은 중국인 후손들이 소요를 일으켜 전지역을 황폐화시킨 사건이 있었다. 이어 1858년에는 중국인 해적들이 꽝 옌(Quảng Yên)의 해안지대를 침범하는가 하면, 남부의 하 띠엔과 안 장(An Giang) 등지에서는 크메르와 말레이계 해적들의 노략질이 끊이지 않았다.

1861년에는 북부에서 레 주이 풍(Lê Duy Phụng 黎維奉)이 레 황실의 후예라고 주장하면서 꽝 옌에서 반란을 일으켰다. 그의 본명은 따 반 풍(Tạ Văn Phụng 謝文奉)으로 페낭의 가톨릭학교에서 공부를 하고 1859년에는 잠시 프랑스군 사령관의 통역을 맡기도 했다. 그후 북으로 가서 성을 '레'로 바꾸었다. 그는 가톨릭 교도와 결탁하고 또 각지의 토비들을 끌어들여 한때 북부에서 제법 광범위하게 영향을 미쳤다.

이상의 모든 사건들은 비록 응우옌 왕조의 운명에 결정적 타격을 주지는 않았지만, 적어도 왕조의 쇠락을 재촉하여 외세의 간섭을 용이하게 한 것만은 사실이다. 이리하여 응우옌 왕조는 마침내 근대식 무기로 무장하고 제국주의적인 팽창을 추구하는 프랑스에 굴복하게 된다.

11장 프랑스의 베트남 점령

유럽인의 도래

1498년 바스코 다 가마가 인도항로를 발견한 후 유럽인이 대거 동양을 여행하면서 베트남에도 찾아오게 된다. 당시 베트남은 찐씨와 응우옌씨가 남북으로 갈라져서 대립하고 있던 시기였다.

이탈리아의 도시국가들, 특히 베네치아는 아랍상인들과의 향신료 무역을 통해 막대한 부를 축적할 수 있었다. 그러나 1453년 오스만 제국이 콘스탄티노플을 점령하면서 당시의 유일한 향료무역 루트를 통제하게 되었다. 오스만 제국이 유럽으로 가는 상품들에 대해 무거운 세금을 부과하자, 서유럽 국가들은 아프리카를 돌아 동양으로 가는 바닷길을 찾으려 했다.

아프리카 남단을 돌아 동양으로 가려는 시도를 한 첫번째 나라는 포르투갈이었다. 몇 번의 시도 끝에 예의 바스코 다 가마는 1498년 5월 인도 남서부에 위치한 말라바르 해안의 코지코드에 도착했다.

포르투갈은 인도에 도달한 것에 만족하지 않고, 더욱 동쪽으로 전진하여 1511년에는 당시 아시아 무역의 중심지였던 믈라카를 점령했다. 그 다음에는 그들이 원하는 향신료, 특히 정향과 육두구의 산지가 말루쿠 제도, 그 중에서도 반다 제도가 중심임을 알고 16세기 향신료 무역을 독점하게 된다.

포르투갈 사람들이 베트남에 도달한 것은 1540년대로, 중부에 위치한 무역항 호이 안(Hội An 會安, 유럽인들은 파이포[Faifo]라고 함)을 중심으로 교역에 종사하기 시작했다. 당시 호이 안은 응우옌씨의 대외무역항이었고, 중국인과 일본인을 비롯해서 동남아시아 각지의 많은 상인들이 모여들었다. 특히 중국인이나 일본인은 각각 거류지까지 가지고 있었다. 명나라의 해금정책(海禁政策)이 1567년에 해제되면서 중국인의 남해무역이 자유로워짐에 따라 많은 중국인도 이곳에 와서 머물렀다. 이들은 베트남이 남북으로 분열되어 있었기 때문에 주민들의 상호왕래가 금지된 틈을 타 중간에서 남북교역에 종사하여 이득을 보았고, 또한 명과 일본 사이에 직접적인 무역관계가 없는 상황을 이용하여 호이 안을 통한 중계무역으로 많은 부를 쌓았다. 일본에서는 16세기 말 17세기 초에 슈인센 제도(朱印船制度)에 의해 동남아 무역이 성행하여 호이 안에 일본인 거리가 형성되었다. 그러나 1630년대 말에 막부가 쇄국령을 내린 이후에는 베트남과의 무역이 거의 중단되었고, 일본인은 유럽 상인들의 통역이나 중개인으로 활동했다.

포르투갈은 처음에는 베트남에 큰 관심을 보이지 않았으나, 16세기 말부터는 마카오를 거점으로 하여 점차 찐씨와 응우옌씨 양측을 상대로 정기적인 무역관계를 형성하기 시작했다. 특히 응우옌씨에게는 대포 제조법을 가르쳐주어 호감을 샀다. 한편 북부의 통킹 지방에서는 생사를 구입하여 일본에 판매함으로써 큰 수익을 올렸다.

16세기 말 영국과 네덜란드도 동양에 오는 항로를 알게 되었다. 영국은 1600년 동인도회사를, 네덜란드는 1602년 동인도회사(VOC, 네덜란드어 약자)를 각각 만들어 무역경쟁에 뛰어들었다. 네덜란드측은 응우옌씨와는 별다른 이유 없이 관계가 불편했다. 1600년대 초에는 두 차례나 선원과 상인들이 살해당했다. 반면에 북부와의 관계는 좋은 편이었다. 일본의 쇄국령 이후 네덜란드 동인도회사는 일본상인을 대신해서

1793년의 호이 안 항구.

북부의 생사를 일본에 수출해서 수익을 올렸다. 찐씨는 대포제작법을 가르쳐달라고 몇 차례 요구했으나, 네덜란드측은 남북대립에 개입하고 싶지 않아 거절했다. 장기적으로는 남쪽과 관계가 개선되기를 기대했기 때문이다. 그러나 찐씨의 거듭된 요청으로 1640년을 전후해서 네덜란드측은 세 차례 전선(戰船)을 보냈는데, 1643년에 보낸 전선은 응우옌씨의 수군을 얕보다가 대패했다. 이후 응우옌씨는 네덜란드와 관계를 끊었고, 네덜란드 동인도회사는 찐씨하고만 관계를 유지했다. 그러나 교역량이 적어 1700년에 상관(商館)을 폐쇄하고 베트남에서 완전히 손을 뗐다.

영국은 1613년에 처음 응우옌씨와 교역을 시도했다가 낭패를 보았다. 일본 주재 상관에서 파견된 동인도회사 직원이 통역과 함께 호이 안에서 살해되었던 것이다. 그후 몇 차례에 걸친 시도도 이미 베트남에 기반을 갖고 있던 포르투갈과 네덜란드 상인들의 방해공작으로 성공하지 못했다. 이윽고 영국-네덜란드 전쟁이 끝나고 1654년 웨스트민스터 조약이 체결되면서 네덜란드의 간섭은 없어졌다. 그리하여 1672년 북부 최대의 무역항인 포 히엔(Phố Hiến 鋪憲, 오늘날의 홍 옌[Hưng Yên])에 상관이 개설되었고 1683년에는 상관을 탕 롱으로 옮겼다. 당시 탕 롱은 유럽인들 사이에서 '께 쩌'(kẻ chợ 都會地)라고 불리며 공방(工房) 거리가 형성되어 있었다. 그러나 영국은 교역량이 기대에 못 미치자 네덜란드보다 3년 먼저 철수했다.

베트남에서 프랑스의 관심은 무역보다는 선교활동에 있었다. 프랑스 상관이 설치되었을 때, 베트남에 주재하던 한 영국인은 프랑스 상관이 무역을 하는 곳인지 선교를 하는 곳인지 분간이 안될 정도라고 말했다. 프랑스는 사무엘 바론(Samuel Baron)이라는 사람의 도움을 받아 1680년 포 히엔에 상관을 개설했다. 네덜란드인 아버지와 베트남인 어머니 사이에서 태어난 바론은 통킹에 살면서 유럽 각국 회사의 현지대리인 역할을 했다. 하지만 프랑스 상관은 불과 2년 만에 폐쇄되었고, 교역은 선교사를 통해 간접적으로 이루어졌다.

포르투갈에 의해 시작된 유럽과 베트남의 교역은 17세기 말 이후 크게 쇠퇴했다. 무엇보다도 찐씨와 응우옌씨의 대립이 중단되어 평화가 지속되었기 때문이다. 두 정권은 유럽인의 도움이 더 이상 필요하지 않았던 것이다. 또 한 가지는 베트남 시장의 협소함이었다. 대다수 농민이 가난할 뿐 아니라 생활이 질박하여 외국상품에 대한 수요가 거의 없었다. 부언하면, 유럽의 상관들이 필요로 하는 상품의 수집이나, 또는 상관장(商館長)이 잠시 귀국하든가 했을 때 상관을 관리한 것은 베트남 여성들이었다. 당시 유럽인은 베트남 여성들이 상업활동에서 매우 적극적이며 수완이 좋다고 평가하고 있었다.

상인의 뒤를 이어 베트남에 등장한 유럽인은 선교사였다. 이미 16세기 중반 이래 몇몇 가톨릭 선교사가 베트남에서 선교활동을 했다는 기록이 있다. 이들은 상선을 타고 와서, 상선이 정박하는 3-4개월 동안만 머무르고 다시 그 상선을 타고 돌아갔기에 별 성과는 없었다.

가톨릭 선교

선교활동이 본격적으로 시작된 것은 17세기 초 예수회 선교사들이 파견되면서부터였다. 1615년 마카오의 예수회는 포르투갈인 디에구 카르발류(Diego Carvalho)와 나폴리인 프란체스코 부초미(Francesco Buzomi)를 다 낭에 파견했다. 카르발류는 잠시 머물렀지만, 부초미는 24년간 체류하며 선교활동을 했다.

그 당시 일본에서는 도쿠가와 막부가 그리스도교를 금지하고 있었기 때문에, 마카오의 예수회는 새로운 선교지로 베트남에 관심을 갖고 알렉상드르 드 로드(Alexandre de Rhodes, 1591-1660) 신부를 파견했다. 프랑스 아비뇽 출신의 드 로드 신부는 베트남에 온 당대의 선교사들 중 가장 뛰어난 인물이었다. 중국에 들어간 예수회 선교사 마테오 리치가 중국선교를 위해 우선 중국어를 배웠듯이, 드 로드 역시 1620년 하노이에 도착해 1624년까지 베트남어를 공부했다. 잠시 베트남을 떠났다가 1627년 다시 통킹으로 돌아와 선교활동을 하다 1630년 추방되었다. 그는 이 기간 동안 6,000~6,700명을 개종시켰다고 한다. 마카오로 돌아갔던 드 로드 신부는 1640년 베트남 남부로 돌아와 또 다시 선교활동을 하다 응우옌씨에 의해 1640년 사형판결을 받았다가 추방형으로 감형되어 로마로 돌아갔다.

로마에 돌아와서도 아시아 선교에 대한 드 로드의 열정에는 변함이 없었다. 그는 교황을 설득하여 1659년 아시아 지역 선교를 전담하는 새로운 독립기구인 파리외방전교회(Société des Missions Étrangères de Paris)를 세웠다. 이 전교회를 통해 프랑스인 선교사들이 베트남과 캄보디아에 파견되어 훗날 프랑스가 이들 지역의 지배권을 장악하는 데 중요한 역할을 하게 된다.

드 로드 신부는 베트남어를 로마자화하여 라틴어와 베트남어 대역으로 된『교리문답』(敎理問答)을 만드는 한편, 『베트남어-포르투갈어-라

재능 있고 강인하며 헌신적이었던
알렉상드르 드 로드 신부.

틴어 사전』을 1651년에 출판했다. 드 로드 신부에 앞서 포르투갈 신부들도 포르투갈어를 이용하여 베트남어의 로마자화를 시도했는데, 드 로드 신부가 이 표기법을 참고했기 때문에 그가 완성한 베트남어의 로마자화는 프랑스어로만 된 것은 아니다. 여하튼 그가 완성한 로마자화된 베트남어 표기법은 오늘날 베트남에서 사용되는 꾸옥 응으(Quốc Ngữ 國語)의 모체가 되었다. 드 로드 신부가 새로운 글자와 사전을 만든 것은 선교사들이 베트남어를 쉽게 배울 수 있도록 하고, 동시에 베트남 사람들이 글을 익혀 그리스도교 교리를 빨리 이해할 수 있게 하기 위해서였다.

조정의 그리스도교 금지에도 불구하고 신자의 수는 점점 늘어났다. 초기의 신자는 주로 가난한 이들이었다. 다소 과장되었을지도 모르지만 "먹을 것이 없을 때 선교사들이 주는 구호품 쌀이 강론보다 더 많은 사람을 개종시켰다"는 말은 어느 정도 사실이었을 것이다.

개종자가 늘어날수록 박해도 심해졌다. 1660년대에는 찐씨가 가톨릭 서적을 불태우고 베트남인 개종자들을 처형하는 사건까지 발생했다. 이런 박해사건은 뒤에도 몇 차례 더 있었다. 남쪽의 응우옌씨 치하에서는 덜 가혹했다고 하지만 기본적으로 그리스도교를 적대시했기 때문에 외국인 선교사의 투옥이나 추방 또는 베트남인 그리스도교도의 처형과 같은 일이 없었던 것은 아니다. 이처럼 어려운 상황에도 불구하고 선교사들은 베트남에 숨어들거나 아니면 이웃 캄보디아 또는 막씨(鄭氏) 지배하의 하 띠엔에서 선교활동을 했다. 17세기 말에는 베트남 내의 정치문제에도 개입하여, 1802년 응우옌 왕조가 성립한 뒤에는 잠시지만 선교의 자유를 얻기도 했다.

18세기 말 유럽에서 산업혁명이 일어나 원자재 공급과 생산품 판매를 위한 시장이 필요해짐에 따라 유럽 각국은 19세기를 전후하여 제국주의적인 팽창정책을 펴기 시작했다. 예로부터 베트남에 대한 중대 위협은 북방의 대륙에서 다가왔으며, 남쪽 바다에서 다가온 적은 거의 없었다. 그런 역사를 잘 알고 있는 응우옌 왕조 역시 중국과의 관계에 대해서는 많은 주의를 기울였으나, 바다를 통해 들어오는 신흥 유럽세력에 대해서는 신속하게 효과적으로 대처하지 못했다.

응우옌 왕조는 초기에 유럽과 어느 정도 관계를 유지하려고 하면서도 다른 한편으로는 유럽의 군사적 침략을 우려하고 가톨릭 선교사의 선교활동도 반기지 않았다. 동시에 때로는 서양문물을 모방하려는 노력도 했다. 1804년 영국사절단이 다 낭에 도착하여 무역담당 주재원의 거주 신청을 하자, 자 롱 황제는 영국 주재원의 상주를 거절했다. 영국인은 교활하고 속임수를 쓰는데다 인종 또한 다르기 때문에 거주를 허용할 수 없다는 것이었다. 다만 프랑스에 대해서는 피뇨 드 베인 주교를 비롯한 여러 사람들의 호의를 생각해 무역상의 편의를 제공했다. 일례로 1817년 프랑스 상선 두 척이 다 낭에 도착했으나, 상품이 베트남에는 맞지 않아 판매가 되지 않자 관세를 면제해주고, 수입에 적합한 물품도 알려주었다. 또한 프랑스와의 통상관계 수립을 위해 1820년에는 사절을 파견하기까지 했다.

민 망 황제 시대에는 서구에 대한 정책기조가 전보다 경직되고 적대적이었으며, 대불(對佛)관계도 크게 변했다. 이런 정책 변화의 원인 제공자는 유럽 측이었다. 그들의 제국주의적 침략이 응우옌 왕조의 위정자들에게 경각심을 갖게 했던 것이다. 1819년 영국이 싱가포르를 점령하자 자 롱 황제는 1820년 임종 무렵 아들 민 망 황제에게 유럽과 관계를 맺을 때 각별히 조심할 것을 당부했다.

민 망 황제는 앞에서 언급한 바와 같이 유학에 조예가 깊고 중국문화를 이상적으로 생각했던 만큼 '유럽의 만이(蠻夷)'에 대해 적대적인 태도를 취했다. 1819년 귀국했다가 1821년 영사 자격으로 돌아온 장 바티스트 셰뇨(Jean-Baptiste Chaigneau)가 프랑스와의 통상협상을 요청했을 때, 민 망 황제는 영국도 같은 요구를 할지 모른다는 이유로 거절했다. 셰뇨는 피뇨 드 베인 주교가 응우옌 푹 아인을 돕기 위해 보낸 인물들 중 한 사람이었다. 자 롱 황제 때부터 후에 조정에 있던 두 프랑스인인 셰뇨와 또 다른 한 사람은 자신들의 활동에 한계가 있음을 깨닫고 1825년 프랑스로 돌아갔다. 이후로도 프랑스는 몇 차례 통상관계 개선을 요구하다가 실패하자, 1831년부터 양국관계는 완전히 단절되었다. 미국도 1832년에 같은 요구를 했지만 받아들여지지 않았다.

민 망 황제의 가톨릭에 대한 금령은 1825년에 처음 내려졌다. 이 금령에 따르면, 서양의 종교는 파괴적이며 사람들의 마음을 해친다는 것이었다. 다 낭에 정박 중이던 프랑스 군함이 선교사를 몰래 상륙시킨 게 발단이 되어 가톨릭 금령으로까지 이어졌다. 1826년에는 다시 베트남에 있는 모든 외국인 선교사는 후에에 와서 유럽 서적 번역에 종사하도록 명령을 내렸다. 가톨릭에 대한 실질적 박해는 1833년 레 반 코이의 반란에 가톨릭 교도들이 가세하면서 시작되었다. 당시 8명의 선교사를 비롯해 상당수의 베트남인 신자들이 처형당했다. 1836년에는 칙령을 내려, 선교사를 죽이는 행위는 살인죄에 해당되지 않으며, 선교사를 숨겨주는 자는 극형에 처하도록 했다. 그러나 이러한 박해에도 불구하고 신자의 수는 계속 늘어만 갔다. 물가상승, 빈번한 자연재해로 인한 기근, 감시의 눈이 미치지 못하는 베트남의 긴 해안선, 여기에 더하여 불교의 쇠퇴가 가톨릭 교도의 증가를 가져온 주요 원인이었다. 지방관들의 경우에는 신자들이 뇌물을 주면 그들에 대해 조정에 보고도 하지 않았다.

민 망 황제는 서구의 침략을 경계하여 배타적인 태도를 취하기는 했지만, 서구의 문물과 기술을 모방하려는 노력을 게을리 하지 않았다. 국방에 필요한 총포와 화약 등의 물자를 계속 반입했으며, 증기선을 구입하여 개량을 시도하기도 했다.

서구의 무기류를 구입하기 위해 그는 매년 동남아시아, 특히 도서지역으로 이른바 관선(官船)을 보냈다. 관선은 위의 물자 외에도 다이아몬드·진주·유럽산 유리그릇·포도주 등 사치품을 구입했다. 사치품은 황실에서 소비되거나 황제의 하사품으로 쓰였다. 네덜란드·영국·스페인 등이 지배하던 동남아시아 도서지역은 서구문물을 쉽게 접할 수 있을 뿐만 아니라 서구의 동향을 파악하기에도 좋은 곳이었다. 민 망 황제는 청조의 위정자들보다도 먼저 서양기선의 우수성을 인식하고 이를 건조해보려 했지만, 기초지식 없이 외형만 모방했기 때문에 별다른 성과를 거두지는 못했다. 관선은 매년 초 동북계절풍을 이용하여 출항했다가 그해 중반 경 남서무역풍이 불면 베트남으로 돌아왔다. 1823년부터 시작된 관선의 파견은 매년 계속되다가, 1847년 이후에는 간헐적으로만 파견되고 1858년경에 이르러 중단되었다.

민 망 황제는 말년에 서구에 대한 태도를 바꾸어 유럽 국가들과의 접촉을 모색했다. 사망 1년 전인 1839년 청나라와 영국의 아편전쟁은 서구 제국주의가 베트남에도 곧 닥쳐오리라는 것을 직감하게 했던 것이다. 그는 유럽 열강의 힘과 목적을 알아보기 위해 1840년 몇몇 사절단을 페낭·바타비아(현 자카르타)·캘커타·파리·런던 등지로 보냈다. 유럽으로 떠났던 사절단이 아무런 성과도 거두지 못하고 이듬해 돌아왔을 때는 이미 민 망 황제가 세상을 떠난 다음이었다.

티에우 찌 황제는 민 망 황제의 정책을 이어받아 유럽, 특히 프랑스를 비교적 우호적으로 대했다. 1843년 후에에 연금되어 있던 선교사 5명을 풀어주고, 1845년에는 사형선고까지 내려졌던 르페브르(Lefevre) 주

교를 석방했다. 여기에는 프랑스가 벌인 무력시위의 영향도 없지 않아
있었다. 아편전쟁에서 영국이 승리하는 것을 보고, 프랑스가 1843년과
1845년 두 차례에 걸쳐 포함(砲艦)을 다 낭에 보내 구금되어 있던 선교
사들의 석방을 요구했던 것이다. 그러나 티에우 찌 황제가 선교사들을
석방한 것은 프랑스의 무력을 두려워해서라기보다는 불필요한 충돌을
피하기 위해서였다. 르페브르 주교의 사형선고 때 다 낭에 있었던 미국
해군함정의 함장 존 퍼시벌(John Percival)은 군대를 상륙시켜 그곳의
지방관리들을 인질로 붙잡고 주교의 석방을 요구했지만 성공하지 못했
다. 일반적으로 이 퍼시벌 함장의 행동은 서구세력이 베트남에 대한 최
초의 무력개입으로 간주되고 있다.

즉위 초에 그리스도교에 대해 비교적 우호적이던 티에우 찌 황제는
말년인 1847년에 태도가 바뀌었다. 당시 선교의 자유를 요구하기 위해
다 낭에 온 2척의 프랑스 군함이 경계태세를 취하고 있던 베트남 함대
에 발포하여 함선을 침몰시키고 다수의 사상자를 내는 사건이 발생하
자, 격노한 티에우 찌 황제는 베트남 내에 있는 모든 유럽인을 잡아들여
사형에 처하라는 조칙을 내렸다.

티에우 찌 황제의 뒤를 이은 뜨 득 황제는 민 망 황제나 티에우 찌 황
제의 정책을 계승하여 서구에 대한 배타적인 태도를 유지했다. 그는 프
랑스·영국·스페인·미국의 사절들이 요청한 통상을 어느 하나도 수락
하지 않았다. 뿐만 아니라 그리스도교 탄압의 강도를 점점 높여갔다.
1848년과 1851년의 금령에 의하면, 외국인 선교사는 사형에 처하고 베
트남인 사제들은 이마에 자묵(刺墨)을 한 다음 귀양을 보내도록 했다.
얼마 후 사형은 베트남인 사제에게도 적용되었다. 이후 주로 북부에서
프랑스인 신부들과 베트남인 사제들이 사형에 처해졌다. 체포를 면한
사제들은 산간지대로 들어가 숨어서 선교활동을 계속했다.

프랑스의 남부점령

　　당시 프랑스는 나폴레옹 3세의 통치 아래 해외 팽창정책을 추구하면서, 베트남에 대해서도 침략의 구실을 찾고 있었다. 침략에 가장 적극적이었던 집단은 물론 가톨릭교회와 상공업자 및 해군이었다. 프랑스는 1857년 4월 베트남 개입문제를 논의하기 위해 코친차이나 위원회를 열고 선교사들을 불러 그들의 조언을 들었다. 선교사들 중에는 종교문제뿐만 아니라 정치문제까지 언급하면서 베트남에 신속히 개입해야 한다고 촉구하면서, 아울러 개입은 베트남 가톨릭 신자들이 도우면 어렵지 않을 것이라고 말하는 사람도 있었다. 위원회는 1787년 베르사유 조약이 이행되지 않았지만, 프랑스 장교들이 응우옌 푹 아인을 도와주었으므로 베트남에 대해 보상을 요구할 권리가 있다고 결론을 내렸다. 아울러 중국 주둔 해군과 본토 원정군을 파견하여 사이공과 하노이를 점령하는 작전을 세웠다.

　　이에 앞서 프랑스는 1856년 중국에서 오랫동안 외교를 담당하고 있던 샤를 드 몽티니(Charles de Montigny)를 베트남으로 보냈다. 캄보디아를 거쳐 이듬해 다 낭에 도착한 그는 정부의 훈령에 따라 응우옌 조정에 종교의 자유 보장과 통상을 요구했다. 유교적 가치에 입각해서 교육을 받아온 응우옌 왕조의 통치자들로서는 당연히 몽티니의 요구를 받아들일 수 없었다. 프랑스도 그것을 잘 알고 있었다. 프랑스의 사절 파견은 앞으로 취할 행동을 정당화하기 위한 하나의 수단이었다.

　　1858년 청나라와 톈진조약(天津條約)을 체결함으로써 중국 방면에 있던 해군의 이동이 가능해진 프랑스는 샤를 리고 드 주누이(Charles Rigault de Genouilly)의 지휘 아래 전함과 병력을 다 낭으로 파견했다. 한편 몽티니가 다 낭을 방문한 후 그리스도교 탄압이 강화되는 가운데 1857년 여름 스페인 주교가 통킹에서 공개 처형되었다. 이에 스페인은 자국 병력의 일부를 프랑스군에 합류시켰다. 그리하여 리고 드 주누이 제독이 이끄는 프랑스·스페인 연합군은 1858년 9월 다 낭 항을 점령하고 5개월간 머물렀다. 이로써 프랑스는 베트남 식민화의 첫발을 내딛었다. 그러나 프랑스 당국의 예상과는 달리 중부지방의 베트남 가톨릭 교도들은 별다른 지지를 보내지 않았다.

프랑스·스페인 연합군은 곧 난관에 봉착했다. 우선 응우옌 왕조의 사령관 응우옌 찌 프엉(Nguyễn Tri Phương 阮知方)의 방어가 의외로 견고하여 후에로 진격할 수가 없었다. 그뿐만 아니라 중부지방 하천의 수심이 얕아 육중한 유럽의 군함이 항해하기 어려웠다. 더구나 이질과 콜레라와 괴혈병 등으로 이미 병력손실이 상당했고 계절적으로도 우기가 다가오고 있어서 전투를 지속하기가 곤란했다. 반면에 베트남군은 아무런 피해도 입지 않았다. 상황이 불리하다고 판단한 리고 드 주누이 제독은 작전을 변경하여 다 낭에 수비병만 남겨두고, 나머지 모든 병력을 이끌고 사이공을 공격했다.

선교사들은 홍 강 델타를 공격하면 그곳에 많이 살고 있는 가톨릭 교도들이 틀림없이 지원해줄 것이라고 주장하면서 북진을 요구했다. 스페인측도 자국 선교사들이 대부분 북부에 있었기 때문에 선교사 편을 들었다. 그러나 리고 드 주누이 제독은 경제적·전략적 측면에서 남쪽을 택했다. 그는 미곡 생산지인 남부를 점령함으로써 후에 조정에 타격을 가하는 동시에 메콩 강을 통한 중국 진출에 유리한 거점을 마련하려고 했다. 그의 예상대로 당시 중부지방은 가뭄까지 겹쳐 상당히 피폐한 상황이었다. 프랑스·스페인 연합군은 1859년 2월 사이공을 점령했다.

1859년 10월 리고 드 주누이 제독의 후임이 된 테오젠 프랑수아 파주(Théogène François Page) 제독은 본국으로부터 협상하라는 훈령을 받고, 2년 전 드 몽티니의 요구에 더하여 후에 주재 대리공사의 부임과 북부·중부·남부 항구들의 영사관 설치를 허용하라고 압력을 가했다. 협상이 지지부진하자 프랑스측은 사이공에 일부 병력만 남겨놓고 나머지 병사를 다 낭으로 보내 몇몇 포대에 공격을 가했지만, 응우옌 왕조는 별다른 태도변화를 보이지 않았다.

이러는 동안 중국에서 톈진 조약(1858년)으로 일단락되었던 전쟁이 다시 일어나면서, 1860년 봄 프랑스 본국은 원정군을 베트남이 아닌 중국으로 보내고 파주 제독도 부사령관에게 임무를 맡기고 중국으로 떠났다. 스페인군은 마닐라로 돌아갔다. 그러자 기다렸다는 듯 뜨 득 황제는 응우옌 찌 프엉에 명하여 1만 2,000명의 군사를 이끌고 사이공을 탈환하라고 지시했다. 그러나 소수의 프랑스 수비대는 1860년 3월부터 이듬해 2월까지 거의 1년 동안 베트남군의 포위공격을 힘겹게 막아냈다.

1860년 10월에 베이징 조약이 체결되자, 프랑스 극동군 총사령관 레오나르 샤르네(Léonard Charner) 제독은 2,500명의 정예 육군과 70척의 함대를 이끌고 베트남으로 향했다. 사이공 부근에 도착한 프랑스군은 베트남군을 격파하고 방어망을 뚫었다. 베트남군은 수적으로 우세했지만, 무기로는 도저히 프랑스군을 당해낼 수 없었다. 병력의 5,000명만이 화기를 가지고 있었을 뿐 나머지는 창으로 싸워야 했으며, 대포는 구식이라 효율적이지 못했다. 이 전투에서 베트남군은 많은 사상자를 냈으며 응우옌 찌 프엉 자신도 부상을 입었다. 프랑스군은 곧 사이공 부근의 요충지인 미 토를 점령하고, 이어 바 리아와 빈 롱의 성도(省都)도 장악했다.

이때 후에 조정은 주전파와 주화파로 갈라져 있었다. 주전파는 가톨릭 문제에 강경한 태도를 보였으며 현실적 무력보다는 도덕성을 중시했다. 이와 달리 주화파는 유럽 무기의 우수함과 장기간의 투쟁으로 인한 농민들의 고통을 이유로 가톨릭 문제 때문에 협상을 거부해서는 안된다는 입장이었다. 그러나 당시 후에 조정은 남부 쌀의 유입이 안되고 있는 데다가, 홍 강 델타에서 가톨릭 교도 레 주이 풍이 반란을 일으켜서 곤경에 처해 있었다. 내우외환에 직면한 응우옌 왕조는 우선 내란을 평정하기 위해 프랑스와는 협상방침을 세웠다.

뜨 득 황제는 주화파인 판 타인 잔(Phan Thanh Giản 潘淸簡)과 럼 주이 티엡(Lâ Duy Thiệp 林維浹)에게 협상의 전권을 주어 사이공으로 파견했다. 이들은 프랑스 군함에서 1861년 11월 샤르네 후임으로 부임한 루이 아돌프 보나르(Louis-Adolphe Bonard) 제독과 한 달 가까이 교섭한 끝에 1862년 6월 5일 이른바 제1차 사이공조약(일명 임술조약)을 맺었다. 조약의 주요 내용은 베트남이 그리스도교 선교의 자유를 인정하고, 코친차이나의 동부 3성(비엔 호아, 자 딘, 딘 뜨엉[Định Tương])과 꼰 다오 섬(đảo Côn Đảo)을 프랑스에 할양하며, 세 항구, 즉 다 낭을 비롯해서 북부의 두 항구 바 랏(Ba Lạt)과 꽝 옌(Quảng Yên)을 프랑스와 스페인 양국에 개항하고, 은 400만 량(兩)의 배상금을 10년 내에 지불한다는 것 등이었다. 뜨 득 황제는 협상단을 파견할 때 선교의 자유와 영토 할양은 절대 불가하다는 뜻을 밝혔지만, 두 문제 모두 황제의 뜻대로 되지 않았다.

뜨 득 황제는 처음부터 통킹 델타에서 일어난 반란을 진압하는 것이 주목적이었을 뿐 남부 영토를 프랑스에 할양할 생각은 전혀 없었다. 그래서 비준이 되기 전에 3성 반환을 교섭하기 위해 판 타인 잔을 정사로 하는 사절단을 1863년 프랑스와 스페인에 파견했다. 멕시코 문제로 재정이 고갈되고 선거에서는 좌익이 등장하여 곤경에 처했던 나폴레옹 3세는 베트남의 요구를 들어줄 것 같은 태도를 보였다. 그러나 해군과 상공업 자본가들이 주축이 되어 제국주의적 팽창정책을 강력히 주장하면서 압력을 가하자, 나폴레옹 3세는 조약내용을 수정하지 않고 그대로 비준했다.

사실 팽창정책을 옹호하는 집단도 또 다른 의미에서 조약내용에 집착할 의사는 없었다. 그들에게 당장의 관심사는 코친차이나 전지역의 합병이었다. 초대 총독인 보나르 제독의 후임으로 1863년에 부임한 피에르 폴 드 라 그랑디에르(Pierre-Paul de la Grandière) 제독은 1862년의 조약을 준수하되 그것을 폐기할 수 있는 상황이 올 때까지만 그럴 생각임을 분명히 했다.

보나르 총독은 코친차이나 동부 3성을 점령한 후 프랑스인의 감독하에 베트남인 관리를 임명하는 간접통치방법을 도입했다. 그 결과 후에 정부로부터 은밀히 크고 작은 지원을 받는 베트남인의 반란이 끊이지 않았다. 저항운동의 근거지는 주로 서부 3성, 즉 빈 롱·안 장·하 띠엔에 위치해 있기 때문에 프랑스군이 이들을 진압하기가 어려웠다. 따라서 프랑스로서는 서부 3성의 합병이 불가피했다. 더욱이 1863년 보나르 총독이 캄보디아를 프랑스 보호령으로 만들자, 서부 3성의 운명은 사실상 결정된 것이나 마찬가지였다.

드 라 그랑디에르 총독은 보나르의 정책을 바꾸어 코친차이나 동부 3성의 통치방법을 직접지배로 바꾸고 부와 현 단위까지 프랑스인 관리를 임명했다. 그리고 1866년에는 메콩 강을 통해 중국에 갈 수 있는 가능성을 조사하기 위해 탐험대를 파견했는데, 이는 1852년 영국이 하(下)버마*를 점령하고 버마와 조약을 맺자, 만에 하나 영국이 윈난(雲南)으로 진출할 것을 우려한 프랑스가 선수를 친 것으로도 볼 수 있다. 후에 조정에는 반란이 종식되지 않으면 무력으로 서부 3성을 점령하겠다는 뜻을 밝혔다. 드 라 그랑디에르 총독은 자신이 말한 대로 1867년 6월 직접 군대를 이끌고 공격을 개시하여 일주일 만에 빈 롱·안 장·하 띠엔 세 곳을 점령했다. 이후 베트남 관리들이 모두 철수했기 때문에 젊은 해군장교들에게는 현지인을 통치할 수 있도록 베트남어, 중국어, 크메르어를 배우게 하고, 프랑스어를 할 줄 아는 베트남인과 현지 가톨릭교도 등에게는 프랑스 지배하의 새로운 베트남에서 출세의 길을 열어주

---

* 미얀마 중앙을 흐르는 이라와디 강의 하류 유역을 가리키는 지역명.

었다. 이와 동시에 사이공을 행정중심지로 만들 계획을 세우자 일반 프랑스인을 비롯해서 유럽인, 인도인, 중국인 등이 돈을 벌기 위해 모여들기 시작했다.

이리하여 남부 베트남은 더 넓은 세계의 일부가 된 반면에 북부의 베트남인들은 외부세계와 단절된 채 가난과 불안정 속에서 생활했다. 코친차이나는 프랑스의 직접지배를 받는 식민지이긴 했어도 비교적 평화로웠다. 그 결과 경제가 발전하여 1860년대 초부터 1877년까지 쌀 수출이 매년 5만 톤씩 증가했다.

한편 1867년 프랑스군의 침입에 앞서 남기경략사(南圻經略使)에 임명되어 서부 3성의 통치를 책임졌던 판 타인 잔(潘淸簡)은 저항이 부질없음을 깨닫고 부하들에게 무기를 내려놓으라고 명령한 후 자신은 스스로 목숨을 끊었다. 그는 일찍이 1832년 민 망 황제의 명을 받아 싱가포르와 바타비아에 파견되었을 때 영국의 군사력을 목격하고 그것에 경외심을 가졌다. 뜨 득 황제 시대에는 후에 조정을 대표하여 프랑스와 협상을 진행했고, 사이공조약 후에는 동부 3성을 반환받기 위해 유럽까지 여행한 바 있었다. 판 타인 잔은 이런 경험을 통해 프랑스의 무력에 대항하여 베트남이 도저히 이길 수 없음을 확실히 인식했던 것이다. 그는 전투가 계속되면 될수록 더 무고한 병사들과 농민들의 목숨만 잃게 될 뿐이라는 것을 너무나 잘 알고 있었다. 병사들에게 저항하지 말라고 명령한 것은 바로 그런 이유에서였다.

판 타인 잔이 자결한 것은 싸우지도 않고 서부 3성을 프랑스에 넘겨줌으로써 황제에 대한 충성을 다하지 못했다는 자책감 때문이었다. 그의 충성심은 목숨을 끊기 직전 아들들에게 결코 프랑스에 협력하지 말도록 훈계한 것을 보아도 알 수 있다. 후에 조정이 그 불충을 비난하면서 영토 상실의 책임을 그에게 전가시켰지만, 실제로 책임을 져야 할 주체는 시대의 변화를 깨닫지 못하고 과거에만 사로잡혀 있던 후에 조정

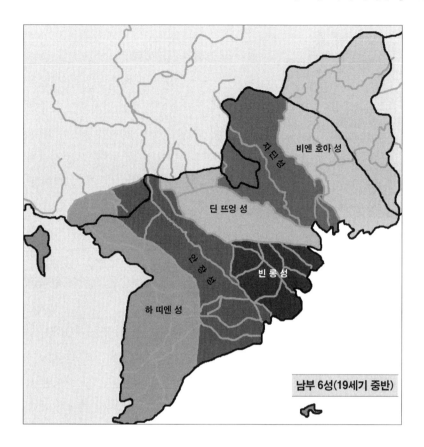

남부 6성(19세기 중반)

이었다. 베트남 역사학계는 한때 판 타인 잔이 싸우지도 않고 자결한 데 대해 비판을 했으나, 지금은 그가 인민의 생명과 재산을 보호하기 위해 자신을 희생한 당시의 결정이 옳았다는 평가를 내리고 있다.

전통적 보수세력에 의해 지배되면서 국제정세에 어두웠던 후에 조정 은 코친나이나 6성을 잃고 큰 충격을 받았다. 하지만 그 충격은 단순히 충격으로 끝나 버리고, 일본의 메이지 유신과 같은 적극적인 개혁으로 이어지지 못했다. 조정에서 개혁이 필요하다고 느낀 사람은 가톨릭을 이해하는 몇몇 관리들뿐이었다. 이들은 판 타인 잔처럼 서구 기술문명 의 우월성을 인식하고 중국문화에 대한 관념을 재검토하는 동시에 서구

응우옌 쯔엉 또

를 무조건 적대시하는 행위도 중단할 것을 조정에 건의했다.

　서구 지향적 개혁을 주장한 사람들 중에서 가장 대표적인 인물로는 응우옌 쯔엉 또(Nguyễn Trường Tộ 阮長祚, 1830-1871)를 들 수 있다. 그는 가톨릭 집안에서 태어나, 젊어서 중국고전을 배운 다음 가톨릭 신부를 만나 서양의 학문도 익혔다. 또한 신부의 도움으로 홍콩과 페낭 및 다른 동남아시아 지역들도 방문할 기회가 있었다. 그래서 베트남의 후진성을 깨닫고 서구의 앞선 지식과 기술을 배워야 한다고 역설했다.

　응우옌 쯔엉 또는 관리는 아니었지만 1863년부터 죽을 때(1871년)까지 뜨 득 황제에 올린 주요 상소문이 15건 이상 된다. 그가 관리도 아니면서 황제에게 상소를 올릴 수 있었던 것은 통역을 하면서 베트남 고위관리들과 친분을 쌓았기 때문이다. 그의 상소문 중에서 중요한 내용 몇 가지를 들면 다음과 같다. 종교의 자유, 프랑스와 잠정적 평화유지, 정치와 행정의 개혁, 엘리트 관료 양성을 위해 서구에 관한 교육실시, 재정정책과 국방 등에 관한 것들이다. 보다 구체적으로 말하면, 사법과 행정을 분리하고, 과거시험에 실용적 기술과목을 포함시키며, 특권층에게도 인두세와 요역 및 군역(軍役)을 부담하게 하자는 것 등이었다.

　뜨 득 황제는 처음에는 응우옌 쯔엉 또의 상소를 호의적으로 받아들여 그를 몇 차례 궁중으로 불러들였으며, 관직을 제수하려고도 했다. 한편 그의 상소에 따라 증기선 구입, 광산개발, '신서'(新書) 구입 및 서구의 기술을 가르치기 위한 학교 설립 등에 관심을 보였다. 1867년 초에는 신식 무기를 구입하기 위해 응우옌 쯔엉 또 등을 유럽에 보냈으나 프랑스의 서부 3성 점령으로 무기구입은 무산되었다.

응우옌 쯔엉 또에 대한 뜨 득 황제의 신임에도 불구하고 그의 제안은 황제를 비롯한 고위 관료층의 거부감으로 인해 거의 실현되지 않았다. 황제와 관리들은 유교이념에서 벗어나기 어려웠으며, 특히 관리들은 개혁이 이루어질 경우 그들이 누려온 특권과 권력을 상실할지도 모른다는 두려움이 있었다.

한편 뜨 득 황제는 개혁에 대한 의지가 없지는 않았지만, 신체적 콤플렉스에서 기인하는 무력감이 그를 늘 소극적으로 만들었다. 그는 어려서 천연두를 앓아 얼굴이 곰보였고, 성불구로 아이를 가질 수 없는 몸이었다. 그래서 그에게는 양자만 셋 있었다. 더구나 이복형 홍 바오의 반란 때 적잖은 수의 종친을 죽인 죄책감에 시달리기도 했다. 그로 인해 뜨 득 황제는 궁중을 떠나기가 두려워, 그 전까지는 베트남 군주가 중국 황제의 책봉을 받으려 하노이까지 가야 했던 관례를 바꾸어 후에에서 받을 수 있도록 청나라에 요청하여 승낙을 얻었다. 하노이에 가기를 두려워한 또 한 가지 이유는 북부의 잦은 반란 때문이기도 했다.

후에 조정이 개혁에 미온적으로 대처하는 상황에서, 베트남 남부를 점령한 프랑스는 다음 단계로 방향을 돌려 북부의 통킹 지방에 대한 공략을 시도함으로써 베트남 전체를 식민지로 만들고자 했다. 통킹 지방으로 눈을 돌린 데는 1866년부터 2년에 걸친 메콩 강 탐험대의 조사 결과, 이 강은 급류와 암초가 많아 통행에 부적당하며, 그보다는 오히려 통킹에서 홍 강을 통해 윈난으로 가는 편이 유리하다는 것이 밝혀졌기 때문이었다. 따라서 프랑스는 코친차이나의 식민화에 만족하지 않고 다시 북부지방을 점령하여 홍 강을 지배하려는 야심을 갖게 되었다.

때마침 통킹 지방에서 응우옌 왕조의 권위가 실추되었기 때문에 프랑스의 침입이 한결 쉬워졌다. 청나라에서 태평천국이 진압되자 여기에 참여했던 몇몇 잔당이 통킹에 침입하여 약탈을 벌였다. 약체화된 응우

흑기군의 우두머리 유영복.

엔 왕조는 자력으로 이들을 몰아낼 수 없어서 청나라에 토벌군을 보내달 라고 요청했다. 그러나 청의 토벌군 은 이들을 완전히 제압하지도 못한 채 오히려 농민들에게 적지 않은 피 해를 입혔다. 뜨 득 황제는 하는 수 없이 1870년 "만(蠻)으로 만(蠻)을 공격케 한다"는 전술에 따라 태평천 국 잔당의 하나인 흑기군(黑旗軍)의 유영복(劉永福)에게 관직을 주고 회 유하여 다른 잔당들을 토벌했다.

프랑스의 베트남 식민지화

1873년의 장 뒤뛰(Jean Dupuis) 사건은 당시의 코친차이 나 총독 쥘 마리 뒤프레(Jules-Marie Dupré) 제독에게 통킹에 개입할 수 있는 좋은 구실이 되었다. 뒤프레는 베트남 전체에 대한 프랑스의 지배 를 주장하던 인물로서, 본국 정부로부터는 베트남 문제에 절대 개입하 지 말라는 지시를 이미 받고 있었다. 그렇지만 그의 신념에는 전혀 변화 가 없었다.

장 뒤뛰는 무역으로 일확천금을 꿈꾸며 중국에 왔다가, 1868년 메콩 강 탐험대를 만나 홍 강을 이용하여 윈난에 가는 것이 훨씬 유리함을 깨 달았다. 1868년 윈난의 청조 관리로부터 무기를 주문받고 자신이 직접 홍 강의 통행 가능성을 확인해 보았다. 1872년 말 뒤뛰는 선박에 무기 와 탄약을 선적하고 윈난으로 가려 했으나 베트남 관리들은 그의 배에 서 무기를 발견하고 통행을 저지하려 했다. 그는 이를 무시하고 출발했 다가 이듬해 4월 150명의 청군(淸軍)과 함께 하노이로 돌아왔다. 통킹

에 머무르는 동안 마치 정복지에 있
는 듯이 행동했다고 하는 뒤퓌는 소
금을 구입하여 두 번째 홍 강 통행을
시도했는데, 이번에는 하노이의 상
황을 수습하기 위해 온 응우옌 찌 프
엉이 그의 통행을 강력히 막았다. 이
와 같이 양자간에 대립이 계속되자,
뒤퓌는 뒤프레에게 도움을 요청했
다. 뒤프레는 다시 상하이에 있던 젊
은 해군장교 프랑시스 가르니에
(Francis Garnier)를 불러 뒤퓌 사건
의 해결을 맡겼다.

메콩 강 탐험대의 부사령관 프랑시스 가르니에.

가르니에는 프랑스의 해외팽창을 적극 주장하던 인물로, 1866년의
메콩 강 탐험대에도 참가했었다. 1873년 여름 하노이에 도착하여 뒤프
레로부터 지시를 받고 170명의 병력과 함께 출발하여 11월 하노이에
도착했다. 그는 응우옌 찌 프엉과 잠시 교섭한 후 곧 바로 하노이를 공
격하여 이를 함락시켰다. 이 싸움에서 응우옌 찌 프엉은 부상을 입고 포
로가 되었다가 음식을 거부하고 스스로 목숨을 끊었다. 하노이 함락 후
가르니에의 부대는 몇 주일 동안 하노이 주변의 주요 도시들을 거의 다
점령했다. 그러나 응우옌 왕조를 돕는 유영복의 흑기군이 하노이를 위
협하자, 그해 말 다시 돌아와 이들과 싸우다 복병을 만나 전사했다.

이 소식이 파리에 전해지자 프랑스 정부는 곧 뒤프레에게 사건을 종
결지으라는 훈령을 내려보냈다. 당시 프랑스 정부는 프로이센-프랑스
전쟁에서의 패배, 나폴레옹 3세의 실각, 파리코뮌의 성립, 뒤 이은 내전
등으로 해외식민지 확장에 힘을 쏟을 만한 여력이 없었다. 그러다 보니
뒤퓌·뒤프레·가르니에 3자 연합의 통킹 점령계획은 무위로 끝났다.

뒤프레는 정부의 훈령에 따라 사태수습을 젊은 해군장교이자 식민지 관리이며, 보기 드물게 베트남 문화를 깊이 이해하던 인물인 폴 루이 펠릭스 필라스트르(Paul-Louis-Félix Philastre)에게 맡겼다. 자 롱 황제 때 반포된 『황월율례』를 훗날 프랑스어로 완역한 그는 가르니에와 친구 사이였지만, 견해는 전혀 달라 늘 온건론을 폈다. 1874년 1월 코친차이나에서 하노이에 도착하자마자, 그는 가르니에가 점령했던 도시들에 남아 있던 프랑스군에게 즉시 철수를 명령했다. 그러고는 후에 조정과 협상을 시도하여, 그해 3월 뒤프레와 응우옌 왕조의 대표인 응우옌 반 뜨엉(Nguyễn Văn Tường 阮文祥) 사이에 제2차 사이공조약(일명 갑술조약)이 체결되었다.

이 조약에서 응우옌 왕조는 코친차이나 6성에 대한 프랑스의 주권을 인정했다. 또한 대외정책이 프랑스의 정책에 부응하도록 하며, 프랑스의 국익에 반하는 제3국과의 조약은 체결하지 않기로 약속했다. 한편 홍 강과 꾸이 년·하이 퐁·하노이가 국제통상을 할 수 있도록 개방되었다. 그리고 이들 개항장에는 프랑스 영사관을 설치하고, 프랑스 영사는 유럽인이 관련된 사건의 재판을 할 권리, 즉 영사재판권을 인정받았다. 프랑스는 베트남의 독립을 인정하고, 군함과 무기를 제공하고 군사교관·기술자·재정전문가·교수 등을 파견하기로 했다. 또한 제1차 사이공조약에 규정된 베트남의 전쟁 배상금을 면제해준다는 것도 규정되었다. 한편 이 조약에서 가톨릭 문제에 대해 재차 언급하며 선교사의 자유로운 왕래를 보장했다.

제2차 사이공조약의 요점은 프랑스가 베트남을 중국의 예속에서 벗어나게 하는 것이었다. 1875년 5월 프랑스는 일방적으로 이 조약의 내용을 청조의 총리아문(總理衙門)에 알렸다. 그러자 공친왕(恭親王)은 프랑스가 베트남을 보호령으로 하고 대외정책을 제한하는 데 대해 간접적으로 거부의사를 표시했으나, 이후 청조는 5년간 이 조약에 대해 아무런 언급도 하지 않았다. 제2차 사이공조약에 대한 청조의 미온적인 태도는 청조가 아직 서구의 법 개념을 이해하지 못해 이 조약에 의해 중국과 베트남 사이의 오랜 주종관계가 무효화된 것은 아니라고 믿었기 때문이다

제2차 사이공조약으로 베트남과 프랑스의 관계가 최종적으로 마무리된 것은 아니었다. 프랑스는 국내 사정으로 인해 베트남을 식민지화하기 일보 직전에 멈추었기 때문에 사정이 허락하면 다시 시도하리라는 것은 누구나 예상할 수 있는 일이었다. 뜨 득 황제는 프랑스의 위협에 대한 대응책으로 1876년과 1880년 청에 사절을 파견하여 도움을 요청했다. 이에 앞서 그는 영국이나 독일의 도움을 얻어보려고 1868년과 1872년에 밀사를 홍콩에 파견하기도 했다. 프랑스는 뜨 득 황제의 이런 움직임이 제2차 사이공조약의 정신에 위배된다고 비난하고, 베트남에 대한 프랑스의 독점적인 지배권을 잃지 않을까 우려했다.

그도 그럴 것이 하노이와 꾸이 년은 대외통상이 거의 없었다. 반면에 그때까지 별로 중요한 곳이 아니었던 하이 퐁은 조약 후 반년 만에 중국인 인구가 무(無)에서 6천까지 증가했다. 하이 퐁의 이점은 바다에서 홍강 델타로 들어가는 위치해 있었으며, 또한 혼 가이(Hòn Gai) 탄광이 가까이에 있었다는 것이다. 그 때문에 하이 퐁과 홍콩 사이에는 정기적으로 증기선이 왕래하면서 석탄과 쌀을 중국으로 수출했다. 이는 하이 퐁에 오는 상선의 대부분이 영국 선박임을 의미한다. 프랑스 상선의 수는 적었다. 여기에 더하여 프랑스의 또 한 가지 우려는 영국이 1874년 조약을 다른 나라들도 개항장에 영사관을 설치하고 자국민에 대한 영사재판권을 가질 수 있다고 해석하고 있는 점이었다.

1879년 프랑스에서는 레옹 강베타(Léon Gambetta)가 이끄는 온건 공화파가 권력을 잡았다. 그는 "프랑스의 진정한 미래는 통킹에 있다"고 말할 정도로 베트남에 관심을 가진 인물이었으며, 당시 해군장관 또한

무력으로라도 영토를 확장하자고 주장하는 사람이었다. 이와 때를 같이 하여 1879년에 부임한 첫 민간인 코친차이나 총독 샤를 르 미르 드 빌레르(Charles Le Myre de Vilers) 역시 신속한 무력개입을 적극 권유했다. 그의 말을 빌리면, 후에 조정이 워낙 무능해서 우리가 빨리 점령하지 않으면 다른 나라에 빼앗긴다는 것이다. 이들뿐만 아니라 기업가, 해군과 육군, 그리고 가톨릭교회 등 모두가 통킹 점령을 강력히 주장했다.

프랑스가 개입할 수 있는 절호의 기회가 1881년 말에 찾아왔다. 통킹 지방에는 흑기군 등 태평천국 잔당들이 할거하고 있을 뿐더러 반란도 자주 일어나 혼란이 계속되었지만, 후에 조정은 이를 통제할 능력이 없었다. 그래서 제2차 사이공조약에 따른 홍 강 개방은 실행될 수 없는 상태였다. 이런 때 두 명의 프랑스인이 홍 강을 거슬러 윈난으로 가려다 중도에서 저지를 당했다. 이 소식을 들은 르 미르 드 빌레르 총독은 후에 조정을 상대로 제2차 사이공조약 위반이라고 항의하는 동시에, 1882년 초 사이공 주둔 해군사령관인 앙리 리비에르(Henri Rivière)에게 500명의 병사를 주어 통킹으로 파견했다. 이때 총독의 훈령은 본국 정부가 전쟁을 원하지 않으므로 평화적 방법으로 통킹과 안남(중부 베트남)에서 프랑스의 세력을 확립할 수 있게 하라는 것이었다.

3월 하노이에 도착한 리비에르는 본인의 결심도 있었지만, 통킹에 있는 프랑스인 무역상들과 가톨릭 주교의 압력도 있어서 4월 25일 새벽 하 닌(하노이와 닌 빈) 총독 호앙 지에우(Hoàng Diệu 黃耀)에게 하노이 성내 병사들의 무장해제 등을 요구하는 최후통첩을 보냈다. 호앙 지에우가 이를 거절하자 리비에르는 곧바로 하노이를 공격하여 점령했다. 호앙 지에우는 전쟁에 패하자 목을 매 자결했다. 그는 오래 전부터 뜨득 황제에게 군비증강을 요구하고 전략도 산간지대를 이용하는 장기전으로 바꾸어야 한다고 주장했으나 받아들여지지 않았다.

이후 1년간 전쟁은 중단상태였다. 프랑스가 이집트에서 영국과 각축을 벌이느라 베트남 문제를 돌아볼 겨를이 없었기 때문이다. 1년을 하는 일 없이 보낸 리비에르는 마침내 1883년 3월 혼 가이 탄광, 하이 퐁 항구, 남 딘을 점령했다. 뜨 득 황제가 청조에 사절을 보내 구원을 요청하자, 청조는 원군을 중월 접경지대인 랑 선, 박 닌, 까오 방 등지로 진주시켰다. 유영복은 홍 강을 타고 내려와 베트남군과 함께 하노이 부근 지역을 점거했다. 남 딘에 있다 급히 하노이로 돌아온 리비에르는 주변의 방어상태를 점검하던 중 매복한 흑기군의 급습을 받아 살해되었다. 10년 전 가르니에 사건 때와는 달리, 1883년 초 쥘 페리(Jules Ferry)가 정권을 다시 잡으면서 대외 팽창정책을 추구하고 있던 프랑스 정부는, 베트남 점령을 위한 군사비를 의회에 요청하여 승인을 받았다. 그리하여 대규모의 육해군이 베트남에 파견되었다. 육군이 6월 통킹 델타를 점령하고 해군이 8월 후에 외곽의 투언 안(Thuận An) 항을 장악하자, 지난날 가르니에의 동료였던 고등판무관 프랑수아 쥘 아르망(François Jules Harmand)은 후에 조정에 자기의 제안을 무조건 받아들이라는 최후통첩을 보냈다. 만일 거절한다면, "'안남'이란 이름은 역사에서 더 이상 존재하지 않을 것"이라는 무시무시한 말과 함께.

후에 조정은 프랑스의 강경한 자세에 적절한 대응은커녕 왕위계승을 둘러싸고 내분을 겪고 있었다. 1883년 7월 뜨 득 황제가 사망하자, 세 양자 중 장자상속원칙에 따라서 죽 득(Dục Đức 育德)이 제위를 이었다. 죽 득이 제위에 올라 독자적인 행동을 하려 하자, 섭정 응우옌 반 뜨엉(阮文祥)과 똔 텃 투엣(Tôn Thất Thuyết 尊室說)은 즉위한 지 사흘밖에 안된 죽 득을 독살하고, 뜨 득 황제의 이복동생을 옹립하여 연호를 히엡 호아(Hiệp Hòa 協和, 1883년 7~11월)라고 했다.

히엡 호아 황제가 아르망의 최후통첩을 받은 것은 제위에 오른 다음 달이었다. 이미 세력이 약화되어 저항이 불가능함을 느낀 후에 조정은 휴전을 요청하기로 하고 쩐 딘 뚝(Trần Đình Túc 陳廷肅)과 응우옌 쫑 헙(Nguyễn Trọng Hợp 阮仲合) 두 사람을 협상대표로 파견했다. 8월 25일 이들과 아르망 사이에 이른바 아르망 조약(제1차 후에조약 또는 계미조약)이 체결되었다. 이때 코친차이나의 행정은 이미 독자적 기반이 갖추어져 있어서 누구나 이를 기정사실로 받아들이고 있었다. 실제로 1887년 인도차이나 연방이 형성된 뒤에도 코친차이나는 거의 독자적으로 행동했다. 프랑스가 북부와 중부를 점령하고서도 이를 코친차이나와 합병하지 않고 별도의 보호령으로 한 것은 이 때문이었다. 더욱이 응우엔 왕조의 통치자나 관리들 또한 그렇게 되어야만 자신들의 지위를 유지할 수 있다고 생각했다.

이 조약으로 베트남은 프랑스의 보호국이 되었고, 당연히 외교교섭권도 프랑스에 넘어갔다. 프랑스는 통킹 지방을 응우엔 왕조의 직접지배부터 분리하여 모든 주요 도시에 베트남 관리들에 대한 통제권을 가진 주차관(résident)을 임명하기로 했다. 따라서 베트남군은 통킹에서 즉시 철수하고 대신 프랑스군이 주둔하며 홍 강의 개방을 보장하고, 내란과 외침에 대응한다는 규정도 두었다. 안남 지방 남부에 위치한 빈 투언 성이 코친차이나에 편입되고, 북부의 타인 호아, 응에 안, 하 띤은 통킹에 부속되며, 후에 조정은 나머지 지방에서만 프랑스의 간섭 없이 통치할 수 있었다. 그러나 이 지역 내에서조차도 관세와 토목에 관한 사항이 제외되면서 응우엔 왕조는 명목상의 존재에 불과했다.

조약체결 후 히엡 호아 황제는 응우엔 반 뜨엉 및 똔 텃 투옛과 사이가 안 좋아졌다. 두 사람이 황제의 권위를 완전히 인정하려 들지 않았을 뿐 아니라, 히엡 호아 황제는 프랑스와 친선관계를 유지하려 한 반면에, 두 사람은 프랑스에 저항할 생각을 갖고 있었기 때문이다. 결국 응우엔 반 뜨엉과 똔 텃 투옛은 사이가 좋다고는 할 수 없었지만 공동의 목적을 위해 손을 잡고 11월에 히엡 호아 황제를 강제 퇴위시켜 독살한 후 뜨 득 황제의 셋째아들(당시 15세)을 옹립했다. 그가 끼엔 푹(Kiến Phúc 建

福, 1883.12-1884.7) 황제이다. 황제가 어려야 자기들 마음대로 주무를 수 있다고 생각했던 것이다. 끼엔 푹 황제가 재위 8개월 만에 병사하자, 응우옌 반 뜨엉과 똔 텃 투옛은 또 다시 끼엔 푹의 이복동생(당시 12세)을 제위에 앉히니 그가 바로 함 응이(Hàm Nghi 咸宜) 황제이다.

한편 프랑스 본국 정부는 청나라가 신경써서 너무 많은 베트남 인구를 책임지는 것은 부담스럽다고 판단했다. 그래서 1884년 5월 주중 프랑스 공사 쥘 파트노트르(Jules Patenôtre)를 후에로 파견하여 새로운 조약을 응우옌 반 뜨엉에게 제시했다. 응우옌 반 뜨엉은 여기에 즉시 서명했다. 이른바 파트노트르 조약(제2차 후에조약 또는 갑신조약)이다. 조약의 주요 내용은 아르망 조약에서 코친차이나에 편입시켰던 빈 투언 성과 통킹에 부속시켰던 3성(타인 호아·응에 안·하 띤)을 안남에 귀속시킨다는 것이며, 나머지는 아르망 조약과 대동소이했다.

청불전쟁

베트남과 프랑스 사이의 이런 새로운 관계에 대하여 베트남의 종주국으로 행세해온 청나라가 민감한 반응을 보인 것은 어쩌면 당연했다.

앞서 언급한 바와 같이, 리비에르가 사망하자 페리 내각은 의회로부터 임시 군사비를 승인받아 해군과 육군으로 구성된 대규모 병력을 베트남에 파견했다. 그러면서도 주일공사 아르튀르 트리쿠(Arthur Tricou)를 청나라에 특사로 파견했다. 그에게는 베트남에서의 현재상황을 유지하되 청나라와의 화해를 도모하라는 훈령이 전해졌다. 청나라 측에서도 사태를 외교적으로 수습하려는 노력이 계속되었고, 그 중심에는 이홍장(李鴻章)이 있었다. 프랑스와의 대결을 주장하는 당시 대부분의 관료들에게 그는 통킹은 '쓸모없는 모퉁이 땅'(一隅無用之地)이나 마찬가지라면서 반대의사를 분명히 했다. 이홍장은 가령 베트남이 프랑스에 합병된다 해도 변경의 환란은 미래의 일이지만, 프랑스와의 대립이 계속된다면 순식간에 전쟁이 발발하게 될 것이므로 그 이해의 경중(輕重)이 분명하며, 상황에 따라서는 베트남을 방기할 수도 있다고 했다. 이러한 화해 노력에도 불구하고 청나라와 프랑스 양측의 입장차이가 너무 커서 이홍장과 트리쿠의 접촉은 성과를 낼 수 없었다.

그러는 중에 프랑스는 베트남과 1883년 8월 아르망 조약을 체결하여 베트남 각지를 장악했다. 1882년 6월에 파견된 청군은 국경에 가까운 베트남 북부지방에만 주둔하고 있는 상태였고, 양광총독과 운귀(雲貴) 총독이 파병의 어려움을 상주했기 때문에 청 조정은 더 이상의 파병계획을 세우지 않았다.

그렇다고 중국이 아르망 조약을 묵과한 것은 아니었다. 조약체결 직후 청조는 자기네가 승인하지 않은 베트남의 국제조약은 모두 무효임을 선언했다. 1882년 뜨 득 황제의 요청으로 파견되었던 청군은, 조약이 체결된 뒤에도 흑기군과 연합하여 프랑스군에 대항하면서 선 떠이와 박 닌을 점거하고 물러갈 생각을 하지 않았다. 11월 청나라와 프랑스 양국의 군대는 마침내 충돌하여, 11월 프랑스군은 하이 즈엉을 방어하고, 더 나아가 12월에는 저항의 중심지인 선 떠이를 빼앗았으며, 이듬해 3월엔 박 닌을, 4월엔 흥 호아(Hưng Hóa)를 함락했다. 흥 호아 성(城) 함락은 통킹 전투에서 아주 중요했다.

1884년 5월 이홍장은 조정 내의 반대에도 불구하고 프랑스 측 대표인 프랑수아 푸르니에(François E. Fournier)와 톈진에서 강화협약을 맺었다. 이-푸르니에 협약 또는 톈진협약(天津協約)으로 불리는 이 협약에서, 프랑스는 통킹과 접한 중국의 남쪽 변경을 존중하며 필요한 경우에는 보호해주기로 했다. 반면에 중국은 통킹 지방에 주둔하고 있는 군사를 즉시 철수하며, 베트남과 프랑스 사이에 맺어진 기존의 조약들은 물론 앞으로 체결될 조약들까지도 존중하기로 했다.

이렇게 청나라가 베트남에 대한 프랑스의 보호권을 인정해주자 조정 내에서는 이홍장에 대한 비판이 거세게 일어났다. 마침 좌종당(左宗棠)이 군기대신이 되면서 청은 강경노선으로 급선회했다. 이러한 상황에서 양국의 관계를 더욱 악화시키는 사건이 발생했다. 톈진협약에 따라 6월에 랑 선 지방의 박 레(Bắc Lệ)를 접수하기 위해 파견된 프랑스군을 현지에 주둔하고 있던 청군이 매복 공격하여 프랑스 측에 100명 가까운 사상자가 발생한 것이다.

프랑스는 일단 청조에 배상금 지불을 요구했다. 그러나 청조가 배상금 지불을 거부하자 전쟁으로 치달았다. 프랑스 함대는 즉시 청나라의 푸젠(福建) 함대를 궤멸시키고 타이완도 봉쇄했지만, 프랑스의 우세는 여기까지였다. 1885년 봄 베트남 북부의 랑 선 전투에서 프랑스군이 대패를 당하면서 전쟁은 교착상태에 빠져들었다.

결국 양국은 협상을 시작하여 1885년 6월 이홍장과 파트노트르 사이에 전문 10조의 톈진조약이 체결되었다. 그 내용은 프랑스와 베트남 사이의 현행 및 장래의 조약을 청조가 존중하고 중월(中越) 간의 변경무역을 개방하며 조약 체결 후 6개월 내에 양국은 청나라와 박 끼(Bắc Kỳ 北圻, 즉 북부)의 경계를 정한다는 것 등이었다.

근왕운동

베트남인의 저항은 프랑스의 침략과 동시에 시작되었다. 1859년 리고 드 주누이 제독이 사이공을 공격할 때 지방의 문신들은 의군(義軍)을 조직하여 관군을 도왔으며, 1862년 제1차 사이공 조약이 체결된 뒤에도 항쟁을 계속했다.

당시 대불항쟁의 가장 대표적인 인물은 쯔엉 딘(Trương Định 張定, 1820-1864)이었다. 그는 본래 중부 출신으로 무관인 부친을 따라 남으로 내려와 정착해 살면서 둔전을 만들고 지방군을 육성했다. 쯔엉 딘은

이 병사들과 함께 자 딘 성 방어에 참여했으며, 1862년 제1차 사이공 조약 이후에는 안 장 성(tinh An Giang)의 고위관리로 임명되기도 했으나, 이를 고사(苦辭)하고 사이공 남쪽에 위치한 고 꽁(Gò Công) 지방을 근거로 대불항쟁을 전개했다. 그러다가 1864년 8월 옛 동료의 배신으로 복병을 만나자 자결했다.

쯔엉 딘이 대불항쟁의 대표적인 인물이 된 것은, 시각장애인 시인 응우옌 딘 찌에우(Nguyễn Đình Chiêu 阮廷沼, 1822-1888)의 덕분이기도 하다. 응우옌 딘 찌에우는 사이공 출신으로 평생 벤 째(Bến Tre)에 살면서 프랑스의 코친차이나 식민화와 가톨릭에 반대하며 민족의식을 고취하는 많은 시를 남겼다.

응우옌 딘 찌에우의 대표작은 국음(國音)으로 쓴 『룩 번 띠엔』(Lục Vân Tiên 蓼雲仙)인데, 이는 『낌 번 끼에우』의 다음 가는 작품으로 높이 평가되고 있다. '룩 번 띠엔'은 작품의 남자 주인공 이름이며, 응우옛 응아(Nguyệt Nga 月娥)라는 여성과의 관계를 매개로 유교 이념, 즉 남자는 충효를 첫째로 삼고, 여자는 절행(節行)을 닦아야 한다는 점을 강조하고 있다.

『룩 번 띠엔』은 남부지역 일상어와 속담의 보고(寶庫)로 유명한 만큼, 특히 남부사람들에게 많은 사랑을 받았다. 이에 프랑스 식민당국은 『룩 번 띠엔』의 이본을 채집하여 정리, 번역하는 한편 응우옌 딘 찌에우를 회유하려고 했다. 이 작품을 읽거나 듣는 동안 그 속에 내재된 애국주의가 자연스럽게 베트남 사람들의 마음속에 스며드는 것을 두려워했기 때문이다.

반면에 대불항쟁 중에도 1870년대부터는 프랑스에 협력하는 사람들이 늘어나기 시작했다. 초기의 식민당국은 군정을 실시하여 프랑스인 장교들을 토착민정무감찰관에 임명했으나, 언어소통의 문제로 실무행정은 베트남인에게 맡기게 되었다. 이러다 보니 앞서 말했듯이 프랑스어를 아는 베트남인과 현지 가톨릭 교도가 더 많은 출세의 기회를 얻었다. 이들은 수동적인 협력자에 머무르지 않고, 경제와 기술의 발전을 위해 프랑스의 식민지지배를 능동적으로 받아들여야 한다는 주장을 펼치기도 했다.

이들 협력자 대부분이 가톨릭 교도였다. 쯔엉 빈 끼(Trương Vĩnh Ký 또는 Pétrus Ky 張永記, 1837–1898)

쯔엉 빈 끼

와 후인 띤 꾸어(Huỳnh Tịnh Của, 일명 Paulus Của, 1834–1907) 역시 그랬다. 쯔엉 빈 끼는 특히 언어에 재능이 있어서 프랑스어는 물론 한문, 라틴어, 영어, 그리스어 등 10개 이상의 언어에 능통했다고 한다. 그는 한때 후에 조정의 기밀원(機密院)에 근무했고, 1863년에는 판 타인 잔이 동부 3성의 반환을 위해 파리에 갈 때 통역관으로 그를 수행했다.

쯔엉 빈 끼는 많은 서양서적을 비롯해서 한문이나 쯔놈으로 된 작품들을 로마자화된 현대 베트남어, 즉 꾸옥 응으(國語)로 번역했다. 그는 고전 『낌 번 끼에우』와 『룩 번 띠엔』을 번역했을 뿐만 아니라 꾸옥 응으 교재도 만들었다. 이처럼 쯔엉 빈 끼는 국어와 국문학 보급에 열성적이었다. 더 나아가 1865년에는 후인 띤 꾸어와 함께 베트남 최초의 꾸옥 응으 신문 『자 딘 바오』(Gia Định Báo 嘉定報)를 발행했다. 쯔엉 빈 끼를 프랑스 식민지배의 협력자라고 비난하는 목소리도 일부 있지만, 베트남이 서구의 근대문화를 수용하는 초기에 그가 이룩한 문화적 업적에 대해서는 누구도 의심하지 않는다.

후인 띤 꾸어도 한학(漢學)을 공부하고 가톨릭으로 개종했으며, 코친차이나 식민정부에서 고위관리로 근무했고, 서양서적과 한문이나 쯔놈으로 된 많은 작품들을 꾸옥 응으로 번역하여 쯔엉 빈 끼와 더불어 초기 꾸옥 응으의 발전에 많은 기여를 했다.

물론 협력자들을 비난하는 사람도 적지 않았다. 판 반 찌(Phan Văn Trị 潘文治)는 그 중의 한 사람이었다. 그는 특히 협력을 주장한 똔 토 뜨엉(Tôn Thọ Tường 尊壽祥)과 벌인 필전(筆戰)으로 유명하다. 예컨대, 똔 토 뜨엉은 프랑스를 호랑이에, 베트남을 어린아이에 비유하여, 어린아이가 호랑이 입을 가지고 노는 것은 무모한 일이라고 했다. 이에 대해 판 반 찌는 우리가 기르는 개가 집에 있는 토끼를 물어 죽이는 날이 있을 것이라고 반박했다.

1882년 프랑스군이 홍 강 델타에 공격을 개시했을 때 북쪽의 향신(鄉紳)들도 촌락단위로 자위대를 조직하고 중국에서 무기를 구입하는 등 저항의 태세를 갖추었다. 1884년 조약체결 후 후에 조정이 이들에게 저항을 중단하라고 명령을 내렸음에도 불구하고, 각지에서 프랑스군에 대한 공격이 있었다. 많은 지방관리들이 관직을 떠나 저항운동에 가담하여 지도자 역할을 했다. 프랑스군은 이들의 진압에 적지 않은 병력을 투입해야 했기 때문에 청불전쟁 때는 작전상 많은 차질을 빚었다. 그러나 1885년의 톈진조약은 이들의 저항정신에 찬물을 끼얹었다. 청나라에 걸었던 마지막 기대가 무너졌기 때문이다.

이제 프랑스의 침략에 대항하는 무대는 중앙의 후에 조정으로 옮겨갔고, 이는 근왕운동(勤王運動)이라는 이름 아래 전국적으로 퍼져 나갔다. 청불전쟁이 끝난 뒤 앙리 루셀 드 쿠르시(Henri Roussel de Courcy)가 프랑스군 총사령관으로 부임해 파트노트르 조약의 이행임무를 맡았다. 그는 현지의 사정을 전혀 고려하지 않는, 과격한 인물이었다. 청불전쟁 동안 이미 프랑스에 저항하기로 계획했던 똔 텃 뚜옛은 루셀 드 쿠르시의 무례한 행동을 빌미로 1885년 7월 초 후에에 주둔한 프랑스군 수비대를 공격하여 어린 황제를 데리고 수도를 빠져나갔다. 그러나 그는 적을 많이 만들었기 때문에 동조하는 이들이 많지 않았다. 응우옌 반 뜨엉과 황태후 및 많은 왕족들은 곧 후에로 돌아왔다.

9월 중순, 프랑스 식민당국은 함 응이 황제에 맞서기 위해 그의 형, 즉 뜨 득 황제의 둘째 양자를 동 카인(Đồng Khánh 同慶, 1885-1889) 황제로 세우고, 11월에는 신호(紳豪)들을 달래기 위한 조서, 즉 '위무신호'(慰撫紳豪)를 발표하여 함 응이 망명정부를 불법으로 규정하고, 그 동조자들을 역적으로 몰았다. 이에 앞서 루셀 드 쿠르시는 무력진압 방침을 굳히고 하 띤과 꽝 빈을 연결하는 중간지점에 병력을 상륙시키는 한편, 북부에 주둔하고 있던 병력 일부를 중부로 이동시켰다.

똔 텃 뚜엣은 꽝 빈 지방의 산악지대에 거점을 마련하고 황제의 이름으로 프랑스의 침입에 저항할 것을 호소하는 조칙, 일명 근왕령(勤王令)을 전국에 반포했다. 근왕령이 알려지자 황제를 보호하는 것이 당연한 의무라고 생각하여 각지, 특히 후에 이북의 하 띤과 응에 안 및 타인 호아 지역에서 유학자와 지주들이 농민을 이끌고 들고 일어났다. 함 응이 망명궁정이 있던 하 띤 성의 산간지대에서는 레 닌(Lê Ninh 黎寧)이 저항세력을 규합하여 성청(省廳) 소재지를 습격하기까지 했다. 타인 호아 성의 마 강 델타에서는 딘 꽁 짱(Đinh Công Tráng 丁功壯)이 바 딘(Ba Đinh)을 근거로 프랑스군에 대항했는데, 이 성을 함락시키기 위해 프랑스는 5,000명의 병력을 동원하여 3개월에 걸쳐 공격을 가했다. 오늘날 하노이의 바 딘 광장(Quảng trường Ba Đinh)은 제2차 세계대전 후 이 바 딘 성 전투를 기리기 위해 명명된 것이다.

이들 지역에 많이 살고 있던 가톨릭 교도들은 본인의 의지와 상관없이 내부의 적으로 몰리게 되었다. 일반 베트남인들은 1885년 9월 "가톨릭 교도를 죽여라"는 구호를 외치며 특히 꽝 찌 성과 인근지역의 가톨릭 교도에게 대규모 공격을 가했고, 최소 4만 명 이상이 살해되었다고 한다. 이러한 학살은 후대까지도 베트남 사회에 큰 상처를 남겼다. 이런 점에서 본다면 근왕운동은 우리나라 조선후기에 성리학 이외의 모든 종교와 사상을 사학(邪學)으로 규정하여 배격하는 위정척사운동과 유사한 점이 있다. 이 운동은 처음에는 천주교 배척과 탄압으로 시작되었으며, 나중에는 의병운동으로 전개되었다.

프랑스 본국정부는 루셀 드 쿠르시의 지나친 오만이 불필요한 상황을 야기했다고 판단하여 그를 질책했다. 여기에 더하여 사이공의 코친차이나 총독이 캄보디아에 대한 지배력을 강화하려다가 일시적이기는 하지만 캄보디아인들의 광범위한 저항운동을 불러온 것도 문제였다.

새로운 정책의 필요성을 느낀 프랑스 정부는 강압적 수단 대신 융화정책을 쓰기로 결정하고 1886년 초 병리학 교수를 거쳐 교육부 장관을 지낸 폴 베르(Paul Bert)를 중부와 북부의 초대 주차총감(駐箚總監)으로 임명했다. 그는 근본적으로는 군사문제가 아니라 정치문제라고 생각하여, 통킹에 베트남 황제의 대리인으로 낀 르억(kinh lược 經略)을 두어 저항운동 지도자들의 반감을 완화시키려 했다. 이는 결과적으로 통킹을 안남으로부터 분리시켜 훗날 인도차이나 연방을 형성하게 되는 단초가 되었다.* 베르는 또한 '베트남화'를 추진하여 베트남 관리들의 전통적 규범을 인정하고, 전통적 교육을 받은 사람들도 관직에 임명될 수 있도록 했다. 그리고 항복한 문신들의 생명도 보장해주자 프랑스군의 우세한 무력 앞에 열세를 면치 못했던 저항운동의 지도자들 중에는 투항하는 자가 적지 않았다. 하지만 부임한 지 채 1년도 안된 1886년 11월 갑작스럽게 죽음을 맞아 본인의 뜻을 제대로 이루지 못했다.

한편 1887년 똔 텃 뚜옛은 청나라의 도움을 요청하러 북으로 간 후 소식이 끊겼다. 이후 중북부 베트남의 근왕운동은 쇠퇴하고, 1888년 10월 말 함 응이 황제는 산간지역 소수민족인 므엉족(Mường) 족장의

---

* 인도차이나 연방은 처음에는 1887년 10월 통킹, 안남, 코친차이나, 캄보디아로 구성되고, 1893년 10월 라오스가 추가되었다.

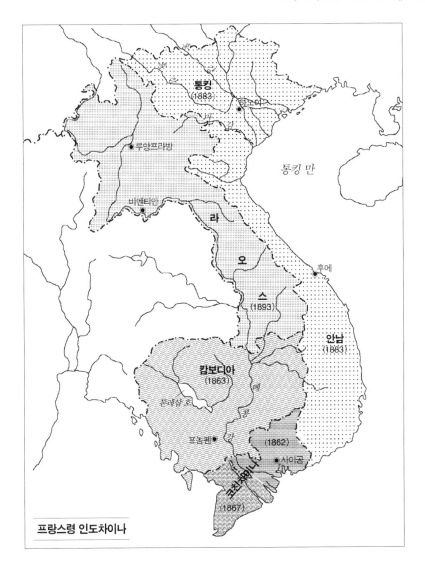

통킹
(1883)

하노이

루앙프라방

비엔티안

라

오

스
(1893)

통킹 만

후에

안남
(1883)

캄보디아
(1863)

똔레삽 호

메

공

프놈펜

(1862)

코친차이나
(1867)

사이공

프랑스령 인도차이나

밀고로 프랑스군에 체포되어 알제리로 유배되었다. 근왕운동의 정신적
지주였던 황제가 체포되었다는 소식은, 이 운동에 참여했던 많은 사람
들의 사기를 떨어트렸다.

　그러나 근왕운동이 여기에서 끝난 것은 아니었다. 오늘날 이 운동의

대표적 인물로 꼽히는 판 딘 풍(Phan Đình Phùng 潘廷逢, 1847-1895)
과 호앙 호아 탐(Hoàng Hoa Thám 黃花探, 1858-1913) 두 사람은 이후
에도 장기간에 걸쳐 프랑스에 대한 저항을 계속했다. 하 띤 지방 출신의
판 딘 풍은 1877년 과거시험에서 장원으로 급제한 후 1883년 어사직에
있었으나, 당시 똔 텃 투옛이 히엡 호아 황제를 폐위시키는 데 반대하다
가 면직을 당해 낙향했다. 1885년 함 응이 황제의 호소에 응하여 이후
10년 동안 조직적인 저항운동을 전개했다. 그의 세력은 하 띤을 중심으
로 남으로 꽝 빈, 북은 응에 안과 타인 호아까지 미쳤다. 그는 조직력이
뛰어나고 근대적 무기를 확보했으며, 저항운동 중에도 프랑스군과 불필
요한 대결을 피하고 근거지 마련과 식량 확보에 주력했다. 그래서 프랑
스군은 그의 세력을 쉽게 제압할 수 없었다. 하지만 1895년 말 그가 병
사하면서 저항운동은 더 이상 지속되지 못했다.

데 탐(Đề Thám 提探)이라는 이름으로 더 잘 알려진 호앙 호아 탐은
홍 옌 지방의 가난한 농가에서 태어나 박 장 성(tinh Bắc Giang)의 옌 테
(Yên Thế) 지방에서 성장했다. 16세 때 근왕운동에 참여하여, 1892년
부터 지도자가 되었다. 데 탐은 농민들을 규합하여 옌 테를 본거지로 삼
고 박 장, 타이 응우옌, 랑 선 등지에서 게릴라 전술로 프랑스군의 공격
을 수차례 물리쳤다. 프랑스측은 토벌작전이 별 성공을 거두지 못하자
그와 1894년과 1897년 두 차례 협약을 맺고 일정 구역 내에서 자치를
허용했다. 그리하여 1913년 프랑스군에 매수된 부하에게 암살될 때까
지 그는 독립적인 세력을 유지했다. 이러한 베트남인의 저항, 특히 통킹
에서 전개된 저항운동은 프랑스에 인명손실뿐만 아니라 막대한 재정손
실을 안겨주었다. 1887년부터 1891년까지 파리 정부는 통킹에 1억
6,800만 프랑을 지원해야 했다.

어쨌든 근왕운동은 실패로 끝났다. 저항운동의 지도자들은 맹목적인
충성심만 내세웠을 뿐, 조직력이 부족하여 지역적인 연대를 이루어내지

못했다. 특히 지방 유력자들은
봉기 여부를 상황의 진전을 보
아가며 결정하곤 했다. 또한
통킹의 엘리트 중에는 촌락의
황폐화를 초래하는 혼란을 끝
내기 위해 외세의 지배를 받아
들이려는 경향도 있었다. 여기
에 더하여 산간지대의 소수민

함 응이 황제의 근왕령(勤王令)

족과 응우옌 왕조의 갈등도 근왕운동에 균열을 가져왔다.

이외에도 근왕운동은 사회적 변화와 근대화에 대한 관념이 결여되어
있었다는 점에서 근대적 민족주의운동이 아니었다. 다시 말하면 프랑스
제국주의와 식민정책이 내세우는 '진보'에 대항할 만한 이념이 없었다.
저항운동에 참여한 이들이 다 그런 것은 아니었지만, 대부분 서양 야만
인에 대항하여 유교적 전통과 왕조를 유지하는 데만 관심을 두었다. 그
들의 애국심은 미래 지향적이 아니라 과거 지향적이었던 것이다.

근왕운동은 종결되었지만, 베트남사회 내부에는 여전히 저항감이 강
하게 남아 있었다. 이런 저항감을 완화시키는 데 중요한 것은 촌락이며,
따라서 촌락 내의 유력계층을 끌어들여야 된다는 견해가 제기되고, 이
를 어느 정도 달성한 것은 당시 총독이던 장 마리 앙투안 드 라느상(Jean
Marie Antoine de Lanessan, 1891.6-1894.12)이었다. 그는 식민화를 후
진국을 변화시키는 하나의 수단이라고 생각하여 현지인들과의 협력을
중요시했다. 바꾸어 말하면, 안남과 통킹을 지배하기 위해서는 다이 남
(大南)의 정치적 구조와의 타협이 필요하다는 것이다. 그리고 촌락의
군역(軍役)은 가볍게 하고 세금도 표준화하려고 했다. 하지만 드 라느
상의 이러한 리버럴한 정책은 코친차이나 식민주의자들의 큰 반발을 샀
고, 결국 드 라느상은 본국으로 소환되었다.

두메르 총독

그의 후임으로 아르망 루소(Armand Rousseau, 1895.2-1896.10)가 부임했으나 재임기간이 짧았다. 인도차이나 연방이 그 나름의 구심적 역할을 하게 된 것은 1897년에 부임한 폴 두메르(Paul Doumer, 1897.2-1902.10) 총독에 이르러서였다.*

두메르는 총독에 부임하자마자 통킹의 낀 르억(經略)을 없애고 통킹의 고등주차관이 낀 르억의 권한을 그대로 물려받는 동시에 총독의 지휘를 받게 했다. 이리하여 통킹은 안남과 완전히 단절되어 코친차이나처럼 프랑스의 직접통치를 받게 되었다. 각 성(省)의 장(長)에는 프랑스인과 베트남인 두 사람이 임명되었으나 실권은 프랑스인에게 있었다.

두메르는 이어서 안남으로 눈을 돌려 응우옌 왕조 황제의 권한을 완전히 없앴다. 그가 부임하기 전까지 황제는 명목상 국가원수로 프랑스의 감독하에 안남의 행정을 책임지고 있었다. 두메르는 이러한 황제의 권한마저 없애려고 기밀원을 폐지하고 내각을 설치했다. 내각을 구성하는 각부 장관에는 베트남인과 프랑스인이 공동 임명되었고, 이들이 함께 업무를 관장했다. 그리고 내각회의를 주재하는 것은 더 이상 황제가 아니라 고등주차관이었으며, 그는 사법과 예산에 관한 권한까지도 가졌다. 황제는 이제 은퇴한 연금생활자나 다름없는 처지가 되었다.

그리고 두메르는 이전 총독들이 하지 못했던 인도차이나 다섯 지역, 즉 보호령인 통킹, 안남, 캄보디아, 라오스와 식민지인 코친차이나에 대

---

* 두메르 총독은 훗날 프랑스 대통령(1931-1932)이 되었다.

한 연방 정부의 권위를 확립했다. 코친차이나는 비록 다른 지역과 달리 식민지였지만, 두메르는 이를 통일된 예산과 운영 안으로 끌어들였다. 이러한 효과적인 중앙행정으로 인해 그때까지 파리 정부에 의존하고 있던 재정의 독립이 가능해졌다.

식민지 재정이 안정되자, 두메르는 도로, 철도, 교량, 운하, 항만 등의 건설에 힘을 기울였다. 그의 열정적인 노력은 논란의 대상이 되고 비난도 많이 받았지만, 그의 업적은 장기적인 면에서 그 나름대로 평가할 만하기도 하다. 두메르 이후 해결해야 할 중요한 문제들은 거의 없었고, 베트남인들도 두메르가 한 일에 대해 아직 어떤 반응을 보일 준비가 되어 있지 않았다.

12장 베트남인의 독립운동

신서(新書)

　　1900년 이전 베트남인들의 대불항쟁은 전통적 지식인이 주체가 되어 외세에 대한 배타심과 유교적 충성심이 결합된 형태로 전개되었다. 수많은 가톨릭 교도에 대한 학살도 바로 이런 과정에서 유발되었다. 근대적 의미에서의 민족주의운동이 일어나기 시작하는 것은 근왕운동이 끝나는 1900년대에 들어서면서부터였다. 1900–1910년 사이에 새로운 의미의 말들이 생겨났다. 과거에는 군주의 '백성'이라는 뜻의 '민'(dân 民)이 '국민'(quốc dân)의 의미로 바뀐 것을 비롯하여 '애국'(ái quốc)과 '동포'(đông bào) 및 '국가'(quốc gia)와 같은 단어들이 그 좋은 예이다. 그리하여 교육받은 지식층의 군주에 대한 개념은 국가에 대한 개념으로 바뀌었다. 개혁파 학자인 응오 득 께(Ngô Đức Kế 吳德繼)는 1924년에 이렇게 말했다. "왕은 아직 존재하지만 조국은 없다. 만약 조국이 없다면 왕이 무슨 소용이 있겠는가?"

　　이러한 새로운 말들은 중국에서 들어온 '신서'(新書)를 통해 보급되었다. 신서를 읽을 수 있었다는 것은 초기 개혁가들이 전통적 유교교육을 받은 사람들임을 말해준다. 다시 말하면, 1900년대에 들어와 독립운동에서 중추적 역할을 하는 사람들은 1800년대 후반에 태어나 유교교육을 받은 마지막 세대이자 외부의 영향으로 점차 근대사상을 흡수하기 시작하는 첫 세대였다.

'신서'란 구체적으로 말하면 1900년대 전후 중국에서 들어온 양무운동과 변법자강사상에 관련된 책들을 말한다. 한문으로 번역된 루소의 『민약론』(民約論), 스펜서의 『진화론』(進化論)을 비롯하여 볼테르와 몽테스키외 및 여타 사회진화론자들의 저작이 베트남에 유입되었고, 서구의 언어를 잘 모르던 베트남 지식인들은 이 책들을 통해 서구의 사상에 눈을 뜨게 되었다. 이와 때를 같이 하여 중국에서 1898년 서구식 정치제도 도입, 즉 제도개혁을 주장하는 변법운동(變法運動)을 주도했던 량치차오(梁啓超)의 저작인 『무술정변기』(戊戌政變記), 『신민총보』(新民叢報)를 비롯하여 『영환지략』(瀛環志略, 또는 瀛寰志略), 『중동전기본말』(中東戰紀本末),[*] 『일본유신삼십년사』(日本維新三十年史) 등의 신서들이 소개되어 당시 베트남 지식층에 심대한 영향을 미쳤다.

쉬지위(徐繼畬)의 『영환지략』은 세계지리서로, 특히 서양에 대한 중국 지식인들의 관심을 증대시켜 양무운동의 선구적인 업적 중의 하나가 되었다고 하는 책이고, 량치차오가 주관한 『신민총보』는 초기 베트남 독립운동의 주역 가운데 한 사람인 판 보이 쩌우(Phan Bội Châu 潘佩珠, 1867-1940)와 량치차오를 연결해주는 매개가 되었다. 미국인 영 앨런(Young Allen)[†]의 『중동전기본말』과 일본인 저서의 한역(漢譯)인 『일본유신삼십년사』는 각각 청일전쟁과 메이지 유신에 관한 책으로 초보적이나마 일본에 관한 정보를 소개해주고 있다. 이들 서적을 통해서 새로운 지식층은 비로소 자신들이 그때까지 생각해왔던 것처럼 세상은 위계적 질서에 의해서 조화를 이루고 있는 것이 아니라 강자와 약자 간의 싸움터라는 사실을 깨닫게 되었다. 베트남의 개혁가들은 량치차오의 예에 따라 유교적 사고방식을 버리고 대신 다윈의 진화론에 근거한 사회

---

[*] 여기서 '중'은 중국을, '동'은 일본을 뜻한다.
[†] 『만국공보』(萬國公報)의 주필로 중국이름은 린러즈(林樂知).

진화론을 받아들였다.

판 보이 쩌우

초기 베트남 민족주의운
동의 두 주역은 판 보이 쩌우와 판 쭈
찐이었다. 판 보이 쩌우는 왕정을 옹호
하면서 무력으로 프랑스 식민정부에
대항하여 이를 축출해야 한다고 했다.
반면에 판 쭈 찐은 왕정 폐지와 공화제
를 주창하며, 프랑스와 대결하기보다
는 우선 근대화를 이룩한 다음 독립을

중년의 판 보이 쩌우.

회복하자는 주장을 폈다. 이런 두 사람의 견해는 당시 민족주의운동의
양대 흐름을 대변하는 것이기도 했다. 그래서 각자 그 나름대로 민족주
의운동에 기여했지만, 둘 사이의 협력은 이루어지지 않았다.

판 보이 쩌우는 응에 안 지방의 한 마을에서 가난한 유생(儒生)의 아
들로 태어났다. 그가 태어난 1867년은 프랑스가 서부 3성을 무력으로
점령한 바로 그해였다. 그가 훗날 회고했듯이, 그의 독립운동은 처음부
터 숙명적이었는지도 모른다. 19세가 되던 1885년 근왕령이 선포되자
그는 학우들과 근왕운동에 참여했지만 무명의 그에게 도움을 줄 사람은
없었다. 이때 판 보이 쩌우가 얻은 교훈은 과거시험에 급제해서 명성을
얻어야 된다는 것이었다. 그래서 과거시험 준비에 전념하여 1900년 향
시에서 일등으로 합격하고, 애초 다짐했던 대로 대불항쟁에 적극 뛰어
들었다. 초창기 그의 독립투쟁에 대한 구상은 먼저 전국에 흩어져 있는
근왕운동의 잔존세력을 규합하고, 다음으로 운동의 구심점이 될 수 있
는 황실 친족을 찾아내는 것이었다. 그리고 필요한 경우에는 외국의 원
조도 얻으려 했다.

이런 목표 아래 판 보이 쩌우는 1901년 여름 응에 안 성의 보안대와 모의하여 봉기를 계획했으나 사전에 발각되어 실패했다. 1904년 4월에는 20여 명의 동지를 규합하여 유신회(Duy Tân Hội 維新會)를 조직하고 회장에는 끄엉 데(Cường Để 彊柢)를 추대했다. 끄엉 데는 자 롱 황제의 장자인 까인의 직계 자손이므로 단체의 상징적 존재로 적합했다. 그런데 우연의 일치이긴 하지만, 1907년 제위에 오른 황제의 연호도 '유신'이었다. 주이 떤(Duy Tân 維新, 1907-1916) 황제의 선황인 타인 타이(Thành Thái 成泰, 1889-1907) 황제는 일본이 프랑스를 축출해주었으면 한다고 부탁했다가, 프랑스 당국에 의해 남부 베트남 해안의 휴양지인 붕 따우(Vũng Tàu)에 연금되고, 제위를 여덟 살밖에 안된 어린 아들에게 물려주어야만 했다.

유신회 결성과 거의 같은 시기에 판 보이 쩌우는 『유구혈루신서』(琉球血淚新書)를 썼다. 민족주의 사상을 고취시킨 베트남 최초의 저작으로 꼽히는 이 책은, 당시 일본에 합병된 류큐의 예를 들어 독립의 상실이 얼마나 불행한가를 관료층에게 설명하고 그들의 지지를 얻기 위해 집필된 것이다.

그러나 당시까지만 해도 판 보이 쩌우는 근왕운동의 범주에서 크게 벗어나지 못한 채 단지 애국심에 불타는 과격한 사람이었다. 아직 정세변화에 대한 냉철한 이해가 없었으며, 독립운동에 수반되는 복잡한 문제들을 예견하지도 못했다. 그러다가 새로운 서양의 문명에 눈을 뜬 중국인들, 특히 량치차오의 영향을 받으면서 소박하고 단순한 사고에서 벗어나 진보적 의식을 갖게 되었다.

1905년 판 보이 쩌우는 반식민주의 운동의 재원을 마련하고 무기를 구입하기 위해 일본으로 떠났다. 당시 그의 눈에는, 일본이 메이지 유신 이후 새로운 개혁정책에 의해 서구의 도전을 효과적으로 막아내고, 청나라나 러시아와의 전쟁에서 승리를 거둔 아시아의 새로운 강국이며,

"같은 아시아인으로서 유사한 문화를 공유"(同種同文同洲)하고 있는 것으로 보였다.

1905년 5월 요코하마에 도착한 판 보이 쩌우는 제일 먼저 량치차오를 찾아갔다. 량치차오는 변법운동 실패 이후 일본에 망명 중이었다. 베트남 독립문제에 관해 조언을 구한 그에게 량치차오는 일단 일본이 군사개입을 하게 되면 결코 물러나지 않을 것임을 경고하면서, 중요한 것은 베트남인 스스로 내적인 힘을 키우는 일이라고 충고했다. 또 판 보이 쩌우가 무기의 필요성을 말하자 일본정부의 원조를 기대하는 것은 불가능한 일이라고 단언했다. 만약 원조를 하게 되면 일본과 프랑스 사이에 불화가 생길 터인데 현재로서는 그럴 가능성이 없다는 것이었다.

그 대신 량치차오는 일본 재야의 아시아주의자들, 이를테면 오쿠마 시게노부(大隈重信)나 이누카이 쓰요시(犬養毅) 등을 소개해주었다. 이들 역시 무기원조보다도 인재양성이 급선무임을 말하고 유학생을 받아주겠다는 약속을 했다.

며칠 후 판 보이 쩌우는 량치차오로부터 또 다시 다음과 같은 두 가지 구체적인 권유를 받았다. 하나는 열정적이면서도 비통한 글들을 많이 써서 프랑스의 혹독한 식민정책 아래 베트남이 처한 곤경을 세계에 알리는 것이고, 다른 하나는 국민의 의식을 일깨우고 전반적인 교육수준을 높이려면 베트남 젊은이들에게 외국에 가서 공부하도록 장려하라는 것이었다. 첫번째 권유에 따라 그는 곧 『월남망국사』(越南亡國史)를 쓰고, 뒤이어 『해외혈서』(海外血書)와 『신월남』(新越南) 등 많은 저작을 발표했다.

베트남의 반식민주의 운동과정에서 탄생한 가장 중요한 책의 하나로 꼽히는 『월남망국사』는 베트남 최초의 혁명적 역사서이다. 판 보이 쩌우는 이 책에서 응우옌 왕조의 무기력과 외세의 위협에 대한 뒤늦은 대응을 한탄하면서 근왕운동 시기의 영웅들에 대해 생생히 기록하고 있

우리나라에서 번역출간된 판 보이 쩌우의 『월남망국사』 표지와 본문 일부.

다. 또한 프랑스의 억압적인 사회경제정책을 분석하고 더 나아가 모든 계층을 망라하는 민족적·반식민 단체의 결성을 촉구하기도 했다. 1905년에 출판된 이 책은 그 이듬해 우리말로 번역되었고, 그 다음해에도 두 가지 번역본이 더 나와 우리나라 독립운동가들에게 적지 않은 영향을 미쳤다.

한편 판 보이 쩌우는 학생들과 끄엉 데를 일본으로 데려가기 위해 1905년 7월 베트남에 잠입했다가, 9월에 3명의 청년을 데리고 다시 요코하마로 건너갔다. 이 같은 베트남 청년들의 일본 유학을 흔히 동유운동(東遊運動)이라고 부른다. 끄엉 데는 이때는 가지 못했다가 1906년 4월 일본에 건너가 이들과 합류했다. 1906년부터 재일 유학생수는 점점 증가하여 1908년 6월에는 200명을 넘었다. 당시 유학생의 절반은 남부 출신이었는데, 이들은 북부나 중부 출신들보다 덜 정치적이었고, 일본 유학을 프랑스 유학 정도로 생각하는 경향이 있었다.

판 보이 쩌우는 무력으로 프랑스를 축출하려 했기 때문에, 학생들이 군사교육을 받을 수 있도록 일본육군참모부 관할 하의 진무학교(振武學校)에 입학시키려 노력했다. 그러나 일본정부는 프랑스와의 관계를 고려하여 끄엉 데를 비롯한 몇 명만을 받아주었기 때문에, 대부분은 도쿄동문서원(東京同文書院)에서 공부할 수밖에 없었다. 도쿄동문서원은 동아동문회(東亞同文會)가 경영하는 청나라 유학생들을 위한 예비학교, 즉 고등전문학교 진학에 필요한 예비과목과 일본어를 가르치는 학교였다.

동유운동 초기에 당면한 가장 심각한 문제는 유학비의 조달이었다. 판 보이 쩌우는 『권국민조자유학문』(勸國民助資遊學文)을 써서 베트남 청년들과 학부형에게 일본 유학을 역설하는 동시에 찬조금을 요청했다. 이에 응하여 하노이, 사이공, 미 토 등지에 유학생 파견을 후원해주기 위한 비밀조직들이 결성되었다.

1907년 가을 판 보이 쩌우는 유학생의 활동을 통제하고 자금을 공정히 분배하기 위해 월남공헌회(越南公憲會)를 만들었다. 그러나 공헌회 설립의 또 다른 목적은 정기적인 집회와 자유로운 토론을 통해 민주적 훈련을 쌓는 동시에 그들 사이에 유대의식을 갖게 하는 것이었다.

판 보이 쩌우의 이러한 활동은 국내 유신파의 불만을 샀다. 이들은 무기 반입을 독촉했다. 물론 판 보이 쩌우가 무장봉기를 완전히 포기한 것은 아니었다. 그리하여 1907년 여름 귀국하여 1907년 말 내지 1908년 초 호앙 호아 탐을 직접 만나 근왕운동 때처럼 자신의 세력이 중부지방에서 봉기를 일으키면 호앙 호아 탐은 북부의 박 장(Bắc Giang)에서 공격에 나서며, 호앙 호아 탐의 군사에 필요한 물자가 있으면 유신회는 이를 적극 지원한다는 데 합의했다.

이 무렵 베트남 중부지방에서 농민들의 항세운동(抗稅運動)이 전개되어 프랑스 식민당국에 대한 저항이 격렬해졌다. 1908년 3월 꽝 남 지방에서 과중한 세금, 지나친 부역, 소금·술 전매에 항의하여 일어난 봉기가 꽝 응아이, 하 띤, 응에 안, 타인 호아 등지로 번졌다.

그렇지 않아도 동유운동을 의심의 눈길로 바라보고 있던 프랑스 식민당국은, 이 사건을 계기로 점차 강경한 조치를 취하기 시작했다. 때마침 우편검열을 통해 동유운동의 자금원이 프랑스 국적의 남부 베트남인 질베르 찌에우(Gilbert Chiếu, 본명은 쩐 짜인 찌에우〔Trần Chánh Chiếu, 陳政昭〕)라는 사실을 알아냈다. 그는 호텔을 경영하는 사업가인 동시에, 1907년에는 사이공에서 꾸옥 응으 신문 『룩 띤 떤 반』(Lục Tinh Tân Văn 六省新聞)을 창간하여 주필로서 근대화의 장기적인 목표들(이를테면 교육·상업·체육)과 애국지사들에 대한 부자들의 책임을 강조하고, 때로는 프랑스 식민통치를 비판하는 논설을 쓰기도 했다. 식민당국은 1908년 10월 질베르 찌에우를 체포하고 유학생 가족들을 탄압하면서 유학생의 귀국을 종용하게 하는 한편, 일본 정부에도 1907년 6월에 맺은 일불조약(日佛條約)에 근거하여 베트남인 유학생의 추방을 요구했다. 이 조약에는 두 나라가 아시아 대륙에서 상대방의 입장과 영토권을 존중한다는 조항이 있었다.

돈줄이 끊겨 일본에서의 생활이 곤란해진데다가 고향에 대한 향수와 가족에 대한 탄압소식 등으로 베트남 유학생, 특히 남부출신들 사이에서는 심한 동요가 일어났다. 그리하여 1909년 초 무렵에는 대부분의 유학생들이 베트남으로 귀국하거나 중국으로 망명했다. 판 보이 쩌우는 1909년 3월 일본에서 추방되어 홍콩으로 갔고, 끄엉 데 역시 일본정부의 요구로 그해 11월 일본을 떠나 중국·타이·유럽 등지를 떠돌다가, 1913년 잠시 코친차이나에 잠입했다. 이로써 동유운동은 완전히 막을 내렸다. 몇 년 후 끄엉 데는 다시 일본에 들어가 정치단체를 조직하고 일본 측에 접근했다.

판 쭈 찐

판쭈찐

판 보이 쩌우가 무장봉
기의 꿈을 실현하기 위해 해외에서
동분서주하고 있을 때, 또 다른 문신
집단은 국내에서 개혁과 근대화를
통해 베트남의 독립을 이룩하려 했
다. 독립의 달성이라는 점에서 보면
이들의 목적도 판 보이 쩌우와 다르
지 않았지만, 프랑스를 적으로 생각
하기보다는 오히려 프랑스를 이용하
여 봉건적인 왕정을 타도하고 근대적인 정치·경제 개혁을 하려 했다는
점에서 판 보이 쩌우와 많이 달랐다. 판 보이 쩌우도 이 점을 잘 알고 있
었다. 실제로 1906년 도쿄에서 개혁파의 대표적 인물인 판 쭈 찐과 베
트남의 독립문제를 논의한 후, 판 보이 쩌우는 우리의 견해는 서로 타협
이 불가능하다고 밝혔다.

판 쭈 찐은 꽝 남 지방의 부유한 문신 집안에서 태어나 1901년 과거
시험에 급제한 후 예부상서까지 지냈다. 그러나 조정의 부패에 낙담하
여 실의에 빠져 있을 때 신서들을 접하고는 1905년 사직했다. 이후 중
부 이남의 여러 성(省)들을 주유하면서 베트남이 당면한 문제가 무엇인
지를 직접 보고 듣게 되었다. 한편 그의 아버지는 일찍이 근왕운동에 참
여했다가 억울하게도 배신자로 몰려 처형되었는데, 이런 어린 시절의
경험으로 인해 그는 폭력을 혐오하고 문신계층의 도덕성을 의심하게 되
었다. 여기에 더하여 후에에서 경험한 조정의 부패는 전통적인 가치체
계와 왕정에 대해서 깊은 불신과 회의를 갖게 했다.

판 쭈 찐은 동료 후인 툭 캉(Huỳnh Thúc Kháng 黃叔抗), 쩐 꾸이 깝
(Trần Quý Cáp 陳季峃) 등과 함께 베트남의 재기를 위한 유세의 길에

나섰다가 깜 라인 만(vịnh Cam Ranh)에서 일본과의 전쟁을 위해 북으로 향하고 있던 러시아의 발트 함대를 경이의 눈으로 바라본 적이 있었다. 그런데 얼마 후 그 함대를 일본 해군이 격파했다는 소식을 접하고, 그는 적지 않은 충격을 받았다. 곧이어 판 보이 쩌우가 베트남에 보내는 글을 읽고 일본을 방문했다. 앞서 말했듯이, 그는 일본에서 판 보이 쩌우를 만나 독립투쟁에 관한 이야기를 나누었지만, 서로의 차이만을 확인한 채 돌아왔다.

판 쭈 찐은 유교를 경시한 것으로 흔히 알려져 있으나, 실제로는 유교 전통과 전근대 민중의 저항에 대해 신중한 태도를 보였다. 본래의 유교 정신은 올바른 것인데 그것이 후대에 변질되어 오늘날과 같은 잘못된 유교관이 생겼다는 것이 그의 주장이다. 그는 맹자가 임금이 임금노릇을 못하면 축출해도 된다는 방벌(放伐), 오늘날의 말로 하면 쿠데타를 인정했다. 그가 왕정 폐지를 주장한 것도 이와 같은 맥락에서였다고 볼 수 있다.

판 쭈 찐에게 현재 당장 중요한 것은 식민지가 진보하기 위해 필요한 요소들인 민주주의와 근대적 경제체제 및 과학기술 등을 식민본국으로부터 배우는 일이었다. 이를 방해하는 왕정이라든가 관료제라든가 보수적인 향신들의 촌락지배 따위는 당연히 폐지되어야 할 악습인 것이다. 그래서 판 보이 쩌우와는 달리, 판 쭈 찐과 그를 따르는 청년들은 베트남에서 유신(維新)의 길을 막은 베트남의 과거 정권을 비판했다.

베트남의 진보를 위해 그들은 두 가지 전략을 세웠다. 하나는 민중에게 근대적 지식을 전하여 식민지에서의 경제발전과 민주주의를 진작시키는 것이었다. 한자를 꾸옥 응으로 대체하고, 신식 학교를 설립하며, 영리목적의 회사들을 많이 설립하여 기업가정신을 고취시키는 것이 그 실천방안이었다. 또 하나는 정치참여의식을 높이는 것이었다. 이를 위해서는 신문창간을 허용하도록 식민당국에 압력을 가해야 한다고 주장

판 쭈 찐(오른쪽 상단)과 그의 장례식(1926년 4월).

했다. 요컨대, 판 쭈 찐의 구상은 근대적 시민사회의 건설이었다. 그러나 여하한 경우에도 폭력에는 절대 반대했다.

1906년 8월 판 쭈 찐은 이러한 자신의 구상을 토대로 당시 총독 폴보(Paul Beau, 1902~1907)에게 공개서한을 보냈다. 공개서한에서 그는 프랑스가 기존의 관료조직을 묵인했기 때문에 베트남인 관리들의 백성에 대한 수탈이 끊이지 않는다고 지적하고, 프랑스 식민당국이 인재등용, 법령개혁, 과거제 철폐, 교육시설 확충 및 상공업 교육 장려 등 사회 전반에 걸친 개혁에 앞장서줄 것을 요청했다.

보 총독은 이 서한에 아무 대답도 안했지만, 그 나름대로 이제까지 소홀했던 교육개혁과 의료시설 등의 문제에 관심을 보였다. 우선 안남에서 전통학교와 과거제를 근대화하여 베트남인의 불만을 달래려 했다. 의료문제에도 관심을 보였다. 또한 1906년 하노이에 인도차이나대학(현 하노이국립대학의 전신)을 설립한 것은 일면 동유운동에 대처하기 위해서였다. 전체적으로 보 총독이 추진했던 개혁의 목표는 베트남인에 대한 프랑스인의 태도를 다소 바꿔보려는 것이었으며, 궁극적으로는 프랑스인과 베트남인의 협력이었다. 그러나 재정적인 어려움으로 보의 계획은 부분적으로만 실행되었다. 결국 보는 본인의 의도와 상관없이 프랑스인과 베트남인 모두로부터 불만의 소리를 들어야 했다. 프랑스인은 그의 개혁이 너무 급진적이라고 비난했고, 베트남인은 개혁이 너무 미온적이라고 비판했다.

동경의숙

판 쭈 찐의 주의와 주장에 영향을 받은 진보적 베트남 지식인들은 문제해결에 직접 나섰다. 그 결과물이 동경의숙(東京義塾)이다. 1907년 하노이에서 문을 연 동경의숙은 일본의 유명한 문명개화론자인 후쿠자와 유키치(福澤諭吉)가 설립한 게이오의숙(慶応義塾)을 모방하여 만든 일종의 사립학교였다. 설립의 중심인물은 거인(擧人) 출신으로 한문을 가르치던 진보적 지식인 르엉 반 깐(Lương Văn Can 梁文玕)이었으나, 그 외에도 많은 지식인이 참여하고 있었다. 성년과 청년을 불문하고 누구나 받아들였으며, 여성에게도 입학을 허용했다. 학생수는 거의 천명에 달했는데, 학교 운영비는 대부분 학부모나 친지들의 기부금에 의존했다. 교과내용은 전통적인 유교교육과는 달리 세계사·지리·산수·자연과학·체조 등 근대적인 과목이 주류를 이루었으며, 수업은 꾸옥 응으로 진행되었다.

선교사들 사이에서만 사용되던 꾸옥 응으를 처음 보급시킨 것은 프랑스 식민당국이었다. 식민당국이 꾸옥 응으의 사용을 장려한 것은, 베트남의 전통문화를 부정하고 프랑스어와 프랑스 문화를 보급하기 위해서였다. 그래서 베트남 민족주의자들은 처음에는 꾸옥 응으 사용을 반대했다. 그러나 한자를 배우려면 여러 해가 걸리는데다가 외국의 사상과 기술을 수입·소개하는 데는 꾸옥 응으가 편리하다는 것을 곧 깨닫고 근대지식의 전달수단으로 이를 받아들였다.

꾸옥 응으의 보급은 과거시험이
1916년 통킹에서, 1919년 안남에서
각각 폐지되면서 베트남 지성사에서
한 획을 그었다고 볼 수 있다. 1910년
전후까지 베트남 지식인들은 과거시
험을 위해서 중국의 고전을 배움으로
써 어느 정도 전통과의 연속성을 유
지하고 있었다. 그 단적인 예로 프랑
스 지배기 후에 조정의 고위관리이며
유명한 학자였던 까오 쑤언 죽(Cao
Xuân Duc 高春育, 1842-1923)을 들
수 있다. 그는 뜨 득 황제 때 편찬된

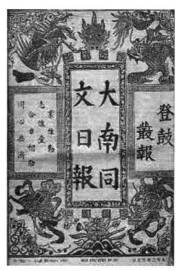

『등고총보』

『대남일통지』의 제3판을 찬수하고, 응우옌 왕조 시기의 과거급제자 명
단인『국조등과록』(國朝登科錄)을 펴내기도 했다.

1916년 주이 떤 황제가 궁궐을 탈출한 것도 전통과의 연속성 때문에
가능했다. 탈출은 문신 출신의 보수적 인물인 쩐 까오 번(Trần Cao Vân
陳高雲) 등의 계획에 따른 것이었다. 1910년대 중반 이후 까오 쑤언 죽
이 선도하던 전통계승사업은 현저히 줄어들었고, 황제 또한 1945년까
지 존재했어도 이름만 전통과 연결되어 있었지, 실질적으로는 그 관련
성을 찾아보기 어려워졌다. 이는 황제의 의복에도 그대로 나타나 있다.
전통의상을 착용한 모습을 거의 찾아볼 수 없게 되었던 것이다.

동경의숙은 단순히 학교교육에만 치중한 것이 아니라 홍보와 출판을
통해서 베트남 사회의 근대화에 공헌했다. 홍보의 중요한 수단은 한 달
에 두 번 정도 개최되는 강연회로, 여기서는 국산품 애용을 비롯하여 근
대화의 표시로 양복착용과 단발이 강조되었다. 출판의 주요 목적은 학
생들의 학습재료를 제공하는 것이었지만, 상당수의 출판물이 학교 밖으

로 흘러나가 국민의 계몽과 민족의식 고취에 크게 이바지했다. 학교 기관지로 『등고총보』(登鼓叢報)가 발간되었고, 량치차오나 판 보이 쩌우의 저작물이 꾸옥 응으로 번역·출판되었다.

1907년 여름까지는 동경의숙의 영향이 하노이 주변은 물론 멀리 중부지방까지 퍼져나갔을 뿐만 아니라, 그 성격도 점차 급진적인 색채를 띠기 시작했다. 프랑스의 억압적인 식민정책을 공박하고 대중의 봉기를 호소한 판 보이 쩌우의 『해외혈서』를 인쇄 배포하고, 프랑스군 내부의 베트남인 병사들에게도 반(反)프랑스 선동문건이 전해지자, 식민당국에서도 방관만 할 수는 없었다. 1908년 초 드디어 의숙의 폐쇄명령을 내리고, 의숙 설립에 참여한 인사들을 일부 체포하여 유배형을 내려 꼰다오 섬으로 보냈다. 동경의숙은 문을 닫았으나 그 영향을 받아, 하노이 부근에 분교가 여러 곳 생기고, 또 이를 모방한 의숙들이 다른 지방에도 설립되었다.

동경의숙에 폐교처분이 내려질 무렵인 1908년, 꽝 남에서 소요가 발생했다. 판 보이 쩌우의 유신회 활동, 판 쭈 찐에 감화되어 설립된 학교들, 프랑스 식민당국의 과도한 광산 강제노역, 베트남 관리들의 무절제한 행동, 무거운 세금으로 고통 받는 많은 농민들, 이 모든 요인이 복합적으로 작용하여 1908년 3월부터 3개월 동안 소요가 계속되었다. 소요는 해안을 따라 꽝 응아이, 빈 딘, 푸 옌까지 영향을 미쳤다. 수천 명의 농민들이 세무서를 습격하고 행정중심 도시들에 모여 진을 쳤다. 프랑스 군대에 의해 강제로 진압되기는 했지만, 폭력이 있었고 사망자도 발생했다.

이 사건의 원인은 판 쭈 찐의 주장을 무시한 데 있었지만, 그 중에서도 가장 문제가 된 것은 베트남인 악질관리들의 횡포였다. 판 쭈 찐과 후인 툭 캉을 비롯한 많은 진보적 지식인들이 꼰 다오 섬으로 유배되었다. 판 쭈 찐은 원래 사형을 선고받았으나, 그를 아끼는 프랑스인들의 구명활동 덕분에 종신형으로 감형되었다. 1911년에는 다시 가택연금으로 완화되었으나, 판 쭈 찐 자신이 제한된 자유보다는 감옥에 있는 편이 낫겠다고 주장했기 때문에 식민당국은 그를 프랑스로 추방했다. 그는 1915년 파리로 가서 진보적인 프랑스인들과 망명 중인 베트남인들의 도움을 받았다.

후인 툭 캉은 종신형을 선고받고 꼰 다오 섬으로 보내졌다. 그러나 그는 감옥생활에 어떤 불만도 표시하지 않았다. 오히려 감옥에 있던 몇 년간은 동포들과 함께 생활할 수 있기 때문에 인생을 배우는 기간이라고 생각했다. 1921년에 석방된 그는 고향 꽝 남으로 돌아와 1927년 8월 꾸옥 응으 신문인 『띠엥 전』(*Tiếng Dân* 民聲)을 발간했다. 후인 툭 캉은 때때로 그 신문에 자기의 우상인 판 보이 쩌우와 판 쭈 찐에 관한 글을 기고하여 두 사람이 베트남인들의 기억에서 사라지지 않도록 했다.

판 쭈 찐은 파리에서도 잡지기고문을 통해 1908년의 개혁운동을 역설하고, 같은 해에 있었던 몇몇 소요에 대해 프랑스 식민당국이 자행한 무자비한 탄압을 가차 없이 비판했다. 프랑스에 체류하는 동안 판 쭈 찐이 했던 정치적 행위 중에서 특기할 것은, 1922년에 개최된 마르세유 식민지박람회에 온 카이 딘 황제(Khải Định 啓定, 1916-1925)에게 공개서한을 보내 하야를 요구한 일이다. 이른바 「칠점표」(七點表)라고 불리는 이 서한에서 그는 황제가 잘못한 일로 왕정 찬미, 귀족들의 권력남용, 형벌의 불공평, 고두(叩頭) 관습의 유지, 부도덕할 정도의 사치 등을 지적했다. 한 가지 부언하면, 판 쭈 찐은 서한을 "나, 찐"(Tôi, Trinh)으로 시작하고 있다. 황제에게 보내는 글에서 성명을 다 쓰지 않고 이름만 썼다는 것은 황제를 완전히 무시하는 행동이다. 달리 말하면, 이러한 표현은 황제와 자기가 동등하다는 의미이기도 하다.

1925년 판 쭈 찐은 15년 만에 사이공으로 돌아왔다. 그는 사망하기 얼마 전 '왕정과 민주주의'라는 강연에서도 뜨 득 황제를 '뜨 득 님'이라고 불렀다. 그가 바라는 진정한 민주주의는 유럽의 자유주의 사상에 근거한 "만인은 평등하다"는 것이었다. 그러면서도 지배자와 백성이 똑같이 중요하고, 사회질서의 유지는 각자의 자기수양에서 출발해야 한다는 유교의 인도주의적 도덕성 역시 높이 평가했다.

월남광복회

한편 판 보이 쩌우는 1911년 중국에서 신해혁명이 성공했다는 소식을 듣자, 장빙린(章炳麟) 등의 초청도 있고 해서 광저우로 서둘러 돌아왔다. 그리고는 1912년 봄 동지 100여 명과 함께 유명무실해진 유신회를 해산하고 새롭게 월남광복회(越南光復會)를 조직했다. 이들은 조직의 결성과 운영에 관해 세세한 점까지 쑨원(孫文)의 동맹회를 그대로 모방했다. 광복회의 기본 목적은 프랑스 세력을 몰아내고 독립을 획득하며, 입헌군주제가 아닌 민주공화국을 건설한다는 것이었다.

광복회를 조직한 직후 당면한 문제는 자금이었다. 그 해결방법으로 혁명을 완수하면 상환해준다는 약속 하에 군표(軍票)를 발행했지만 모금은 쉽지 않았다. 판 보이 쩌우는 암살·테러 등으로 광복회의 성가를 높이면 자금난이 해결되지 않을까 생각했다. 사실 그는 폭력이 혁명의 전술로서 대중들의 마음을 움직이고 그들의 지원을 받을 수 있으면 정당화될 수 있다고 믿었다. 여기에 더하여 1909년 안중근의 이토 히로부미(伊藤博文) 암살사건이 고무적으로 작용했다고 한다.

1912년 11월에는 당시 프랑스 총독이던 알베르 사로(Albert Sarraut)의 암살을 기도했고, 1913년 4월에는 친프랑스파였던 타이 빈 성 순무를 살해했으며, 다시 2주 뒤에는 하노이 호텔에 폭탄을 투척하여 두 명의 프랑스군 대령을 살해했다. 프랑스 식민당국은 이들 사건을 구실로 베트남 민족주의자들의 일제 검거에 나서서 250여 명을 체포했는데, 아직 초기단계에 있던 월남광복회의 국내조직은 큰 타격을 입었다. 프랑스는 판 보이 쩌우를 체포해야 한다고 했으나 중국정부는 이를 거절했다. 때마침 광둥에서는 쑨원의 반대세력인 위안스카이(袁世凱)의 부하 룽지광(龍濟光)이 도독에 임명되었는데, 룽지광은 1914년 1월 판 보이 쩌우를 체포하여 연금시켰다. 그리고 3년이 지난 1917년 2월에 룽지광이 실각하고 나서 4월에야 겨우 연금에서 풀려났다. 그 사이 월남광복회는 거의 괴멸상태에 빠져 있었다.

판 보이 쩌우는 이후 8년 동안 항저우(杭州)를 중심으로 활동하면서 독립운동을 계속했다. 그러나 자신의 조직이 거의 와해되었고, 또 기대를 했던 쑨원의 혁명군도 그 나름의 어려움을 겪고 있었기 때문에 활동은 쉽지 않았다. 그래서인지 항저우에 머물던 시기에 쓴 글들은 전에 비해 온건한 편이었다. 그 예로 사로 총독과 접촉을 시도할 때 쓴 『법월제휴정견론』(法越提携政見論)을 들 수 있다. 비록 사로와의 만남은 이루어지지 않았고, 그 자신도 나중에는 후회하기도 했지만, 여하튼 그는 장차 다가올 일본의 위협을 강조한 다음, 이 위협으로부터 벗어나기 위해서는 베트남과 프랑스가 서로 협력하여 우호증진에 노력해야 한다고 말했다.

1925년 7월 초 판 보이 쩌우는 결국 상하이에서 프랑스 당국에 체포되었으며, 그해 11월 압송되어 종신형을 받았다. 그러나 베트남인들의 격렬한 항의로 사면되어 1940년 10월 29일 후에에서 사망할 때까지 연금상태에 있었다. 연금된 15년 동안 그는 베트남 사람들 사이에서 잊힌 존재는 아니었지만, 활동영역의 제한과 사회적 여건의 변화로 이미 전과 같은 과격한 독립투쟁을 할 수는 없었다.

판 보이 쩌우가 체포된 이듬해인 1926년 3월 24일 판 쭈 찐은 생을 마감했다. 그의 장례식은 진정한 의미에서 국민장이었다. 사이공에는 장례위원회가 조직되고 전 시민은 거리로 쏟아져 나왔으며, 전국의 각급 학교학생들은 식민당국의 저지에도 불구하고 동맹휴학을 한 후 그 나름의 장례식을 거행했다. 이 장례식은 구세대에 의한 민족주의운동에 종언을 고하는 동시에, 새로운 세대에 의한 민족주의운동의 도래를 의미하는 것이었다.

온건한 지식층

1916-1917년은 베트남 민족주의운동의 전개과정에서 하나의 전환기라고 할 수 있다. 판 보이 쩌우나 판 쭈 찐 같은 인물들이 해외에서 나름대로 열심히 노력하면서도 별다른 성과를 거두지 못하고 있는 동안 새로운 양상의 운동이 전개되었다.

코친차이나 식민당국이 도로와 운하 건설을 위해 지나친 과세와 노동력 동원에 반발하여 중국계 비밀결사로 이미 토착화된 천지회(天地會)가 사이공에서 판 펏 사인(Phan Phát Sanh)의 지도 아래 반란을 일으켰다. 그는 신비주의와 주술 및 점술 등으로 많은 추종자들을 끌어모았다. 비록 반란은 실패하고 그는 체포되었지만(1913년), 다음해에는 프랑스 정부가 제1차 세계대전 참전을 위해 강제징집을 하려 하자 사태는 더욱 악화되었다. 이어 1916년에는 다시 무장반란이 일어났고, 반란군은 사이공 교도소에 복역 중인 판 펏 사인을 구출하려다 실패했다.

1916년 5월에는 앞서 말한 바와 같이 주이 떤 황제의 궁중탈출사건이 있었다. 황제는 16세에 불과했지만, 나이 많은 고위관리들과 프랑스의 간섭을 싫어했다. 쩐 까오 번 등은 프랑스 당국이 유럽 전선으로 파병하기 위해 후에 집결시킨 징집병들을 이용해서 봉기를 일으키려 했다. 그러나 계획이 사전에 누설되어 황제는 궁중을 탈출한 후 곧 붙잡혔고, 쩐 까오 번을 비롯해 모든 가담자들은 사형에 처해졌다. 병사들 대부분은 무장해제되었다.

주이 떤 황제와 가족은 처음 타인 타이 황제가 연금되어 있는 붕 따우로 보내졌다가, 그해 말 두 황제와 가족들 모두 인도양에 있는 레위니옹

(Réunion)에 유배되었다. 주이 떤 황제의 자리는 동 카인 황제의 아들 카인 딘 황제가 이어받았다. 그는 식민당국에 협력을 잘했기 때문에 별다른 문제는 없었다.

주이 떤 황제의 궁중탈출 사건에 이어 1917년 9월에는 타이 응우옌 지방에서 무장봉기가 일어났다. 르엉 응옥 꾸옌(Lương Ngọc Quyến 梁 玉眷)이 지방 주둔군 내의 베트남인 병사들을 선동하여 타이 응우옌 시 (市)를 공격하여 점령했다. 르엉 응옥 꾸옌은 동경의숙의 설립자였던 르엉 반 깐의 아들로 일찍이 판 보이 쩌우를 따라 일본 도쿄에 유학한 적이 있는 인물이다. 이번 무장봉기는 봉기 진영 내부의 불화와 프랑스 군의 신속한 반격으로 인해 한때 성공에 그치고 말았다.

그러나 이런 몇몇 과격한 행동을 제외하면 전반적으로 당시의 베트남 독립운동은 비교적 온건한 편이었다. 판 보이 쩌우나 판 쭈 찐 등의 세대는 전통적 교육을 받은 베트남의 마지막 지식층이었다. 물론 독립운동에 참여하는 신세대 중에도 전통적 유교교육을 받은 사람들이 없었던 것은 아니었지만, 어디까지나 프랑스 식민지배하에서 프랑스식 교육을 받고 자란 지식층이 주류를 이루고 있었다.

신식교육을 받은 새로운 지식층은 비교적 온건했다. 독일과의 전쟁에 주력하고 있던 시기에 식민당국은 행정상으로나 경제적으로나 주도권을 쥘 수 없어서 베트남 민족주의자들을 가급적 회유하려 했다. 베트남인들 역시 프랑스의 식민지배에 통일된 대응을 하지 못하고 기껏해야 지엽적인 문제에 분산적인 대응을 하는 정도였다.

그러나 새로운 지식층은 식민 치하에서 자신들이 할 수 있는 활동의 한계를 느끼면서 점점 불만이 쌓여갔다. 게다가 제1차 세계대전이 끝날 무렵에는 당시 유럽에서 유행하던 급진적 사상이 프랑스를 거쳐 베트남 에 유입되었고, 여기에 감화된 신세대들은 식민지배에 항거하여 적극적인 투쟁을 벌였다. 1910년대 중반부터 1945년 제2차 세계대전 종결까지 베트남 독립투쟁을 주도한 것은 바로 이들이었다.

식민당국이 베트남에 서구식 교육제도를 도입하여 읽기·쓰기·산수와 같은 초보적 교육을 실시한 것은 프랑스어를 구사할 수 있는 하급관리나 회사원들을 양성하기 위해서였다. 그러나 점차 교육이 식민통치에서 빠질 수 없는 중요한 부분을 차지하게 됨에 따라 교육정책에도 변화가 일어났다. 초등교육이 보다 확대되고 중등교육이 도입되었으며, 이윽고 인도차이나대학까지 설립되었다. 물론 교육기회는 소수에게만 돌아갔고, 교과과목에도 많은 제약이 있었지만, 그럼에도 조금씩 새로운 지식층이 형성되기 시작했다. 또한 극소수이기는 해도 프랑스 유학을 다녀온 베트남인 학생들도 신지식층의 일부가 되었다. 이 새롭게 형성된 지식층은 처음에는 급진적이기보다는 프랑스의 식민통치를 당연하게 받아들이고 그 속에 안주하면서 베트남 사회의 개혁, 즉 그들 나름대로의 근대화를 추진하려고 했다.

이들이 이런 온건한 개혁을 선호하게 된 데는 인도차이나 총독 직을 유일하게 두 번(1911.11-1914.1, 1917.1-1919.5) 역임한 알베르 사로의 공이 컸다. 1913년 그는 하급 프랑스인 관리들을 임금이 낮은 현지인으로 대체하는 한편, 주세(酒稅)도 낮추었다. 그리고 현지인들을 위한 의료제도를 개선하고 재판절차도 개혁했다. 두 번째 재임기간인 1919년에는 보다 대담한 개혁이 이루어졌다. 이런 개혁에는 베트남인 지식인들의 협력이 필요했다. 사로는 이를 위해 동남아시아 문명에 호의적이고, 베트남어에 능통한 동시에 정치적 감각도 뛰어난 프랑스인 정보 책임자 루이 마르티(Louis Marty)의 도움을 받았다. 두 사람은 현지 프랑스인들의 격렬한 반대에도 불구하고 베트남인들에게 민족적 열망을 갖게 하는 협력정책을 추진했다. 이 정책은 베트남 민족주의자들과의 타협을 상당기간 지속시키는 효과를 보았다. 물론 이 타협은 형평성을 결여하고 있어서 단지 식민화를 영속시킬 뿐이었지만.

어쨌든 1917년 5월 마르티
와 팜 꾸인(Phạm Quỳnh 范
瓊)의 주도로 하노이에 인도
차이나 총독이 후원과 재정지
원을 하는 잡지 『남 퐁』(*Nam
Phong* 南風)이 창간되어, 그
해 7월부터 1934년 12월까지
발간되었다. 『남 퐁』은 식민당

팜 꾸인과 『남 퐁』

국의 지원 덕분에 농촌지역까지 배포되어 널리 읽혔고, 그만큼 영향력
도 컸다.

『남 퐁』은 팜 꾸인이 편집인을 그만둔 1932년까지 기본적으로 그의
사상을 대변했다고 할 수 있다. 그는 베트남문화의 특성을 보존하면서
서구의 과학기술을 받아들이자는 취지의 글을 많이 썼다. 그는 당시 베
트남 사회가 응집력이 약하고 조직력이 부족하여 누군가에 예속될 수밖
에 없기 때문에 프랑스의 보호는 불가피하다고 보았다. 당장 시급한 것
은 정치적 독립이 아니라 '국혼'(國魂) 회복이라고 주장했다. 팜 꾸인이
『낌 번 끼에우』를 높이 평가한 것도 이 작품이 꾸옥 응으 보급을 통해
국혼을 유지하는 데 기여했다고 보았기 때문이다. 비록 팜 꾸인이 반식
민주의 운동에 앞장서지는 않았으나, 그는 잡지를 통해 민족주의 문학
과 꾸옥 응으 보급에 지대한 공헌을 했다.

팜 꾸인과 같은 시기에 하노이에서 프랑스와의 협력을 주장한 인물
로는 응우옌 반 빈(Nguyễn Văn Vĩnh 阮文永, 1882-1936)이 있다. 그는
팜 꾸인보다 먼저 1913년 프랑스 사진가 프랑수아 앙리 슈네데르
(François-Henri Schneider)의 협력을 얻어 북부에서는 최초로 베트남어
신문 『동 즈엉 땁 찌』(*Đông Dương Tạp chí* 東洋雜誌)를 발행했다. 슈네
데르의 협력이 필요했던 것은 베트남인에게는 신문발행 허가가 나지 않

았기 때문이다. 당시는 하노이 호텔에 폭탄투척 사건 등이 일어나 긴장
이 고조되고 있던 시기로, 프랑스 식민당국은 이 매체를 통해 식민통치
를 옹호하고 프랑스 문화를 전파하여 긴장이 완화되기를 기대했다. 응
우옌 반 빈도 폭력에는 적극 반대하는 입장이었다.

그렇지만 응우옌 반 빈은 프랑스 당국의 의도와는 달리 베트남인에
게 서구의 지식과 꾸옥 응으를 보급하고 새로운 정신으로 전통적 가치
를 평가·비판하는 데 더 역점을 두었다.『동 즈엉 땁 찌』는 1929년 가을
까지 발행되어 국내외 뉴스·경제·철학·과학 등에 걸친 광범위한 내용
을 다루었지만, 정작 독자들은『삼국지연의』같은 중국소설들에 더 관
심을 가졌기 때문에 중국소설들을 번역하여 게재했다. 당시 번역소설이
지식인들 사이에 인기를 끌었던 것은, 이미 한자를 모르는 계층이 나타
나기 시작했고, 또 꾸옥 응으 신문들이 속속 등장했기 때문이다.

북쪽에서 팜 꾸인 등이 문화개혁에 주력하고 있을 때, 남부의 베트남
인들은 쌀과 비단 및 '느억 맘'(nước mắm) 생산과 상품거래 등을 통해
새로운 방식의 경제발전을 시도했다. 새로운 형태의 경제발전에 처음
주목했던 부이 꽝 찌에우(Bùi Quang Chiêu)와 응우옌 푸 카이(Nguyễn
Phú Khai) 같은 사람들은 제1차 세계대전이 불러온 경제적 특수상황을
이용하려고 했다. 응우옌 푸 카이는 프랑스에서 공부를 마치고 귀국한
후, 베트남이 발전하려면 정치적 독립이 아니라 경제적 근대화가 급선
무라고 생각하여 1915년 미 토에 베트남인 최초로 정미소를 세웠다. 이
는 말할 것도 없이 화교(華僑)에 대항하기 위해서였다. 1917년에는 부
이 꽝 찌에우와 함께 프랑스어 신문『라 트리뷘 엥디젠』(La Tribune
indigène)을 발행하면서 중국인을 배척하자는 운동과 관련된 기사를 연
재하기도 했다.

부이 꽝 찌에우는 벤 쩨(Bến Tre) 지방의 전통적 유교집안에서 태어
났지만, 젊은 시절 아버지의 반대를 무릅쓰고 프랑스로 건너가서 농업

분야를 공부했다. 1900년 직전 베트남
으로 돌아온 그는 한때 식민지 연방정
부의 관리가 되어 주로 농업문제를 다
루었다. 그로 인해 프랑스 국적을 갖게
되고 메콩 델타에 넓은 토지를 소유했
다. 부이 꽝 찌에우의 주장은, 베트남
이 외부의 도움 없이 경제와 사회를 근
대화시킨다는 것은 불가능에 가깝기
때문에 프랑스나 일본으로부터 배워
야 한다는 것이었다. 1910년대에 그는

부이 꽝 찌에우

베트남인 관리들, 사업가, 지주 및 지식인들과의 네트워크를 넓혀 나갔
다. 그는 특히 식민지배하에서 정치참여를 촉진하려면 베트남인의 경제
활동확대가 선행되어야 한다고 강조했다. 『라 트리뷘 엥디젠』지 발행도
그런 생각의 연장선상에서 이루어졌지만, 사실 그를 더 유명하게 만든
것은 1919년 동양입헌당(Đảng Lập hiến Đông Dương, 약칭 立憲黨) 결
성이었다. 입헌당은 무엇보다도 식민지배 체제 내에서의 경제적 근대화
와 행정제도의 개혁을 요구했다. 입헌당 당원들은 대부분이 부유한 지
주이거나 자본가 출신이기 때문에 입헌당은 정당이라기보다 이해관계
가 비슷한 사람들이 모인 이익집단의 성격이 강하다는 주장도 제기되고
있다. 실제로 입헌당 당원들이 줄곧 주장한 사항들 중의 하나는 화교의
경제권 축소였다.

　1923년 입헌당은 프랑스 자본가들이 앞으로 20년 간 사이공의 쌀 수
출을 독점하려 하자 집회와 시위를 벌이며 강력히 반대했고, 이 반대운
동에서 적잖은 사이공의 젊은 지식인들이 입헌당을 지지했다. 그러나
양측의 공동보조는 곧 무너졌다. 부유층이 주류를 이루는 입헌당은 대
중동원을 꺼렸고, 모든 활동은 그저 어떻게 하면 식민당국과 협력하여

자신들이 더 부유해질 수 있는지를 고민하는 부유한 권력층에 의해 사사건건 간섭을 받았다. 따라서 당이 주장하는 민주적 민족주의와 점진적 탈식민지화는 1920년대에 들어서면서 점차 퇴색해갔다. 당론을 더이상 받아들일 수 없었던 진보적인 젊은 민족주의자들은 결국 입헌당과 결별하고 독자적인 길을 걷게 된다.

응우옌 안 닌

제1차 세계대전이 끝난 후 베트남에는 새로운 서구사상이 유입되고, 이를 수용하는 사람들의 수도 빠르게 증가했다. 1906년 문을 열었다가 1년 후 폐쇄된 인도차이나대학이 1917년에 다시 문을 연 것을 비롯하여 1920년경까지 많은 중등 교육기관이 설립되었고, 또한 상당수의 젊은이들이 프랑스로 유학을 떠났다. 유학생들은 식민 본국의 비교적 자유로운 분위기에서 자신이 좋아하는 사상에 심취할 수 있었지만, 그러한 사상은 식민지에서는 거의 받아들여질 수 없었다. 유학생뿐만 아니라 제1차 세계대전 중 식민당국에 의해 강제 징집되어 유럽 전선에 투입되었던 거의 10만에 가까운 베트남인들도 정도의 차이는 있을지언정 자유주의와 사회주의 사상을 접하고 돌아왔다.

지식인의 정서는 바뀌었지만, 식민구조는 전혀 변하지 않았다. 신지식층이 정치의 중심부로 진출할 수 없었음은 물론, 고학력 무직자도 늘어났다. 이들은 자연히 급진주의로 기울었다. 그런데 제1차 세계대전 중에 프랑스로부터의 물자 유입이 격감하면서 베트남 국내 산업이 활기를 띠었고, 그로 인해 베트남인 중소기업가나 상인들이 증가하게 되었다. 젊은 지식인들은 이 중소기업가나 상인들과 손을 잡고 프랑스의 식민정책을 비판하면서 베트남 독립을 주장했다. 1920년대 중반에 이르면 교사·학생·하급관리·상인·소자본가 등이 정치활동의 전면에 등장했다. 이들의 불만은 부유층과 달리 시민권의 제약, 교육받을 수 있는

응우옌 안 닌(왼쪽에서 세번째).

기회의 부족, 승진에서의 차별, 과중한 세금 등에 집중되어 있었다. 그
런데 이들의 주장은 단순히 모순을 시정하는 데만 그치지 않고 프랑스
식민지배로부터의 해방으로까지 발전했다. 외국인을 상전으로 모시고
그 밑에서 만족하며 살아가기에는 이들의 의식수준이 이미 너무 높아져
있었다.

　젊은 세대 가운데 초기에 등장하는 대표적인 인물로는 응우옌 안 닌
(Nguyễn An Ninh 阮安寧, 1900-1943)이 있다. 롱 안 지방의 향신 집안
에서 태어난 그는, 프랑스식 중등교육을 받고 파리에 가서 법학을 공부
한 전형적인 지식인이었다. 졸업 후에는 바로 귀국하지 않고 잠시 프랑
스에 머물면서 프랑스어로 식민정책에 반대하는 글을 써서 민주주의를
표방하는 언론사에 기고했다.

1922년 사이공으로 돌아온 응우옌 안 닌은 식민당국의 공직 제안을 거절하고, 프랑스어 신문 『라 클로슈 펠레』(*La Cloche Fêlée*, 금이 간 종〔鐘〕)를 발행하고 논설을 썼다. 1923년 12월부터 간행된 이 신문에서 그는 베트남의 젊은이들에게 국가의 장래에 대해 책임을 지도록 호소하는 동시에 식민당국을 향해서는 식민관료의 무능, 정치적 평등의 결여, 언론의 제약 등을 들면서 비판의 소리를 높였다. 그러나 논조는 비교적 온건하고 그리 과격하지도 않았다. 이는 그가 베트남이나 베트남인이라는 말 대신 '안남'과 '안남인'이란 말을 쓴 것만 보아도 알 수 있다.

그러나 1925년 판 보이 쩌우가 사형선고를 받았다가 가택연금으로 결정되었다는 소식을 접한 응우옌 안 닌은 곧 '판 보이 쩌우 구명위원회'를 만들고 식민당국에 대해 점점 강도 높은 비난을 쏟아내기 시작했다. 1926년 3월 21일 판 보이 쩌우 연금반대집회를 개최했는데, 참가자 대부분이 젊은이들이었다. 구명회는 예정대로 집회를 개최하고, 프랑스 식민통치의 폐지와 베트남인에 대한 강제구인 금지 및 베트남인의 언론·집회·교육·여행의 자유 등을 주장했다. 이로 인해 3월 24일 응우옌 안 닌과 몇몇 주최자들이 체포되자 시위가 격렬해지고, 판 쭈 찐의 역사적인 장례식이 거행되던 4월 4일에는 전국적으로 추모집회가 개최되었다. 사이공에서는 1만 5천 명이 장례식에 운집했다.

응우옌 안 닌은 1927년 석방된 후 프랑스로 건너가 주로 베트남인 공산주의자들과 교류를 했다. 1928년 봄 사이공에 돌아온 그는 프랑스어 신문의 한계를 깨닫고 베트남어로 된 소책자를 출판하는 동시에, 1930년대에 들어와서는 주로 트로츠키를 지지하는 제4 인터내셔널 소속 인물들과 함께 정치활동을 했다. 1939년 9월 유럽에서 제2차 세계대전이 발발하자 그는 식민당국에 의해 치안파괴, 비밀결사조직, 노동자와 농민을 상대로 한 반정부 교육 등의 죄목으로 다섯 번째 구속되었다. 이듬해 5년의 금고형을 선고받고 꼰 다오 섬에 수감된 그는 그곳에서 1943년 8월 병사했다.

판 쭈 찐의 장례식 집회에 참가했던 젊은이들은 안남청년당(Đảng Thanh niên An Nam, 일명 Parti Jeune Annam)을 결성하고, 일부는 『죈 안남』(Jeune Annam, 안남 청년)이란 신문을 당국의 허가 없이 만들어 무료로 배포했다. 학생들은 동맹휴학을 하고 그 영향은 중부와 북부로도 전파되었으며, 이런 젊은이들의 움직임은 그후 3년 가까이 지속되었다.

응우엔 안 닌과 같은 이들이 어느 정도 합법적인 테두리 안에서 반식 민주의 활동을 전개하고 있는 동안, 훨씬 급진적인 성향을 띤 사람들은 실력에 의해 독립을 쟁취하려는 길을 추구하고 있었다. 1923년 중국 광저우에서는 떰 떰 싸(Tâm Tâm Xã 心心社)라는 과격한 민족주의 단체가 조직되었다. 그 얼마 후 핵심회원 중의 한 사람인 팜 홍 타이(Phạm Hồng Thái 范鴻泰, 1896-1924)가, 1924년 6월 일본 방문을 마치고 돌아오는 길에 광저우의 프랑스 조계에 머무르고 있던 인도차이나 총독 마르티알 앙리 메를랭(Martial Henri Merlin, 1923-1925)을 향해 폭탄을 투척했다. 총독은 화를 면했지만 다른 프랑스인 몇 명이 사망했으며, 팜 홍 타이는 도주하다가 강에 뛰어들어 자살했다. 비록 총독 암살에는 실패했지만, 이 사건 이후 베트남에서는 프랑스 식민지배에 반대하는 민족주의운동이 더욱 고양되었다.

베트남청년혁명동지회

총독 암살 시도로 인해 떰 떰 싸는 궤멸되었는데, 응우엔 아이 꾸옥(Nguyễn Ái Quốc 阮愛國), 즉 미래의 호찌민(Hồ Chí Minh 胡志明)은 흩어져 있던 회원들과 그 밖의 민족주의자들을 재규합하여, 1925년 6월 중국의 광저우에서 베트남청년혁명동지회(Hội Việt Nam Cách mạng Thanh niên, 이하 '청년'으로 약칭)를 조직했다. 훗날 베트남공산당에서 중요한 역할을 하는 레 홍 퐁(Lê Hồng Phong 黎鴻峯)과 호 뚱

머우(Hồ Tùng Mậu 胡松茂) 등도 떰 떰 싸의 회원이었다.

응우옌 아이 꾸옥은 1890년 응에 안 지방의 가난한 향신 집안에서 태어났다. 아이 적 이름은 응우옌 씬 꿍(Nguyễn Sinh Cung 阮生恭)으로 처음에는 전통적인 유교교육을 받고, 이어서 아버지의 권유로 후에에 있는 국립학교인 국학(國學 Lycée Quốc Học)에서 프랑스어·역사·지리·자연과학을 배웠다. 국학에 입학한 지 1년 뒤에 아버지가 관직에서 파면되자 응우옌 아이 꾸옥은 학업을 중단하고 남부로 내려가 판 티엣(Phan Thiết)의 한 사립학교에서 프랑스어와 베트남어를 가르쳤다.

그러던 중 유럽으로 가기 위해 1911년에 교사 일을 그만두고, 프랑스 상선에 주방 보조로 승선하여 2년 넘게 지중해와 아프리카 연안의 항구들을 항해했다. 비록 일은 고되었지만 이때의 경험은 그를 한층 성숙된 인간으로 만들었고, 각양각색의 사람들과 접하면서 세상을 새롭게 바라보게 되었다. 1913년 말 내지 1914년 초 런던에 정착한 그는 곧 베트남인의 비밀결사인 해외노동자회에 가입했는데, 이때 처음으로 사회주의 사상과 혁명에 눈을 뜨게 되었다. 파리에 도착한 것은 1917년 혹은 1918년으로 추정된다.

이 무렵 응우옌 아이 꾸옥에게 충격적인 사건의 소식이 전해졌다. 다름 아닌 러시아혁명이었다. 러시아혁명에 크게 고무된 그는 프랑스사회당에 입당했다. 당시 그가 가장 감명 깊게 읽은 글은 레닌의 「민족과 식민지 문제에 관한 테제」였다. 그가 아이 적 이름 대신 응우옌 아이 꾸옥으로 개명한 것도 이 무렵이었다고 한다. 그가 파리에서 행한 첫번째 정치적 행동은 크게 주목받지는 못했지만, 1919년 파리강화회의에 참석한 각국 대표들에게 베트남의 자립과 언론·결사의 자유 등에 관한 요구사항을 적은 유인물을 배포한 일이었다.

응우옌 아이 꾸옥은 1923년 중반까지 파리에 머물렀는데, 이 기간은 그에게 정치적으로 상당히 중요한 시기였다. 1920년 말 투르(Tours)에

프랑스 경찰의 요주의 인물이었던 호찌민이 1920년 투르 대회에서 레닌의 코민테른 원칙에 헌신하겠다는 의지를 밝히고 있다. 그 바로 왼쪽이 후원자 폴 바이앙 쿠튀리에(Paul Vaillant Couturier)이다.

서 열린 사회당 대회에 인도차이나 대표로 참석하여 식민지 문제에 적절한 주의를 기울이지 않는 온건파와 크게 대립했고, 이것을 계기로 대회 후 결성된 프랑스공산당에 입당했다. 이때 또한 프랑스의 식민통치를 받는 여러 민족의 지도자들과 협력하여 국제식민지연맹(Union Intercoloniale)을 조직하고 '천민'(賤民)이라는 뜻의 기관지『르 파리아』(Le Paria)를 발행했다.

이 시기 응우옌 아이 꾸옥은 레닌의 프롤레타리아 국제주의의 영향을 받았으며, 그의 프롤레타리아 개념에는 노동자뿐만 아니라 농민도 포함되었다. 이처럼 농민에 대한 관심이 컸던 응우옌 아이 꾸옥은 때마침 러시아 방문 기회를 얻었다. 1923년 10월 모스크바에서 열린 제1차 국제농민대표자대회에 초청을 받았던 것이다. 그리고 이듬해인 1924년 7월에 개최된 제5차 코민테른대회에도 참석했다.

응우옌 아이 꾸옥이 베트남 혁명을 꿈꾸며 모스크바를 떠나 광저우에 도착한 것은 1924년 11월이었다. 그는 코민테른 요원이 아닌 개인 자격으로 광저우에 갔으며, 미하일 보로딘(Mikhail Borodin)의 비서라는 설(說)도 사실이 아니다. 실제로 그는 코민테른에 광저우로 보내달라고 수차례 요청을 하여 겨우 허락을 받았다. 당시 광저우는 중국혁명가들의 본거지였으며, 베트남 민족주의자들에게도 해외 거점 같은 곳으로 응우옌 아이 꾸옥이 활동하기에 최적의 장소였다. 더욱이 베트남 민족주의자들 사이에서는 온건파가 쇠퇴하고 급진적인 성향의 인물들이 등장하고 있었다.

'청년'은 이제까지의 베트남 독립운동단체와 두 가지 면에서 달랐다. 하나는 당시의 독립운동단체들이 대부분 판 보이 쩌우나 판 쭈 찐 등과 같은 유명인사의 개인적인 지도력에 주로 의지하고 있어서 조직력이 약했던 데 반해, '청년'은 이념을 바탕으로 조직된 단체였기 때문에 일반 대중에게까지 침투해 있었다. '청년'이 대중에 호소력이 있었던 것은 정치적 독립에 더하여 경자유전(耕者有田)과 같은 사회혁명적인 구호까지 내세웠기 때문이다. 다른 하나는 이전의 조직들이 대부분 지역적인 한계를 벗어나지 못하고 회원도 일부계층에만 국한되었던 것과는 달리, '청년'은 비록 광저우에서 조직되었지만, 베트남 전역은 물론 타이까지 망라하고 있었다.

'청년'은 민족주의 단체인 동시에 베트남 최초의 공산주의 단체였다. '청년'이란 이름은 조직의 외피일 뿐, 핵심조직은 9명으로 이루어진 '공산청년단'(Đoàn Thanh niên Cộng sản 共産靑年團)이었기 때문이다. 다시 말하면, '청년'은 이론을 강조하고 또 민족해방과 사회해방을 결합하는 새로운 강령에 의해 민족주의와 공산주의를 조화시키려 했다. '청년'을 만든 응우옌 아이 꾸옥은 처음 2년 동안 마르크스주의자들을 양성하는 일에 집중했다. 그는 젊은이들을 장제스(蔣介石)의 황푸군관학교(黃埔軍官學校)에 입학시키고, 특히 유능하다고 생각되는 쩐 푸(Trần Phú

陳富)와 레 홍 퐁 같은 청년들을 모스크바의 동방노동자공산대학(약칭
극동대학)에 유학 보냈다. 광저우에는 2~3개월 정도의 단기과정을 개설
했다.

응우옌 아이 꾸옥은 혁명정신의 고취를 위해 '청년'의 기관지『타인
니엔』(*Thanh Niên* 靑年)을 매주 발행했고, 또한『혁명의 길』(*Đường
kách mệnh*)이라는 팸플릿도 썼다.『혁명의 길』은 베트남의 '공산당 선
언'에 해당하는 것으로, 그 내용은 소련의 공산주의를 베트남에 이식시
켜서 유교윤리를 개조하고 진정한 개혁의 윤리를 제시하는 것이었다.

그런데 1927년 4월 장제스가 상하이에서 공산주의자들을 몰아내고
정권을 장악하자, 응우옌 아이 꾸옥은 광저우를 떠나야만 했다. 그 결과
조직이 아직 확고하지 못했던 '청년'은 타격을 입었지만, 민족주의자들
과는 달리 선동이나 소요 같은 행동계획을 포기하지 않았다. '청년'은 학
교를 통해 꾸준히 회원을 모집한 결과, 팜 반 동(Phạm Văn Đồng 范文
同), 당 쑤언 쿠(Đặng Xuân Khu, 훗날의 쯔엉 찐〔Trường Chinh 長征〕) 등
이 가입했다. 또한 신월(Tân Việt 新越)과 같은 민족주의 단체들로부터
도 회원들을 끌어모았다. 신월은 신월남혁명당(Tân Việt Nam Cách
mệng Đảng 新越南革命黨)의 약칭으로, 원래는 응에 안 성의 성도(省
都)인 빈(Vinh)을 중심으로 활동하던 청년들이 1924년에 조직한 단체
였는데, 규모가 점점 커지면서 몇 번의 명칭 변경을 거쳐 1928년에 신
월남혁명당이 되었다. 이로써 1929년 당시 '청년'은 베트남 전역에 천 명
의 투쟁적인 회원을 가지고 있었고, 그 중 90%가 젊은 지식층이었다.

베트남국민당

한편 장제스가 북벌을 시작하여 어느 정도 성공을 거두자
베트남 사람들은 다시 한 번 중국식 국민혁명이야말로 베트남 독립의
가장 적합한 방법이라고 생각했다. 그해 12월 하노이에서는 응우옌 타

응우옌 타이 혹

이 혹(Nguyễn Thái Học 阮太學, 1902-1930)의 지도 아래 교사·학생·언론인을 중심으로 중국국민당을 모방한 베트남국민당(Việt Nam Quốc dân Đảng)이 비밀리에 결성되었다. 베트남국민당의 모체는 1925년에 만들어진 남동서사(Nam Đồng Thư Xã 南同書舍)로, 이 회사는 애국선전물 및 『중국혁명』·『삼민주의』같은 번역서를 발간한 출판사였으며, 아울러 젊은 반식민주의자들의 토론장이기도 했다. 응우옌 타이 혹은 바로 이런 청년들을 끌어들여 베트남국민당을 창당했던 것이다.

응우옌 타이 혹은 하노이 북쪽에 위치한 빈 푹 성(tinh Vĩnh Phúc)의 농민가정에서 태어나 한때 하노이 소재 고등상업학교를 다녔다. 그는 처음에 비교적 온건한 개혁을 원했으며, 인도차이나 총독 알렉상드르 바렌(Alexandre Varenne, 1925-1928)에게 두 차례나 서한을 보내 베트남 노동자의 노동조건 개선과 교육제도 확충 등의 개혁을 촉구했다. 그러나 이런 노력이 아무런 성과도 거두지 못하자, 마침내 실력에 의한 독립노선을 결정하고 국민당을 결성하여 스스로 당수가 되었다. 창당 주역들은 자신들이 쑨원의 추종자라고 생각했지만, 대부분의 당원은 당의 전략이라든가 정강(政綱)에 대해 분명한 생각을 가지고 있었던 것 같지는 않다. 다만 프랑스를 몰아내고 나라를 구한다는 점에 대해서는 모두 일치했다.

베트남국민당은 이제까지의 민족주의자들에 비하면 상당히 구체적인 강령을 가지고 민족·민주 혁명의 완성과 함께 세계 각지의 피억압 민족들에 대한 원조를 주장했다. 그리고 이른바 민주집중제를 채택하고, 최저 단위인 지방의 세포조직으로부터 최고기관인 중앙위원회에 이르기까지 행정단위에 맞추어 위원회를 두었다. 베트남국민당의 혁명전략은 3단계로 나누어지는데, 1단계는 당원을 모집하는 배태기(胚胎期), 2단계는 혁명의 준비기, 마지막 3단계는 식민정권의 파괴기이다. 그러나 베트남국민당은 지나치게 혁명투쟁에만 몰두한 나머지 그 자체가 목적이 되어, 식민주의가 무너진 이후의 새로운 베트남사회에 대한 구상이나 구체적인 계획은 없었다.

베트남국민당은 상당히 역동적이어서, 프랑스 비밀경찰의 감시와 남부 조직의 부재에도 불구하고 북부지방의 젊은 지식인·하급관리·소상인·노동자·여성들 사이에서 세력이 급속히 확산되어 1929년 초에는 당원이 1,500명에 달했다. 이런 조직력을 바탕으로 비밀경찰 앞잡이에 테러를 가하고, 남부 대농장의 노동자 모집에 반대하는 운동을 벌였다.

그런데 1929년 2월의 한 사건이 확대일로에 있던 베트남국민당에 찬물을 끼얹었다. 대농장 노동자 모집 일을 하는 프랑스인 에르베 바쟁(Hervé Bazin)이 하노이에서 암살된 것이다. 당시 노동자 모집에는 폭력과 강제성이 있었고, 농장의 노동조건도 열악하여 베트남인들 사이에서는 불만이 많았다. 처음 바쟁의 암살계획이 제안되었을 때, 응우옌 타이 혹은 동의하지 않았다. 암살이 발생하면 당원들이 프랑스 비밀경찰에 체포될 것이고 그렇게 되면 당이 약화될 것은 불을 보듯 뻔하다는 게 반대이유였다. 바쟁을 나뭇가지라고 한다면 프랑스 식민당국은 나무인데, 나무를 쓰러뜨리면 가지는 저절로 말라 죽을 것이라고 하면서 식민정권 자체의 타도에 전념할 것을 역설했다. 그러나 암살계획은 이를 제안했던 사람들에 의해 실행에 옮겨졌고, 아니나 다를까 식민지 경찰당국은 국민당원에 대한 일제검거에 나섰고, 그 결과 400여 명이 체포되고, 그 중 80명 정도가 5년에서 10년의 징역형을 선고받았다.

이때 간신히 도피했던 응우옌 타이 혹은 1929년 여름 국민당 대회를 소집하고 빠른 시일 내에 전면적인 무장봉기를 일으키자고 주장했다.

그 자신도 무장봉기가 아직 시기상조임을 알고 있었지만, 봉기만이 파멸에 직면한 당을 구할 수 있는 유일한 길이라고 생각했던 것이다. 당내 온건파의 반대에도 불구하고 응우옌 타이 혹의 제안이 받아들여져, 1930년 초 통킹 델타에 있는 프랑스군 병영에 대한 공격이 결정되었다.

1930년 2월 초 베트남국민당군은 하노이 서북쪽 105km 지점에 있는 옌 바이(Yên Bái)의 프랑스 병영을 습격했다. 그러나 기대와 달리 프랑스 병영의 베트남인 병사들이 대부분 봉기에 합세하지 않았을 뿐만 아니라, 오히려 반격을 가해왔기 때문에 반란은 그날 밤으로 실패하고 말았다. 같은 날 밤, 푸 토 성(省)에 있는 홍 호아(Hưng Hóa)와 럼 타오(Lâm Thao) 등지에서도 동시다발적으로 봉기의 깃발이 올랐으며, 며칠 뒤에는 델타의 다른 곳에서도 소요가 일어났지만, 모두 프랑스군의 무력 앞에 맥없이 쓰러졌다. 이로 인해 수천 명이 체포·구금되었으며, 응우옌 타이 혹을 비롯한 국민당 지도자들은 거의 다 처형되었다. 소수의 생존자들은 중국의 광둥과 광시 지방으로 망명하여 소규모 운동을 계속했으나 그 영향력은 극히 미미했다.

옌 바이 사건은 베트남 독립운동사에서 또 하나의 중요한 전환점이라고 할 수 있다. 수많은 비공산주의 혁명가들이 활동무대에서 사라짐으로써 공산주의자들은 이제 프랑스에 저항하는 세력들을 규합할 수 있는 유리한 입장에 서게 되었다.

13장 베트남의 공산주의 운동

베트남공산당

　　응우옌 아이 꾸옥이 광저우를 떠난 다음에도 '청년'은 나름대로 노력을 계속했지만, 그 안에서는 서서히 분열의 싹이 트고 있었다. '청년'의 분열원인은 어쩌면 이미 내재되어 있었다고도 볼 수 있다. '청년'에 처음 가입했던 인물들은 주로 1900년 이전 출생자들로 비교적 온건했지만, '청년'이 확대되어가는 과정에 가입한 사람들은 주로 젊은 이들이어서 과격한 경향을 띠었다. 따라서 양자의 의견충돌은 불가피했다. 더욱이 1928년 제6차 코민테른 대회에서 민족주의 대신 계급투쟁에 전념하기로 한 결정은 '청년'의 분열을 더욱 가속화했다. 이 결정에 따라 젊은 지식층은 도시의 공장, 고무농장, 광산 등지에서 일하며 노동을 체험했다. 다시 말하면 프롤레타리아가 되어본 것이다. 이런 경험을 토대로 젊은이들은 아직 유교문화의 흔적이 남아 있는 과도기적 민족주의 조직인 '청년'을 해체하고 순수한 공산당을 결성하자는 주장을 펴기 시작했다. 이제 '청년'의 분열은 사실상 초읽기에 들어간 것이나 마찬가지였다.

　　'청년'이 결정적으로 분열된 것은 1929년 5월 홍콩에서 열린 제1차 전국대회에서였다. 회원 중에 노동을 체험한 적지 않은 수의 젊은 지식층이 소속되어 있던 북부 베트남위원회 대표단은 '청년'을 개조하여 공산당을 조직하자고 주장했고, '청년' 지도부는 이에 맞서 즉각적인 결성은 시기상조라고 반대했다. 북부 대표단은 결국 단독으로 공산당을 조직하기로 결의하고 1929년 6월 인도차이나공산당(Đông Dương Cộng sản Đảng) 결성을 선언했다. 신생 인도차이나공산당은 『꺼 도』(Cờ Đỏ 赤旗) 등의 기관지를 발행하여 선전활동을 벌였다. 이와 동시에 정치적 선동도 적극적으로 벌이며, 하노이, 하이 퐁, 남 딘, 사이공 등지에서 노동자들을 조직화하여 파업을 주도했다. 그 결과 인도차이나공산당의 세력은 점점 커져서 그 영향력이 중부와 남부에까지 미치면서 '청년'조직을 잠식해 들어갔다.

이에 놀란 '청년' 지도부는 1929년 10월 남부의 '청년'을 모태로 안남공산당(An Nam Cộng sản Đảng)을 조직하고, 기관지 『도』(Đỏ 赤色)를 발행하며 인도차이나공산당에 맞섰다. 이들은 서로 자기 당이 진정한 공산당이며 노동자계급의 대변자라고 주장하면서, 상대방을 사이비 혁명가 또는 기회주의자라고 비난했다.

위의 두 파벌과는 무관하게 1930년 1월에는 제3의 공산주의 조직인 인도차이나공산주의자연맹(Đông Dương Cộng sản Liên đoàn)이 출현했다. 이 새로운 조직은 신월남혁명당의 지도부가 주축이 되어 만들어졌다.

응우옌 아이 꾸옥이 광저우를 떠난 후 '청년'이 분열되자 다시 통합시키기 위해 코민테른은 1929년 10월 「인도차이나공산당의 형성」이라는 지시를 내렸다. 이 지시에 따라 통합을 위한 몇 차례 접촉이 있었으나 별다른 성과는 없었다. 그러자 코민테른은 당시 타이에 체류하던 응우옌 아이 꾸옥에게 홍콩으로 가서 통합을 시도하도록 요청했다. 그러나 그에게 어떤 구체적 지침을 준 것 같지는 않다. 홍콩으로 돌아온 그는 코민테른 대표 자격으로 1930년 2월 초 인도차이나공산당과 안남공산당의 대표자들을 불러 타협을 모색한 끝에, 두 당은 해체하고 당원들은

모두 새로운 베트남공산당에 동참하기
로 합의했다. 그리고 신월남혁명당 지
도부가 1930년 1월에 만든 인도차이나
공산주의연맹의 회원들과 여타 공산주
의자들도 입당할 수 있도록 문호를 열
어 놓았다. 이리하여 마침내 베트남공
산당(Đảng Cộng sản Việt Nam)이 결성
되었다.

쩐 푸

응우옌 아이 꾸옥은 베트남 혁명의
첫 단계로 부르주아 민주혁명과 토지개
혁을 중시했다. 전자의 목적은 프랑스 식민당국이라는 제국주의와 후에
왕정으로 대표되는 봉건주의를 타도하고 민족독립을 달성하는 것이었
다. 후자의 목적은 제국주의자들과 대토지 소유자들의 토지를 몰수하여
빈농에게 재분배하는 것이었다. 그는 혁명의 원동력을 프롤레타리아트
와 빈농에 두었지만, 프티부르주아지·지식인·중농·토착자본가 등도 혁
명의 대열로 끌어들이려 했다.

이에 대해 모스크바에서 훈련을 받고 돌아온 쩐 푸는 프롤레타리아
트가 인도차이나 혁명의 구심점이 되어야 한다고 주장하면서, 프롤레타
리아트는 이미 농민과 빈민을 지도하고 있다고 보았다. 그는 인구의
90%에 달하는 농민이 부르주아 민주혁명의 강한 동력임을 인정했지
만, 이들에 대한 프롤레타리아트의 지도력을 강조했던 것이다.

이러한 논란에 대해 코민테른은 호찌민의 생각이 제6차 대회의 계급
투쟁 결의에 명백히 위배된다고 판단하고 새로운 회의의 소집을 요구하
면서, 캄보디아와 라오스에서의 공산주의 운동도 병행할 것을 지시했
다. 1930년 10월 베트남공산당은 코민테른의 지시에 따라 다시 홍콩에
서 중앙위원회 회의를 개최하여 당명을 인도차이나공산당(Đảng Cộng

sản Đông Dương)으로 바꾸고 쩐 푸를 초대 총서기로 추대했다. 그리고 이듬해 4월에는 코민테른의 정식지부가 되었다. 응우옌 아이 꾸옥은 이후 코민테른과의 관련문제로 1931년 6월 초 홍콩에서 영국경찰에 체포되어 1년 7개월을 감옥에서 보냈다. 1933년 1월 홍콩에서 추방된 후 1934년 7월 모스크바로 가서 4년 간 머물렀는데, 이 당시 코민테른이나 인도차이나공산당 내에서 그의 존재감은 극히 미미했던 것 같다.

베트남공산당이 창당되던 해 공산주의자들에게 희망적인 사건들이 베트남 각지에서 일어나기 시작했다. 3월 남부 비엔 호아 부근의 고무농장에서 수천 명의 노동자들이 파업을 일으켰고, 뒤이어 북부의 남 딘에 있는 섬유공장과 응에 안 성 벤 투이(Bến Thủy)의 성냥공장 등에서도 파업이 일어났다. 이후 파업은 전국으로 확산되고, 농민들도 시위에 나섰다. 10월 꽝 응아이의 사탕수수 농장에서 일어난 시위대는 현청(縣廳) 건물을 점거하기도 했다.

이런 와중에 최대의 사건이 일어났는데, 그것이 이른바 응에-띤 소비에트(Nghệ-Tĩnh Soviet)의 형성이었다(1930년). 1929년에 가뭄이 들어 식량난이 심각해지자 분노가 폭발한 응에 안과 하 띤 두 성(省)의 농민과 노동자들이 궐기하여 현청을 공격하고 토지대장을 불태웠을 뿐만 아니라 죄수들까지 풀어주었다. 1930년 여름 자경단(tự vệ)이 만들어지고 지방행정은 완전히 마비되었다. 공산당 중앙은 아직 조직정비에 여념이 없었고, 중부지역 위원회는 스스로 곳곳에 소비에트를 수립했다. 처음 소비에트의 주된 관심사는 토지 재분배를 비롯하여 소작료 인하와 세금 경감 등이었다. 그러나 소비에트의 주축을 이룬 가난한 농민들의 행동이 점점 과격해지면서 지주·촌락 지도자·지방관리 등이 반혁명분자로 낙인 찍혀 처형당했다. 이로 인해 공산당은 많은 사람들의 반발을 샀다.

1930년 9월부터 소비에트 운동은 프랑스군의 무자비한 탄압에 직면했다. 옌 바이 사건 이후 베트남인 병사를 제외한, 외인부대와 소수민족으로 구성된 부대가 응에-띤의 지방군을 지원하고, 전투기는 농민시위대를 향해 기관총을 발사했다. '빨갱이' 촌락들에는 불을 지르고, 용의자로 검거된 사람들은 처형되었다. 이리하여 1931년 여름까지 소요는 완전히 평정되었다. 최소한 9,000-10,000명이 체포되고, 수천 명이 사망한 것으로 추산된다. 총서기 쩐 푸를 비롯하여 당 중앙위원회 위원들은 물론 지방위원들도 거의 모두 체포되어 투옥되거나 사형당했다.

소비에트의 실패는 단순히 무력의 열세 때문만은 아니었다. 더 중요한 이유는 노동자와 농민에게만 의존하고, 다른 모든 사회계층을 배척한 소비에트의 편협한 정치노선에 있었다. 베트남 인구의 절대다수가 농민이기는 했지만, 이들의 정치의식은 아직 소비에트 운동에 적극 참여할 만큼 충분히 성숙되어 있지 않았으며, 노동자는 전체인구의 1% 정도에 불과했다.

응에-띤 소비에트의 실패로 신생 인도차이나공산당 조직이 거의 와해되자, 코민테른은 그 생존을 위해 1930-1935년에 모스크바에서 조직훈련을 받은 20여 명의 베트남인을 인도차이나로 보냈다. 이들 중 몇 명인가는 체포되었겠지만, 검거망을 피한 사람들은 1932년 봄 소련에서 돌아온 쩐 반 자우(Trần Văn Giàu)를 중심으로 남부에 임시위원회를 조직했다. 레 홍 퐁은 중국 내 국경지방에서 이들을 지원하는 책임을 맡았다. 프랑스에서는 프랑스공산당이 1930년부터 인도차이나에서 벌어지고 있는 공산당 탄압에 항의하는 운동을 전개했다. 이듬해에는 인도차이나 사면위원회가 만들어지고, 대표단이 인도차이나에 파견되었다. 이러한 활동 덕분에 인도차이나공산당은 그런대로 연명은 할 수 있었다. 연명은 할 수 있었다는 말은 실질적인 활동은 거의 없었다는 의미이기도 하다. 더욱이 당은 모든 것을 모스크바의 지시에 따라 움직였기 때문에 베트남의 현실과 상당한 괴리가 있었다. 오늘날 공산주의 역사가들은 이 시기를 혁명의 퇴조기(退潮期)라 부르기도 한다.

트로츠키 그룹

인도차이나공산당이 퇴조기에 있는 동안 반식민주의운동의 전면에 등장한 것은 트로츠키 그룹이었다. 이들은 종래의 베트남 공산주의운동에서는 찾아볼 수 없었던 파격적인 행보를 선보였다. 불법적인 공산주의운동을 사이공에서 공개적으로 했다는 의미에서 그렇다. 사실 합법적인 운동으로의 전환은 1920년대 중반 급진적 민족주의운동과 함께 등장한 남부의 젊은 지식층이 주도권을 쥔 결과였다. 이들 대부분은 1920년대 말 프랑스에서 공부하며 트로츠키파에 가담했다. 그리고 1930년 5월 베트남으로 돌아와 사이공에 있는 사립학교에서 교사로 일하며 1931년 비밀리에 몇 개의 트로츠키 그룹을 조직했다.

이런 트로츠키 그룹의 중심에 섰던 인물이 따 투 터우(Tạ Thu Thâu 謝秋收)였다. 그는 프랑스 유학 중에 트로츠키주의에 경도되었던 베트남 지식인의 한 사람으로, 1930년 옌 바이 사건의 탄압에 항의하다가 프랑스 당국에 의해 베트남으로 강제 송환되었다.

따 투 터우는 1933년 4월 트로츠키주의자들 및 비 '청년'계의 스탈린주의자들과 손을 잡고 『라 뤼트』(La Lutte, 투쟁)라는 프랑스어 신문을 발행하기 시작했다. 『라 뤼트』는 식민통치와 입헌당 모두를 반대하는 입장이었다. 이 신문을 중심으로 결속한 새로운 연합세력의 당면 목표는 사이공 시의회 선거에 참여하는 것이었다. 그리하여 1933년 4월의 선거에서 두 명이 당선되고, 1935년 5월의 선거에서는 베트남인에 할당된 6석 중 4석을 차지하는 데 성공했다. 당시 시의회는 프랑스인 6명, 베트남인 6명, 사이공 상공회의소 대표 2명, 총독이 임명하는 2명으로 구성되어 있었다. 선거에서 대중의 지지를 확인한 '라 뤼트' 연합은 노동자와 농민의 비참함, 관리와 촌락 지배층의 착취를 비난하는 동시에 정치적 민주화를 요구했다. 트로츠키 그룹의 공헌은 종래 반식민주의운동이 비밀리에 행해졌던 것과는 달리 유럽의 공산당들처럼 공개적으로 정

『라 뤼트』

따 투 터우

치투쟁을 전개했다는 데 있다고 하겠다. 다시 말하면, 이런 공개적인 활동을 통해 트로츠키 그룹은 마르크스주의의 확산에 기여했던 것이다.

1936년 5월의 프랑스 총선에서 인민전선이 승리함으로써 공산주의자들이 주도권을 쥐고 있던 베트남 민족주의운동은 새로운 국면에 접어들었다. 이제까지 가장 활발한 움직임을 보였던 코친차이나의 공산주의자들은 인민전선 정부하에서 기대되는 정치적 자유를 최대한 이용하기 위해 '라 뤼트' 연합을 중심으로 결집했다. 이들은 대중의 지지를 얻기 위해 각종 신문이나 팸플릿을 발행하는 한편, 프랑스 정부가 파견할 예정인 식민지 조사단에 진정(陳情)하기 위해 인도차이나회의를 결성했다. 이와 동시에 노동자와 농민들로 이루어진 행동위원회가 각지의 공장이나 촌락을 단위로 만들어졌다. 행동위원회 결성과 더불어 여러 곳에서 노동자파업이 일어났다. 파업은 트로츠키 그룹의 주도로 일어나기도 했지만, 그들보다 더 주동적인 역할을 한 것은 인도차이나공산당이었다.

응에-띤 소비에트 실패 후 침체해 있던 인도차이나공산당도 1936년경부터 구속자 석방과 합법적인 공개활동에 힘입어 재기에 성공했다.

남부와는 달리 북부지방은 프랑스 인민전선 정부의 정책에 의해 석방된 구'청년'계 공산당원들의 독무대였다. 이들은 각종 공산주의 관련 서적을 출판하고 신문을 발행하여 대중의 혁명의식을 고취시켰다.

여기서 한 가지 주목할 것은 1936년 중반부터 인도차이나공산당의 혁명노선이 변화하고 있었다는 점이다. 이는 바로 전해에 개최되었던 제7차 코민테른 대회에서 채택된 반파시즘 결의를 따랐기 때문이다. 그들은 이전까지 표방해온 반봉건·반제국주의 노선을 철회하고, 계급 간의 공동노력에 의한 반파시즘 투쟁과 민주적 권리, 예컨대 언론·출판·결사의 자유와 노동조건의 개선을 전면에 내세웠다. 그런데 막상 그러다 보니 인도차이나공산당의 전략은 프랑스 제국주의와 일본 파시즘 중 어느 쪽과 싸워야 하는가라는 헷갈리는 선택의 문제에 직면했다.

코민테른의 정책에 따른 인도차이나공산당의 혁명노선 변경은 1937년 마침내 트로츠키 그룹과 결별하는 결과를 가져왔다. 스탈린주의자들 역시 트로츠키주의자들과 갈라섰다. 트로츠키주의자들은 인도차이나공산당이 프롤레타리아트의 이익에 역행하면서 부르주아지와 손을 잡는다고 비난했고, 인도차이나공산당은 트로츠키주의자들을 파시스트의 앞잡이라고 비방했다. 결국 논쟁의 핵심은 1910년대와 1920년대에 논의되었던 망국이니 애국이니 하는 문제가 아니라, 당시 세계 공산주의운동 내부에서의 논쟁과 똑같은 개혁이냐 혁명이냐, 또는 계급 간의 협력이냐 계급투쟁이냐 하는 문제였다. 코친차이나에서는 트로츠키 그룹의 주장이 보다 많은 사람들의 공감을 얻었다. 1939년 4월에 실시된 코친차이나 식민지평의회 선거에서 트로츠키 그룹의 입후보자들이 80%를 득표하여 1938년 인도차이나공산당의 주도하에 형성된 인도차이나 민주전선과 입헌당을 압도했다.

인도차이나공산당과 트로츠키주의 그룹 사이의 논쟁은 1939년 9월 식민당국이 공산주의자들을 일제 검거하면서 중단되었다. 1939년 8월 스탈린과 히틀러가 동유럽에 대한 영향권의 분할을 결정하는 조약을 체결함으로써 프랑스 인민전선이 붕괴되고, 공산당은 불법단체로 규정되어 해산명령을 받았다. 인도차이나 식민당국도 공산당을 불법화하고, 그와 관련된 인쇄물들을 압수하는 동시에 공산당원 검거에 나섰던 것이다. 이때 지하운동의 경험이 전무했던 트로츠키 그룹은 큰 타격을 받았다. 제2차 세계대전이 발발하기 전에 이미 지하로 들어가기 시작했던 인도차이나공산당은 트로츠키 그룹에 비해 피해가 적은 편이었다고는 해도 역시 타격은 컸다.

이로부터 두 달 뒤인 11월 남부의 자 딘 성(省)에서 열린 제6차 당중앙위원회 회의에서 인도차이나공산당은 반파시즘 정책을 바꾸어, 전술한 스탈린과 히틀러 사이의 조약에 의거 다시금 1930년대 초에 추구했던 민족독립을 최우선적인 목표로 삼았다. 그리고 그 실현을 위해 모든 계급의 사람들을 망라하는 인도차이나 반제민족통일전선을 구축하기로 결정했다. 이에 따라 토지개혁 요구도 잠정적으로 취소하고 민족의 이익을 배반하는 지주의 토지만 몰수하기로 했다.

요컨대, 민족해방 실현을 위해서 모든 계급의 단합된 힘이 필요하다는 것이었다. 상대가 분명히 적이라고 인정되지 않는 한 그를 배척하기보다는 포섭한다는 전략이었다. 결국 적(敵)으로 간주되는 자는 곧 민족해방을 가로막는 제국주의자였다.

일본군의 진주

인도차이나공산당의 정책 변화는 중국에서 일본세력이 확대되면서 일본군이 1939년에는 베트남 북쪽 국경까지 다다른 것과 관련이 있었다. 당시 연합군의 물자가 하이 퐁에서 철도를 이용해 충칭(重慶)의 국민당정부에 공급되고 있었는데, 그러다 보니 일본은 베트남에 관심을 갖게 되었다. 일본은 유럽전선에서 열세에 처한 프랑스를 보고, 1940년 6월 인도차이나의 프랑스 총독에게 최후통첩을 보내 충칭으로 이어지는 물자보급로인 중월국경 차단과 이를 감시하기 위한 군사사절단의 입국을 허용하라고 요구했다. 총독은 일본의 압력을 견딜 수 없다고 판단해 이 요구를 받아들였다. 프랑스 비시(Vichy) 정권은 이에 대한 책임을 물어 총독을 해임하고 정권 측 인물을 총독에 임명했다. 일본은 8월에 또 다시 군대의 진주와 비행장 이용을 요구했다. 비시 정권은 독일을 통해 일본과 연결되어 있었기 때문에, 새 총독은 일본을 이용해 인도차이나에서 프랑스의 지배를 최대한 유지하려고 했다.

1940년 8월 말 비시 측은 일본과 도쿄에서 조약을 맺어, 인도차이나에서 프랑스의 주권을 약속받았다. 한편 프랑스는 동남아시아에서 일본의 정치적·경제적 우위를 인정해주는 동시에 일본군의 통킹 진주를 허용했다. 그리고 9월 22일에 체결된 군사세목협정에 따라 일본은 3개 비행장과 하이 퐁 항구의 사용 및 홍 강 북부에 5,000-6,000명의 병력주둔이 가능해졌다. 이로써 일본은 중월국경 차단만이 아니라 동남아시아 침략의 전진기지로서도 인도차이나를 확보하게 되었다. 일본이 이미 이전부터 끄엉 데를 보호해주고, 후술하겠지만 민간기업을 통해 까오 다이(Cao Đài 高臺)라는 종교단체와 관계를 맺은 것도 이러한 인도차이나 문제와 관련이 있었던 것이다.

일본에 대한 프랑스 식민당국의 굴복은 베트남인의 독립투쟁에 중대한 영향을 미쳤다. 이제까지 거의 절대적으로 보였던 식민세력이 일본의 무력 앞에 맥없이 무너지는 것을 보고 베트남인들은 독립은 막연한 꿈이 아니라 반드시 이룰 수 있다고 믿게 되었다.

9월 22일의 협정에도 불구하고 중국 남부에 주둔하고 있던 일본군은 같은 날 광시 성에서 중월국경을 넘어 진격하여 랑 선 지방을 점령했다. 이는 당시 팽창에만 몰두해 있던 일본군 청년장교들이 도쿄 수뇌부의 허락도 없이 벌인 일이었다. 그러자 일본군 고위장성들이 나서서 즉시

후에에 있는 까오 다이 교 사원의 내부.

군대를 철수시키고 랑 선 지방을 프랑스군에 돌려주었다. 그러나 이 사건은 일본과 프랑스 식민당국만의 일로 끝나지 않았다.

이때 중국에서 활동하던 친일 성향의 민족주의 단체 베트남복국회 (Việt Nam Phục Quốc Hội 越南復國會) 회원 수백 명이 일본군을 따라 들어와 있었다. 이들은 철수를 거부하고 현지인들 및 랑 선 감옥에서 풀려난 공산주의자들과 합세하여 되돌아오는 프랑스군에 저항하다가 체포되거나 살해되었다. 살아남은 공산주의자들은 랑 선 서쪽에 있는 산간지대로 들어가 몇 주 동안 험난한 박 선(Bắc Sơn) 지역을 근거지로 하여 저항을 했다. 이것이 이른바 '박 선 소요'이다.

비시 정권이 일본에 굴복하는 것을 본 타이가 1940년 10월 이전에 프랑스의 압력으로 캄보디아에 할양했던 영토의 반환을 요구하면서 양국 간에 분쟁이 일어났다. 인도차이나공산당 남부위원회는 이 분쟁을 이용하여 1940년 11월 하순 전면적인 봉기를 시도했다. 중앙위원회는 봉기에 반대한다는 결정문을 남부위원회에 통보했으나 뒤늦게 전해졌다. 그래서 남부 21개 성(省) 중 8곳에서는 봉기가 그대로 진행되었다. 이에 앞서 봉기계획을 간파한 식민당국은 프랑스군 내의 베트남인 병사들을 막사에 연금시키고, 육해공군을 동원하여 몇 주 만에 봉기를 완전히 진압했다. 이때 코민테른 대표 레 홍 퐁, 당 총서기 응우옌 반 끄 (Nguyễn Văn Cừ 阮文渠), 중앙위원이며 레 홍 퐁의 부인인 응우옌 티민 카이(Nguyễn thị Minh Khai 阮氏明開)를 포함해 남부위원회 지도부거의 전부와 일반 당원 수천 명이 체포되거나 처형되었다. 이 사건으로 제2차 세계대전이 끝난 후에도 남부에서 인도차이나공산당의 영향력은 북부에 비해 훨씬 미약했다.

박 선 소요와 남부 봉기라는 두 사건을 통해 인도차이나공산당은 중요한 교훈을 얻었다. 무력행동의 필요성을 더욱 확신하긴 했지만, 눈앞의 일시적인 기회에 이끌려 행동해서는 안되고, 그보다는 장기적인 계획과 조직, 훈련, 평가 등이 중요하다는 것을 깨달았다.

베트남독립동맹회

1941년 5월 중순 인도차이나공산당의 제8차 중앙위원회가 중국 광시 성과의 접경지대에 위치한 까오 방 성의 빡 보(Pác Bó)에서 개최되었다. 1941년 2월 호찌민이 베트남에 돌아온 후 그와 중앙당 위원회가 처음으로 가진 연석회의였다. 회의에 참석한 인물들은 호찌민을 비롯하여 모두 8명으로, 인도차이나공산당 중앙위원 4명과 베트남 세 지역(북부, 중부, 남부)의 대표 각 1명 등이었다. 이들의 공통점은 코민테른과 밀접한 관련이 없었다는 것이다.

1938년 가을 모스크바를 떠난 응우옌 아이 꾸옥은 이듬해 2월 광시 성 구이린(桂林)에 도착했다. 1940년 초에는 윈난 성 쿤밍으로 갔다. 당시 쿤밍은 인도차이나공산당의 해외활동 거점과 같은 곳으로 응우옌 아이 꾸옥은 다시 한 번 베트남혁명의 전면에 나설 수 있었다. 그러다가 가을 박 선 소요 실패 후 많은 베트남인이 광시 성의 소도시 징시(靖西)로 모여들자 그는 주변 인물들과 함께 그곳으로 거처를 옮겼다. 그가 응우엔 아이 꾸옥이란 이름 대신 호찌민이라는 이름을 쓰기 시작한 것은 이때부터였다고 한다.

제8차 당중앙위원회 회의는 어떤 의미에서 앞선 6, 7차 중앙위원회 회의의 연장선상에 있다고 볼 수도 있지만, 다른 한편으로는 민족해방 문제를 좀 더 분명하게 언급하고 그 실천방법을 구체적으로 제시했다는 점에서 확연히 구별된다고 볼 수 있다. 이 회의의 결의에 의하면, 인도차이나 혁명은 현재로서는 더 이상 부르주아 민주주의 혁명이 아니며, 오히려 시급한 현안인 민족해방 문제를 해결하기 위한 혁명일 뿐이라고 규정되었다. 민족문제가 이처럼 명확히 표출된 것은 호찌민의 생각이 반영되었기 때문일 것이다. 반면 제7차 회의는 베트남에 불어닥친 새로운 변화에 대한 대응책을 마련하기 위해 열렸다. 새로운 변화란 1940년 여름 일본군이 인도차이나로 밀고 들어온 것을 말한다.

당시 인도차이나공산당 내에서 호찌민에 필적할 만한 인물은 거의 없었다. 주요 당원들은 식민당국에 의해 구금되거나 처형된 상태였다. 더구나 호찌민에게 가장 적대적인 당 북부 지도부조차도 가증하는 프랑스 식민당국의 압력 앞에서 민족해방 문제를 놓고 당내 이견을 외부로 노출시키는 것은 현명하지 않다고 판단했다. 따라서 20년 간 호찌민의 민족주의를 억압했던 코민테른의 계율은 드디어 땅 속에 묻히고 그는 민족문제를 전면에 내세울 수 있었다. 호찌민은 민족해방 문제의 구체적인 해결을 위한 실천방법으로 베트남독립동맹회(Việt Nam Độc lập Đồng minh Hội 越南獨立同盟會) 결성을 제안하여 이를 가결시켰다. 흔히 베트민(Việt Minh 越盟)으로 약칭되는 이 단체는 각계각층의 혁명세력을 규합하여 프랑스 식민주의자와 일본 파시스트의 타도를 그 목표로 삼았다.

베트민 결성 5주 뒤에 독일이 소련을 침공하자 베트민은 연합국에 대한 지지를 선언했다. 사실 독일의 소련 침공에 앞서 베트민은 비시 정권과 일본의 협력, 일본의 중국 침략 등으로 인해 이미 연합국 쪽으로 기울고 있었다.

베트민 결성과 더불어 인도차이나공산당의 모든 정치활동은 베트민의 이름으로 전개되고, 공산당은 배후에서 조종만 하고 전면에 나서지 않았다. 그리고 베트민의 활동도 대중조직화를 위해 만들어진 외곽단체인 각종 구국회(救國會)를 통해 이루어졌다. 따라서 베트남노동자구국회·베트남농민구국회·베트남청년구국회·베트남부인구국회 등의 단체가 우후죽순처럼 생겨났다. 이처럼 베트민은, 공산주의가 아직 대중들에게 먹히기에는 약한 상황에서 인도차이나공산당이 대중동원을 용이하게 하려고 만든 단체였다. 아울러 공산당에 위협이 될 만한 사람들을 중립화시키고, 어떤 특정한 적대자들을 고립시키기 위한 전략의 산물이기도 했다. 호찌민의 말을 빌리면, 공산당은 시의적절하게 전술을 바꾼 것이다.

인도차이나공산당과는 달리 일본과 손을 잡고 프랑스 세력을 몰아내려던 정치단체들도 상당히 있었다. 이들 가운데 대표적인 단체로는 까오 다이 교(đạo Cao Đài 道高臺)와 호아 하오 교(đạo Hòa Hảo 道和好)라는 두 신흥종교집단이었다. 일본은 이들을 이용하여 베트남에서의 지위를 강화할 수 있었기 때문에 양자의 이해관계가 맞아떨어졌다.

까오 다이 교는 1920년대 초에 코친차이나의 식민지 관료였던 응오 반 찌에우(Ngô Văn Chiêu)가 만든 단순한 심령집단에서 시작되어, 1926년에 역시 식민지 관료였던 레 반 쭝(Lê Văn Trung)이 유교·도교·불교·그리스도교 등의 교리를 종합하여 종교로 체계화했다. 이 종교는 남부 베트남의 농민들 사이에서 급속히 퍼져 1940년에는 신도가 거의 100만에 육박했다. 1930년대에 교주(敎主)는 비록 식민당국과의 대화를 강조하긴 했지만 그보다는 비난하는 쪽으로 기울었다. 한편 일본에 있는 끄엉 데와도 연결이 되어 있었다. 일본군이 베트남에 진주하자 까오 다이 교가 문제를 일으킬 수 있다고 예측한 식민당국은 1940년 떠이 닌 성(tỉnh Tây Ninh)의 성도(省都)인 떠이 닌(Tây Ninh)에 있는 중심 사원을 폐쇄했다. 그리고 이듬해에는 교주와 몇몇 지도자들을 아프리카 동쪽에 있는 작은 섬으로 추방했다. 이 사건 이후 일본 측은 까오 다이 교를 비호하는 한편 그 조직의 재건을 지원했다. 이로부터 양자의 협력 관계는 확실해졌다.

호아 하오 교도 일본 측과 이와 비슷한 관계를 맺었다. 이 종교는 1939년 쩌우 독 지방에 있는 호아 하오 촌락의 후인 푸 소(Huỳnh Phú Sổ)가 불교를 단순화시켜 만든 것이다. 호아 하오 교는 후인 푸 소의 카리스마와 예언능력 및 병치유능력으로 인해 메콩 델타 남부의 농민들로부터 큰 호응을 얻었다. 이런 급성장에 놀란 식민당국은 1940년대 초 후인 푸 소를 정신병원에 감금했다가 라오스로 추방하려다 일본 측의 개입으로 뜻을 이루지 못했다. 그러나 호아 하오 교는 후인 푸 소 개인의 종교적 체험에서 이루어진 종교로 조직체계가 갖추어져 있지 않았기 때문에 일본 측에게 까오 다이 교만큼의 가치는 없었다.

까오 다이 교와 호아 하오 교는 교세가 지역적으로 남부에 국한되어 있었고, 또 신흥종교의 특성상 그 추종자들을 제외하면 일반인들에게 미치는 정치적 영향력은 그리 크지 않았다.

한편 북부와 중부에서는 다이 비엣(Đại Việt 大越)으로 총칭되는 소규모 정치단체들이 '아시아인을 위한 아시아'라는 일본의 선전에 이끌려 일본의 비호를 받으며 활동을 했다. 정당이라기보다는 비밀결사에 가까운 이들 단체는 지식인끼리의 모임으로 대중의 지지를 얻고자 하는 노력은 거의 하지 않았다. 또한 단체들 간의 공통된 이념도 통일된 조직체도 없었다. 다만 이들의 궁극적 목적은 베트남의 독립으로, 이를 위해 일본과 협력하고 있었다.

결국 제2차 세계대전 중에 베트민은 프랑스의 식민당국과 일본 모두가 베트남의 적이라는 의식을 갖고 투쟁하는 유일한 정치단체였다. 1942년 8월 호찌민은 베트민을 대표하여 연합국, 그 중에서도 특히 장제스 정부의 도움을 요청하기 위해 국경을 넘어 중국으로 갔다. 그런데 여기서 문제가 생겼다. 그의 신분증이 1940년에 발급되어 시효가 끝나 있었던 것이다. 그는 일본군 스파이로 오인되어 국민당 계열의 군벌인 장파쿠이(張發奎)에게 체포되고, 그 후 여러 군부대의 영창을 전전하며 많은 고통을 겪었다. 그러다가 마침내 1943년 9월 석방되었으니, 12개월 이상 감옥생활을 한 셈이다.

호찌민이 감옥에 있는 동안 윈난 성과 광둥 성에 망명 중이던 일단의 베트남인들은 1942년 10월 광시 성 류저우(柳州)에서 장파쿠이의 도움을 얻어 베트남혁명동맹회(Việt Nam Cách mệnh Đồng minh Hội 越南革命同盟會)를 결성했다. 동맹회는 1930년 프랑스 식민 당국의 탄압을 받고 망명해 있던 베트남국민당이 주축을 이루었으며, 여기에 박 선 봉기 후에 도피해온 복국회 회원과 일부 개인 이주자들이 가입되어 있었다. 베트남국민당은 식민당국의 거센 탄압으로 한때 휘청거렸으나, 이 무렵에는 중국국민당과 지방군벌들의 후원으로 어느 정도 세력이 회복된 상태였다.

베트남혁명동맹회는 반일투쟁을 위해 조직된 비공산주의자 단체였으나, 지도력의 부족과 연이은 내분 및 인도차이나공산당의 침투로 소기의 목적을 달성할 수 없었다. 이에 실망한 장파쿠이는 동맹회를 재편하기로 결심했다. 호찌민의 석방 이면에는 이런 이유가 있었다. 이에 베트남 민족주의자들은 크게 반발했고 베트민측도 미온적인 태도를 보여 동맹회가 유명무실해지자 호찌민은 1944년 9월 귀국해버렸다. 사실상 호찌민은 동맹회의 일보다는 베트남으로 돌아갈 생각이 더 강했다.

8월 혁명

호찌민이 베트남으로 돌아왔을 때, 베트민 중앙위원회는 임시정부 수립의 필요성을 인식하는 한편 전국적인 총봉기를 지시하고 이를 실천에 옮기려 하고 있었다. 호찌민 부재중에 베트민은 북부 산간 지대인 까오 방과 랑 선 등지에 해방구를 설치하고 이를 완전히 장악했다. 그런 상황에서 1944년 중반 연합군이 프랑스를 탈환하고 일본 해군 기지를 폭격하기 시작하는 등 전세가 연합군에 유리한 쪽으로 변해가자 베트민은 혁명적 상황이 임박했다고 판단하여 총봉기를 결의하기에 이르렀던 것이다.

그러나 베트민과 달리 호찌민은 전면봉기의 분위기가 아직 전국적으로 성숙되지 않았다고 주장하면서 봉기의 연기를 주장했다. 그는 대신 베트남해방군선전대(越南解放軍宣傳隊)의 창설을 주장하여 1944년 12월 이를 실현시켰다. 오늘날 베트남 인민군의 모체가 되는 해방군선전대는 글자 그대로 '정치적 활동을 군사적 활동보다 중요시하고 선전을 전투보다 우위에 두는 것'이 그 주요 임무였다. 이리하여 베트민은 1945년 초 세계대전이 막바지에 이르렀을 때 전면적인 공세를 취할 준비가 되어가고 있었다. 그 기회는 여름에 찾아왔다.

한편 제2차 세계대전 중 인도차이나는 북부의 일부 도시와 철도가 연합군의 폭격을 받은 것말고는 전쟁의 무대는 아니었다. 그러나 경제적으로는 심각한 타격을 받았다. 첫째, 인도차이나의 쌀과 고무 등을 수출하던 싱가포르·자바·홍콩 등과의 관계가 끊겼다. 둘째, 인도차이나는 전쟁 중인 일본을 돕느라 물자가 고갈되었다. 그리하여 1944년 인도차이나 경제는 거의 빈사상태에 빠졌다.

특히 심각했던 것은 북부와 중북부의 식량난이었다. 1944-1945년에는 가뭄과 병충해로 쌀 생산이 격감했다. 사실상 이들 두 지역은 평시에도 식량의 자급자족이 불가능하여 남부의 쌀에 의존했다. 1944년 가을

부터 미국 공군의 폭격기가 베트남의 항구들과 철도를 파괴하고 함대는
해안수송선들을 격침시켰다. 그리하여 남부 쌀의 북부 유입은 거의 차
단되었다. 여기에 더하여 전쟁이 자신들에게 점점 불리해지자 일본군은
최후의 대비를 위해 막대한 양의 쌀을 강제로 빼앗아 비축해 놓았다.

1945년 3월 9일 밤 일본군은 인도차이나에서 프랑스군을 무장해제
시키고 감금했다. 프랑스 총독을 비롯한 고위관리들도 연금되었다. 이
쿠데타는 수 시간 내에 유혈사태 없이 완료되었다. 프랑스의 인도차이
나 지배는 끝이 나고 일본군 사령관이 지배하는 군정이 시작되었다. 일
본은 1945년 2월 마닐라를 탈환한 맥아더 장군 휘하의 미군이 인도차
이나에 상륙하면 내부에서 프랑스군이 호응할 것을 염려하여 선제 조치
를 취한 것이다.

그러나 일본은 베트남을 식민지로 만들 구체적인 계획도 그럴 여유
도 없었다. 다만 프랑스 식민정권을 대체할 어떤 존재는 필요했기 때문
에 유명무실했던 응우옌 왕조의 바오 다이(Bảo Đại 保大, 1926-1945)
황제를 그대로 인정했다. 일부에서는 바오 다이 대신 당시 도쿄에 있던
끄엉 데를 기대했지만, 일본은 일단 상황을 진정시키는 게 우선이어서
그런 의견을 고려하지 않았다. 바오 다이 황제는 3월 11일 남부를 제외
하고 중부(안남)와 북부(통킹)만으로 독립을 선언하고, 4월 17일에는
저명한 역사학자 쩐 쫑 낌(Trần Trọng Kim 陳仲金)에게 내각 구성을 맡
겼다. 7월이 되어서 일본은 아직 돌려주지 않았던 남부와 여타 지역들
을 반환했다.

쩐 쫑 낌 내각은 처음부터 한계가 분명했다. 일본에 의존하고 있었기
때문에 무엇을 하기보다는 가급적 하지 않고 그냥 상황에 따르는 편이
었다. 말이 독립이지 내각에 주어진 권한은 별로 없었다. 치안·외교·국
방·통신 등과 같은 주요 문제에는 권한이 없었다. 일상적인 행정업무를
처리할 수 있었지만, 당시의 혼란상태에서 관료조직이 제대로 작동할

리가 없었다. 앞에서 언급한 북부와 중북부의 식량난으로 8월까지 150만–200만 명의 아사자가 발생하고 있는데도 아무런 대책도 세우지 못하고 그저 바라만 보고 있었다. 민족주의 단체들이 전례 없이 자유롭게 활동할 수 있었던 것도 이런 상황 때문이었다.

바오 다이 황제

일본군의 쿠데타 직후인 3월에서 5월까지는 경제적으로 어려운데도 독립의 환호성이 베트남 방방곡곡에서 울려퍼졌다. 각지에서는 저명인사들의 애국 강연회와 독립운동 희생자들에 대한 추도회가 거의 매일같이 열렸고, 하루가 멀다 하고 수많은 정치단체가 생겨났다. 일반 베트남인들조차 거의 절대적으로 보였던 프랑스의 식민통치가 하루아침에 무너진 것에 놀라워했다. 까오 다이와 호아 하오 같은 친일단체들은 자기들에게 보다 많은 권력을 달라고 요구했다가 일본 측이 반응을 보이지 않자, 6월부터는 불만을 터뜨렸다. 수십만의 추종자를 거느리고 각 지역에 그들 나름의 정치적 기반을 가진 까오 다이와 호아 하오 종교집단이 있는 코친차이나에서 특히 불만이 컸다.

한편 인도차이나공산당은 일본군의 쿠데타가 일어났을 때 중앙위원회를 소집하여 숙의한 끝에, 쿠데타가 결코 베트남에 독립을 가져오지는 않을 것이라는 결론을 내렸다. 그러면서 베트민의 활동은 즉각적인 권력 장악을 시도하기보다 선전과 조직화에 주력해야 한다고 강조했다.

베트민에 대해 그다지 호의적이지 않던 미국 정보기관들은 일본군의 3월 쿠데타로 베트남에 주둔한 프랑스군의 정보망이 파괴되자, 내부 정보를 당시 베트남에서 가장 조직적이던 베트민에 의존할 수밖에 없었다. 전략첩보부(OSS) 측이 호찌민에 접근하자, 호찌민은 쿤밍에 가서

호찌민과 미국의 전략첩보부 요원들.

중국 주둔 미공군사령관을 만났다. 사령관은 본인이 서명한 자기 사진을 주었고, 전략첩보부는 권총과 통신기구 및 의약품 등을 주었다. 귀국 후 호찌민은 이 물건들을 보여주며 연합군 측이 베트민을 지지해주는 증거라고 선전했다. 실제로 전략첩보부는 호찌민이 있는 베트민 해방구에 와서 베트민의 활동을 지원했다.

베트민의 활동은 일본군의 쿠데타로 식민지 행정체계가 마비됨에 따라 훨씬 수월해졌다. 그들은 처음 대부분의 도시와 농촌에서 별다른 저항도 받지 않고 선전활동과 조직활동을 할 수 있었다. 이제 일반 사람들의 눈에 베트민은 이전의 보잘 것 없는 반식민주의 단체가 아니라, 베트남에 진정한 독립을 가져다줄 수 있는 단체로 인식되기 시작했다.

8월 6일 미국이 히로시마에 원자폭탄을 투하하고, 이틀 후에는 소련이 일본에 선전포고를 하고 소만 국경을 넘었다. 일본의 항복이 임박했음을 감지한 베트민은 15일 일본이 항복했다는 소식을 라디오로 듣고 뚜옌 꽝 지역에 있는 해방구(解放區)의 수도에서 16-17일 이틀간 회의를 개최하고 호찌민을 임시정부 수반으로 하는 동시에 구국군은 하노이

를 향해 출발했다. 8월
19일 베트민은 총 한
번 쏘지 않고 하노이를
장악했고, 후에에서는
현지 청년단체가 8월
22일 시내를 장악하여
베트민위원회가 조직

되었다. 8월 25일에는
공산당 세력이 취약했

비엣 박 중심부에 있는 이 건물에서 베트민 지도자들은 떤 짜오 회의를 열고, 일본과 프랑스 제국주의의 지배로부터 베트남을 해방시키기 위한 8월혁명을 개시했다.

던 사이공에도 그 영향력이 미쳤다. 쩐 반 자우를 중심으로 하는 남부위원회는 청년 대중조직체의 도움으로 권력을 잡았다. 이처럼 베트민은 단 시일 내에 전국을 장악했는데, 오늘날 베트남공산당은 이를 '8월 혁명'이라고 부른다.

이때 베트민과 노선을 달리하는 수천 명이 암살 내지 처형당했다. 그 중 저명한 인물들로는 1920년대와 1930년대 전반 『남 퐁』지를 발행했던 팜 꾸인, 1920년 전후에 입헌당 당수였던 부이 꽝 찌에우, 그리고 트로츠키 그룹의 대표인 따 투 터우 등을 들 수 있다.

베트민으로부터 하야를 요구받은 바오 다이 황제는 8월 25일 퇴위령을 발표하고, 8월 30일에는 권력과 권위의 상징인 옥새와 황금 보도(寶刀)를 하노이에서 온 인도차이나공산당 대표에게 넘겨주었다. 이로써 응우옌 왕조 143년의 역사가 끝남은 물론, 천 년 동안 지속된 왕조시대 역시 완전히 막을 내렸다. 바오 다이 황제의 퇴위 사흘 뒤인 9월 2일 호 찌민은 하노이 바 딘 광장(Quảng trường Ba Đình)에서 베트남민주공화국(Việt Nam Dân chủ Cộng hòa)의 독립을 선언하고 독립선언문을 낭독했다.

그러나 베트남의 안정과 번영은 아직은 요원한 일로 보였다. 일본군의 무장해제를 위해 16도선 이북과 이남에 영국군과 중국 국민당군이 진주하고, 뒤를 이어 프랑스가 자신의 유산을 주장하면서 베트남에 다시 돌아왔다. 베트남 역사에서 계속되어온 대립과 투쟁은 또다시 시작될 수밖에 없었다.

14장 프랑스의 재침략

루스벨트의 전후 구상

1943년 11월 22-26일 카이로에서 동남아시아를 점령한 일본과의 전쟁문제를 논의하기 위해 미국 대통령 프랭클린 루스벨트와 영국 총리 윈스턴 처칠, 그리고 중화민국 총통 장제스가 만나 3자회담을 열었다. 이 자리에서 루스벨트 대통령은 종전 후 프랑스의 인도차이나 복귀를 반대하면서 인도차이나를 신탁통치해야 한다는 뜻을 분명히 하고, 중국 국민당정부의 개입의사를 물었다. 장제스는 당시 중국공산당과의 대결이라는 중요한 문제로 인해 확답은 피한 채, 인도차이나가 전후에 독립할 수 있도록 중국과 미국이 공동으로 도와주어야 한다고 대답했다. 이 회담에서는 우리나라 문제에 대해서, "한국은 적절한 과정을 거쳐 독립이 되어야 한다"고 선언했다.

1941년 이전에는 동남아시아 지역에 별다른 관심을 갖지 않았던 미국이 이처럼 태도를 바꾼 이유는, 일본의 인도차이나 침략을 보면서 동남아시아 지역이 고무나 주석 등과 같은 원료의 주요 생산지일 뿐만 아니라 남아시아 진출의 전략적 요충지임을 인식했기 때문이다. 당시 루스벨트는 전쟁이 끝나면 미국·영국·소련·중국과 함께 4강 체제를 구축하고, 아시아에서는 중국과 함께 경찰국가의 임무를 수행할 생각이었다. 그가 프랑스의 인도차이나 복귀를 반대한 또 다른 이유는 프랑스의

1945년 9월 베트남민주공화국의
독립선언문을 낭독하는 호찌민.

샤를 드골 장군이 처칠과 너무 친밀하고, 게다가 지나칠 정도로 자기중심적이어서 미국의 뜻을 쉽게 따라주지 않을 것 같았기 때문이다.

카이로 회담 직후에 루스벨트는 테헤란에서 처칠 및 소련의 스탈린과 가진 회담(1943년 11월 28일-12월 1일)에서도 전후 상당 기간 인도차이나를 신탁통치해야 한다는 주장을 폈다. 스탈린은 루스벨트의 제안에 동의했지만, 처칠은 카이로회담 때부터 인도차이나의 신탁통치에 일관되게 반대했다. 그의 입장에서는 인도차이나가 신탁통치를 받게 될 경우 동남아시아의 영국식민지에도 그 여파가 미치지 않을까 우려스러웠던 것이다.

1944년 여름 무렵 루스벨트의 인도차이나 정책은 곤경에 빠졌다. 영국의 압력, 프랑스의 복귀주장, 미국 국무부의 반대, 여기에 더하여 중국 내부의 정치적 위기가 영향을 미쳤기 때문이다. 중국 윈난 지방에서 작전 중이던 미군을 지원하는 동시에 일본의 미얀마 침공에 맞서기 위해 중국군을 파견해달라는 요청을 장제스가 거절하자 루스벨트는 자신의 정책을 재검토하지 않을 수 없었다.

1944년 10월 미국 정부는 마침내 '자유 프랑스 운동'을 장악한 드골 정권을 프랑스 임시정부로 승인했다. 이 무렵 소련 주재 미국대사는 소련이 미국과 협조할 의사가 없을 뿐만 아니라 자국의 이해관계가 걸리면 언제든지 적대국이 될 수 있다고 경고하는 보고문을 보냈다. 1945년 1월 루스벨트는 자유프랑스군이 인도차이나에서의 공작활동을 위해 파견되어야 한다는 처칠의 요청을 받아들였고, 2월에 개최될 얄타회담에서는 마침내 '식민지의 신탁통치는 식민 본국의 동의하에서만 가능하

포츠담 회담, 1945년 7월.

다'는 안을 제시하기로 했다.

알타회담 한 달 후인 3월 9일, 일본이 전격적으로 인도차이나에서 비시의 식민정부를 전복시켰다는 소식은 루스벨트의 정책에 더욱 중대한 영향을 미쳤다. 드골과 영국정부는 즉시 루스벨트에게 중국에 있는 미 공군의 지원을 요청했다. 며칠 동안 요청을 거절하던 그는 마침내 중국 주둔 미공군에게 인도차이나에서 싸우고 있는 프랑스군을 지원하도록 명령을 내렸다. 결국 1945년 4월 루스벨트가 급서할 때쯤에는 이미 프랑스의 인도차이나 복귀에 대한 반대와 신탁통치 정책은 많이 퇴색한 상태였다.

1945년 4월 루스벨트의 갑작스런 사망 후 대통령직을 승계한 해리 트루먼은 전임자와는 달리 인도차이나에 관심이 없었고, 프랑스와 베트남 사이의 문제에 대해서도 우려하지 않았다. 그런데 군사전문가들이, 소련은 전쟁 덕분에 유럽과 아시아에서 강력한 세력으로 부상할 수 있는 기회를 얻었다고 경고하면서, 유럽의 안정이라는 측면에서 프랑스와 협력할 것을 제안했다. 트루먼은 프랑스에 별로 호의적이지 않았지만, 여하튼 군사전문가들의 제안을 받아들였다.

1945년 7월의 포츠담 회담에서는 미국·영국·소련이 베트남 내의 일본군 무장해제를 위해 북위 16도선을 경계로 그 이북에는 중국 국민당군이, 이남에는 영국군이 진주하기로 합의가 이루어지고 중국 국민당정부도 동의했다. 포츠담회담의 결정은 8월 15일경 베트민 해방구에 와 있던 미군에게 전해지고, 그들을 통해 베트민에게도 알려졌다. 베트민은 이미 오래 전부터 공동의 적과 싸우려면 상호협력이 필요하다고 생각했기 때문에 중국군의 베트남 진입('Hoa quân nhập Việt' 華軍入越)을 지지해왔지만, 이제는 더 이상 현실적으로 바람직한 정책이 될 수 없었다. 베트남국민당과 더 가까운 중국 국민당군의 진주는 베트민에게 아무래도 부담스러울 수밖에 없었다.

포츠담회담의 결정에 따라 1945년 9월 12일 남부에는 영국군 장군 더글러스 그레이시(Douglas D. Gracy)의 지휘 아래 주로 인도인 병사들로 구성된 7,500명의 병력이 도착했다. 거의 같은 시기에 북부에는 루한(盧漢) 장군이 총지휘하는 15만여 명의 중국 국민당군이 윈난과 광둥에서 들어왔다.

프랑스의 복귀

한편 인도차이나에 있는 미국 전략첩보부 요원들은 호찌민에 대해 호의적이었지만, 미국 정부는 당시 국제정세에서 소련의 위험성과 점증하는 드골 정부의 중요성을 고려하여 1945년에는 인도차이나에 대한 프랑스의 주권을 인정하지 않을 수 없게 되었다. 10월 미국 국무장관은 프랑스의 인도차이나 복귀에 반대하지 않는다는 것을 분명히 했다. 프랑스는 베트남의 재정복을 위해 무력의 필요성을 인식하고, 10월 군대를 상륙시키기 시작하면서 해군 제독 티에리 다르장리외

(Thierry d'Argenlieu)를 고등판무관에 임명했다. 남부에도 역시 군인인 장 세딜(Jean Cédile)이 코친차이나 판무관에, 북부에는 전(前) 총독 사로의 사위 장 생트니(Jean Sainteney)가 중부와 북부 판무관으로 임명되어 각각 사이공과 하노이에 파견되었다.

세딜이 사이공에 도착했을 때 남부는 정치적·사회적으로 혼란상태였다. 일본이 항복한 이후 조직된 쩐 반 자우가 중심이 된 베트민의 남부위원회가, 민족주의 정당들 그리고 트로츠키파의 일부 및 까오 다이와 호아 하오 종교집단이 연합한 민족통일전선과 첨예하게 대립하고 있었다. 또한 양측은 모두 경쟁적으로 애국심을 과시하기 위해 언제 과격한 반(反)프랑스 행동으로 나올지 모르는 상황이었다. 영국은 아시아에서 자신의 제국에 미칠 영향을 고려하여 현지 프랑스군의 군사행동을 허락했다. 때마침 10월 프랑스에서 필리프 르클레르 드 오트클로크(Philippe Leclerc de Hauteclocque) 장군의 원정부대가 도착하여 코친차이나의 주요 도시와 도로 및 교량을 장악하고 베트민 세력을 지방으로 몰아냈다. 물론 여기에는 그레이시 장군 휘하의 인도인 병사들 역시 질서를 확립하는 데 큰 역할을 했다. 이리하여 1946년 2월 남부지역이 거의 평정되자, 1946년 3월 영국군은 철수하고 16도선 이남의 권한은 프랑스 고등판무관에게 이양되었다.

한편 규율이 전혀 서 있지 않은 루한의 국민당군은 베트남에 진입하면서부터 시작한 약탈을 하노이에서도 멈추지 않았다. 그들은 공공건물은 물론 민가에도 침입하여 값진 물건을 모두 빼앗아 갔다. 루한 자신도 호찌민에게 막대한 양의 금을 헌납하라고 강요했다. 호찌민은 이를 거절할 입장이 못 되어 9월 16-22일을 '황금주간'(Tuần Lễ Vàng)으로 정해 가뜩이나 기아에 허덕이고 있던 베트남인들에게 한편으로는 호소하고 또 한편으로는 강제적으로 금을 거두어 루한에게 상납했다. 당시 루한은 베트남국민당과 베트남혁명동맹회 회원들을 대동하고 들어와 공산당에 대항하게 하려 했기 때문에 호찌민으로서는 정권유지를 위해 그의 비위를 맞춰줄 수밖에 없었다. 1945년 11월 프랑스 신문사의 한 특파원은 중국군은 인도차이나의 북부 절반만을 점령했음에도 불구하고 일본이 베트남 전역을 점령했던 때보다 몇 배의 피해를 입혔다고 보도했다.

호찌민은 금을 헌납한 대가로 상당한 양의 무기를 받는 동시에 루한의 정치적 호감을 사려고 했다. 그러나 루한의 압력이 계속 가중되자 호찌민은 약간의 위기감 속에서 국면전환이 필요함을 느꼈다. 11월 11일에 인도차이나공산당 중앙위원회는 당의 자진해산을 결정하고 이를 발표했다. 그렇다고 정말로 공산당이 해체하는 것은 아니고 지하로 들어가 비밀리에 활동하려는 계획이었다. 1946년 1월 초에는 총선거를 통해 베트남국민당 및 베트남혁명동맹회와 연립정부를 구성한다는 데 동의했다. 그 내용은 1946년 1월 1일 새로운 임시연합정부를 설립하며, 앞으로 구성될 국회에서 베트남국민당에는 50석, 동맹회에는 20석을 배정한다는 것이었다. 1946년 1월 6일 총선거가 실시되어(남부에서는 베트민이 지배하고 있는 지역에서만 실시) 연립정부가 수립되었지만, 이는 이름뿐이고 실질적인 권력은 공산당 세포조직이 주도하는 베트민이 장악하고 있었다.

한편 프랑스와 호찌민 정부는 각각 다른 이유로 중국국민당군의 조속한 철수를 원했다. 프랑스는 16도선 이북으로 진출하기 위해서였고, 호찌민 정부는 자신들에 대한 중국 국민당 정부의 계속되는 반감 때문이었다. 1946년 2월 말 프랑스는 장제스 정부와 충칭에서 협정을 맺고, 과거 프랑스가 중국에게 강요하여 맺은 불평등조약을 포기하는 대신, 중국은 인도차이나에 대한 프랑스의 주권을 인정해주었다. 이에 대한 대가로 중국은 3월 1일부터 15일 이내에 인도차이나 북부에 주둔하고 있는 병력을 철수하기 시작하여 31일까지는 철수를 완료하고, 프랑스군이 그 자리를 대신한다는 데 동의했다. 그렇지만 당시 국민당군은 늘 그렇듯이 협정에서 합의한 대로 물러가지 않고 차일피일 미루다가 완전히 철수한 것은 1946년 6월이 되어서였다. 그 이전 중국 국민당군 주력 부대가 철수할 때 베트남국민당과 같은 친중국 단체들의 지도자들은 이미 중국으로 도피했다.

그러나 호찌민은 아직도 자기에게 반대하는 세력들의 존재를 의식하여 이전에 별개의 조직체로 존재했던 여성·노동자·청년 등을 대표하는 노동조합이나 연합체들을 베트민과 연결시켜 '베트남국민연합회'(Hội Liên-hiệp Quốc-dân Việt-Nam), 약칭 '리엔 비엣'(Liên Việt)을 조직했다. '리엔 비엣'은 호찌민의 독립과 민주주의와 번영이라는 계획에 따라 민족과 종교와 계급에 상관없이 모든 베트남인을 통합하기 위해 결성되었다고 했으나, 실제로는 어디까지나 베트민이 주도권을 장악하고 반대파들에게 압력을 가하는 게 목적이었다.

한편 중국과 프랑스 간의 협정이 공포되자 하노이의 분위기는 초긴장상태가 되었다. 협정에 따라 중국군이 철수하면 프랑스군이 재점령할 것으로 예상되어 호찌민 정부의 불안은 점점 커져갔다. 또 한편으로는 중국군이 떠나기 전에 혹시라도 친중국정부를 세우지 않을까 우려하기도 했다. 그래서 일단 프랑스와 협상을 벌이기로 했는데, 이는 20만 가까운 중국군을 철수시키기 위한 방편이기도 했고, 프랑스의 재점령에 대비하기 위한 시간 끌기이기도 했다.

1946년 3월 6일, 프랑스와 호찌민 정부는 협상을 벌여 합의에 도달했다. 이 합의에 의하면 베트남민주공화국은 프랑스연방 내에서 자신의 정부와 의회 및 군대를 가진 '자유국가'(état libre)라는 것이다. 그리고 앞으로 5년 동안 북부에 주둔하는 프랑스군의 수를 1만 5,000명으로 제한하고, 베트남 세 지역의 통합문제에 대한 국민투표를 실시하기로 결정했다.

보 응우옌 지압

이 큰 틀의 합의를 구체적으로 논의 하기 위한 회담이 4월에 중부고원에 있는 다 랏(Đà Lạt)과 7월에 프랑스의 퐁텐블로(Fontainebleau)에서 열렸는 데, 회담의 중심의제는 코친차이나였 다. 그러나 두 회담 모두 코친차이나 문제에서 의견차이가 심하여 아무런 성과도 내지 못한 채 끝이 났다. 북부 와 중부는 보호령인데 코친차이나는 식민지였기 때문이다. 프랑스와 호찌 민 정부가 코친차이나 문제를 평화적으로 해결하지 못했던 것은 다르장 리외 같은 인도차이나 내 강경론자들 때문이었다. 다르장리외는, 호찌 민 정부는 코친차이나에 대해 아무런 권한이 없다고 주장하면서 코친차 이나공화국을 세우려 했다.

호찌민은 귀국하기 전 최후의 수단으로 예전 파리 시절부터 알고 있 던 해외장관 마리위스 무테(Marius Moutet)에게 요청하여 1946년 9월 잠정협정을 맺었다. 협약의 내용 중 가장 중요한 합의는 10월 30일을 기하여 남부에서 휴전에 들어간다는 것이었다. 프랑스에서 회의가 진행 되는 동안 베트남 국내에서는 실세 중의 한 사람인 보 응우옌 지압(Võ Nguyên Giáp 武元甲)의 주도 아래 호찌민 정부의 권력을 강화하기 위해 우파 인사와 회담에 반대하는 자 등 다수의 정적들을 숙청했다.

새로운 전쟁의 발발

호찌민과 프랑스 사이의 대화에도 불구하고 양측의 긴장 관계는 고조되어만 갔다. 이곳저곳에서 베트민과 프랑스군 사이에 작은 충돌이 벌어졌다. 1946년 10월 30일부터 발효되는 잠정협정은 아무 쓸

모도 없었다. 상호 적대적 행동과 폭력을 중지한다는 합의 따위는 있으나마나였다. 문제는 하이 퐁 항구에서 발생했다.

잠정협정의 발효 이전인 9월 10일 프랑스의 통킹 판무관은 다르장리외의 지시에 따라 하 이퐁 항구의 관세권을 10월 15일부터 접수한다고 발표했다. 당시 호찌민 정부는 재정난을 겪고 있어서 관세수입이 절실했다. 그래서 호찌민은 11월 11일 프랑스 총리 조르주 비도에게 프랑스 판무관의 관세권은 잠정협정 위반임을 지적하고 철회를 요구했는데 받아들여지지 않았다. 그러던 중 11월 20일 프랑스 초계정이 하이 퐁에 입항한 중국선박을 나포하자, 베트민군과 프랑스군 사이에 충돌이 일어났다. 이 무렵 랑 선에서도 충돌이 있었다. 프랑스 전범조사단이 랑 선에서 1945년 3월 일본군에게 살해된 프랑스군의 묘지를 조사하던 중이었는데, 이들을 호위하던 프랑스군 10명 가량이 사망했던 것이다.

르클레르의 후임자인 프랑스군 사령관 장 에티엔 발뤼(Jean Etienne Valluy)는 하이 퐁에 대한 대대적인 함포사격과 공습을 결정하고 지시했다. 이 공격으로 민간인 1,000여 명이 사망하고, 11월 23일 프랑스군은 하이 퐁을 점령했다. 이것이 제1차 인도차이나전쟁의 발단이었다. 우리가 흔히 말하는 베트남전쟁은 제2차 인도차이나전쟁이다. 이제 어느 쪽도 되돌리기에는 너무 늦었다. 하이 퐁은 프랑스가 통킹을 재점령하기 위한 시작일 뿐이었다.

전력은 열세였지만 베트민 지도부는 프랑스의 침략에 신속히 대비했다. 베트민은 하노이에서 철수하기 시작했고, 12월 19일 베트민 인민군과 자위대는 하노이에 당도한 프랑스군과 격전을 벌이고 산간지역으로 퇴각했다. 다른 지방에서도 프랑스 수비대에 대한 공격이 동시다발적으로 일어났다. 하노이를 탈출한 호찌민은 21일, 독립과 남부의 통일을 위해 끝까지 투쟁할 것을 내외에 호소했다. 이제 전쟁은 공공연하게 되어 전 베트남 영토, 그리고 곧이어 전 인도차이나로 확대되었다.

1947년부터 1950년까지 프랑스의 승리는 불확실했다. 프랑스는 군사적인 면에서 부분적으로는 진전이 있었지만 결정적인 승리를 거두지는 못했다. 정치적인 측면에서는 민족주의자들과 반공주의자들 사이에서 '바오 다이 해결책'(Solution Bảo Đại)이 논의되었다. 전쟁이 발발하던 때 파리에 체류 중이던 다르장리외는 급히 사이공으로 돌아와 베트남은 이전의 왕정으로 돌아가야 한다고 주장하면서 바오 다이 황제의 복위를 암시했다.

1947년 4월 새로운 인도차이나 고등 판무관에 임명된 에밀 볼라르트(Emile Bollaert)와 그의 참모가 된 저명한 아시아 지역전문가이자 베트남인들에게 동정적 입장을 취해온 폴 뮈스(Paul Mus)가 도착하면서 전쟁이 아닌 평화적 해결의 가능성이 보이는 듯했다. 호찌민은 이들에게 협상을 제의했고 뮈스는 총리가 재가한 협상안을 가지고 5월 정글 속의 베트민 본부에서 호찌민을 만났다. 협상안에는 호찌민 정부의 적대행위 중단과 프랑스군의 자유이동 등이 포함되어 있었다. 호찌민은 이는 항복이나 마찬가지라며 협상안을 받아들이지 않았다. 이후에도 여러 차례 협상이 시도되었지만 이견이 커서 번번이 결렬되었다. 당시 프랑스 여론은 1940년 독일에 훼손된 자존심을 회복하기 위해 정부가 강경한 태도를 취해야 한다는 쪽으로 기울어 있었다.

그런데 당시 홍콩에 거주하고 있던 바오 다이는 1947년 10월 9일 베트남의 독립과 통합을 위해 프랑스와 대화할 용의가 있음을 밝혔다. 그리하여 12월에 볼라르트와 바오 다이 사이에 회담이 열렸고, 볼라르트는 제한된 영역 안에서 베트남의 독립을 인정했다. 그리고 이듬해 코친차이나 공화국은 남베트남 임시정부로 명칭이 바뀌었다.

한편 프랑스군은 1947년 10월 초 이른바 '레아 작전'(Opération Léa)에 착수했다. 작전의 목적은 8,000km²에 달하는 호찌민 정부군의 거점인 험준한 산악지대를 점령하는 데 있었다. 그러나 작전이 별로 성공적이지 못하면서 이후 전선은 산악지대와 델타 지대를 경계로 나누어지고 전쟁은 교착상태에 빠졌다. 그러나 델타 지대에서도 프랑스군을 적극 지지해주는 것은 100만 명 정도의 가톨릭 교도뿐이었다. 그 밖의 많은 베트남인들, 특히 농민들은 전쟁에 대체로 무관심했다.

프랑스 정부는 레아 작전이 실패하자 다시 정치적 해결을 모색하기 시작했다. 이를 위해 프랑스는 베트남 내 민족주의자들로부터 지지를 받는 동시에 프랑스에 비교적 협조적인 인물을 찾으려고 했다. 이때 등장하는 것이 앞서 말한 바오 다이 해결책이었다.

1948년 10월 볼라르트의 후임자 레옹 피뇽(Léon Pignon)은 비공산주의 성향의 베트남인들을 결집시키기 위해 바오 다이 중심의 베트남정부 수립을 적극 옹호했다. 그 이면에는 중국에서 공산주의의 강화와 프랑스를 달가워하지 않는 미국의 태도를 바꾸기 위해 형식상 보다 관용적인 정책으로 전환한 점도 있었다. 피뇽의 노력 덕분에 1949년 3월 프랑스는 엘리제궁에서 바오 다이와 협정을 맺어 베트남은 코친차이나까지 통합한 하나의 국가(État du Viêt-Nam; State of Vietnam)임을 인정했다. 그러나 재정·경제·외교·군사 등의 문제는 여전히 프랑스의 통제를 받았다.

4월 28일 바오 다이는 베트남에 돌아왔다. 그는 정치적으로 민족주의 세력을 선택한 상태였지만, 민족주의자들에게 이전보다 나아진 모습을 보여주지 못했다. 여기에는 민족주의자들 간의 의견 차이도 있고, 또한 바오 다이 자신이 정부의 역할을 분명히 하지 않은 데도 원인이 있었다. 그는 프랑스와의 협약을 '점진적인 성격'으로 간주했다. 바오 다이는 진정한 독립은 협상을 통해서 이루질 수 있기에 전쟁은 무의미하다고 믿으면서, 베트민과의 전쟁보다는 프랑스와의 협상에 더 많은 노력을 기울였다. 그러나 프랑스는 민족주의자들을 전적으로 신뢰하지는 않았기 때문에 권력이양이 아주 더디게 진행되었다. 이는 결국 민족주의자들의 불만을 샀다. 이런 상황에서 베트남인들은 호찌민 정부 아니면 프랑스라는 양자택일의 길밖에 없었으며, 이로 인해 민족주의자들 중에서도 싫든 좋든 호찌민 정부 측에 가담하는 사람들이 적지 않았다.

1949년 10월 중국 대륙의 공산화는 동아시아에서 정치적·전략적 균형은 물론 인도차이나전쟁의 양상까지 바꾸어 놓았다. 하나는 미국이 이제까지의 미온적인 태도를 버리고 프랑스를 적극 지원하게 된 것이고, 다른 하나는 호찌민 정부군이 중국공산당의 후원을 받으며 총공세를 펴기 시작한 것이다. 1950년 1월 18일 중국정부는 베트남민주공화국을 국제사회에서 최초로 승인하고 군사원조에 합의했다. 유럽에서 프랑스와의 적대관계를 원치 않아 호찌민 정부에 거의 무관심한 태도로 일관했던 소련도 중국의 뒤를 이어 1월 30일 베트남민주공화국을 공식 인정하고 정식 외교관계를 맺었다. 동유럽의 소련 위성국가들도 곧 소련의 뒤를 따랐다.

미국의 초기 개입

중국과 소련이 베트남민주공화국을 승인하자 미국의 외교정책은 급변했다. 그때까지만 해도 미국정부는 호찌민의 민족주의적 성향과 공산주의적 측면을 저울질하며 인도차이나 전쟁 중인 프랑스에 전폭적인 지지를 보내지는 않았다. 다만 유럽에서 소련의 영향력에 대응하기 위한 방편으로 프랑스를 소극적으로만 돕고 있었을 뿐이었다. 그러나 미국 내에서 "중국 대륙을 잃었다"(loss of China)는 비난의 여론이 커지면서 곤경에 처했던 트루먼 행정부는 소련의 호찌민 정부 승인으로 호찌민이 공산주의자임을 확신한 듯 지체 없이 2월 7일 바오 다이의 베트남 정부를 공식 승인했다. 같은 날 영국도 동일한 방침을 취했다. 당시 '도미노 이론'을 믿고 있던 미국의 정책입안자들에게 인도차이나의 공산화는 바로 동남아시아 전체의 공산화를 의미하는 것이었기 때문이다. 따라서 공산주의 확산을 봉쇄하기 위해 인도차이나의 전략적 중요성이 크게 부각되었다. 게다가 한반도에서 6·25전쟁이 발발하자 공산주의에 대한 미국의 경각심은 더욱 높아질 수밖에 없었다.

6월 30일 미 공군의 C-47 화물수송기 8대가 군수물자를 싣고 태평양을 건너 사이공 공항에 처음으로 도착했다. 곧이어 군사원조고문단 (Military Assistance Advisory Group)이 구성됨과 동시에 인도차이나에 대한 군사원조가 급격히 증가했다. 1950년 1억 달러였던 군사원조액이 1952년에는 3억 달러, 1954년에는 13억 달러 이상이 되었다. 당시 전쟁은 프랑스가 주도하고 있었기 때문에 이들 원조는 거의 프랑스군 당국을 통해 바오 다이 정부에 전달되었다. 미국은 베트남의 실질적 권한은 베트남에 있고 따라서 그들에게 직접 전달되어야 한다고 하면서도 실제로는 그렇게 하지 못했다. 따라서 바오 다이 정부가 또 다시 그 정통성을 의심받게 된 것은 당연했다.

한편 중국 대륙의 공산화는 호찌민 정부에게 군사적으로 상당히 유리한 국면을 제공했다. 1,400km에 달하는 양국 국경을 따라 무기와 군수품이 아무런 제재도 없이 들어올 수 있었다. 1950년 2월에는 베트남으로 향하는 군수물자 수송을 원활하게 하려고 광시 성 난닝(南寧)에 연락사무소를 개설했다. 또한 군사훈련소와 병원이 '성역'(聖域)인 중국 국경 내에 있었다. 그러나 이보다 더 중요한 것은 호찌민 정부가 프랑스와의 대결에서 승리할 수 있다는 자신감을 갖게 되었다는 점이다.

이리하여 1950년부터 1953년까지 전쟁은 미국과 중국의 개입으로 새로운 국면을 맞게 되었다. 1950년 1월 호찌민 정부군은 프랑스군을 상대로 총공세를 폈다. 장기전으로 인해 프랑스 경제는 어려웠고, 바오 다이 해결책 또한 민족주의자들로부터 별다른 지지를 얻지 못한 것을 본 호찌민 정부군의 총사령관 보 응우옌 지압은 총반격의 시기가 왔다고 판단했던 것이다. 원래 호찌민 정부군은 3단계 전략을 구사했는데,

1단계는 방어, 2단계는 세력균형, 그리고 마지막 단계는 총반격이었다.

1월의 총반격에서 지압이 지휘하는 호찌민 정부군은 프랑스 지배하의 홍 강 델타 방위선을 넘어 깊숙이 침투했다. 뒤이은 제1·2차 레 홍 퐁 작전에서는 라오 까이(Lào Cai), 까오 방, 랑 선의 주요 요새를 점령하는 등 통킹 지방의 북부 산악지대를 완전히 장악했다. 12월까지 프랑스군 전사자와 부상자는 1만 6,000여 명에 달했다. 상황의 심각성을 깨달은 프랑스 정부는 당시 가장 뛰어난 장군 중의 한 사람인 장 드 라트르 드 타시니(Jean de Lattre de Tassigny)에게 인도차이나의 정치와 군사 일체를 위임했다. 드 라트르 장군은 홍 강 델타 주변을 방어하기 위해 곳곳에 진지를 만들고 지뢰를 매설하고 철조망을 설치하여 이른바 '드 라트르 라인'이라는 긴 방어선을 구축했다. 이 방어선은 호찌민군의 침투를 완전히 차단하지는 못했지만, 잠시나마 프랑스군의 사기를 높여주었다.

그 사이 베트남민주공화국은 1951년 2월 제2차 전국대표대회를 개최하고 베트남 혁명의 목표를 제국주의 타도와 진정한 독립의 실현 및 사회주의 토대 구축 등으로 정했다. 그리고 1945년 11월 해산되었던 인도차이나공산당의 명칭을 베트남노동당(이하 노동당으로 약칭)으로 바꾸었다. 현재 베트남공산당이란 당명은 베트남의 남북통합이 이루어진 이듬해인 1976년에 개칭된 것이다.

제2차 전국대표대회를 통해 조직을 재정비한 호찌민 정부는 지압의 지휘 하에 드 라트르 방어선을 무너뜨리기 위해 단속적인 공격을 감행했다. 비록 수천 명의 희생자를 내기는 했지만 전세는 이미 호찌민 정부 쪽으로 기울고 있었다. 이런 상황에 드 라트르 장군이 1951년 말 본인의 계획을 실행하지 못하고 병으로 베트남을 떠났다. 위에서 언급한 바와 같이 미국의 원조는 계속 증가했지만 드 라트르가 떠난 후 전세 호전의 기미가 보이지 않자 프랑스에서는 반전(反戰)여론이 힘을 얻기 시작했다. 1952년 10월에는 인도차이나전쟁 중 최대 규모라고 하는 로렌 작전(Opération Lorraine)에 3만의 병력이 투입되었지만, 지압 군대의 주요 거점을 잠시 점령했을 뿐 별다른 성공을 거두지 못한 채 다시 이전의 방어선으로 물러났다. 결국 힘만 쓰고 교착상태에 빠진 것이다.

1953년 1월 르네 마이에르(René Mayer)가 총리가 되고, 드와이트 아이젠하워가 미국대통령이 되었을 때, 프랑스의 전쟁에 대한 피로감과 미국의 프랑스에 대한 회의감은 심각한 수준에 이르렀다. 3월 마이에르는 외무장관 조르주 오귀스탱 비도(Georges-Augustin Bidault)와 함께 워싱턴을 방문해 도움을 요청했다. 미국은 프랑스 외무장관 비도의 제안, 즉 북부에서의 프랑스군을 강화한 후 공격을 가하여 1955년까지는 전쟁을 끝내겠다는 계획에 대해서 회의적으로 판단하면서도 일단 이 제안을 받아들였다.

6월 신임 프랑스 사령관 앙리 외젠 나바르(Henri Eugène Navarre) 장군은 비도가 미국측에 제안했던 계획에 따라 1953년 가을까지는 공세적인 작전을 펼친다는 방침을 세웠다. 마이에르의 뒤를 이은 조제프 라니엘(Joseph Laniel) 총리는 이를 지지하며 상당수의 증원군을 파병하겠다고 약속했다.

1953년 7월 사이공에 도착한 나바르는 자신이 생각하던 것보다 상황이 심각하다는 것을 깨달았다. 그는 힘의 균형을 역전시키기 위해 북부에서는 전략적으로 중요한 홍 강 델타를 확보하고, 남부와 중부는 완전히 평정한다는 계획을 세웠다. 이러한 계획을 실현하려면 본국 정부의 대대적인 병력 지원이 필요한데 라니엘 총리의 반대자들 때문에 소수의 병력만 파병되었다. 사이공에 주재하던 미국 군사원조고문단 요원들은 나바르의 계획이 실현되기 어렵다고 워싱턴에 보고했지만, 나바르는 자신의 계획을 계속 추진했다. 나바르의 계획을 우려한 베트남노동당은 8월 북서지방을 점령하고 라오스 북부와 중부를 해방시킨 다음 남부와

1953년 11월, 디엔 비엔 푸 전투.

캄보디아로 전선을 확대하여 사이공을 위협하기로 했다.

베트민군의 작전에 대한 정보를 입수한 나바르는 이를 저지하기 위해 1953년 11월 서북 변경 산간지대의 전략적 요충지 디엔 비엔 푸 (Điện Biên Phủ)에 6개 낙하산 대대를 투입했다. 프랑스 측은 다시 병력을 증원하여 요새를 구축함으로써 디엔 비엔 푸는 인도차이나전쟁의 핵으로 떠올랐다. 디엔 비엔 푸 요새의 약점은 보급이 항공수송으로만 가능했다는 것이다. 프랑스 낙하산부대의 투입소식을 보고받은 중국 중앙군사위원회는 베트민군이 라이 쩌우(Lai Châu)에 대한 공격을 계속하면서 디엔 비엔 푸를 포위해야 한다고 권고했는데, 이는 디엔 비엔 푸 작전이 군사·정치적으로뿐만 아니라 국제적인 면에서도 중대한 의미가 있음을 말해준다.

국제적인 면이란 당시 공산진영이 국제평화를 제창하고 있었던 것과 관련이 있다. 9월에 소련은 미국·프랑스·영국에게 중국을 포함한 5개국 회담을 개최하여 국제적 긴장완화를 모색하자고 제안했다. 10월 저우언라이(周恩來)는 소련의 제안을 지지하고 나섰다.

때마침 프랑스의 경제불황 여파로 프랑스 국민의 여론이 전쟁의 조기 종결 쪽으로 기울어지고, 프랑스의 침략에 대한 비난이 세계 각지에서 빗발치자, 중국과 호찌민 정부는 8년에 걸친 해방전쟁을 승리로 이끌 수 있는 기회가 왔다고 판단했다. 특히 1954년 4월에 제네바에서 강대국들이 회의를 갖고 한국과 인도차이나에서의 평화를 논의하기로 결정하자 디엔 비엔 푸에서 승리하는 쪽이 협상에서 유리할 것으로 전망되었다.

중국 중앙군사위원회의 결정을 긍정적으로 받아들인 노동당 정치국은 12월 초에 포위작전을 개시하기로 결정했다. 총사령관에 임명된 보 응우옌 지압은 비밀리에 디엔 비엔 푸를 포위하기 시작했는데, 여기에 투입된 병력은 5만에 달했다. 이런 대규모 전투부대가 필요로 하는 중화기와 식량은 동원된 수만의 농민이 멀리 떨어진 기지에서 등짐으로 실어날랐다. 여기에 중국정부가 지원한 200대 이상의 화물자동차도 수송에 큰 도움이 되었다.

중국은 4월로 예정되어 있는 제네바회담에서 협상의 주도권을 잡으려면 반드시 전쟁에서 승리해야 한다고 생각했다. 중국 군사고문단은 보 응우옌 지압과 상의하여 3월 중순 전면공격을 개시하기로 합의했다. 베트민군의 집중 포화에 프랑스군은 공중폭격으로 맞섰으나, 베트민군의 진지는 위장이 잘 되어 있어 찾아내기 어려웠고 병력과 화기도 나바르가 예상했던 것보다 훨씬 강했기 때문에 적군을 저지할 수가 없었다.

프랑스는 미국에 공군을 지원해달라고 요청했다. 미군 수뇌부의 의견이 분분한 가운데 아이젠하워 대통령은 처칠에게 의견을 물었으나 그가 동조하지 않자 지원을 포기했다. 베트민군은 디엔 비엔 푸 포위망을 조금씩 좁혀 나갔다. 이에 대항하여 프랑스군은 진지를 필사적으로 사수하며 처절한 전투를 벌였다. 그러나 미국의 지원을 받지 못해 모든 물자가 바닥난 프랑스군은 5월 7일 마침내 항복함으로써 2개월 동안 계속되었던 전투는 끝이 났다. 프랑스 총리 라니엘은 검은 양복을 입고 의회에서 패전소식을 알렸고, 5월 8일자 『르 피가로』(*Le Figaro*)지는 "55일간의 영웅적 저항 끝에 디엔 비엔 푸는 어제 함락되었다"고 전했다.

포위되어 있는 동안 프랑스군은 1,600명이 전사하고 4,800명이 부상 당했으며 1,600명이 실종되었다. 포로가 된 8,000명의 프랑스군은 즉시 포로수용소에 갇혔지만, 나중에 본국으로 송환된 숫자는 그 절반에 도 못 미쳤다. 보 응우옌 지압의 군대도 피해가 컸다. 전사자가 7,900명이고 부상자는 1만 5,000명에 달했다. 보 응우옌 지압 군대의 피해가 컸던 것은 장비보다는 인해전술에 의존했기 때문이다.

참고로 1954년에 우리나라 이승만 대통령은 미국에 두 차례 한국군 파병을 제안했다. 그러나 미국은 한반도에 미군을 주둔시키고 있으면서 한국군을 베트남에 파병한다면 미국 내 여론이 좋지 않을 것으로 판단 하여 파병 제의를 받아들이지 않았다.

제네바회의

호찌민 정부는 디엔 비엔 푸에서 영광스러운 승리를 거두 었지만, 그것으로 모든 일이 끝난 것은 아니었다. 이제 무대는 제네바의 협상장으로 옮겨갔고, 그곳에서는 기대와 달리 달콤한 승리의 맛을 볼 수가 없었다. 지금까지 전쟁승리를 위해 긴밀히 협력했던 중국과 큰 이 견을 보였기 때문이다. 호찌민 정부는 베트남의 독립과 통일을 원했던 반면, 중국은 자신의 국내외 이해관계에 더 관심이 많았다.

1953년 7월 초 보수 중도파인 라니엘이 총리에 취임하고 곧 이어 7월 말에는 한반도에서 미국이 휴전협정을 맺자, 프랑스에서도 협상을 통해 인도차이나 문제를 해결하자는 의견이 여러 사람들의 입에 오르내리기 시작했다. 1953년 8월까지 프랑스군 사상자가 1만 4,800명에 달하면서 여론은 더 이상의 전쟁은 무리라는 쪽으로 기울고 있었다. 이들은 만일 미국이 한반도에서 무력으로 해결할 수 없어서 휴전에 동의했다면, 왜 프랑스라고 베트남에서 같은 방법을 택할 수 없느냐는 질문을 던졌다. 마침내 1953년 10월 프랑스 의회는 정부에 협상타진을 강력하

제네바회의

게 촉구하는 결의문을 채택했다.

의회의 압력에 직면한 라니엘 총리는 프랑스 정부가 반드시 무력해결을 원하는 것은 아니며, 만일 명예로운 해결책이 있다면 언제든 외교적 협상에 임할 준비가 되어 있다고 말했다. 이 발언에 대해 11월에 호찌민은 스웨덴 기자의 질문에 답하는 형식으로, 프랑스가 전쟁을 중지한다면 휴전은 가능하며, 다만 휴전의 기본적인 조건은 베트남의 독립을 존중해주는 것이라고 말했다.

이에 앞서 1953년 3월 스탈린 사후에 소련이 국제적 긴장완화의 조짐을 보이자, 처칠은 4개국 정상회담을 제안했다. 소련이 중국까지 포함한 5개국 회의를 제안했지만 예상대로 미국은 중국의 참가를 반대했다. 당시 미국은 베이징 정부와 외교관계가 없을 뿐더러 중국의 참가를 허용할 경우 이는 중국공산당의 국제적 지위를 인정해주는 것이나 마찬가지였기 때문이었다. 1953년 11월 소련은 4개국 정상회담에 동의하면서 이에 앞서 4개국 외무부장관 회의를 제안하는 동시에, 다만 앞으로

도 중국의 참가문제를 논의할 수 있다는 단서를 붙였다.

그리하여 1954년 1월 베를린에서 앤서니 이든(Anthony Eden), 뱌체슬라프 몰로토프(Vyacheslav Molotov), 조르주 오귀스탱 비도, 존 포스터 덜레스(John Foster Dulles)의 4개국 외무부장관 회의가 열렸다. 이 회의에서 비도는 이든의 도움으로 동아시아 문제에 대해 그가 원하던 바를 얻는 데 성공했다. 2월 18일 발표된 공동선언문은 한국문제를 해결하기 위해 4월 26일 제네바에서 회의를 개최하며, 아울러 이 회의에서는 인도차이나에서의 평화를 재확립하기 위한 문제도 검토한다는 것을 분명히 밝혔다. 인도차이나 문제 논의에는 프랑스·영국·소련·중국 외에도 다른 관련 국가들이 초청되도록 했다.

예정대로 제네바 회의에서는 한반도 휴전문제가 먼저 논의되었는데, 이미 작년에 휴전협정이 조인되었기에 별문제 없이 합의가 이루어졌다. 인도차이나 문제가 논의되기 시작한 것은 디엔 비엔 푸가 함락된 바로 다음날인 5월 8일이었다. 이든과 몰로토프가 공동의장을 맡고, 회의참가국은 미국을 비롯한 5대 강국과 바오 다이 정부·캄보디아·라오스·호찌민 정부 등 9개국이었다. 호찌민 정부의 대표로는 총리 팜 반 동이 참석했다.

비도는 베트남과 다른 두 나라, 즉 캄보디아와 라오스를 구분할 필요가 있으며, 호찌민 정부는 이들 두 나라에서 즉시 철수해야 한다고 주장했다. 이에 대한 팜 반 동의 제안은 다음 두 가지로 요약될 수 있다. 하나는 휴전 후 인도차이나에 남아 있는 프랑스군의 완전 철수이고, 또 하나는 인도차이나 3국은 각기 총선거에 의해 재통일이 이루어져야 한다는 것이다.

공동의장 몰로토프는 이든에게 베트남의 분할을 제의하고 이든이 동의함에 따라, 이후에 열린 비밀회담에서 이를 팜 반 동에게 밝혔고, 팜 반 동 역시 이와 유사하게 현재와 같은 전선 없는 군사점령을 재편하여 양측 군대의 점령구역을 둘로 나누자고 제안했다. 국제무대에 처음 등장한 중국대표 저우언라이는 나름 긴요한 역할을 하지 않을까 기대를 모았다. 그는 우선 인도차이나 회담이 성사되지 못하는 사태가 발생하지 않도록 하기 위해 이든과 협의한 후, 프랑스의 주장대로 캄보디아와 라오스는 베트남과 분리해서 다루어야 한다는 데 동의하고, 특히 호찌민 정부군이 두 나라에서 철수하도록 팜 반 동을 설득했다. 이리하여 프랑스와 호찌민 정부의 군사전문가들은 경계선 구획작업에 들어갔다.

그 무렵 프랑스에서는 총선거가 치러져 피에르 망데스 프랑스(Pierre Mendès-France)가 새로운 총리로 선출되었다. 프랑스 식민정책을 줄곧 비난해왔던 그는, 자기가 집권하면 인도차이나 문제를 해결하겠다고 공약하여 총리가 될 수 있었다. 6월 17일 취임한 그는 사흘 후의 연설에서 30일 이내에 인도차이나 문제를 해결하지 못하면 스스로 총리직에서 물러나겠다고 약속했다. 6월 23일 제네바에 도착한 망데스 프랑스는 몰로토프·저우언라이·팜 반 동 등과 일련의 회담을 가졌다. 그 결과 휴전에 관한 교섭은 탄력을 얻었지만, 휴전선 문제를 놓고 프랑스는 북위 18도선을 양보할 수 없다고 버텼고, 팜 반 동은 13도 내지 14도선을 고집함으로써 합의가 쉽지 않았다.

저우언라이는 7월 초 일시 귀국하여 3일부터 5일까지 광시 성 류저우(柳州)에서 호찌민을 만나 양측의 전투부대가 모두 라오스와 캄보디아에서 철수하고, 휴전선을 16도선으로 하도록 설득했다. 저우언라이가 강조한 것은 휴전이 성립되지 않으면 미국의 개입이 더욱 확대될지 모른다는 점이었다. 호찌민도 이를 인식한 듯, 귀국하여 나무만 보고 숲은 보지 못한다는 말처럼, 전쟁을 계속하겠다는 사람들은 프랑스만 보고 미국은 보지 못한다고 꼬집으며 전쟁여론을 잠재웠다.

제네바로 돌아온 저우언라이는 망데스 프랑스·이든·몰로토프와 최종시한을 넘기기 전에 협상을 성사시키려고 서둘렀다. 자정이 다 되어 호찌민 정부는 라오스와 캄보디아에서 군대를 철수하고 남북의 경계를 17도선으로 한다는 데 동의했다. 17도선으로 정하는 데 결정적인 역할을 한 인물은 몰로토프였다고 한다. 프랑스가 18도선을, 호찌민 정부가 16도선을 고집하고 있는 것을, 몰로토프가 그 중간인 17도선으로 중재를 해서 결정을 보았다는 것이다. 17도선을 경계로 한 것은 당시 전황으로 보면, 프랑스 쪽에 유리한 결정이었다. 이는 결국 중국과 소련, 두 나라 모두 호찌민 정부를 압박했다는 이야기가 된다. 그래서 훗날 북베트남 정부는 이를 두고 베트남 인민의 투쟁에 대한 중국의 첫 번째 배신이었다고 평했다.

7월 20일에 조인된 제네바협정의 핵심내용은 다섯 가지로 정리할 수 있다. 첫째, 북위 17도선을 경계로 300일 이내에 호찌민 정부군은 그 이북으로, 프랑스군은 그 이남으로 이동한다. 둘째, 민간인도 자유의사에 따라 300일(1955년 5월) 이내에 17도선 이남과 이북으로 거주 이전을 할 수 있다. 셋째, 군사경계선은 잠정적인 것에 불과하고, 독립과 통일이라는 원칙에 근거한 정치적 문제의 해결은 1956년 7월 이전에 총선거를 실시하여 결정한다. 넷째, 이후 일체의 외국군대는 증원될 수 없으며, 프랑스군은 총선거 때까지 주둔할 수 있다. 다섯째, 캐나다·폴란드·인도 3개국으로 구성되는 국제감시위원회를 두고 협정의 이행상황을 감시한다.

중국정부가 호찌민 정부에 압력을 가한 것은 순전히 자국의 이익과 관계가 있었다. 첫째는 1953년부터 고려하고 있던 경제 5개년계획과 타이완 '해방'에 대한 관심이었다. 둘째는 인도차이나전쟁이 계속될 경우 미국의 직접적인 군사개입이 우려된다는 점이었다. 중국은 미국이 중월국경 가까이 오는 것을 원하지 않았다. 그리고 셋째는 제네바회담에서 평화공존의 입장을 취함으로써 앞으로 프랑스·영국과는 물론 여타 서방국가들과도 대화의 통로를 마련하고자 하는 의도가 작용했다.

여기에 한 가지 더하여 하노이 정부가 인도차이나연방을 구성하여 이를 지배하려는 것도 달갑지 않았다. 한편 소련이 호찌민 정부에 압력을 가한 것은 유럽방위공동체(EDC)에 가입을 미루고 있는 프랑스를 지지해 줌으로써 유럽방위공동체의 결속력을 약화시키려는 의도가 있었다.

바오 다이 정부는 휴전조약에 반대하면서 서명을 거부했다. 미국 또한 베트남의 절반이 공산화된 데 불만을 갖고 협정에 서명하지 않았고, 다만 군사개입은 하지 않겠다는 성명을 발표했다. 이런 상황에서 미국은 인도차이나 정세에 대한 접근방식을 재검토하지 않을 수 없었다. 미국은 제네바협정으로 유리한 입장에 서게 된 공산세력이 지역 내 평화를 역설하면서 자신들의 주도권을 확대해 나갈 것이 분명하고, 그렇게 될 경우 동남아시아에서 미국의 지도력 상실은 일본으로부터 시작되는 봉쇄망의 붕괴로 이어질 수 있다고 관측했다. 따라서 프랑스군의 철수 이후 미국의 베트남 개입은 충분히 예견할 수 있는 일이었다.

15장 베트남 전쟁

사이공 정부

프랑스군은 1954년 10월 초 하노이를 호찌민 정부군에 넘겨주고 17도선 이남으로 철수를 시작하여 1955년 5월 중순에는 마지막 부대가 하이 퐁을 떠났다. 이때 프랑스군을 따라 남하한 민간인은 80만으로 추산되는데, 그 중 50-60만 가량은 가톨릭 교도였다. 가톨릭 교도의 남하에는 종교적 이유뿐만이 아니라 1944-1945년에 겪은 경제적 어려움과 토지개혁에 대한 우려도 작용했다. 이처럼 많은 수의 가톨릭 교도가 남으로 이주함에 따라 베트남에서 가톨릭의 중심지가 남부로 바뀌었다. 한편 남쪽에서 활동하던 호찌민 정부군과 게릴라 부대들은 17도선 이북으로 올라갔으며, 이들과 함께 북으로 간 민간인은 8-9만 정도였다고 한다. 그러나 정확하게는 알 수 없지만 남부에는 노동당원 상당수가 그대로 남았다. 1955년 5월까지 남과 북으로 각각 이주한 민간인 수는 모두 합해서 백만인데, 이들은 주로 프랑스와 미국의 수송수단에 의지했으며, 공산권 국가도 어느 정도 역할을 했다.

남베트남과 미국의 주요 관심사는 무엇보다 북베트남에 대항할 수 있는 반공정권의 수립이었다. 1954년 6월 바오 다이는 응오 딘 지엠 (Ngô Đinh Diệm 吳廷琰)을 총리에 임명하여 새로운 내각을 구성하게 했다. 그는 응오 딘 지엠의 강한 반(反)프랑스 태도가 마음에 들지 않았

응오 딘 지엠

지만, 그만한 명성을 가진 민족주의자가 없었기 때문에 어쩔 수 없었다. 1933년 응오 딘 지엠은 바오 다이에 의해 이부상서로 임명되었으나 개혁을 요청했다가 프랑스의 반대로 좌절되자 직을 그만둔 이력이 있었다. 여기에 더하여 그의 동생 응오 딘 뉴(Ngô Đinh Nhu)가 1950년대 초에 사이공에서 정치적으로 부상한 것도 그의 총리 임명에 긍정적으로 작용했다. 응오 딘 뉴는 비판적 정치인, 청년단체, 가톨릭 교도, 노동조합원 등을 모아 민족주의운동을 전개하고 있었다. 또한 응오 딘 지엠이 총리로서 프랑스가 베트남의 독립을 승인하게 하는 동시에 베트남이 앞으로 필요로 하는 미국의 원조를 얻어낼 수 있을 것이라는 기대도 있었다. 응오 딘 지엠은 가톨릭 교도인데다가 미국의 상원의원 존 F. 케네디와 마이클 조지프 맨스필드, 그리고 프랜시스 조지프 스펠먼 대주교 등과 친분이 있었기 때문에 그런 기대를 받을 만했다.

아이젠하워 대통령은 베트남을 동남아시아의 공산화를 막는 최후의 보루로 생각했다. 그래서 제네바협정이 조인되기 전인 1954년 4월 '도미노 이론'(만약 아시아의 한 나라가 공산화되면 나머지 다른 나라들도 줄줄이 공산화된다는 이론)을 공표했다. 국무장관 덜레스는 즉시 동남아시아조약기구(SEATO) 결성에 착수하여, 1954년 9월 마닐라에서 조약이 체결되었다. 이 조약의 목적은 물론 이 지역에 중국공산당의 손길이 닿지 못하게 하자는 데 있었다.

미국정부는 남베트남 정부가 성립하자 공적 원조를 제공하기 시작했지만, 응오 딘 지엠 개인에 대한 지지를 표명하지는 않았다. 미국은 그가 과연 권력을 확고히 할 수 있을지 의심스러웠다. 사실 당시 응오 딘 지엠의 위치는 불안정했다. 남부로 내려와 재편된 프랑스군은 여전히 강력한 군사집단이었다. 그 프랑스군의 사령관이며 고등판무관인 폴 엘리(Paul Ély)는 공공연히 총리를 응오 딘 지엠이 아닌 다른 사람으로 바꿔야 한다고 주장했다. 여기에 더하여 까오 다이와 호아 하오 종교집단도 응오 딘 지엠에 반발했고, 또한 이들 못지않게 강력한 불법적 폭력집단인 빈 쑤옌(Bình Xuyên) 역시 프랑스 측의 묵인하에 응오 딘 지엠의 권위를 인정하려 하지 않았다.

이런 남베트남의 상황을 우려한 아이젠하워 행정부는 프랑스군 사령관과의 협의를 위해 프랑스어에 능통한 조지프 로턴 콜린스(Joseph Lawton Collins) 장군을 대사급으로 임명하여 베트남에 파견했다. 콜린스는 엘리 사령관과 의논한 결과 확신은 안 섰지만, 일단 총리를 교체하는 게 좋겠다고 1955년 봄 백악관에 보고했다.

이 무렵 빈 쑤옌이 주도하는 각 파의 군대가 연합하여 응오 딘 지엠 정권의 전복을 시도했다. 그러자 응오 딘 지엠은 자기 군대와 까오 다이의 이단 지도자들을 끌어들여 빈 쑤옌 집단을 괴멸시키고, 각 파벌의 군대를 지방으로 쫓아냈다. 미국은 즉시 응오 딘 지엠에 대한 지지를 선언하고, 프랑스 측에 더 이상 간여하지 말라고 했다. 1년 내에 프랑스군은 모두 철수했고, 베트남 내 프랑스군 사령부도 폐쇄되었다.

응오 딘 지엠은 전통적 관리집안에서 태어나 권위주의적인 면이 강했고, 동시에 족벌을 중시했다. 또한 그는 프랑스 식민지 지배하에서 근대식 교육을 받아서인지 근대적 주권국가라든가 민족주의에 대해서도 상당히 집착하는 편이었다. 그는 공산주의의 계급투쟁을 혐오했지만 새로운 베트남 건설의 성패는 농촌사회의 변혁에 달려 있다고 인식했다는 점에서는 호찌민과 유사했다. 그럼에도 응오 딘 지엠은 시민적 자유에 대해서는 별로 존중하지 않았다. 이는 위에서 언급한 그의 유교 관료적 권위주의와 관련이 있지 않을까 한다. 사실 그는 처음부터 철저히 자신이 모든 권력을 행사하려고 했다.

미국의 지지를 확신한 응오 딘 지엠은 아직도 남부에 남아 있는 바오 다이의 영향력을 불식시키고자 1955년 10월 23일 국민투표를 실시하여 공화제로 바꾸었다. 공명선거를 하더라도 승리는 확실하다는 예상이 있었음에도 부정선거를 해서 98% 이상의 지지를 얻었다. 사이공에서는 유권자보다도 투표자가 더 많았다고 하니 당시 부정선거가 어느 정도였는지를 가히 짐작할 수 있다. 이런 부정선거는 장차 응오 딘 지엠 정권이 어떤 길을 걸을지 충분히 짐작하게 해주었다. 여하튼 그는 1955년 10월 26일 베트남공화국(Republic of Vietnam)의 독립을 선언하고 초대 대통령에 취임했다. 아울러 제네바협정에 따라 1956년에 실시하기로 한 남북 총선거를, 북에서는 자유선거가 가능하지 않다는 이유로 거부했다. 자유선거 운운한 것은 구실이었을 뿐, 실제로는 선거가 치러질 경우 호찌민 정부가 압승할 것이 뻔했기 때문이다. 미국은 응오 딘 지엠의 독립선언과 남북 총선거 거부, 두 가지 다 지지하고 그의 정부를 즉시 승인했다. 프랑스는 제네바에서 다시 회의를 개최할 의사가 없어 이를 묵인했다. 이리하여 임시 휴전선이던 북위 17도선은 이제 남과 북을 별개의 두 주권국가로 나누는 경계선이 되었다. 17–18세기의 남북분열이 두 집안 간 권력투쟁의 소산이었다면, 20세기의 남북분단은 서로 다른 이념의 결과물이었다.

응오 딘 지엠 정부는 남북 총선거 대신 1956년 3월 4일 남부에서만 선거를 실시하여 국회를 구성했고, 국회는 베트남공화국 최초의 헌법을 제정했다. 앞선 국민투표에서와 마찬가지로 이번 투표 역시 응오 딘 지엠이 의도한 대로 이루어졌다. 1954년 9월 동생 응오 딘 뉴가 주도해 만든 약칭 '껀 라오 당'(Đảng Cần lao 勤勞黨)*은 응오 딘 지엠의 반대자

---

* 정식명칭은 인격주의노동혁명당(Đảng Cần lao Nhân vị).

들에게 압력을 가해 후보 등록조차 하지 못하게 만들어서 응오 딘 지엠 지지자들만 당선되었다.

베트남공화국 최초의 헌법은 대통령에게 거의 절대적 권한을 부여했다. 국회는 행정부에 예속되고 법은 대통령의 명령에 의해서만 제정이 가능했다고 해도 과언이 아니다. 헌법 제3조는 행정부와 입법부는 상호 화합해야 한다고 규정하고 있다. 헌법은 표현의 자유를 인정하고 있지만, 만약 국가에 위협이 된다고 판단되면 그 자유는 박탈되었다. 공산주의가 불법화된 것은 말할 것도 없다. 이리하여 1955-1956년에는 '공산주의자 고발(Tố Cộng) 운동이 전개되어 남부에 남아 있던 수백 명의 노동당원이 구속되거나 처형되었다. 사법부 역시 독자적 판결을 못해 자의적인 체포와 구금 및 고문 등과 같은 인권유린에 속수무책이었다. 결국 응오 딘 지엠은 반공주의적인 민족주의를 포용하지 않음으로써, 자신의 우군이 되어줄 광범위한 민족주의 세력을 오히려 좌절시키고 나아가서는 적으로 만들었다. 심지어 그는 자신의 지지기반인 북에서 내려온 가톨릭 교도들과도 갈등을 빚었는데, 주교 임명과 관련하여 바티칸과 충돌하고, 또 불교에 대해 어느 정도 관용을 베풀라는 가톨릭계의 요구를 거절했기 때문이다. 그의 지지세력은 자기 가족들뿐이었다. 이로 인해 남베트남 사회는 시간이 지날수록 분열과 상호불신이 팽배해졌다.

1955-1956년 응오 딘 지엠은 소작인의 소작료 인하와 대토지 소유자의 토지소유를 제한하는 다소 온건한 토지개혁을 시도했다. 토지개혁을 통해 농민들의 지지를 얻어야 사회적·정치적 기반을 확대할 수 있고, 공산주의자와도 싸울 수 있다고 판단했던 것이다. 미국은 이 정책을 처음부터 지지하고 지원했다.

토지개혁법에 따르면 촌락에 있는 대토지의 1/3은 국가가 수용하여 재분배하도록 했다. 그러나 토지개혁의 주무기관도 불분명한 가운데 대토지 소유자들과 결탁한 부패한 지방관리들의 반발로 그 중 40%만이

농민들에게 돌아갔다. 또 다른 문제는 토지개혁이 위로부터 일방적으로
시행되다 보니 농민들이 정말로 원하는 게 무엇인지를 제대로 파악하지
못했다는 점이다. 응오 딘 지엠은 막연히 경제번영을 촉진하여 국가건
설의 정당성을 확립하고자 했을 뿐이었다.

토지개혁이 실패했다고 응오 딘 지엠의 국가건설 노력이 멈추지는
않았다. 1956년 중반 그는 인구의 대량 재정착계획을 시도했다. 이 정
책의 주요 목적은 베트남인들을 고원지대로 이주시키는 동시에, 소수민
족들도 한곳에 정착시켜 국가의 기반을 다지자는 것이었다. 부수적으로
저지대의 인구과밀을 해소하려는 의도도 있었다. 미국은 1957년 이 정
책을 지지하여 재정지원을 해주었으나, 얼마 안 있어 곧 그 실현방법에
서 의견차이가 생기며 지원을 중단했다. 사실 응오 딘 지엠은 재정착이
급하다고만 생각했을 뿐 구체적인 계획을 세우지는 않은 상태였다. 이
주는 사실상 강제에 가까웠고, 이주민과 산지 소수민족 사이의 갈등이
불거지기도 했다. 어쨌든 1963년 쿠데타로 응오 딘 지엠이 죽기 전까지
약 25만의 베트남인이 중부 고원지대로 이주했다.

1955년 초 남베트남 정부는 북으로 가지 않고 남부에 남은 노동당원
들을 색출하는 대중운동을 시작했다. 이 캠페인에 의해 정부비밀요원들
과 지방관리들은 가족배경, 정치단체가입, 공산주의 및 남북 베트남에
대한 태도 등을 기준으로 주민들을 분류하도록 명령받았다. 조금이라도
의심스러운 사람은 재교육수용소에서 힘든 갱생과정을 거쳤다. 그런 다
음 자기 마을사람들에게 먼저 용서를 구하고, 마지막으로 남베트남 국
기와 응오 딘 지엠에게 충성을 맹세하면 풀려났다.

1956년 1월에는 여기서 한 걸음 더 나아가 대통령 명령으로 국가안
보에 위협이 된다고 생각되는 인물을 체포·구금하게 했다. 이때 수천
명이 체포되었는데, 대다수는 공산주의자가 아니었다. 이들은 단지 응
오 딘 지엠의 독재에 반대하고 자유와 민주를 요구했을 뿐이다. 체포된

사람들은 군사재판을 받고 정치범수용소에 수용되었는데, 1954년부터 1960년까지 그 수가 5만 가까이 되었다고 한다. 다행히 체포를 면한 사람들은 산속으로 들어가거나 아니면 해외로 망명했다. 산속으로 들어간 사람들은 나중에 남부해방군으로 불렸지만, 남부에 남아 있던 순수 공산주의자들과 정체성이 같지는 않았다. 물론 시간이 지날수록 양자간에 연결이 되어 공동전선을 이루는 쪽으로 발전한 것은 사실이다.

하노이 정부

1954년 10월 10일 호찌민 정부는 하노이로 돌아와 전에 프랑스와 바오 다이가 국가원수로 있던 베트남국(State of Vietnam)에 속한 영토와 공공건물들을 인수했으며, 중국과 소련은 식량과 일용품 및 무기 등 상당량의 원조를 제공했다. 호찌민 정부의 모든 것은 처음부터 베트남 인민군이 책임을 맡았다. 이들은 고원지대에서 프랑스와 협력했던 소수민족의 병사를 궤멸시켰다. 비밀경찰은 반동분자 또는 반동분자로 의심되는 사람을 색출하는 데 혈안이 되었다. 초기에 호찌민을 지지했던 일부 가톨릭 교도와 소수민족까지 남부의 지엠 정권 편이라는 의심을 받았다. 한편 베트남 인민군은 주민들이 남부로 대량 탈출하는 것을 저지하라는 명령을 받았고, 서서히 베트남민주공화국의 군사적 행정체제를 북부의 새로운 인수지역으로 확대했다. 사실상 홍 강 유역지대나 대도시들은 베트남민주공화국의 지배하에 있은 적이 없었다.

한편 호찌민 정부는 새로운 교육제도와 역사서 및 문화활동을 통해 그들의 계획을 실행에 옮겼다. 이는 북부 베트남 전역을 공산화하는 것이었다. 호찌민 정부는 민족주의와 반식민주의 정책을 버리지는 않았지만, 공산주의를 새로운 국가이념으로 강조하면서 계급을 사회적·정치적 정체성을 결정하는 중요한 요소로 간주했다. 노동자와 농민과 노동당원 가족들은 제일 좋은 직업을 가졌고 또한 고등교육을 받을 수 있는

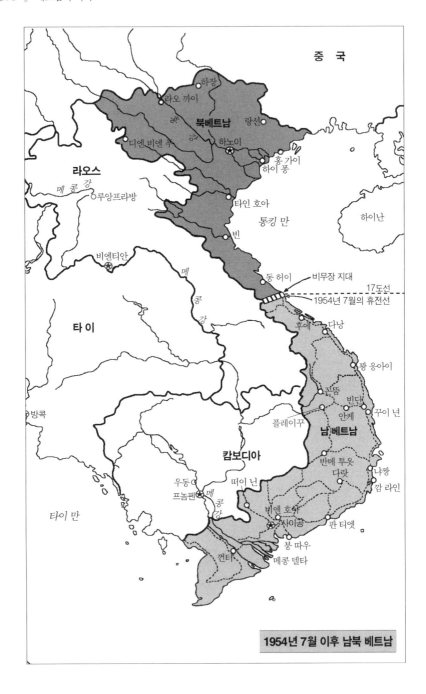

1954년 7월 이후 남북 베트남

기회도 보다 많이 얻었다.

이처럼 베트남을 개조하려는 노력은 다른 무엇보다 1953년부터 1956년까지 전개된 토지개혁에 잘 나타나 있다. 노동당의 토지개혁은 몇 가지 중요하면서도 서로 연관된 목적을 이루도록 계획되었다. 첫째는 1953년까지는 농민들을 전쟁에 동원하기 위해서였다. 둘째는 노동당의 합법성과 사회적 기반을 증대하기 위해서였다. 셋째는 노동당이 추진하는 국가·사회·문화의 개조를 방해하는 봉건적 내지는 부르주아적 계층을 제거하기 위해서였다. 넷째는 중국과 소련의 노선에 따라 농업과 공업의 전면적 집단화를 단계적으로 준비하기 위해서였다.

노동당은 이미 1953년부터 자기 지배지역에서 토지개혁을 실시했다. 1954년 말부터는 노동당의 영향력이 미치지 않았던 지역으로 개혁요원들을 보냈다. 토지개혁은 위로부터의 개혁으로, 빈농을 새로운 관리로 만들어 자기 지방의 토지재분배를 위한 계급분류를 하게 했다. 지역 주민들은 소유토지의 많고 적음에 따라 지주·부농·중농·빈농·소작인으로 분류되고, 첫 두 계급은 다른 농민들에게 토지를 나눠주게 했다. 그러나 통킹 델타에는 지주라든가 부르주아 자본가가 그리 많지 않았는데, 숫자를 맞추기 위해 부농과 중농이 이들 계급으로 분류되는 경우가 적지 않았다. 여하튼 이러한 개혁을 위해 설치된 '특별인민재판소'는 자의적인 체포와 처벌 및 개인재산의 몰수 등의 법적 권한을 가졌다. 이 재판소는 마을사람들을 모아놓고 착취자들을 규탄하게 함으로써 조금이라도 여유가 있어 보이는 사람들은 빈자들의 시기심에 의해 희생되었다. 재판 책임자들은 대부분 자질이 부족하거나 가난한 집안 출신이었기 때문에 이러한 희생을 당연시하는 편이었다.

그런데 노동당은 세금을 제대로 납부하고 소작료도 낮추어주었을 뿐만 아니라, 독립전쟁을 지원하고 자식들을 군대에 보냈던 모범적인 부농이나 자본가까지도 숙청의 대상으로 삼았다. 대표적인 예가 응우옌

『자이 펌』(佳品)　　　　　　　　『년 반』(人文)

티 남(Nguyễn Thị Năm)이라는 여성 지주의 경우이다. 그녀는 결혼 후 하이 퐁에서 철재와 시멘트 사업으로 성공을 거둔 다음 타이 응우엔 지방의 토지에 투자해 대농장을 소유했다. 그녀는 호찌민 정부에 거액의 성금을 냈고, 제1차 인도차이나 전쟁 때는 두 아들을 입대시켰다. 그리하여 호찌민 정부에서 그녀의 지지자들은 그녀를 '항전의 어머니'(Mẹ Kháng Chiến)라고 추켜세울 정도였다. 그러나 토지개혁이 실시되면서 그녀는 '악덕 지주'로 낙인 찍혀 총살되었다. 이런 식으로 희생된 사람들이 얼마나 되는지는 확실치 않으나, 최소한 1만 명 이상으로 추산된다. 어떤 이들은 목숨을 부지하기 위해 야반도주했기 때문에, 노동당은 아이에게 아버지를 염탐하게 하는가 하면, 이웃사람들이 서로를 고발하도록 부추겼다. 어쨌든 이런 식의 토지개혁을 통해 80만 헥타르가 재분배되었다.

　그런데 1956년 2월 모스크바에서 열린 소련공산당 제20차 대회에서 니키타 흐루쇼프가 스탈린의 잔인함과 개인숭배를 공격한 데 자극을 받아, 노동당 내에서 무자비한 토지개혁에 대한 비판이 표면화되기 시작했다. 중국에서는 마오쩌둥이 개혁의 문제점들에 대한 공개논쟁을 제안하고, 그에 따라 '백화제방'(百花齊放) 운동이 전개되었다. 이러한 분위

기를 의식하고 북베트남 국회는 집회와
종교의 자유 등에 관한 법을 통과시켰
다. 1946년 헌법에도 명시되어 있었지
만, 그것이 어느 정도 시행되었는가에
대한 의문이 생겼던 것이다.

레 주언

이와 관련하여 문화와 예술 방면에서
도 법 개정에 대한 요구가 일어났다. 젊
은 문인들과 미술가들은 물론 당에 충성
스런 지식인들조차 전쟁시기의 선전활
동에서 벗어나 자기의 생각과 감정을 표
현하고 싶어했다. 이들은 그렇게 하는 것이 당과 국가의 문화에 기여하
는 길이라고 믿었다. 1956년 문화와 예술에 대한 당의 지나친 통제를
개선하기 위해 두 잡지, 『년 반』(Nhân Văn 人文)과 『자이 펌』(Giai Phẩm
佳品)이 발간되었다. 이를 주도한 사람은 당시 문학계의 대부 격인 판
코이(Phan Khôi)였다. 그는 젊은 시절 동경의숙에 참여했고, 『남 퐁』 잡
지 등에도 시를 기고한 전력이 있었다. 잡지의 투고자들은 군에 복무 중
인 문인들이거나 프랑스 유학을 다녀온 지식인들이었다. 이들 대부분은
공산주의자였지만, 그렇지 않은 사람도 있었다.

기고자들은 공산주의세계의 개방적인 변화와 토지개혁에 대한 비판
기사에 용기를 얻어 과감하게 자기주장을 피력했다. 예컨대 당의 독단
적 태도와 개인숭배 및 예술의 정치화를 비판했다. 그러나 그들은 혁명
을 부정하지는 않았으며, 다만 인간의 창조성에 좀 더 관용을 베풀면서
혁명정신을 고양시키려 했다. 이를 '년 반-자이 펌 운동'(Phong trào
Nhân Văn – Giai Phẩm)이라고 한다.

이들의 의도가 어떠했든 간에 토지개혁을 주도했던 제1서기 쯔엉 찐
은 1956년 9월에 책임을 지고 물러났다. 호찌민이 임시로 그 직을 잠시

레득토

맡았다가 제네바협정 이후에도 남부에 잔류했던 중부 출신의 레 주언(Lê Duẩn)이 1957년 초 하노이로 돌아와 당의 지도자가 되었다. 이후 당의 주요 정책은 레 주언과, 레 주언이 남부에 있을 때부터 동료였으며 이제는 정치국원이 된 레 득 토(Lê Đức Thọ)에 의해 결정되었다. 레 주언은 꽝 찌 성의 빈한한 가정에서 태어나 많은 교육을 받지 못한 반면, 레 득 토는 오늘날 남 딘 성 출신으로 좋은 교육을 받았다. 그리하여 레 득 토는 레 주언에게 정책이나 조직 등에서 많은 도움이 되었다. 이들에 밀려 팜 반 동과 보 응우옌 지압도 전과 같은 영향력이 없었다. 군부 내에서는 후에 지방의 농민집안 출신인 응우옌 찌 타인(Nguyễn Chí Thanh)의 영향력이 커졌다. 응우옌 찌 타인은 제1차 인도차이나전쟁 때 군정치국의 총책임자였다.

노동당은 농민들을 그대로 둘 수도 없고, 그렇다고 통제를 안 할 수도 없었다. 1956년 11월 응에 안 성의 꾸인 르우(Quỳnh Lưu) 지방에서 농민항쟁이 일어난 것을 계기로 농민을 적극 통제하기 시작했다. 1959년에는 헌법을 개정하여 당이 국회보다 우위에 있게 되었다. 토지개혁은 이런저런 문제점이 있긴 했지만 그런대로 성공하여, 촌락에서 반혁명 계급은 사라졌다. 『년 반』과 『자이 펌』은 1958년 1월 출판이 금지되었다. 잡지와 연관되었던 주요 지식인들은 구속되고, 나머지 기고자들은 공장이나 시골로 보내져 그곳에서 일하면서 프롤레타리아처럼 생각하도록 재교육을 받았다. 판 코이는 가택연금되었다가 1959년 1월 갑자기 사망했기 때문에 더 이상의 고통을 겪지는 않았다.

이후 호찌민 정부의 문화정책은 혁명 이전의 사상들을 새로운 국가

의 문화적 우상인 마르크스·엥겔스·레닌·마오쩌둥·호찌민으로 대체
시켰다. 전통적인 촌락축제는 미신으로 간주하여 금지되었고, 사찰은
폐쇄되거나 창고가 되었다. 유교는 낡은 봉건시대의 사상이라 하여 비
판을 받았다.

전쟁의 시작

　　　　호찌민 정부의 대대적인 선전에도 불구하고 북베트남인
들 모두가 노동당이 말하는 전쟁의 영광을 믿은 것은 아니었다. 특히 프
랑스와의 전쟁에 참전했던 사람들은 전쟁의 추악한 모습과 수많은 군인
과 민간인의 희생에 대해 말을 하며 간접적으로 반대의사를 밝혔다.

　남부에 대한 무장투쟁을 처음 주장한 사람은 레 주언이었다. 1954년
제네바협정 이후에도 북으로 가지 않고 남부에 머물렀던 그는 응오 딘
지엠의 '공산주의자 고발' 운동을 보며 1956년 초 남부에서의 비폭력 저
항 대신 무력저항을 하도록 하노이에 요청했다. 그러나 친중적인 제1서
기 쯔엉 찐은 중국의 조언에 따라 북부에서의 사회주의 건설에 주력하
고 남부문제는 뒤로 미뤄놓고 있었다. 그래서 1956년 4월 당중앙위원
회는 레 주언의 요청을 받아들이지 않았다. 대신 흐루쇼프의 '평화공존'
을 택하고, 식량부족 같은 경제문제에 집중하기로 했다.

　그러나 쯔엉 찐이 물러나고 레 주언이 1957년 하노이에 도착하면서
대남정책이 바뀌었다. 그가 도착하기 전인 1956년 12월에 이미 중앙위
원회는 남부에서 점진적으로 당을 재건하며 남베트남 관리들과 촌락지
도자들을 납치하여 살해하는 산발적 테러를 허용하는 비책(秘策)을 승
인했다.

　1958년 말 남부에 잔류해 있는 노동당원들이 위기에 처하자, 이를 어
떻게 할 것인가에 대한 논쟁이 당 내부에서 일어났다. 레 주언의 노력으
로 이 문제를 다루기 위하여 노동당 중앙위원회 제15차 총회가 1959년

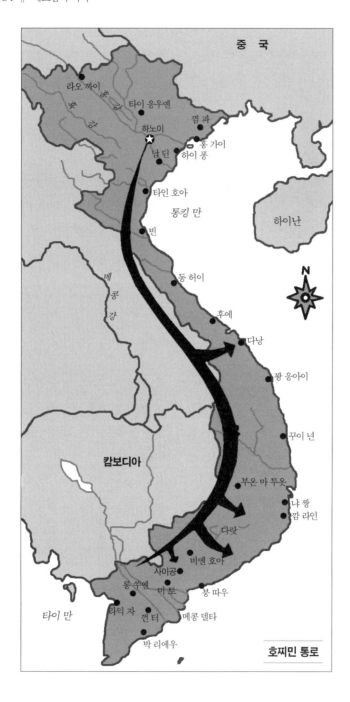

호찌민 통로

1월에 개최되었다. 총회의 결의문에서 당 지도부는 북부의 체제 강화가 중요하다는 것을 거듭 강조했을 뿐만 아니라, 현재의 혁명과정에서 북베트남이 주도하는 남북통일을 더 이상 미룰 수 없다는 확고한 결의를 했다. 그 결과 당은 남부에 있는 당원들의 점차적인 정치행동을 인정하고 제한된 범위 내에서의 무력투쟁도 허락했다. 이로부터 수개월 내에 남부로 이어지는 육상수송로가 완성되었다. 이 육로는 북베트남에서 시작하여 라오스 동부와 베트남 고원지대 및 캄보디아 동부를 거쳐 남베트남에 이르는 좁은 길인데, 이것이 이른바 '호찌민 통로'(Ho Chi Minh Trail)이다. 한편 배를 이용해서도 비밀리에 무기와 보급품을 남으로 보냈다.

이렇게 되면서 남부에서의 활동을 보다 조직화할 필요가 있다고 판단하여, 1960년 9월 제3차 노동당 전당대회가 개최되었다. 이 회의에서는 그때까지 제1서기 서리였던 레 주언을 제1서기로 선출하는 한편, 즉시 남부에서의 중요한 정책으로 공산주의는 언급하지 않고 민족주의와 민주주의 및 번영을 강조하는 조직체를 만든다는 계획을 채택했다. 이는 남부에서의 투쟁을 북부와는 관련 없이 단순한 민족주의자들 정파 간의 권력투쟁으로 보이게 하려는 의도에서였다.

1960년 12월 남베트남에서는 남베트남민족해방전선(Mặt trận Dân tộc Giải phóng miền Nam Việt Nam, 영문 약칭은 NLF)이 조직되었고, 여기에는 남베트남 정권에 반대하는 농민·노동자·지식인·소수민족·불교도 및 여타 소수 종교단체의 신도들이 두루 참여했지만, 실질적인 권한은 노동당이 장악하고 배후에서 조종했다. 10개 항으로 이루어진 남베트남민족해방전선의 강령을 보면, 마르크스주의가 아니라 민족주의를 내세우면서 사실상 미제국주의의 식민정부인 응오 딘 지엠 정권을 타도하는 것이 목표였다. 아울러 평화통일과 남북간의 경제·문화 교류를 제창했다. 그뿐만 아니라 제네바협정 후 북으로 왔던 남부 출신들을 재편성해 훈련시킨 다음 남으로 돌려보냈다. 여기에는 남부 출신 공무원과 군인들도 포함되었다. 1964년에 이르면 이런 식으로 남으로 돌아온 사람들의 수는 거의 4만 명에 달했다. 이들 경험 있는 남부 출신들의 도움으로 남베트남민족해방전선은 촌락에 침투하여 근거지를 만들고 응오 딘 지엠에 반대하는 선전활동을 하며 세금도 걷고 농민과 청년들을 애국단체로 조직할 수 있었다.

1961년 초 노동당은 인도차이나전쟁 때부터 있던 남베트남 지부인 남베트남중앙국(COSVN)을 활성화하고 곧이어 남부해방군(Quân Giải phóng Miền Nam Việt Nam, 약칭은 Quân Giải phóng)을 창설했다. 남부해방군은 영어로 인민해방군(People's Liberation Armed Forces, PLAF)이라고도 하는데, 흔히 멸시적인 의미에서 '베트콩'(Việt Cộng 越共)으로 불렸다. '베트콩'은 글자 그대로 '베트남 공산주의자'라는 뜻이다. 남부해방군은 베트남인민군의 통제를 받지 않았으나, 이들 중 절반 이상이 노동당원이어서 정치적으로는 연결이 되어 있었다. 1961년 남부해방군의 수는 1만 명이었는데, 1964년에는 10만 이상으로 증가했다. 그 가운데 3만은 정규군이었다. 1961년 남베트남중앙국은 응오 딘 지엠의 억압정책이 어떻게 될지는 모르겠지만 남부의 혁명이 평화적으로 이루어질 가능성은 현실적으로 불가능하다는 결론을 내렸다. 문제는 미국이 공산주의 세력의 확대를 저지하기 위해 직접 개입할 것인가 아닌가 하는 점이었다.

응오 딘 지엠과 미국

호찌민 정부의 대남정책이 착실히 진행되고 있는 동안, 1950년 후반 미국의 남베트남에 대한 정책은 혼선을 빚고 있었다. 미군사원조자문단 단장은 현재의 상황에서 응오 딘 지엠은 최선을 다하고 있다고 본 반면, 주월 미국대사는 미국의 원조와 응오 딘 지엠의 정부개

아이젠하워 미국 대통령이 1957년 워싱턴을 방문한 응오 딘 지엠 베트남공화국 대통령과 악수하고 있다.

혁을 연계시켜야 한다고 주장했다.

주월 미국대사는 1959년 노동당 중앙위원회가 제한된 범위 내에서의 무력투쟁을 결의한 것은 군사적이기보다는 정치적인 문제라며, 응오 딘 지엠이 자신을 비판하는 세력과 권력을 공유하는 것이 해결책이라고 믿었다. 이 소식이 알려지면서 응오 딘 지엠을 비난하는 전직 고위 관료와 교수 및 신부 등 18명이 미국의 입장을 반영하는 공개성명서를 발표했다. 이들은 미국 국무부가 아시아 국가들과의 관계를 덜 억압적인 정권과 맺으려 한다고 믿었던 것이다. 그리하여 성명서에 미국과 베트남의 신문들에 보도된 응오 딘 지엠의 부패, 친인척 등용, 능력보다 개인적 충성도에 의한 인사(人事) 등을 열거하는 한편, 남부가 자유민주주의와 인권을 존중하면 북부에 대해 성공적으로 대처할 수 있다고 주장했다.

이들은 또한 1959년의 '농업도시 계획'(agroville plan)이 성급하게 만들어졌다는 점도 지적했다. 촌락지역에 점증하는 불안과 남부해방군의

1962년에 도입된 전략촌.

무력도발 때문에 1959년 응오 딘 지엠은 농업도시 계획을 세웠다. 그 주요 목적은 농민들을 남부해방군의 테러로부터 보호하기 위해 남베트남군이 지배하는 안전한 지역으로 옮기게 하는 것이었다. 정부는 학교와 의료기관 및 전력 공급이 가능한 몇 개의 새로운 소규모 도시형 촌락을 조성했다. 그러나 농민들이 자발적으로 이주하게 할 만한 재정지원은 부족했고, 농민들은 조상 대대로 살아온 고향을 떠나고 싶어하지 않았다. 그런데 정부는 군대를 동원하여 농민들을 강제 이주시켰고, 결국에는 농민들의 분노만 사서 1961년에 계획을 폐지했다.

1962년에는 전략촌 계획이 도입되었다. 전략촌 계획이란 농촌 주민들의 정치성향을 분석해서 남부해방군의 영향을 받지 않는 지역으로 이주시키는 것을 말하며, 촌민들은 자발적인 노동으로 촌락을 건설하고 자급자족하게 한다는 계획이었다. 그러나 이 계획도 처음부터 농민들의 반발을 샀다. 농민들의 이주는 미국의 원조로 이루어졌는데, 지방관리들이 중간에서 기금을 횡령하여 농민들에게는 제대로 전달되지 않았던 것이다. 뿐만 아니라 관료들은 현실에 맞지 않게 기한을 정해놓고 농민들을 강제로 이주시켰다. 게다가 상부에 대한 충성심에서 실적 부풀리기에 급급하여 정치적 성향분석도 제대로 하지 않았기 때문에 문제가 발생했다. 그 결과 농민들을 남부해방군과 분리시키는 데 실패했다. 그런데 전략촌은 영국이 말레이시아에서 공산당 세력의 확산을 막기 위해 처음 고안한 정책으로, 영국은 남베트남과 달리 소기의 목적을 달성했다. 그도 그럴 것이 말레이시아의 공산주의자들은 대부분이 중국인이어서 외관상 말레이시아인과 구별이 쉬웠기 때문이다. 하지만 베트남에서는 공산주의자가 같은 베트남인이어서 겉모습만으로는 구별하기 힘들었다. 이런 점도 이 계획이 실패한 요인 중 하나였다.

한편 1960년 주월 미국대사는 한층 강도 높게 응오 딘 지엠에게 개각과, 특히 응오 딘 뉴의 배제를 요구했다. 당시 응오 딘 지엠을 비판하는 베트남인들과 미국인들 모두 응오 딘 뉴를 혐오했다. 미국대사의 요구는 일부 응오 딘 지엠 비판자들에게 정권을 전복해도 좋다는 암시처럼 보였다.

1960년 11월 초 승진에서 차별을 받아 불만을 품은 두 대령의 주도로 응오 딘 지엠을 제거하려는 쿠데타가 일어났다. 1950년대 후반 응오 딘 지엠에 가장 비판적이었던 판 꽝 단(Phan Quang Ðán)을 비롯한 정치인들도 합세했다. 쿠데타군이 대통령궁(宮)을 포위하자 놀란 응오 딘 지엠은 협상을 시도하여 개혁을 하겠다며 시간을 끌었다. 그 사이에 사이공 외곽에 있던 그의 충성스러운 부대가 사이공 시내로 이동하여 쿠데타 세력을 진압했다. 사실 이 쿠데타는 대령들이 주도했기 때문에 실패할 가능성이 높았다. 장성들은 쿠데타가 성공하면 본인들이 물러나야 된다는 위기감을 느끼면서 쿠데타 세력에 동조하지 않았던 것이다. 프랑스 대사는 장래의 정치적 위기를 암시하는 성명서에서 반대파 민족주의자들에 대한 억압정책은 응오 딘 지엠 정권과 베트남노동당 사이에서 칸막이 역할을 할 수 있는 요인들을 제거하는 결과를 초래했다고 했다. 이는 노동당의 침투를 막아줄 세력이 더 이상 없었다는 의미이다.

1961년 1월 케네디 대통령이 취임하면서 미국의 남베트남 정부에 대한 지지는 더 확고해졌다. 그러나 케네디는 전임자들과 마찬가지로 미군 파병은 하지 않고, 다만 대(對) 게릴라 전략계획을 세우고 남베트남의 재래식 군대와 민병대의 규모를 확대시켰다. 여기에는 응오 딘 지엠 형제가 미국의 영향력이 베트남 사회 깊숙이까지 미치는 것을 원하지 않는다는 점도 고려되었다. 비록 이러한 재래식 군사력은 제2차 세계대전과 한국의 6·25전쟁에서는 효과가 있었지만, 결과가 말해주듯이 당시 베트남의 게릴라식 전투에서는 적합하지 않았다.

케네디 대통령 취임 후 1년 만에 군사원조는 연간 5천만 달러에서 1억 4,400만 달러로 증가했다. 1962년까지 남베트남 정부군 병력은 22만 명에 달했으며, 중국과 소련도 북베트남을 지원하여 그 병력을 20만 명 이상으로 증강시켰다. 베트남 주재 미군사요원의 수 역시 1961년 초 880명에서 1962년 말에는 거의 13배 증가한 1만 1,000명에 이르렀다. 인원증가와 더불어 1950년 9월 처음 베트남에 파견되었던 군사원조고문단의 명칭도 1962년 초에는 군사원조사령부(Military Assistance Command)로 바뀌었다.

이러한 미국의 새로운 정책은 남베트남 정부와 최소한의 협의만을 거쳐 이루어졌다. '여권 없이' 수천 명의 미국인이 입국하자, 응오 딘 지엠은 베트남의 주권이 훼손되는 것이 아닌가 하는 우려를 하며 실망감을 감추지 못했다. 그래서 미국의 원조에 감사해하면서도, 미국인 자문요원들을 믿지 못해 그들이 군사나 민간문제에 깊이 관여하는 것을 제한했다.

미국 군사요원들의 증가와 함께 미국언론의 관심도 높아졌다. 케네디 행정부는 미군은 베트남 군대를 돕고 있을 뿐 직접 전투에 참가하고 있지는 않다고 거듭 밝혔다. 다른 한편 더욱 어려운 점은 미국인 군사고문들이 베트남어에 능숙하지 않아서 발생하는 문화적 가치의 충돌이었다. 그들은 베트남인들이 조언을 귀담아듣지 않았을 뿐만 아니라, 똑같은 실수를 반복한다고 생각하면서 베트남에서 하는 본인들의 역할에 대해 자괴감을 느꼈다. 미국언론이 베트남 주재 군사고문들의 자괴감과 응오 딘 지엠 정부의 무능과 부패에 대해 계속 비판적인 보도를 하자, 다시 그 기사들이 베트남에 전해져 확대해석되었고, 남베트남 정부는 미국언론의 보도를 사실상 미국정부의 공식입장으로 받아들였다.

응오 딘 지엠은 이런 기사를 보며 자기의 합법적 지위를 약화시키는 많은 미국인 군사고문들로 인해 자신이 점점 궁지로 몰리는 느낌을 받았다. 그는 또한 적지 않은 미국인 고문들이 베트남 청년들에게 친미적 성향을 불어넣고 있다고 우려했다. 그러던 중에 그는 미국 군사원조사령부 사령관이 상황이 호전되면 가능한 한 빠른 시일 내에 사령부의 인원을 감축하겠다는 말을 믿으면서 약간의 위안을 삼았다.

케네디 행정부와 응오 딘 지엠 정부의 관계는 1963년에 마침내 파국을 맞았다. 여기에는 몇 가지 원인이 있었다. 우선 1961년 미국의 라오스 중립화에 대해 응오 딘 지엠의 비난이 거세지자, 이에 분노한 미국 국무부 내에서 응오 딘 지엠 제거의 목소리가 커졌다. 다음은 이제까지 응오 딘 지엠을 지지했던 사람들이 그를 독재자라고 비난했다. 여기에 더하여 미국언론의 비판적인 사이공발(發) 뉴스가 여론에 커다란 영향을 미쳤다. 그러나 무엇보다 중요한 원인은 베트남 불교승려들이 응오 딘 지엠 정권을 전복하려 했다는 것이다.

가톨릭이었던 응오 딘 지엠은 처음부터 불교를 배척했다. 불교인들은 이에 줄곧 저항해왔는데 마침내 하나의 사건이 불씨가 되어 쌓이고 쌓였던 불만이 폭발했다. 1963년 5월 7일 후에에서 '석가탄신일'을 경축하기 위해 대로를 따라 석탄일 깃발을 게양하려다 금지당하는 일이 벌어진 것이다. 그런데 이와는 대조적으로 불과 일주일 전에는 응오 딘 지엠의 형의 주교서품 25주년을 기념하기 위한 바티칸 깃발들이 같은 거리에 게양되었던 광경을 불교인들은 똑똑히 기억하고 있었다. 5월 8일에는 저명한 스님이며 불교학자가 라디오를 통해 연설을 하자, 이를 경청하기 위해 수천 명의 불자들이 모였다. 당국에서는 해산을 명령하

1963년 6월, 틱 꽝 득 스님이 남베트남 정부의 불교 탄압에 항의하여 분신하는 장면.

는 동시에 물대포를 쏘아 사상자까지 발생했다.

　1963년 6월 11일에는 노(老)스님 틱 꽝 득(Thích Quảng Đức 釋廣德)
이 자진해서 사이공에서 분신했다. 이는 불교를 탄압하는 응오 딘 지엠
정권에 저항하기 위한 불교계의 계획 하에 일어난 일이었지만, 분신 모
습이 뉴스를 통해 전 세계에 전달되면서 국제적으로 응오 딘 지엠 정권
을 규탄하는 목소리가 높아졌다. 남베트남 내에서는 고위 장성들이 미
국에게 더 이상 응오 딘 지엠을 지지하지 않겠다고 공표했다. 케네디는
하는 수 없이 응오 딘 지엠과는 거리를 두면서 응오 딘 뉴의 퇴진을 요
구했다. 곤경에 처한 응오 딘 뉴는 마침내 북베트남과 협상하여 중립화
할 계획을 세웠다. 이러한 계획에 대해 미국은 자국의 전략적 이익에 위
협이 된다는 결론을 내렸다. 케네디로부터 암시를 받은 베트남 장성들
은 마침내 11월 2일 쿠데타를 감행했고, 응오 딘 지엠 형제는 케네디의
의도와는 달리 살해되었다.

즈엉 반 민(Dương Văn Minh) 장군이 주도한 11월의 쿠데타는 사이 공에서 상당히 긍정적으로 받아들여졌다. 응오 딘 지엠을 철저히 반대 했던 사람들은 쿠데타 세력에게 사회개혁을 요구했다. 다시 말하면 응 오 딘 지엠의 독재로 인해 농민의 민심이 이반하고 그 틈을 노려 노동당 이 등장하게 되었으므로, 독재의 폐단을 발본색원하지 않으면 안된다는 것이었다. 불자이며 개인적인 야심이 없었던 즈엉 반 민은 많은 사람의 신망을 얻었으나, 강경파는 아니었다. 그는 사회개혁을 할 생각도 능력 도 없었다. 지식인과 학생들이 요구하는 빠른 시일 내의 사회개혁은 더 더욱 무리였다. 미국 측은 그가 농촌에서 점증하는 남부해방군의 활동 에 대해 단호한 조치를 내려주길 바랐다. 하지만 응오 딘 지엠 정권하에 서 부정부패를 저지른 자들을 조사하자 그들과 연루된 장군들이 반발하 고 나섰다. 반면에 캄보디아의 시하누크 왕과 프랑스는 중립적인 정책 을 권유했다.

이리하여 당시의 정치적 상황은 출구가 보이지 않는 듯했다. 내각이 장군들로 구성되자, 여기서 배제된 다이 비엣 당원들과 호아 하오 교도 등 민간 정치인들은 정부를 전복시키려 했다. 쿠데타를 지지했던 장군 들 중 가톨릭을 믿는 사람은 응오 딘 지엠 형제가 살해된 것에 분개했 다. 또 다른 군인들은 쿠데타 후의 권력 배분에 대해 불만을 표출했다. 얼마 안 있어 미국은 쿠데타가 정권안정과 전쟁수행이라는 면에서 오히 려 역효과라는 판단을 하게 되었다. 실제로 쿠데타 후에 경험 많은 유능 한 장교들이 면직되면서 전쟁의 전망은 더 어두워졌는데, 즈엉 반 민은 아무런 계획도 없었다.

하노이 정부와 미국의 전쟁개입

베트남노동당 정치국은 미국의 후원으로 응오 딘 지엠 정 권이 무너진 것을 환영했음에도 불구하고, 그들이 예측했던 것처럼 남베트남 정부는 붕괴되지 않았다. 남부해방군이 지배하는 촌락지역은 확대되었지만, 그들의 힘만으로는 미국이 지원하는 남베트남 정부군을 이길 수가 없었다. 그래서 하노이 정부 내에서 북베트남 정규군을 남으로 침투시켜 남베트남민족해방전선과 베트남노동당이 연합하여 미국이 파병하기 전에 남베트남을 무너뜨려야 한다는 목소리에 힘이 실리기 시작했다. 그 주창자들은 레 주언과 레 득 토 및 군부 내 그들의 지지자들이었다. 특히 응우옌 찌 타인의 지지는 큰 힘이 되었다. 이들은 재래식 전투와 잘 결합된 게릴라전을 옹호했다.

그러나 재래식 전쟁을 강조하는 이 전략은 노동당 정치국 내에서 합의를 보지 못했다. 많은 정치국원들, 특히 보 응우옌 지압이 강하게 반대했다. 반대자들은 그런 공격적 노선은 전쟁에 미국의 직접개입을 초래할 가능성이 많고, 그렇게 되면 베트남 군인들과 인민들이 프랑스와의 전쟁 때보다도 훨씬 심각한 상황이 벌어질 수 있다고 경고했다. 따라서 당분간 제일 좋은 전술은 게릴라전으로, 시간을 갖고 싸우는 지구전이지 전면전은 아니라는 것이었다. 결국 논쟁의 핵심은 북부의 완전한 공산화가 우선인가 아니면 전쟁이 우선인가였다.

정확한 내용은 알 수 없지만, 아마도 당시 중소분쟁이 하노이의 전략에 영향을 미쳤던 것 같다. 사실상 중국은 레 주언과 그 주변인물들이 추진하는 무력노선을 점차 지지했다. 마오쩌둥에 의하면, 미제국주의자들에 대한 베트남노동당의 혁명과 전쟁을 지지하는 것이 국제공산주의의 의무라는 것이다. 중국이 베트남의 무력투쟁을 지지한 것은, 소련과 치열한 경쟁을 벌이고 있는 시기에 국제공산권 내에서 우위를 점하려는 의도도 있었다. 레 주언은 전쟁을 확대하려면 중국의 군사지원과 물자보급이 절대적이었기 때문에 중국의 지지를 기대했다. 따라서 중소분쟁에 관한 당내논쟁에서는 미국과의 재래식 전쟁에 반대하는 이들을 베트남에서는 거의 금기시하는 '수정주의자'라고 비판하며 중국 편을 들었다. 그러나 공개적으로는 레 주언이나 호찌민은 조심스럽게 중도노선을 택했는데, 이는 소련만이 제공할 수 있는 최신무기가 절대적으로 필요했기 때문이다.

1964년 개최된 회의에서 노동당 정치국은 마침내 점진적으로 직접적인 군사개입을 한다는 결의를 했다. 베트남노동당은 미국이 남베트남을 더 이상 신뢰하지 않아 남베트남을 위해 싸워주지 않을 것이라는 결론을 내렸다. 1963년 1월 사이공 서남쪽 60km 지점에 위치한 업 박(Áp Bắc) 촌락의 전투에서 남베트남군은 군사력의 우세에도 불구하고 남부해방군에게 대패했다.

그러나 응오 딘 지엠 정권이 무너지고 뒤를 이은 군사정권이 미국에 의지하자, 미국은 이제 직접개입을 할 수밖에 없었다. 한편 베트남노동당 정치국은 정치투쟁과 게릴라전을 계속해야 한다고 결정했거니와, 하노이 정부도 정규군을 투입하여 직접 개입할 때가 되었다고 판단했다. 그들은 미국이 직접개입을 하기 전에 남부해방군과 북부 정규군이 잘 협력하면 남베트남을 무너뜨릴 수 있다는 계산을 했다. 그렇지만 정규군을 투입해 전쟁에서 이긴다 해도 미국의 직접개입을 초래할지 모른다는 것 역시 잘 알고 있었다. 논란이 계속되자 1964년 3월 호찌민이 이견을 조정하려 했으나 그때는 이미 전군에 전쟁준비명령이 하달된 뒤였다. 호찌민도 모르는 사이에 이런 명령이 내려진 것은, 레 주언이 제1서기가 된 이후 호찌민은 하노이 정부의 상징적 존재로서 국내문제에는 거의 관여하지 않고 주로 중국이나 소련과의 우호관계 유지에서만 역할을 했기 때문이다.

정치국은 철두철미 공산주의자인 응우옌 찌 타인 장군을 남부 중앙국 총책임자로 임명하여 17도선 이남의 중부고원으로 파견했다. 당시에 정치국원이었던 그는 보 응우옌 지압과 당내 서열이 거의 같은 거물급 인사였다. 더구나 중부고원 지역에서 1930년부터 비밀리에 정치·군사 활동을 했기 때문에 그곳을 너무나 잘 알고 있었다. 그는 남부를 군관구(軍管區)로 재편하고 남부해방군에 무기와 식량을 보급할 수 있도록 호찌민 통로를 가능한 한 남쪽으로 확대했다. 그는 미국이 북베트남군의 남하를 당연히 알고 있을 것으로 확신했다. 물론 베트남노동당은 공식적으로는 군부대 투입을 부인했지만, 실은 크게 개의치 않았다. 제네바협정에 의해 17도선은 임시휴전선인데, 이를 무시하고 성립한 남부정권을 미국이 인정한 것 역시 협정위반이라는 입장이었다. 1965년 5월 응우엔 찌 타인 지휘하에 있는 중부고원의 북베트남 정규군은 7,000명 정도였다.

미국에서는 응오 딘 지엠 정권이 붕괴된 지 3주 후인 11월 22일 케네디 대통령이 텍사스 주 댈러스에서 암살되었다. 부통령으로 대통령직을 승계한 린던 존슨은 그때까지 주월 미국대사가 쥐고 있던 베트남 내부문제에 관한 권한을 군사원조사령부 사령관 폴 도널드 하킨스 장군에게 넘겼다. 하킨스는 응오 딘 지엠 제거계획에 동의하지 않았으며, 즈엉 반민 주변의 장군들에 대해 별로 존중하는 마음도 없었다. 그는 당시 상황에서 후에와 다 낭 지역에 주둔하고 있는 1군단 사령관 응우엔 카인(Nguyễn Khánh) 장군을 공산주의와의 대결에서 미국과 보조를 맞출 수 있는 인물로 생각하여 그가 권력을 잡도록 부추겼다.

응우엔 카인은 응오 딘 지엠 제거계획에 늦게 참여하는 바람에 본인이 원하는 자리를 얻지 못해 불만이 많았다. 때마침 즈엉 반 민을 중심으로 한 군사혁명위원회는 중립주의로 기울고 공산주의자들과의 전투를 중지하려 한다는 소문이 돌았다. 1964년 1월 말 그는 즈엉 반 민의 강력한 주도권 결여라든가 미국과의 관계를 제대로 수행하지 못하는 데 불만을 품은 장군들과 결탁하여 무혈 쿠데타를 일으켜 성공했다. 2월 초 미국의 요청으로 응우엔 카인 자신은 총리가 되고 즈엉 반 민 장군을 형식상 수반으로 하는 신군사정부가 수립되었다.

응우옌 카인은 다음 1년 동안 사이공 정치에서 중요한 존재였다. 하지만 그의 정치력 부족으로 혼란은 점점 심해졌다. 그는 응오 딘 지엠과 즈엉 반 민에 의해 정치에서 배제된 다이 비엣 관련 정치인들의 지지를 얻으려 했다. 문제는 다이 비엣은 단결된 조직체가 아니라 응오 딘 지엠에 반대하는 여러 집단의 느슨한 연합체로 큰 힘이 되지 못했다.

비록 뒤늦게 가담하긴 했지만 어쨌든 응우옌 카인은 응오 딘 지엠 정권 전복의 일원이었기 때문에 가톨릭측의 비난을 피할 수 없었다. 그래서 그는 불교인들과 젊은 병사들의 지지를 얻으려 했다.

응오 딘 지엠 정권 전복에 열성적이었던 불교계 지도자들은 조직을 재정비하여 수천의 승려와 비구니 및 수백만 일반신도를 거느린 베트남 불교연합회와 손을 잡았다. 이들은 거리로 뛰쳐나와 사이공 정부를 압박하는 시위에 앞장섰다. 사이공의 학생들도 승려들의 영향을 받아 그들 나름의 정치적 시위를 계속했다. 이들은 응우옌 카인에게 응오 딘 지엠 정권과의 단절을 의미하는 증거로서 구속 중인 응오 딘 껀(Ngô Đình Cẩn, 응오 딘 지엠의 동생)을 처형하라고 요구하여 뜻을 관철시켰다.

마침내 응우옌 카인은 청년장교들을 끌어들였다. 그는 군 장성들과 친미적인 청년장교들 사이에서 약간 소외된 인물이었다. 이를 극복하기 위해 그는 개혁 지향적인 청년장교들을 승진시켜 자기에게 충성하게 만들었다. 이때 등장한 인물들 중에 곧 남베트남 정치에서 중요한 역할을 하게 되는 육군장교 응우옌 반 티에우(Nguyễn Văn Thiệu)와 공군장교 응우옌 까오 끼(Nguyễn Cao Kỳ)가 있었다. 결국 그는 자신의 권력유지를 위해 할 수 있는 모든 방법을 동원한 셈이다.

존슨 대통령은 군사원조사령부 사령관을 바꾸기는 했지만, 베트남전쟁에 직접 개입할 생각보다는 미국의 국내문제, 특히 그 자신의 '위대한 사회'(Great Society) 건설계획에 더 주력하고 싶어했다. 따라서 그는 지난 20년 동안 직접 개입하지 않고 베트남에서 공산주의와 대치해온 미국의 정책을 그대로 지속했을 가능성이 없지 않았다. 그러나 응오 딘 지엠 정권을 대체한 군사정부가 불안정하고 노동당의 세력확대를 저지하지 못하자, 그와 그의 참모들은 사실상 결론을 내렸다. 1963년 말 케네디 사망 때 1만 6천 명이었던 주베트남 미군사원조사령부의 인원이 존슨이 정권을 완전히 인수한 1964년에는 2만 3천 명으로 증가했다. 존슨은 또한 남베트남 중립화에 반대했는데, 이는 미국의 중국봉쇄를 약화시킬 수 있다는 우려 때문이었다. 그렇지만 전(前)대통령 케네디처럼 이제 그 역시 손실을 감수하고 베트남에서 발을 빼든가, 아니면 직접개입을 할 것인가 하는 양자택일의 기로에 서게 되었다.

존슨이 그대로 물려받은 케네디 행정부의 참모들은 몇몇을 제외하면 대부분이 매파였다. 그들의 내면적 생각이나 사후의 주장들이야 어떻든지 간에 당시의 존슨과 그 참모들은 협상이나 철수 대신 전쟁을 택했다. 공산주의를 간접적으로 봉쇄한다는 생각은 전혀 하지 않았다.

베트남노동당 정치국원 응우옌 찌 타인이 중부고원지대에서 사령관직을 맡던 바로 그 시기에 존슨 대통령은 윌리엄 웨스트모얼랜드를 사이공 주재 군사원조사령부 사령관에 임명했다. 이어서 통킹만으로 순시선을 보내고, 남베트남 특공대의 17도선 이북 해안지대 기습공격이나 심리전 등과 같은 비밀작전에도 참여시켰다. 남북 양측이 택한 이러한 공격적인 방침은 의도하지 않더라도 어디선가 충돌이 일어날 수밖에 없었다.

한편 당시 미군 수뇌부는 베트남에 대해 보다 확고한 행동을 해야 한다는 입장이었다. 합동참모본부는 북베트남 공습을 제안하는 동시에 하이 퐁 항구를 봉쇄하기 위한 기뢰부설도 주장했다. 이런 의견이 나온 것은 하노이 정부가 선박을 이용하여 남베트남민족해방전선과 남부해방군에 물자를 보급하고 있었기 때문이다. 존슨은 베트남 정세의 심각성을 인정하면서도 의회의 동의를 얻기 어렵다는 이유로 군의 요청을 받아들이지 않았다.

그러던 중 우려했던 대로 충돌이 발생했다. 1964년 8월 2일 통킹 만에서 순찰 중이던 미국 구축함 매덕스 호가 북베트남의 어뢰정으로부터 공격을 받았다는 보고가 있었다. 이틀 후 또 공격을 받았다는

미국의 구축함 매덕스 호.

보고를 받았다. 두 번째 공격과 관련하여 현지의 첫 보고는 공격을 받았다고 했지만, 곧이어 해상의 악천후로 인해 공격여부는 불확실하다는 후속보고가 있었다. 그러나 존슨은 두번째 보고는 무시하고 즉각 북베트남 해군기지에 대한 보복공격을 하도록 명령했다. 그러고는 미군을 보호하기 위한 무력사용과 북베트남의 침략을 멈추게 할 권한을 부여해 달라고 의회에 요청했다. 8월 7일 의회는 이 요청안을 거의 만장일치로 통과시켰는데, 이것이 이른바 '통킹 만 결의'(Gulf of Tonkin Resolution)이다. 이 결의는 존슨 대통령에게 베트남전쟁에 관한 한 거의 무제한의 권한을 부여했다. 이제 그는 공식적인 선언 없이 북베트남을 폭격할 수도, 남베트남에 지상군을 투입할 수도 있게 되었다.

이 무렵 미국의 한 가지 문제는 사이공 정부의 응우옌 카인이 미국의 의도와는 다른 방향으로 움직이고 있는 점이었다. 그는 독재정치를 하면서 민간 정치인들에게 정권을 이양할 생각을 하지 않을 뿐만 아니라 어떤 개혁도 시도하려는 태도를 보이지 않았다. 더구나 미국이 자신을 탐탁지 않게 여긴다는 것을 알고는 남베트남민족해방전선과 접촉할 생각까지 했다. 결국 미국의 묵인하에 1964년 12월 응우옌 까오 끼와 응우옌 반 티에우가 그를 축출하고 1965년 2월 중순 민간인 의사이며 응우옌 카인 집권 때 외무장관이던 판 후이 꽛(Phan Huy Quát)을 총리식

응우옌 까오 끼

응우옌 반 티에우

에 앉혔다. 판 후이 꽛은 미국의 개입을 반기지 않았지만, 그렇다고 막을 방법도 없었다. 장성들은 미국의 개입이 군부의 위상을 다시 강화시켜 베트남 정치를 군부에 유리한 쪽으로 변화시킬 수 있다고 생각했다. 이리하여 응우옌 까오 끼와 응우옌 반 티에우는 판 후이 꽛 정권을 단명으로 끝내버리고, 6월 응우옌 까오 끼가 총리로서 실질적 권력을 장악하고, 응우옌 반 티에우는 대통령이 되었다.

　　남베트남 지도자들은 베트남에 대한 미국의 직접개입을 용인했다. 그들은 남베트남이 북베트남과 전쟁을 벌였을 때 승산이 없다는 것을 알고 있었기 때문에 미국의 결정을 따를 수밖에 없었던 것이다. 그렇다고 해서 그들이 국가의 모든 주권을 넘겨준 것은 아니었다. 마찬가지로 북베트남도 자신들이 만들어놓은 남베트남민족해방전선의 독립성을 최대한 존중한다고 했지만, 하노이의 노동당 지도부가 직접 전쟁을 하기로 결정하는 한, 누가 실질적인 권력을 행사할지는 물을 필요가 없었다. 결국 1964년 미국과 북베트남이 전쟁을 결정함에 따라 이들 양측의 남베트남 동맹자들은 주연이 아니라 조연의 역할밖에 할 수 없게 되었다.

존슨은 통킹 만 결의에 의해 베트남전쟁에 관한 전권을 부여받았지만, 남베트남의 계속된 정정 불안으로 고민스러웠다. 그렇다고 일방적으로 전쟁을 확대할 수도 없었다. 1964년 가을 존슨 행정부 내에서 북베트남 폭격에 반대하는 목소리가 점점 커졌다. 중국이 개입할지도 모르고, 하노이 정부가 사이공 정부를 향해 전면적인 공세를 취할 가능성이 있다는 것이 반대이유였다.

북폭을 주장하는 군 수뇌부와 이에 반대하는 백악관 참모들 사이에서 고민하던 존슨은 11월의 대통령선거에서 압승하자 북폭 쪽으로 기울었다. 그렇게 하는 것만이 대규모 지상군 투입을 하지 않고 전쟁을 수행할 수 있는 방법이라고 판단했던 것이다. 그러나 일단 북폭이 시작되면 지상군 파병이 뒤따를 수밖에 없었다. 따라서 존슨은 우선 사이공 정부를 안정시켜 공산주의자들의 어떤 도발도 막아낼 수 있음을 보여주는 것이 중요하다고 생각하여 북폭 문제는 잠시 접어두었다. 판 후이 꽛의 민간정부를 세우게 한 것도 군사정권에 반대하는 세력을 진정시켜 정국 안정을 꾀하기 위해서였다.

미국의 지상군 파병

미국이 아직 북폭계획을 확정하지 않고 있을 때 남부 고원지대에서 일어난 한 사건이 미국의 지상군 파견을 초래했다. 1965년 2월 응우옌 찌 타인이 남부해방군에게 쁠래이꾸(Pleiku)의 미군 헬리콥터 기지를 공격하게 했다. 이 공격으로 미군 8명이 사망하고 126명이 부상을 입었으며 비행기 10대가 파괴되었다. 존슨은 즉각 휴전선 북쪽 지역에 대한 보복공격을 지시했다. 이삼일 후 꾸이 년에 있던 미군 사병 막사가 다시 습격을 받자, 존슨은 즉시 '롤링 선더'(Rolling Thunder)라는 폭격작전에 서명함으로써 3월 초 북폭이 시작되었다. 이 작전은 일단 북폭을 위도 19도선 이남으로 제한하고 군사기지와 산업시설 파괴

를 목표로 삼았다. 하노이
정부가 더 이상 남부해방군
을 지원하지 못하게 하려는
전략이었다.

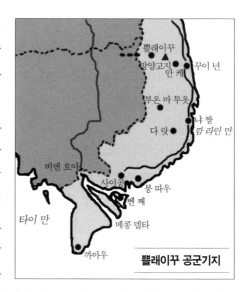

뽈래이꾸 공군기지

　당시 북폭의 실질적 의도
는 북베트남 지도부가 남부
의 폭동지원을 중단하고 상
호협상을 통해 남베트남 정
부의 주권을 인정하게 만드
는 것이었는데, 이는 미국
이 북베트남의 전쟁에 대한
결의와 통일의지를 과소평가했기 때문에 나온 오판이었다. 북베트남은
어떠한 경우에도 협상에 응할 생각이 전혀 없었다. 북베트남 측도 미국
과 똑같은 잘못을 범했다. 향후 미국이 남베트남 정부를 지키기 위해 그
렇게까지 싸울 줄은 전혀 예상하지 못했던 것이다.

　1965년 3월 8일 미국 해병대원 3,500명이 다 낭에 상륙하여 지상군
이 전투에 투입되었다. 주베트남 미국대사 맥스웰 테일러는 미군은 게
릴라전에 대비한 훈련이 제대로 안되어 있을 뿐만 아니라 미군이 투입
되면 사이공 정부는 모든 책임을 미국에 떠넘길 게 분명하다며 미군개
입에 반대했다. 존슨은 8월 주월 대사를 헨리 캐벗 로지로 교체했다. 그
에 앞서 현지 미군 관계자들은 남부해방군의 무력공세 앞에 사이공 정
부군의 무기력함을 보면서, 이대로 가면 사이공은 곧 괴멸될 것이라며
정부에 지상군 파견을 요청했고, 합동참모본부는 이를 받아들였다. 앞
에서 언급했듯이, 당시 17도선 남쪽에는 이미 북베트남 정규군 7천 명
이 있었으므로 양측이 직접적인 군사개입을 하면 경쟁적인 병력증강은
불을 보듯 뻔한 일이었다.

1965년 7월 존슨은 전쟁의 '미국화'를 결정하고, 웨스트모얼랜드의 5만 명 증원요청을 승인하는 동시에, 앞으로도 요청이 있으면 이를 받아들이겠다는 발표를 했다. 그 결과 1965년 말 베트남 주둔 미군의 수는 18만 4천 명 이상에 이르렀다. 응우옌 찌 타인도 마찬가지로 병력을 증가시켰다. 1966년까지 그의 휘하에는 11만 5천 명의 정규군이 있었는데, 절반은 남부해방군이었고 나머지 절반은 북베트남군이었다. 만일 여기에 게릴라군을 더한다면, 1966년 말 응우옌 찌 타인이 지휘하는 병력은 총 22만 5천 명에 달했다. 같은 해 미군 역시 35만 명으로 증가했고, 남베트남은 정부군이 31만 5천 명에다 거의 비슷한 수의 민병대가 있었다.

존슨 행정부는 베트남 파병에 대한 국내의 이해와 지지를 구하는 한편, 사이공 정부에 대한 국제적 지지를 끌어내기 위해 많은 노력을 기울였다. 그러나 1960년대 초까지 아시아와 아프리카의 탈식민지 운동으로 인해 유럽 국가들은 미국이 동남아시아에서 구상하는 반공연합에 비협조적이었다. 영국과 프랑스의 거부로 동남아시아조약기구의 참전조차도 이루어지지 않았다. 다만 아시아와 태평양 지역에 있는 국가들만이 공산주의에 대한 우려 때문에 미국의 요청을 받아들였다. 1965년 말까지 한국은 2만 여 명, 오스트레일리아와 뉴질랜드는 1,700명을 파병했고, 필리핀과 타이는 1966년과 1967년에 각각 수백 명을 파병했다. 타이완도 파병을 제안했으나 중국의 개입을 우려하여 받아들여지지 않았다.

우리나라의 경우는 미국의 요청에 응해서라기보다 박정희 정부가 자발적으로 파병했다. 파병계획이 처음 언급된 것은 1961년 1월 당시 최고회의의장 박정희가 워싱턴에서 케네디를 만났을 때였다. 그 이후 박정희 정부는 계속해서 베트남 문제에 관심을 갖고 기회 있을 때마다 파병을 언급했다. 그리하여 1965년 2월 하순에는 공병부대와 자체 경비 병력으로 구성된 비둘기부대 3천 명이 사이공 정부군을 지원하기 위해 남베트남에 파병되었다. 전투부대는 육군 2개 연대 규모의 맹호부대와 해병대 1개 여단 규모의 청룡부대로 편성되어, 청룡부대는 1965년 10월 9일 냐 짱에, 맹호부대는 그해 11월 20일 꾸이 년에 도착했다.

박정희 정부의 파병목적은 무엇보다도 한국의 경제발전에 있었다. 지지부진한 산업, 높은 실업률, 그리고 한국상품의 해외진출 등과 같은 어려운 문제를 베트남이라는 시장을 이용하여 해결하려 했던 것이다. 그뿐만이 아니고 베트남에 파견된 민간인 노동자와 군인의 봉급을 달러로 받음으로써 얻게 되는 재정적 혜택도 고려되었다. 베트남 전쟁은 확실히 우리의 경제발전에서 하나의 분수령이 된 것은 틀림없다. 이런 경제적 문제 외에 파병은 한국군의 근대화에 도움이 되었고, 동시에 박정희 정권의 독재권력 강화와도 관련이 있었다.

미군과 북베트남군의 첫 대규모 전투는 1965년 11월 캄보디아 국경 근처 중부고원의 야 장(Ya Drăng) 계곡에서 벌어졌다. 베트남에 도착한 지 얼마 안된 미군 공수부대가 북베트남군의 집결지를 파괴하기 위해 선제공격을 가했던 것이다. 이는 보 응우옌 지압의 디엔 비엔 푸 공격과 유사한 전략이었다. 이에 앞서 응우옌 찌 타인은 미지상군이 완전히 상륙하기 전에 남베트남 정부를 전복시키려고 6월 남부해방군의 주력부대를 투입하여 사이공 정부군과 전투를 벌이게 했으나, 사이공 정부군이 퍼붓는 포탄 때문에 성공하지 못했다. 사실상 북베트남측은 호찌민 통로를 통해 운반해오는 무기의 한계 때문에 이후에도 미군과 재래전을 하게 되면 불리한 면이 있었다.

야 장 전투에서는 양측 모두 적지 않은 사상자가 있었지만, 서로 자기의 승리를 주장했다. 그런데 미국 국방장관 로버트 맥나마라는 전투를 분석하면서 이 전쟁에서 정말 이길 수 있을까 하는 의구심을 갖기 시작했다. 그는 폭격으로는 북에서 남으로의 인적·물적 이동을 차단하기에 충분하지 않으며, '수색 섬멸'(search and destroy) 작전 역시 빠른 시간 내에 성공할 수 있을 정도로 북베트남군을 무력화시킬 수는 없다고 결론을 내렸다. 맥나마라는 협상 가능성을 타진해보기 위해 1966년 초 폭격을 잠시 중단해보자고 존슨을 설득했음에도 불구하고 폭격의 계속과 지속적인 미군 증파라는 기본적인 정책에는 변함이 없었다.

미국이 지상군을 투입하여 전투를 맡고 제3국들도 군대를 파견하고 있을 때, 남베트남 정부는 권력투쟁에 휘말리고 있었다. 1964년 판 후이 꽛 정권을 단명으로 끝내고 총리로 권력을 장악한 응우옌 까오 끼는 군대를 강화하기 위한 조치를 취했다. 그는 토지개혁이나 물가통제 등의 경제현안에도 관심을 가졌지만, 신문발행 금지 같은 억압도 병행했다. 그래서 응우옌 까오 끼 정권은 인기를 잃었다.

1966년 초 군부통치에 불만을 가진 후에의 불교인들이 총선거와 헌법제정 그리고 문민정부 재수립을 요구하고 나섰다. 로지 대사는 중간에 나서서 불교인들을 달래는 동시에, 응우옌 까오 끼에게는 불교 측의 요구를 수용하도록 권유했다. 그러나 이후 3개월 동안 사태는 더 악화되어 후에의 불교학생회까지 반정부시위에 참가했고, 다 낭의 노동자들 역시 총파업에 돌입했다. 여기에 더하여 남베트남민족해방전선도 시위에 적잖은 영향을 미쳤다. 사태는 군대를 동원하여 강제진압되었고, 일부 반정부시위자들은 산간지대로 도피하여 공산주의자들에게 가담했다. 군사정부는 시위 진압 후, 국회 자진해산과 총선거를 약속함으로써 정국은 어느 정도 안정이 되었다.

9월 총선거를 통해 성립된 국회는 당선자들의 지역적·종교적·정치적 성향 등의 차이로 잡음이 없지 않았지만, 그런대로 조율이 되어 1967년 3월 헌법 개정작업을 마무리지었다. 신헌법은 대통령에게 상당한 권한을 부여했고, 국회는 양원제가 되었으며, 사법부도 독립성이 보장되었다.

이후 대통령 선거에서는 응우옌 까오 끼와 응우옌 반 티에우 두 사람의 군부출신과 민간인 후보들이 출마했다. 응우옌 까오 끼는 몹시 대통령이 되고 싶어했으나, 그와 응우옌 반 티에우 두 사람이 서로 경쟁하다가는 자칫 선거에서 민간인 후보에게 질 수도 있기 때문에 군부는 군 서열에 따라 응우옌 반 티에우를 대통령, 응우옌 까오 끼를 부통령으로 하는 군 공천후보를 결정했다. 선거는 9월 초 미국과 국제감시위원들이 지켜보는 가운데 실시되었다. 군 공천후보인 두 사람이 당선되기는 했지만, 득표율은 고작 34.8%에 불과했다. 응우옌 반 티에우 정권은 이후 1975년 4월까지 지속되었다.

1966년과 1967년에 걸쳐 미국의 북폭 증가와 지상군 증강으로 전쟁은 확대되었지만 별 성과 없이 교착상태에 빠졌다. 1966년의 북폭은 북위 19도선 이북으로 확대되어 석유저장소와 교통망을 겨냥했고 1967년에는 폭격대상에 제철소와 발전소를 비롯하여 하노이와 하이 퐁의 외곽지대까지 포함되었다. 특히 호찌민 통로에 대한 폭격은 대단했지만 지상군의 작전이 뒤따르지 않아 별다른 효과는 거두지 못했다.

존슨은 군의 강력한 요청에도 불구하고 지상전은 남베트남 지역에만 한정시켰다. 그는 남부에서의 전투에 필요하다고 생각되는 만큼만 병력을 투입하고, 소기의 목적이 이루어지지 않으면 다시 병력을 증파하는 방법을 취했다. 그리하여 1965년 18만 명 정도였던 미군병력은 1966년에 36만 명으로 배가 되었고, 1967년 말에는 48만 명을 넘어섰다. 1968년에는 그 수가 최고조에 달해 54만 명이나 되었다. 제3국의 군대도 1966년 5만 2천 명 이상으로 증가하고, 이후 최고조에 달했을 때는 6만 9천 명 가까이 되었다. 그 가운데 가장 많은 수를 차지한 것은 한국군으로 1970년까지 연평균 4만 8,500명 정도의 병력이 베트남에 주둔했다. 남베트남 정부군의 수는 이 기간에 80만 명으로 증가했으나, 대체로 미군의 보조적인 역할을 했다고 보아도 무방하다.

그러나 베트남전쟁은 병력으로 이길 수 있는 전쟁이 아니었다. 사이공 정부와 군대는 무기력하기 짝이 없어 미군에 의해 겨우 유지되고 있는 형편이었다. 반면 하노이 정부는 미국의 압력에 조금도 위축되지 않았고 통일의 열망을 불태웠다. 북베트남에 대한 미군의 폭격에는 하노이 정부를 협상 테이블로 끌어내려는 의도가 담겨 있었지만, 오히려 하노이의 저항만 키웠다. 이미 철저히 통제되고 또 잘 조직되어 있던 북베트남 사회는 북폭을 계기로 더욱 단결했으며, 하노이 정부는 '국가방위'라는 구호로 인민을 어렵지 않게 동원할 수 있다.

'롤링 선더' 작전 초기에 호찌민은 소련이 평화협상을 하도록 제안을 하자 관심을 보였으나, 당시 마오쩌둥은 협상에 극력 반대했다. 저우언라이도 1965년 9월 2일 베이징 주재 베트남대사관의 독립기념식장에서 미국의 '평화회담은 속임수'일 뿐이라고 했다. 이후 중국의 태도는 1968년 말까지 변함이 없었다.

물론 하노이 정부는 때로 평화협상에 응하려는 것 같은 태도를 보였으나, 그것은 진정으로 평화를 위한 것은 아니었다. 오히려 전쟁연장을 위해서였다. 북베트남은 작고 저개발 국가로서 강대국인 미국에 대항하여 완전한 승리를 기대하기는 어려웠다. 하노이의 지도자들은 이를 잘 알고 있었으며, 따라서 군사력 증강을 위한 시간을 벌기 위해 잠정적인 휴전이 필요하다고 생각했을 뿐이다. 미국의 북폭을 잠시 멈추게 하기 위해 간간이 협상제안을 했던 것이다. 다른 한편 하노이 정부는 협상을, 국제적 지지를 얻음과 동시에 미국의 국론분열을 유인하는 수단으로 이용하곤 했다. 이런 연유로 북베트남 폭격으로 하노이 정부를 굴복시킬 수 없었던 것이다.

그렇다면 당시 일인당 국민소득이 50달러도 채 안되는 북베트남이 미국의 폭격에 무너지지 않고 버텨낼 수 있었던 이유는 무엇이었는가? 한 가지 중요한 이유는 베트남인의 전통적인 대외항쟁 정신에다 북베트남 사회가 철저히 통제되고 또 잘 조직되어 있었다는 점이다. 이런 상황에서 이루어진 북폭은 북베트남 정부가 '국가방위'라는 구호만으로도 인민대중을 동원할 수 있도록 도와주었다. 그 좋은 예가 호찌민공산청년단(Đoàn Thanh niên Cộng sản Hồ Chí Minh)이나 청년돌격대(Đội Thanh niên xung phong) 같은 단체들이다. 이들 단체의 구성원들은 고등학교 졸업을 즈음하여 각자의 능력에 따라, 소년들은 소년병으로 입대하거나 아니면 부상병이나 탄약 및 식량을 수송하든가 지뢰를 폭파하며 도로를 닦는 일을 하고, 소녀들은 간호사로 부상병 치료나 또는 직접 식량생산 등에 참여했다. 당시 이들 단체에 가입했던 사람들은 지금 돌이켜보면 공연한 희생이었다고 생각하기도 하지만, 그때는 모두들 그것을 너무나 당연한 일로 여겼다고 한다. 한편 근대산업사회와는 달리 북베트남은 여전히 농업 위주의 사회였기 때문에 북폭은 미국이 생각했던 만큼의 효과를 거두지 못했다.

여기에 더하여 소련과 중국에서 들어오는 군수물자와 생필품 원조는 하노이 정부에 큰 도움이 되었다. 1965년 미국이 전쟁을 확대하고 있을 때 소련에서는 흐루쇼프가 실각하고 새로운 지도부가 구성되었는데, 이 새 지도부는 베트남에서 미국의 확전을 비난하며 하노이 정부에 적극적 지지를 보냈다. 1965년 7월 북베트남과 중국 간의 합의에 의하면, 그해 후반에 중국은 소련과 동유럽 국가들이 보내오는 14만 8,500톤 상당의 원조물자를 수송해주기로 했는데, 원조물자 중 5만 5천 톤은 군수품이 었고, 나머지 7만 5천 톤은 생필품이었다. 그 외에도 소련은 직접 물자를 베트남에 보내기로 하고 1966년 7월 11만 톤 이상의 물자를 선적 중이거나 선적을 마친 상태였다.

중국은 하노이 정부의 최대 원조국이었다. 중국은 이미 1964년 말 향후 3년 동안 30만 명의 공병단을 북베트남에 파견하여 도로건설을 돕고, 대공(對空) 부대 요원도 파견하기로 약속했다. 그뿐만 아니라 중국

은 하노이 정부를 돕기 위해 자국의 경제발전 문제를 뒤로 미루기까지
할 정도였다. 1965년 5월 중국공산당 중앙정치국 회의에서 마오쩌둥과
저우언라이는 중국 자체의 공업계획예산에 대한 중앙정부의 대폭적인
삭감을 옹호했다. 베이징 정부는 북베트남이 식료품이라든가 여타 물자
의 부족으로 인해 압박을 받지 않도록 생필품 제공을 우선시했다. 물자
의 직접 공급 외에도 제당공장을 비롯하여 소규모 도정공장·제분소·두
부공장 등을 지어주었다. 무기는, 1965~1967년에 소총 50만 정, 대포
1만 1천 문, 탄환 400여만 발, 포탄 40만 발 등을 원조했다.

　하노이 정부는 중국인 기술자들과 노동자의 도움 덕분에 많은 병력
을 남으로 보낼 수 있었다. 하노이 정부의 병력수급은 징병제를 시행하
여 해결했다. 매년 20만 명이 징집 연령에 도달했고, 이들 중 상당수는
남파되었다. 미국 정보보고서에 의하면, 1968년 초 남부해방군과 하노
이 정규군 수는 30만으로, 여기에 비정규군까지 합치면 모두 60만 명
정도에 달했다. 한편 미군과 사이공 정부군의 수는 120만 명 가까이 되
었다. 그러나 사이공 정부군은 전투의지가 결여되어 있었고, 미군은 게
릴라군에 맞서기 위해서 사방으로 분산되어 있어서, 전투에 실제 투입
할 수 있는 병력은 그리 많지 않았다. 이런 상황에서 웨스트모얼랜드는
군대만 더 보내주면 전쟁을 승리로 이끌 수 있다고 미국정부와 미국국
민에게 장담했고, 미국정부도 그의 견해에 전적으로 동의했지만, 그것
은 환상일 뿐이었다. 그 환상은 1968년이 되면서 완전히 깨져버렸다.

뗏 공세와 그 영향

　1968년은 하노이 정부 측의 일명 '뗏 공세'로 시작되었는
데, 이 군사작전은 이후 베트남전쟁의 향방에 결정적인 영향을 미쳤다.
1968년 1월 말의 뗏 공세는 전쟁에서 이길 수 있다는 워싱턴의 환상을
여지없이 무너뜨렸다. 음력설을 의미하는 뗏(tết)은 우리의 설보다 훨씬

미군 헌병들이 미 대사관 구내에서 벽 뒤에 몸을 은폐하고 있다. 앞에는 이미 사망한 병사 두 명이 쓰러져 있다.
1968년 1월 뗏 공세 때 북베트남은 미 대사관 구내까지 공격해 들어갔다.

큰 명절이다. 전에는 뗏을 전후하여 2주일가량 휴전하는 것이 관례처럼
되어 있었다. '뗏 공세'는 이런 허(虛)를 찌른 것이었다.

미군 수뇌부는 무슨 일이 생길 수도 있다고 예상은 했지만, 이처럼 광
범위한 공격이 있으리라고는 생각하지 못했다. 바꿔 말하면 북베트남의
군사력을 과소평가하고 있었을 수도 있다.

노동당 지도부는 일련의 총공세를 통해 미군을 완전히 철수시키고
남베트남민족해방전선 주도하의 연립정부를 세우려고 했다. 그들은 도
시의 역할을 중시하고 필승전략을 도시에 집중시켰다. 도시에서는 진보
적 계급이 증가했고 사이공 정부의 권력이 약화되었으며, 1945년 8월
혁명이 도시를 중심으로 해서 성공했던 역사적 경험이 있었기 때문이
다. 사실상 1960년대 초부터 노동당 전략가들은 남부에서의 총공세에
심혈을 기울여왔으며, 1965-1967년에 이르면 도시의 역할이 결정적이
라는 생각을 굳혔다. 그들은 도시에서 총공세를 펼치면 설령 사이공 정
부가 붕괴되지 않더라도, 총공세에 뒤이은 시민들의 자발적인 봉기로

적이 약화되어 결국에는 승리할 수 있다고 믿었던 것이다.

뗏 공세에 앞서 1968년 1월 중순부터 북베트남군 2만여 명이 17도선 남쪽 22km 지점에 집결하여 라오스 국경 인근의 케 사인(Khe Sanh) 미군기지에 대대적인 공격을 가했다. 미군은 필사적으로 이를 막아냈다. 그러나 이 공격은 뗏 공세를 위한 일종의 위장공격이었다.

뗏 공세는 농촌 중심의 전략에서 벗어난 것으로, 이런 점에서 보면 1917년 러시아의 10월 혁명을 연상시킨다. 사실 1961년 4월에 작성된 남베트남민족해방전선의 문서는 순수한 촌락 중심 전략의 약점을 다음과 같이 설명하고 있다. "촌락에서의 혁명발전단계의 차이 때문에 우리와 적 사이의 세력균형은 지역에 따라 다르다. 그 결과 농민들은 모든 곳에서 동시에 봉기하지 않는다."

존슨이 북베트남이 남베트남을 인정하게 만들지 못해 실망감을 느꼈다면, 레 주언 역시 남베트남 정부를 생각대로 무너뜨리지 못해 좌절감에 빠졌다. 그러나 양측 모두 협상할 생각은 없었다. 특히 북베트남 측의 레 주언·레 득 토·응우옌 찌 타인은 전투에서 별다른 진전이 없자 대규모 공세를 취하면 남부인민들이 봉기를 일으켜 응우옌 반 티에우 정권의 붕괴를 가져올 수 있다고 주장했다. 그렇지만 당시 중국은 장기적인 게릴라전을 원했고, 소련 역시 협상을 통한 평화적 해결을 선호하는 편이었다. 1967년 7월 응우옌 찌 타인이 사망하면서 레 주언의 군부에 대한 통제가 불확실해지고, 게릴라전을 옹호하는 보 응우옌 지압의 영향력이 강해졌다. 레 주언은 그 타개책으로 게릴라전을 주장하는 사람들을 요직에서 제거했다. 그뿐만 아니라 보 응우옌 지압의 측근들조차 몇몇은 가택연금을 당했다. 마침내 1967년 12월 노동당 정치국은 뗏 공세의 최종계획안을 승인했다.

1968년 1월 30일 남부해방군과 하노이 정규군 약 8만 명은 사이공 정부와 미군의 세력기반이었던 남베트남의 100개 이상에 달하는 모든 도시를 공격대상으로 삼았다. 사이공에서는 심지어 미국대사관 구내까지 침투하여 건물을 점거하려다 미군의 반격을 받고 24시간 뒤에 물러났다. 남부해방군이 가장 오래 점령했던 도시는 중부의 후에(Hué)로, 미군은 격렬한 시가전 끝에 거의 25일 만에 이를 되찾았다. 공산주의자들은 이곳 전투에서만 5천 명의 인명손실을 입었는데, 이들 대부분은 남부해방군이었다. 미군과 사이공 정부군은 500명 정도가 전사했다. 민간인 사망자와 실종자는 4,800명에 달하며, 10만여 난민이 발생했다. 뗏 공세 중 공산주의자들의 총 사망자는 4만여 명으로 추산되고 있다.

뗏 공세는 북베트남에게도 희생이 컸다. 막대한 병력 상실은 쉽사리 회복되기 어려울 정도였다는 점에서 하노이 정규군과 남부해방군의 패배였다. 뿐만 아니라 그들이 주장하고 또 기대했던 시민들의 대규모적인 호응도 이끌어내지 못해 이념적으로도 패배한 셈이었다. 그러나 미군이 비록 전술적인 승리를 얻었다고는 하지만, 미국은 정치적으로 큰 타격을 입었다. 전쟁에서 곧 이길 것이라는 이야기를 들어온 미국인들은 존슨 행정부에 완전히 등을 돌렸고, 베트남 정책에 대한 비난이 빗발쳤다. 언론의 비판은 혹독했고, 반전시위가 미국의 거리를 휩쓸었으며, 의회 역시 베트남전 지지를 철회하는 쪽으로 기울었다.

특히 존슨의 가까운 친구이자 맥나마라를 대체한 신임 국방장관 클라크 클리퍼드는 보고서에서, 미국이 감당할 수 있을 정도의 병력과 비용으로는 완전한 승리를 달성할 수 없다고 했다. 미국은 이미 연간 약 300억 달러를 베트남전에 쏟아부었으며, 더군다나 국내물가가 상승하고 대외적으로는 달러 약세를 가져온 것도 문제점이라고 지적하면서, 이대로 전쟁을 계속하면 미국경제에 과도한 부담을 줄 수 있다고 경고했다.

상황이 이렇게 되자 존슨은 기존의 베트남 정책을 재검토하고 전쟁을 축소하는 방향으로 전환하지 않을 수 없었다. 3월 31일 그는 북폭을 즉각 휴전선 바로 북쪽까지로 제한함과 동시에 때와 장소를 불문하고 평화협상에 응할 것임을 밝혔다. 아울러 차기 대통령 선거에 출마하지 않겠다는 성명도 발표했다. 존슨의 선언은 흔히 미국의 베트남 참전에서 주요 전환점으로 평가되고 있다. 그 선언에는 미군의 점진적인 철수와 전쟁의 베트남화가 암시되어 있었기 때문이다.

하노이 정부는 즉각 거부의사를 표했으나, 곧이어 일단은 미군의 공습을 중단시키기 위해 북폭을 완전히 중단한다는 조건으로 평화회담에 응하여 1968년 5월 13일 파리에서 예비접촉이 이루어졌다. 하노이 정부는 원래 프놈펜이나 바르샤바를 제안했으나 존슨은 미국에 불리하다는 이유로 거절하여 파리로 결정되었다.

미국과의 협상을 둘러싼 논쟁은 또한 하노이 측에 대한 중소간의 영향력 문제와 관련되어 있었다. 국제 외교무대에서 소련은 강한 반면, 중국은 아직 고립상태를 벗어나지 못해 하노이 정부에 별다른 도움이 되지 못했다. 따라서 하노이 정부가 국제외교에서 자신의 목적을 달성하려고 하면 중국보다는 소련 쪽으로 기울어질 수밖에 없었다. 사실 소련은 1964년부터 계속해서 평화회담 이야기를 꺼내왔다.

그렇지만 당시 하노이 정부는 소련의 제안을 받아들이지 않고 중국과 긴밀히 논의했다. 일설에 의하면, 호찌민은 과거 프랑스와 싸울 때처럼 미국과의 전쟁에서도 기나긴 고난 끝에 결국에는 승리할 수 있다고 주장했다는 것이다. 레 주언만은 소련의 중재로 미국과 회담을 하여 남베트남 문제를 해결하자는 쪽으로 기울었다고 한다. 이에 대해 호찌민은 회담을 하게 되면 남북분단이 고착되어 남부는 미국이 통치하게 된다고 주장하여 레 주언의 의견은 받아들여지지 않았다는 것이다.

1968년 3월 존슨의 평화협상 제안에 4월 3일 레 주언은 호찌민이나 중국과도 상의하지 않고 단독으로 이를 받아들여 대표단을 파견하겠다는 성명을 발표했다. 하노이 정부가 순순히 협상을 수용하자 존슨 행정부는 예상치 못한 일이라 놀라지 않을 수 없었다. 그도 그럴 것이 하노이의 전략은 '싸우며 협상한다'(đánh vẫn đàm), 즉 군사적·외교적 전략을 병행하여 상대 진영 내부의 모순을 극대화시키는 것이었기 때문이다. 그래서 미국은 지금까지 북베트남이 미국 내 반전운동을 부추기고, 미국과 사이공 정부의 갈등을 조장한다고 믿어왔는데, 선뜻 협상 테이블에 나온다고 하자 그 저의가 의심스러웠던 것이다.

북베트남이 회담에 응하기로 한 것은 레 주언의 결정이었다. 당시 베이징에서 요양 중이던 호찌민도 평화회담 성명발표를 저우언라이로부터 전해듣고야 알았다고 한다. 그리고 그 이듬해, 그러니까 호찌민 본인이 베트남 재통일의 의지를 천명했던 날(1945년 9월 2일)로부터 정확히 24년째 되는 날(1969년 9월 2일) 호찌민은 세상을 떠났다. 이 날은 원래 독립기념일이었기 때문에 하노이 정부는 경축행사를 예정대로 진행하기 위해 사망발표를 하루 늦추고 사망일도 9월 3일이라고 알렸다. 하지만 다시 9월 2일로 정정했다.

앞서 언급한 바와 같이 하노이와 미국 대표단은 5월 13일 파리에서 공식적으로 만났다. 그러나 회담은 처음부터 난항을 겪었다. 하노이 정부는 군사적으로 불리한 상황에 있었기에 회담에 별로 관심을 갖지 않았다. 그들은 파리회담을 북폭 중단, 미국과 사이공 정부 간의 의견 대립, 그리고 미국 내 반전여론의 강화수단으로만 보고 있었다. 실제로 북베트남 대표는 북폭과 그 외의 모든 전쟁행위를 무조건 중단해야만 미국과 대화하겠다는 뜻을 분명히 했다. 존슨 행정부는 폭격을 중단할 용의가 있었지만, 전과 마찬가지로 전쟁의 상호 축소를 주장했다. 하노이 측은 전쟁 축소를 거듭 반대했기 때문에 회담은 5개월 동안 질질 끌 뿐 별다른 성과가 없었다. 회담에 별 진전이 없었던 것은 미국의 책임도 있었다. 미 행정부 내에서는 북베트남에 대한 강경론과 온건론이 대립하면서 좀처럼 타협이 이루어지지 않았다. 그래서 한 미국외교관은, "우리의 가장 어려운 협상은 워싱턴과의 문제였지 하노이가 아니었다"고 탄식할 정도였다.

전혀 진척이 없던 회담은 존슨이 10월 말 북폭 중단을 발표함으로써 새로운 국면을 맞게 되었다. 존슨은 11월 대통령선거를 앞두고 공화당 후보 리처드 닉슨에 뒤지고 있는 민주당 후보 허버트 험프리를 위해 과감한 평화적 조치를 취하라는 민주당 지지자들의 압력을 받았다. 여기에다 미국 측 파리회담 대표가 남베트남에서의 군사적 소강상태는 북베트남이 회담에 상당한 관심을 가진 증거라고 한 설득도 주효했다.

미국대표는 회담을 재개하기 위해 미국은 일방적으로 북폭을 중단하겠다는 뜻을 전했고, 이에 하노이 측도 무조건적인 북폭 중지를 더 이상 요구하지 않고, 북폭이 중단되면 사흘 내에 회담을 시작한다는 데 동의했다. 그러나 문제가 또 생겼다. 하노이 정부와 남베트남공화국임시혁명정부*는 응우옌 반 티에우를 수반으로 하는 사이공 정부를 인정할 수 없다고 했고, 응우옌 반 티에우 역시 남베트남공화국임시혁명정부의 합법성을 받아들일 수 없다고 맞섰다. 미국대표가 '우리측'과 '상대측'이란 묘안을 내, 남베트남공화국임시혁명정부는 하노이 측에 속하고 사이공 정부는 미국 측에 합류하는 방식이 채택되었다. 이리하여 사이공 정부와 남베트남공화국임시혁명정부는 서로를 인정하지 않으면서 회담에 참석할 수 있었다.

문제는 여기서 끝나지 않고, 다시 회담 테이블의 모양을 정사각형으로 할 것인가 아니면 직사각형으로 할 것인가 하는 논쟁이 일어나 거의 3개월을 끌었다. 마침내 타협이 이루어져 원형 테이블을 가운데 두고 직사각형 테이블을 양쪽에 놓기로 하고, 1969년 1월 18일 마침내 회의가 열렸다. 회의에서는 매주 한 차례씩 정례회담을 갖기로 했으나, 하노

---

* 베트남노동당의 주도로. 1969년 6월 8일 민족민주평화세력동맹과 남베트남민족해방전선 등이 주축이 되어 수립된 남베트남 지방정부.

이 측이 미군의 군사공격을 구실로 거절했기 때문에, 실질적 만남은 거의 2년 뒤인 1970년 11월 19일에야 겨우 이루어졌다.

이렇게 보면 1968년 미국과 북베트남 간의 예비회담은 형식만 가지고 논의했을 뿐, 아무런 성과도 없이 시간만 보냈다. 결국 1968년은 '협상보다는 싸우는' 한 해가 되고 말았다. 양측이 회담에서 상대보다 유리한 위치를 점하려고 격렬한 전투를 벌였기 때문이다. 전투가 얼마나 치열했는지는 3월 말 이후 8주 동안에만 미국 측은 3,700명, 북베트남 측은 4만 3천 명의 전사자가 나왔다는 사실만 보더라도 충분히 짐작할 수 있다.

닉슨 정부와 파리 평화회담

미국의 1968년 11월 대통령선거에서 공화당 후보 리처드 닉슨이 대통령에 당선됨으로써, 새 행정부는 미국의 베트남 정책을 당연히 재평가해야 했다. 1969년 닉슨의 국가안보담당 보좌관 헨리 키신저는, "우리는 전과 똑같은 잘못을 저지르지는 않을 것이다. 우리 스스로 결정하려 한다"고 말했다.

닉슨의 생각은 이 인기 없는 전쟁을 끝내고 패배의 인상을 주지 않으면서 미군을 서서히 베트남에서 철수시켜 미국의 국제적 위신을 지키는 것이었다. 미군 철수로 생기는 공백은 사이공 정부군의 군비증강으로 대체하려는 계획을 세웠다. 그러기 위해서 그는 오히려 하노이 측에 군사적 압력을 가해 하노이 정부가 서둘러 협상 테이블로 나오게 만들려 했다. 동시에 소련과 중국에 북베트남에 대한 군사원조 중단을 요청하면서 만일 그렇게 되면 미군 철수를 서두르겠다는 뜻도 내비쳤다. 그러나 닉슨은 어디까지나 명예로운 철수를 원했다. 그렇지 않으면 미국은 강대국으로서의 권위를 상실하고 적에게는 도리어 용기를 불어넣어줄 것이라고 믿었다.

파리평화회담에서 키신저와 레 득 토가 인사하고 있다.

닉슨의 파리회담에 대한 입장은 전임자와 다름이 없었다. 북베트남 정부는 남베트남 정부를 독립적 주권국가로 인정하며, 남베트남에서 내란행위를 하는 남베트남민족해방전선에 대한 지원을 중단하는 동시에 북베트남군이 북으로 철수하라는 것이었다.

노동당 정치국은 파리회담이 지지부진하자 협상대표로 레 득 토를 보냈다. 그는 미군철수와 북폭 중지를 요구하고, 응우옌 반 티에우 정권과의 협상은 거부했다. 사실 남베트남에는 새로운 남베트남 정부를 원하는 비공산주의 계열 반정부세력이 민족민주평화세력동맹이라는 단체를 결성하고 있었는데, 이미 언급했듯이 노동당은 대미(對美) 협상력 강화를 위해 1969년 6월에 이 단체와 남베트남민족해방전선 등이 주축이 된 남베트남공화국임시혁명정부를 세웠다. 이처럼 하노이 정부는 미국과 협상하면서, 또 한편으로는 남베트남공화국임시혁명정부를 내세워 기존의 베트남공화국 정부를 대체하려 했다.

북베트남이 남부에서의 세력 강화에 노력하고 있을 때인 1969년 6월 8일 닉슨은 남베트남 대통령 응우옌 반 티에우를 태평양의 미드웨이 섬에서 만나 미군 2만 5천 명을 즉각 철수시킬 계획임을 밝혔다. 이 철수는 전쟁을 베트남화하는 시발점으로 주월 미군의 감축과 더불어 사이공 정부군은 더욱 확대되고 더 많은 임무를 부여받게 되었다. 미군철수라는 면만 고려하면 전쟁의 베트남화는 성공적이었다고 할 수 있다. 1968년 말 54만 명이던 주월 미군 병력은 1969년 48만 명, 1970년 28만 명, 1971년 14만 명, 1972년 2만 4천 명까지 대폭 감소했다. 문제는 사이공 정부가 외부의 도움 없이 스스로를 지킬 수 있는가 하는 점이었다. 사실 사이공 정부군의 확대와 군비증강이 하루아침에 이루어질 수 있는 일은 아니었다. 닉슨 행정부의 고민은 여기에 있었다.

1969년 3월 닉슨은 캄보디아에 있는 하노이 측의 병력과 물자 보급로 및 탄약고 등에 대한 폭격을 단행하여 이후 14개월 동안 계속했다. 이 기간에 B-52 폭격기가 3,600회 출격했고 투하된 폭탄은 10만 톤에 달했다. 이 작전은 비밀리에 진행되었지만, 하노이 측도 1954년 제네바 협정을 위반하고 자신들의 병력을 캄보디아에 주둔시켰기 때문에 공식적인 비난은 하지 않았다. 1970년 3월 중립적이던 캄보디아의 시아누크 국왕이 해외여행 도중 쿠데타에 의해 추방되고, 친미적인 론 놀(Lon Nol)이 정권을 잡았다. 론 놀은 캄보디아에 있는 베트남 공산주의자들의 '성역'(聖域)을 파괴하도록 사이공 정부에 요청했다. 이에 응해 사이공 정부군과 미군이 국경을 넘어 캄보디아로 진격해 들어갔고, 베트남 공산주의자들은 사령부와 보급기지를 철수해야만 했다. 그러나 미국의 회는 이후 미 지상군이 캄보디아와 라오스에 진격하는 것을 반대하는 법안을 통과시켰다.

캄보디아 침입은 미국 측에 일시적인 성공을 가져다주었다. 하노이 정부가 캄보디아에 주둔해 있는 군대문제에 잠시 관심을 돌리고 있는 사이 미국과 사이공 정부는 전쟁의 베트남화에 필요한 시간을 벌 수 있었다. 1971년 초에는 100만 명까지 늘어난 사이공 정부군은 기본적인 군사장비를 갖추게 되면서 뗏 공세 이후 쇠약해진 남부해방군에 공세적인 모습을 보이기 시작했다. 그러나 1월 말 미군사령부의 승인하에 시작되어 한 달 반 동안 계속된 응우옌 반 티에우의 야심찬 '람 선 719작전'(Operation Lam Sơn 719)이 참담한 실패로 끝나자, 전쟁의 베트남화에 달린 물음표는 그대로 남았다. 론 놀 정권이 권력을 잡은 이후 시아누크빌 항구를 이용할 수 없게 된 북베트남은 물자보급을 라오스 남부를 통과하는 노선에 더욱 의존해야 했는데, 람 선 719작전의 목적은 바로 라오스를 경유하는 보급로의 주요 거점을 파괴하는 것이었다.

1972년 벽두에 닉슨은 그해 말에 있을 차기 대통령선거를 의식하여, 1월에 주월 미군 7만 명을 5월 1일까지 추가로 철수하여 6만 5천 명까지 감축하겠다고 발표했다. 그와 동시에 그는 파리 회담에 관심을 기울였다. 1968년 파리 예비회담이 실패한 후, 1970년 2월부터 키신저와 하노이 정부의 레 득 토는 비밀리에 접촉을 계속해왔다. 그러나 양측의 견해차이가 너무 커서 별다른 성과를 거두지 못했다. 하노이 측은 남베트남에서 모든 외국군의 철수(하노이 측은 베트남을 하나로 생각하여 이 경우 하노이 정부군은 제외) 및 남베트남민족해방전선을 비롯한 남베트남공화국임시혁명정부의 인정을 강력히 요구했다. 반면에 미국의 주장은 사이공 정부군을 제외한 모든 군대(미군과 북베트남 정부군)의 철수와 남베트남 문제에 대한 북베트남 정부의 직·간접적인 개입 중단 및 독립된 국가로서 남베트남의 총선거를 실시하자는 것이었다.

다른 한편 닉슨은 국제적인 면에서 악화일로에 있는 중소분쟁을 이용하여, 그들에게 북베트남을 지지하는 것보다는 미국과의 관계를 강화하는 편이 더 이익이라는 것을 역설했다. 미국의 북폭 중단과 지상군 감소에 따라 중국은 군대를 철수하기 시작했다. 이것을 보면 중국은 미국이 위협적인 존재일 정도로 남베트남에 군대를 주둔시키고 있는 한에서는 북베트남을 지원하지만, 중국 남쪽 국경에 들어설 통일된 베트남은 반기지 않는다는 것이 분명해졌다. 반면에 소련은 중소분쟁에서 잠재적인 동맹국을 끌어들이려고 북베트남이 남부를 점령하는 데 필요로 하는 모든 것을 지원해주었다. 그러면서도 중국을 고립시키기 위해 대미관계를 강화하려 했다. 결국 닉슨은 전략적으로 양자를 경쟁시켜 이득을 보았다. 그가 1972년 2월 중국을, 5월에는 소련을 방문한 것도 이러한 전략의 일환이었다. 레 주언은 국제적 상황이 북베트남의 존재감을 위협할 정도로 안 좋은 방향으로 가고 있음을 깨닫고, 빠른 시일 내에 무력으로 승리를 쟁취해야 한다는 결정을 내렸다.

사이공 정부의 안정도 레 주언이 군사행동을 서두르게 한 또 하나의 요인이었다. 응우옌 반 티에우는 유능한 지도자는 아니었지만, 비교적 부패하지도 않고 권력욕이 과하지도 않았던 것 같다. 그는 행정부의 수반으로서, 헌법상 자기가 통제할 수 없는 입법부와 사법부의 반대는 어느 정도 묵인했고, 언론도 비교적 자유를 누리게 했다. 응우옌 반 티에우가 이렇게 한 데에는 미국의 헌법적 관행을 조언한 미국대사의 영향이 컸다고 한다. 그리하여 1967년 그가 대통령이 된 이후 치러진 두세 번의 상하원 선거는 별다른 큰 잡음이 없었다.

그러나 응우옌 반 티에우 치하에서 무엇보다 중요한 것은 토지개혁의 성공이었다. 결과를 보면 응오 딘 지엠 정권 때보다 2.5배 많은 토지를 재분배했다. 다시 말해서 대토지소유자의 땅 85%가 소작인에게 재분배되었다. 지주들에게는 적절한 보상을 해주었고, 소작농은 무상으로 토지를 분배받았다. 세금도 비교적 가벼운 편이었다.

1972년 3월 말 북베트남 정부는 이른바 '부활절 공세'를 감행하여 12만 명의 하노이 정부군이 소련제 탱크와 대포의 지원을 받으며 휴전선을 넘었다. 예상치 못한 공격 앞에 사이공 정부군과 미군은 일순 당황했고 하노이 정부군은 상당한 성공을 거두었다. 흥미로운 사실은, 중국 언론이 부활절 공세에 대한 뉴스를 즉각 보도하지 않고, 더욱이 그 내용도 주요 기사로 다루지 않았다는 점이다. 이는 아마도 중국이 닉슨과의 협상 후 미군이 베트남에서 철수하겠다고 함에 따라 베트남 문제에 대해 전처럼 민감하지 않게 되었기 때문일 것이다.

미군은 곧 공습으로 응수했다. 하노이군의 전진을 저지하는 동시에, 4월 16일 닉슨은 공식적으로 북폭 재개를 지시하고, 5월 8일에는 다시 수뢰를 설치하여 하이 퐁 항구를 봉쇄하도록 했다. 하노이 측은 당시 미국이 주월 미군 6만 5천 명 때문에 이렇게까지 강경하게 나오리라고는 예상하지 못했던 것 같다. 중국은 4월 미국의 북폭에 대하여 관행적으로 해오던 북베트남에 대한 지지성명도 내지 않고 있다가, 5월에야 미국의 공세에 형식적인 비난을 했다. 소련 역시 5월 닉슨의 모스크바 방문 때 항의하기는 했지만 지극히 형식적이었고, 오히려 고위급 외교관을 하노이에 보내 미국과의 화해를 권유했다.

부활절 공세는 하노이 측에 상당한 피해를 입혔다. 이러한 상황에서 7월에 마오쩌둥은 내방한 남베트남공화국임시혁명정부의 외무장관 응우옌 티 빈(Nguyễn Thị Bình)에게 미국과의 접촉에서 정치문제와 군사문제를 분리하여 다루기를 제안하면서, 응우옌 반 티에우 제거를 전제조건으로 내세우지 않도록 설득하고, 같은 달 저우언라이 역시 레 득 토를 만나 응우옌 반 티에우 정부와의 대화를 권했다. 게다가 닉슨의 재선이 확실시됨에 따라, 하노이 정부는 마침내 1972년 7월 파리회담 재개에 응하고, 오랜 논란 끝에 10월 8일 레 득 토는 처음으로 휴전 후 응우옌 반 티에우 정부의 존속을 인정한다고 말했다. 이에 화답하여 키신저는 북베트남군의 주둔과 남베트남공화국임시혁명정부를 인정하고, 휴전 후 60일 이내에 미군이 완전히 철수한다는 데 동의함으로써, 10월 21일에는 협상초안이 거의 마무리단계에 들어갔다. 그러나 이번에는 응우옌 반 티에우가 회담내용에 반발했다. 그럼에도 불구하고 10월 31일 키신저는 "평화는 가까이에 있다"고 공언할 만큼 확신에 차 있었다. 닉슨은 응우옌 반 티에우를 달래기 위해 11월 세계 제4위의 공군력이 될 정도인 수백 대의 전투기를 포함하여 대량의 무기를 사이공 정부에 넘겨주고, 또 휴전 후 재건을 위해 상당한 정도의 원조를 약속했다.

그러자 하노이 측이 미국의 응우옌 반 티에우 정부에 대한 태도에 불만을 보이며 11월 재개된 협상은 결렬되고 말았다. 같은 달 중국은 북베트남에게 협정체결을 위해 하노이군의 철수를 요구하고, 12월에는 주월 중국대사를 통해 북폭 재개를 검토하고 있다는 키신저의 말을 전하기도 했다.

닉슨은 다시 '크리스마스 폭격'을 재개하여 하노이 측을 회담장으로 끌어내는 데 성공했다. 이와 관련하여 12월 31일 저우언라이는 북베트남국회 상무위원회 주석 쯔엉 찐에게 닉슨은 정말로 미군철수를 원하고 있으니 이번에야 말로 성의껏 평화회담에 임해 성공해야 한다고 충고한 것은 주목할 만하다. 1973년 1월 23일 마침내 키신저와 레 득 토는 협정에 잠정합의하고, 1월 27일 미국과 하노이 정부가 평화조약에 서명했다. 이어 사이공 정부의 응우옌 반 티에우와 남베트남공화국임시혁명정부의 응우옌 티 빈 여사도 각각 조약에 서명함으로써 파리협상은 마침내 최종 타결되었다. 조약내용은 기본적으로 전년도 10월의 협상안과 거의 같았다. 요점은 미국과 여타 모든 나라들은 1954년 제네바협정에 따라 베트남의 독립과 주권 및 영토의 통일을 인정한다는 것이었다. 통일과 관련하여 제15조는 "베트남의 통일은 남북베트남 간의 협의와 합의에 기초하며 어느 당사자에 의한 강제 또는 합병, 혹은 외부로부터의 간섭 없이 평화적 수단을 통해 단계적으로 실현한다"고 했다.

이 협정으로 가장 이득을 본 것은 하노이 정부라고 할 수 있다. 무엇보다도 남베트남공화국임시혁명정부가 인정되었고, 남부해방군은 그들이 지배하고 있던 지역을 그대로 유지할 수 있었다. 당연히 가장 불만이었던 것은 사이공 정부였다. 협정에 따라 사이공 정부의 동맹군들은 곧 철수를 했다. 미군은 1973년 3월 말까지 전원 베트남을 떠났다. 한국군은 1971년 11월 초 1단계 철수를 발표하고 1972년 4월 중순까지 주력부대 일부가 철수한 후, 미국과 사이공 정부의 반대로 일정이 연기되다가, 1973년 1월 말 베트남평화협정이 체결된 이후 철수를 시작해서 3월 23일에 공식 완료되었다.

하나의 베트남

제네바협정이 그랬듯이 파리평화협정도 전쟁의 끝이 아니라 또 다른 시작을 알리는 전주곡에 지나지 않았다. 파리협정은 전쟁을 끝낸 것이 아니라 단순히 봉합에 불과했다. 미국은 전쟁의 수렁에서 하루속히 발을 빼고 싶었을 뿐이다. 반면 북베트남이 남부통합에 대한 욕망을 포기하지 않고 있다는 것은 명약관화했다.

파리협정의 준수를 감시하기 위해 캐나다·헝가리·인도네시아·폴란드의 정부대표들로 구성된 국제감시위원단이 파견되었다. 그러나 이 위원단이 어느 정도 임무를 수행할 수 있을지는 처음부터 의문이었다. 문제는 파리협정이 경쟁자들간의 경계를 확정짓지 않고 단순히 휴전시의 전투상황만으로 세력권을 인정한 데 있었다.

1973년 사이공 정부군은 휴전 직전에 잃었던 촌락의 상당수를 되찾았다. 이런 성공 이면에는 남부해방군이 사이공 정부군을 몇몇 지역에 집중시키지 않고 각지로 분산시켜 공격력을 약화시키려는 전략이 숨어 있었다. 하노이 정부도 남부에서의 세력을 강화하기 위해 전력을 기울였다. 소련의 지원 아래 북베트남에서 중부고원을 거쳐 사이공 근처까지 호찌민 통로를 재건하여 남베트남으로 인력과 물자를 수송했다. 그리하여 사이공 정부를 공격할 만반의 준비를 갖출 수 있었다.

1973년 3월 말 레 주언과 보 응우옌 지압의 주도로 노동당 정치국은 전쟁을 재개하기로 하고, 다시 내부토론을 거친 후 1973년 7월 파리협정 이후 응우옌 반 티에우 정권의 전쟁 도발을 규탄하면서 혁명전쟁을 계속하겠다고 공식 천명했다. 보 응우옌 지압조차 전과 달리 재래식 전쟁으로 남베트남을 붕괴시킨다는 레 주언의 주장에 이의를 제기하기는 커녕 오히려 동조했다. 이듬해 4월 정치국과 중앙군사위원회는 확전(擴戰)을 불사하고 적이 공격하면 반격할 뿐만 아니라 적극적으로 공세를 취한다는 방침을 결정했다.

이 무렵 대내외 정세는 사이공 정부에 불리하게 전개되었다. 동맹군의 철수 후 남베트남 사회는 남부해방군과 북베트남 군대의 공격을 사이공 정부군이 막아낼 수 없으리라는 불안감에 휩싸이기 시작했다. 뿐만 아니라 미군과 동맹군의 소비활동에 적지 않게 의존했던 도시 소시민들은 이들의 철수로 경제적 타격을 입었다. 이보다 더 심각한 문제는 파리협상이 체결된 지 채 일 년도 안되어 '오일 쇼크'와 미국의 점진적 원조 축소로 경제적·군사적 어려움을 겪게 되었다는 점이다.

1973년 11월 미국 의회는 미군 해외파병에 대한 대통령의 권한을 대폭 축소하는 법안을 통과시켜, 미국의 재개입은 사실상 불가능해졌다. 설상가상으로 닉슨이 워터게이트 사건으로 1974년 8월 대통령직을 사임하게 되었다. 그 와중에 사이공 정부군이 석유·예비부품·탄약 등 군수물자의 부족을 겪으면서, 이제 군사적 균형상태는 북베트남에 유리한 쪽으로 변해갔다. 여기에다 대다수 시민들이 경제적 곤란을 겪음으로써, 1974년 가을 사이공 거리에서는 연일 시위가 벌어졌다. 응우옌 반 티에우의 정치적 지위는 미국의 원조에 의지하고 있었는데, 그것이 끊겼으니 더 이상 의지할 데가 없었다. 결국 사이공 정부는 공산주의의 위협 앞에서 마비상태에 빠지고 말았다.

하노이 정부는 미국의 개입이 불가능함을 확인하자, 1975년 1월 사이공 정부군에 대한 전면전을 결정했다. 닉슨의 뒤를 이은 제럴드 포드 대통령은 의회에 남베트남과 캄보디아에 대한 추가 원조를 요청했지만

의회의 강한 반대에 부딪쳤
다. 그 사이 사이공 정부 내에
서는 반(反) 티에우 세력이
점점 늘어났다. 이를 파악한
하노이 정부의 인민군 사령관
반 띠엔 중(Văn Tiến Dũng)은
3월 초 중부고원의 최대 도시
부온 마 투옷(Buôn Ma Thuột,
402쪽 지도 참조)에 대한 대대

1975년 4월 29일, 미국인 공관원 전원과 사이공 정부에 동조
하던 베트남인들이 헬리콥터를 타고 사이공을 떠났다.

적인 공격을 감행했다. 하노이 정부 지도자들도 놀랐을 정도로 사이공
정부군이 순식간에 맥없이 무너져버렸다. 이는 현지 사령관의 정보부족
과 부대 상호간의 협력부재 및 병사들의 사기저하 때문이었다. 부온 마
투옷의 함락과 이후 중부고원의 포기는 사이공 정부에게는 치명적이었
다. 전략적으로 중요한 산악지대를 빼앗기자 해안지역 도시들도 줄줄이
적에게 넘어갈 수밖에 없었다. 3월 19일에는 꽝 찌 시(市)가, 25일에는
후에가 북베트남군의 수중에 들어갔다. 3월 29일 남베트남 제2의 도시
다 낭은 후퇴하는 사이공 정부군과 피난민이 뒤섞여 대혼란에 빠졌고,
그 와중에 북베트남 인민군은 별 다른 저항도 받지 않은 채 다 낭을 점
령했다.

사이공 정부군이 맥없이 무너지는 것을 본 노동당 정치국은 3월
25일에 전략을 바꾸어 5월 중순 우기가 시작되기 전, 늦어도 상징적인
날짜인 5월 19일(호찌민 탄생일)까지 사이공을 점령하기로 결정했다.
이리하여 4월부터 사이공 점령을 위한 하노이 정부의 마지막이자 최대
규모의 공격인 '호찌민 작전' 일명 '1975년 춘계총공세'가 개시되었다.
이에 사이공은 아비규환 상태에 빠졌고 미군 비행기는 사이공 정부의
주요 관리와 가족들을 철수시키기 시작했다. 응우옌 반 티에우는 4월

21일 대통령직을 사임하고 부통령 쩐 반 흐엉(Trần Văn Hương)에게 대통령직을 물려주었다. 그는 최후의 라디오 연설에서, "나는 사임하지만, [조국을] 버리지 않는다"고 말했다. 그러나 그는 닷새 후 수송기를 타고 타이완으로 도망쳤다. 쩐 반 흐엉은 곧 북베트남과 협상을 시도했으나 실패하자 4월 26일 다시 온건파인 즈엉 반 민에게 대통령직을 위임했다. 즈엉 반 민 역시 협상을 시도했지만 거절당했다. 4월 30일 마침내 사이공마저 하노이군에게 함락되고 대통령 집무실인 독립궁(獨立宮) 꼭대기층 발코니에는 북베트남을 상징하는 금성홍기(金星紅旗)가 게양되었다. 역으로 이날은 사이공 정부 최후의 날로 이후 베트남공화국은 지구상에서 사라졌다. 베트남 역사가들은 이를 일컬어 '1975년 봄의 대승'(Đại thắng mùa Xuân 1975)으로 부르면서, '베트남 역사상 가장 혁혁하며 가장 빛나는 전승(戰勝)'이라고 평가한다.

하지만 전쟁의 대가는 이루 말로 표현할 수 없을 정도로 참혹했다. 인명 피해만 해도 사이공 정부군의 경우 전사자가 11만 명 이상에다가 부상자가 49만 9천여 명이었으며, 민간인도 42만 명 가까이 사망한 것으로 추산된다. 1995년에 베트남 정부는 인민군과 남부해방군을 합해서 110만 명이 전사하고 60만 명이 부상을 입었다고 발표했다. 여기에 폭격에 의한 산업시설·도로·교량 등의 파괴와 2천만 갤런이 넘는 고엽제의 살포까지 고려하면 베트남 전역은 전쟁 후에 거의 초토화된 상태였다고 해도 과언이 아니었다.

16장 통합과 도이 머이 정책

　　1975년 4월의 승리 후 사이공 점령 며칠 전 구성된 군사관리위원회가 법과 질서를 유지하면서 어떤 저항세력의 연합도 저지하는 임무를 맡았다. 반면에 남베트남공화국임시혁명정부는 유명무실한 존재로 남았다. 5월 15일 똔 득 탕(Tôn Đức Thắng) 북베트남 주석 등이 참석한 사이공에서의 전승축하 기념식에서 남부해방군은 금성홍기만을 들고 행진했다. 이들은 남베트남공화국임시혁명정부의 인사들도 모르는 사이에 이미 베트남인민군에 통합되었던 것이다. 북에서는 곧 수천 명의 노동당 관리들이 남으로 내려와 행정·교육·산업 등 각 부문의 요직을 차지하여 직접통치를 실시했다.

　　과거 사이공 정부의 공무원·군인·사업가 등 최소한 수만 명은 각지에 설치된 재교육수용소에 억류되어 지위에 따라 몇 주일 내지 몇 년을 보내야 했다. 남부의 통합 후 10년이 경과한 1985년에도 수용소의 억류자 수는 수천 명에 달했던 것으로 알려져 있다. 재교육수용소에 억류된 사람들의 가족도 취업·교육·식량배급 등에서 차별을 받았다.

　　많은 인사들이 재교육수용소에 억류조치되면서 이를 피하려는 사람들은 험한 파도와 동남아시아의 악명 높은 해적들을 감수하고 조악하게 만든 배를 타고 탈출을 기도했다. 이른바 '보트 피플'(boat people)이다. 사이공 정부의 몰락으로 비록 포화의 피해는 멎었지만, 이런 탈출을 시

배를 타고 베트남을 탈출하려는 보트 피플.

도하다가 많은 사람들이 바다 위에서 생명과 재산을 잃었다. 패자는 이처럼 온갖 수난을 겪어야만 했다.

남베트남공화국임시혁명정부 내의 인물들도 출신에 따라 대우가 달랐다. 노동당 정치국은 공산주의에 대해 의문의 여지없이 충성을 다한다고 믿어 남베트남공화국임시혁명정부의 외교부장을 맡긴 응우옌 티 빈 같은 사람에게는 적절한 보상을 해주었다. 그녀는 교육부장관에 임명되었다. 그러나 단순히 사이공 정부에 불만을 갖고 남베트남민족해방전선에 가담했던 '비공산주의자들'은 오히려 노동당에게는 불편한 존재였다. 이들은 남베트남이 하노이 정부에 통합되지 않고 적어도 3-5년 동안 독자적인 체제를 유지하길 바랐다. 사실상 1960년 남베트남민족해방전선이 성립한 이래 노동당은 이를 거듭 약속하고 남부의 급속한 공산화는 없다고 그들을 안심시켰다. 하지만 통일된 지금에는 북베트남에게 그들이 동지이기보다는 오히려 '잠재적인 적'일 수도 있다는 생각이 들었던 것이다.

하노이 정부는 또한 남부가 북부와는 경제적으로나 사회적으로 너무나 달라 즉시 굴복시키지 않으면 위험하다고 느꼈다. '자본주의의 착취'로부터 남부인민들을 구하기 위해 북에서 내려온 젊은 베트남 인민군 병사나 노동당 당원들은 남부의 도시민들이 특별히 공산주의적으로 해방되었다는 인식이 없음을 발견했다. 한편 간부들까지도 남부 도시들에서 북에서는 생각할 수조차 없는 풍요로움을 목격하고 놀랐다. 그리하

도이 머이 정책을 채택한 베트남공산당 제6차 당대회.

여 자본주의 착취로부터 남부인민을 구해야 한다는 절실함보다, 그들 자신이 그 속으로 빠져들어가는 것을 보고, 당 지도부는 이런 예기치 않은 사태에 시급히 대처하지 않을 수 없었다.

하노이 정부는 과도한 도시인구의 소개(疏開)와 마약·매춘 같은 퇴폐문화의 정화계획에 따라 준비도 제대로 안된 상태에서 개발이 덜된 이른바 '신경제지구', 다시 말하면 대부분 소수민족들이 살고 있는 산간지대로 도시주민들을 이주시켰다. 그러나 이들 이주민들은 대부분 도시로 되돌아왔다. 한편 남부농촌의 집단화 노력은 농민들의 저항에 부딪쳐 좌절을 맛보았다. 이러한 미숙한 경제정책의 오류를 무마하기 위해 노동당 지도부는 서둘러 남부를 통제하여, 그 자원을 군사적으로 통제된 사회주의 경제체제로 통합하려고 했다.

1976년 4월 25일에는 총선거가 실시되어 북부 262명, 남부 230명 등 총 492명의 국회의원이 선출되었다. 1976년 7월 2일 국회는 국명을 베트남사회주의공화국(Cộng hòa xã hội chủ nghĩa Việt Nam)으로 바꾸기로 하고 이를 만장일치로 통과시켰다. 그리고 1945년 이래 베트남민주공화국에서 사용해온 「진군가」(Tiến quân ca 進軍歌)와 금성홍기를 그대로 국가(國歌)와 국기(國旗)로 채택했다. 수도는 하노이로 정하고, 사이공은 호찌민 시로 이름을 바꾸었다.

한편 노동당은 1976년 12월 제4차 당대회를 개최하고, 우선적으로 당명을 베트남노동당에서 베트남공산당으로 변경했다. 그 동안 남베트남과 전쟁하면서 대중적인 이미지를 고려하여 당명을 바꾸지 않고 있었지만, 통일이 된 만큼 당 지도하에 사회주의 건설이라는 목표를 분명히 제시할 필요가 있었다.

그 외에 주목할 만한 당 대회의 주요한 결정은 사회주의 경제체제로의 전환을 위한 제2차 5개년 계획(1976-1980)이었다. 5개년계획은 첫째, 농업과 경공업의 발전을 기초로 하면서 중공업에 역점을 두었다. 둘째는 남부의 완전한 사회주의화였다. 이를 위해 남부에서 대규모로 집단농장화를 시도했음은 물론이다.

목표는 1980년까지 곡물생산을 2,100만 톤까지 증산하고, 연평균 경제성장률을 16-18%로 하며, 개인소득을 매년 13-14%씩 늘린다는 것이었다. 1976년 초 뗏(설 명절)을 축하하는 연설에서 레 주언은 10년 내에 각 가정마다 라디오와 냉장고는 물론 텔레비전도 구비하게 하겠다고 약속했다. 이런 지나친 자만심은 하노이 지도부가 1973년 이후 파죽지세로 전쟁에서 승리한 것과 관련이 있는 것 같다. 또한 그들은 서구 자본주의국가들로부터의 상당한 원조와 세계은행 등의 차관을 기대했다.

몇 가지 이유로 남부에서의 경제개혁은 소기의 성과를 거두지 못했다. 우선 몇 년 동안 계속된 자연재해로 농업생산량은 기대치에 못 미쳤다. 게다가 각종 행정기관의 엄격한 규제로 생산물의 분배가 거의 이루어지지 않았다. 그러나 무엇보다도 심각했던 것은 집단농장에 소속된 농민들의 반발이었다. 곡물생산은 새로운 정부가 남부통치를 시작한 이래 계속 감소하여, 1976-1980년에 베트남은 800만-900만 톤의 식량을 수입해야 했다. 그럼에도 불구하고 영양실조가 만연하고, 특히 어린 아이들의 영양실조가 심각했다. 당시 베트남에서 활동하던 국제원조기구의 담당자가, 열 명의 어린이 중 한 명은 영양실조로 죽는다고 말했을 정도다.

이런 어려움 속에서도 1977년 베트남 정부는 이른바 '매판자본가들'을 공격할 정도의 충분한 정보를 준비했다. 이는 사회주의를 건설하기 위한 지속적인 노력이었지만, 사실상 반(反)화교조치나 다름없다는 소문이 돌았다. 소문을 부정하기가 어려운 것이 남베트남 출신의 매판자본가들 중 80-90%가 화교였기 때문이다.

이에 앞서 1976년 1월 베트남 정부는 남부의 모든 화교에게 국적을 등록하게 하고, 이어 2월에는 강제로 베트남 국적을 취득하게 했다. 만약 불응하면 고율의 세금을 부과하고 식량배급에서도 차등을 두었다. 다시 이듬해 2월 하노이정부는 베트남 국적을 거부하는 화교에게 직업을 제한하고 이주의 자유도 인정하지 않는 동시에, 이들을 자유의사 형식으로 출국시킬 방침을 세웠다. 중국정부는 항의를 했지만, 베트남은 별 반응을 보이지 않으면서, 오히려 전국적으로 반화교운동을 대대적으로 전개했다.

이는 그렇지 않아도 캄보디아 문제로 안 좋은 중국과의 관계를 더욱 악화시켰다. 베트남은 1978년 12월 25일 10만 이상의 병력과 이를 지원하는 상당수의 탱크 및 장갑차를 동원, 전격적으로 크메르 루즈 지배 하의 캄보디아를 공격하여 이듬해 1월 초 프놈펜을 함락시켰다. 베트남의 캄보디아 침공에 응수하여, 한 달여가 지난 1979년 2월 17일 중국군은 중월국경을 넘어 베트남에 대한 대대적인 침공을 개시했다. 3월 5일에는 홍 강 델타로 가는 통로인 국경도시 랑 선을 점령하더니, 그날로 철수를 선언하고 퇴각을 시작함으로써 전쟁은 16일 만에 끝이 났다. 서쪽에서는 캄보디아에서 전쟁을 하고 북쪽에서는 중국과 싸워야 하는 양면전쟁으로 인해, 베트남은 어느 때보다도 심한 경제적 곤란을 겪어야 했다. 뿐만 아니라 국제적 고립도 면할 수 없었다. 미국은 베트남의 캄보디아 침공뿐만 아니라 중국의 베트남 침공도 비난했다. 그러나 중국에 대한 비난이 말뿐임은 크메르 루즈의 폴 포트 정권을 계속 지지한 것으로도 알 수 있다.

한편 베트남공산당은 1979년 초까지 특히 남부에서 무자비한 국유화를 추진했기 때문에 공업생산이 심각할 정도로 감소되었다. 이에 공산당은 모든 주요 경제 부문을 국가통제하에 두는 것은 잘못이라고 비판하면서, 소비재 생산을 늘리기 위해 민간주도 사업을 장려하는 정책을 구상했다. 당시 국영기업체의 노동생산력은 감소하고, 대부분의 기업체는 설비의 30-50%만이 가동될 정도였다.

1982년 3월 제5차 당대회가 개최되었다. 레 주언은 앞의 제4차 당대회에서 제시한 사회주의로 가는 과도기에 대해서 노선은 정확했지만, 너무 구체적이며 실시에서도 성급했고 또 지나치게 대규모적이었다는 점에 오류가 있었음을 인정했다. 다시 말하면 노선은 옳았지만 방법에 문제가 있었다는 것이다. 그리하여 제3차 5개년 계획에서는 목표치가 어느 정도 현실적으로 바뀌었다.

제3차 5개년 계획(1981-1985)의 주요 내용은 대략 다음과 같이 정리할 수 있다. 첫째, 인민의 생활을 안정시키기 위해 곡물과 식량문제를 해결한다. 둘째, 사회주의 건설을 위해 농업생산과 소비재생산 및 수출 증가에 역점을 두고, 다음 단계에서 중공업을 발전시킨다. 셋째, 남부의 사회주의 개조를 완성하고, 전국의 사회주의 생산관계를 강화한다. 넷째, 국방을 강화한다.

제3차 5개년 계획의 목표치를 보면, 국민소득의 연평균 성장률이 제2차 5개년 계획에서는 13-14%였는데, 제3차 5개년 계획에서는 4.5-5%였다. 가장 중요한 농업총생산의 연평균 증가율은 제2차 때의 8-

10%에서 6-7%로 낮추었다. 공업총생산
의 연평균 성장률은 이전 목표인 16-18%
의 1/4 수준에 불과한 4-5%로 하향 조정했
다. 결국 공산당 지도부는 제2차 5개년 계
획은 무모했다는 인식 아래 이를 현실적으
로 수정했다고 할 수 있다.

제3차 5개년 계획에서 우선적으로 생각
한 것은 식량생산 문제였다. 그러면서도 농
업과 공업의 발전은 서로 연결되어 있다는

응우옌 반 린

믿음에는 변함이 없었다. 다시 말하면, 농업발전은 사회주의 공업화의
일부라는 것이었다. 특히 총서기 레 주언은 철저한 사회주의 공업화에
서 한 걸음도 물러서지 않았다.

그렇지만 베트남공산당은 '가족경제'의 장려를 시도하는 것 같은 모
호한 입장도 취했다. 당시 농업정책에서 가장 중요한 변화는 개인농가
가 합작사(집단농장)와 계약을 맺은 후 토지를 빌려 모내기·잡초제거·
수확은 자신들이 하고, 논갈이·관개·병충해 방제는 합작사가 공동으로
해주는 제도의 도입이었다. 토지에서 생산량이 계약 이상이면 시장이나
국가에 판매할 수 있었다. 이 정책은 성공적이어서, 1980년에 비해
1984년에 전체 식량은 19.5%, 쌀은 30.9% 증가했다. 그럼에도 식량의
자급자족은 아직 부족하여 1984년의 수입량은 30만 톤에 이르렀다.

이 무렵 베트남은 국제적 고립상태에 있었다. 게다가 소련을 중심으
로 하는 동유럽체제의 붕괴는 경제적 어려움을 더 가중시켜 물가는 거
의 700%(?)까지 상승했다. 이렇다 보니 탈출구가 절대적으로 필요할
수밖에 없었다.

1986년 7월 레 주언이 사망하고 쯔엉 찐이 뒤를 이어 총서기가 되었
지만, 베트남 국가사회주의의 위기에 대해 당의 원로로서 부분적인 책

17-18세기 국제무역항으로 번성했던 옛 모습이 여전히 잘 남아 있는 호이 안의 거리풍경(2017).

임이 있다는 비판을 받았다. 1986년 12월 중순 개최된 베트남공산당 제6차 당대회는 흥 옌 출신으로 정치국원이며 종전 후 호찌민시당위원회서기를 맡았던 개혁주의자 응우옌 반 린(Nguyễn Văn Linh)을 총서기로 선출했다. 응우옌 반 린은 호찌민시당위원회서기로 있을 때 남부의 점진적인 개혁을 주장하여 당 지도부와 갈등을 빚은 적도 있는 인물이었다. 아울러 당대회는 시장경제체제인 '도이 머이 정책'을 채택하여 시장에서의 자유거래가 허용되었다.

도이 머이 정책은 비단 경제뿐만이 아니라 문화적인 면도 포함하여 정부 정책을 비판하는 서적의 출판 및 전통적인 지방의 축제 등도 장려했다. 이리하여 베트남 사회는 새로운 전기를 맞게 되지만 그것이 어느 정도 궤도에 오르게 되는 것은 1990년대 중반쯤에 이르러서였다.

참고문헌

유인선, 『베트남과 그 이웃 중국: 양국 관계의 어제와 오늘』, 서울: 창작과 비평사, 2012.
최귀묵, 『베트남문학의 이해』, 서울: 창작과 비평사, 2010.
최동주, "한국의 베트남전쟁 참전 동기에 대한 재고찰," 『한국정치학회보』 제9집 (1996).
최병욱, 『베트남 근현대사』, 서울: 창작과 비평사, 2008.

桃木至朗, 『中世大越國家の成立と變容』, 大阪: 大阪大學出版會, 2011.
白石昌也, 『ベトナム民族運動と日本・アジア』, 東京: 巖南堂書店, 1993.
山本達郎, 『安南史研究』 I, 東京: 山川出版社, 1950.
山本達郎, 『ベトナム中國關係史』, 東京: 山川出版社, 1975.
河原正博, 「丁部領の卽位代について」, 『法政大學文學部紀要』 15(1970).
後藤均卒, 『ベトナム救國抗年爭史』, 東京: 新人物往来社, 1975.
羅香林, 『百越源流與文化』, 臺北: 中華叢書委員會, 1955.

Phan Huy Lê, *Lịch sử và văn hóa Việt Nam*: *Tiếp cận bộ phận*(베트남 역사와 문화: 부분적인 접근), Hanoi: Nxb Giáo Dục, 2007.
Phan Huy Lê, Đinh Xuân Lâm, Lê Mậu Hãn (Chủ biên), *Lịch Sử Việt Nam* (베트남의 역사), 4 Tập. Hanoi: Nxb Giáo Dục, 2012-2013.
Trần Trọng Kim. *Việt-Nam Sử Lược* 〔越南史略〕. 2 Quyển. Reprinted, Saigon: Bộ Giáo Dục, 1971. 〔중국어역, 『越南通史』, 北京, 商務印書館, 1992〕.
Trương Hữu Quýnh, (Chủ biên). *Đại Cương Lịch Sử Việt Nam*〔베트남역사 大綱〕. 3 Tập. Hanoi: Nxb Giáo Dục, 2008-2009.

Bousquet, Gisele and Pierre Brocheux, eds. *Viêt Nam Exposé: French Scholarship on Twenty-Century Vietnamese Society*. Ann Arbor: The University of Michigan

Press, 2002.

Brocheux, Pierre & Daniel Hémery. *Indochina: An Ambiguous Colonization, 1858-1954*. Berkeley: University of California Pres, 2009.

Bui Quang Tung. "Le soulèvement des Soeurs Trung." *Bulletin de la Société des Etudes Indochinoises* 36-1(1961).

Chen, King C. *Vietnam and China, 1938-1954*. Princeton: Princeton University Press, 1969.

Choi Byung Wook. *Southern Vietnam under the Reign Of Minh Mạng (1820-1841)*.Ithaca: Southeast Program Publications, 2004.

Cooke, Nola. "Nineteenth-Century Vietnamese Confucianization in Historical Perspective: Evidence from the Palace Examination (1463-1883)." *Journal of Southeast Asian Studies* 25-2(1994).

———. "Regionalism and the Nature of Nguyen Rule inSeventeenth-century Dang Trong (Cochinchina)."*Journal of Southeast Asian Studies* 29-1(1998).

Cooper, Chester L. *The Lost Crusade: America in Vietnam*. New York: Dodd, Mead & Co. 1970.

Dalloz, Jacques. *The War in Indo-China*: 1945-54, Translated by Josephine Bacon. Savage, Maryland: Barnes and Noble, 1990.

Dang Phuong-Nghi. *Les institutions publiques du Viet-Nam au XVIIIe siècle*, Paris: Ecole Française d'Etrême-Orient, 1969.

Devillers, Philippe. *Histoire du Viêt-Nam de 1940 à 1952*. Paris: Editions du Seuil, 1952.

Duiker, William J. *The Rise of Nationalism in Vietnam*, 1900-1941. Ithaca: Cornell University Press, 1976.

———. *Ho Chi Minh*. New York: Hyperion, 2000.〔정영목 역, 『호치민 평전』, 푸른숲, 2003〕

Dutton, George. *The Tây Sơn Uprising: Society and Rebellion in Eighteenth-Century Vietnam*. Honolulu: University of Hawaii Press, 2006.

Fitz Gerald, Frances. *Fire in the Lake: the Vietnamese and the Americans in Vietnam*. Boston: Little, Brown, 1972.

Goscha, Christopher. *Vietnam: A New History*, New York: Basic Books, 2016.

Hammer, Ellen J. *The Struggle for Indochina*, 1940-1955, Stanford: Stanford University Press, 1954.

Herrings, George C. *America's Longest War: The United States and Vietnam, 1950-1975*. Second Edition, New York, Alfred & Knopf, 1986.

Huynh Kim Khanh. *Vietnamese Communism, 1925-1945*. Ithaca: Cornell University Press, 1982.

Keith, Charles. *Catholic Vietnam: A Church from Empire to Nation*. Berkeley: University of California Press, 2012.

La Feber, Walter. 1975. "Roosevelt, Churchill and Indochina, 1942-45." *American Historical Review* 80-5.

Lafont, P.B., ed. *Les frontières du Vietnam.* Paris: L'Harmattan, 1989.

Le Thanh Khoi. *Histoire du Vietnam des Origines à 1858.* Paris: Sudestasie, 1981.

Li Tana. *Nguyên Cochinchina: Southern Vietnam in the Seventeenth and Eighteenth Centuries.* Ithaca: Southeast Asia Program Publications, Cornell University, 1998.

Lockhart, Bruce M. and William J. Duiker, eds. *Historical Dictionary of Vietnam,* 3rd edn. Lanham, MD: Scarecrow Press, 2006.

Majumdar, R. C. *Champa: History & Culture of an Indian Colonial Kingdom in the Far East, 2nd-16th Centuries A. D.* Delhi: Gian Publishing House. reprint, 1985.

Mak Phoeun. *Histoire du Cambodge de la fin du XVIe siècle au dé but du* XVIIIe. Paris: EFEO, 1995.

Marr, David G. *Vietnamese Anticolonialism, 1885-1925.* Berkeley: University of California Press, 1971.

―――. *Vietnam 1945: The Quest for Power.* Berkeley: University of California Press, 1995.

―――. & Christine P. White, eds. *Postwar Vietnam: Dilemmas on Socialist Development.* Ithaca: Southeast Program Publications, 1988.

Maspero, Henri. "L'Expedition de Ma Yüan." *Bulletin de l'Ecole Française d' Etrême-Orient* 18(1918).

Maspero, Georges. *Le royaume de Champa.* Reprinted, Paris: EFEO, 1988.

Miller, Edward. *Misalliance: Ngo Dinh Diem, the United States, and the Fate of South Vietnam.* Cambridge, MA: Harvard University Press, 2013.

Nguyen Ngoc Huy. "Le Code des Le: 'Quoc Trieu Hinh Luat' ou 'lois penales de la dynastie nationale.'"*Bulltein de Ecole Française d'Etrême-Orient* 67 (1980).

Nguyen Thanh Nha. *Tableau économique du Vietnam au XVIIe et XVIIIe siècle.* Paris: Editions CUJAS, 1970.

Patti, Archimedes L. *Why Viet Nam? Prelude to America's Albatross.* Berkeley: University of California Press, 1980.

PO Dharma. *Le Panduranga (Campa), 1802-1835: ses rapports avec le Vietnam.* Tome I. Paris: EFEO, 1987.

Quinn-Judge, Sophie. *The Third Force in the Vietnam War: The Exclusive Search for Peace 1954-75.* New York: I.B. Taurus, 2017.

Schweyer, Anne-Valérie. *Ancient Vietnam: history, art, and archaeology.* Bangkok: River Books, 2011.

Smith, Ralph. *Vietnam and the West.* Ithaca: Cornell University Press, 1968.

Southworth, William A. "The Coastal States of Champa." In Glover, Ian and Bellwood, Peter. eds. *Southeast Asia: From Prehistory to History.* London:

Routledge/Curzon, 2004.

Taylor, Keith W. *The Birth of Vietnam*. Berkeley: University of California Press, 1983.

————. *A History of the Vietnamese*, Cambridge: Cambridge University Press, 2013.

————. and John K. Whitmore, eds. *Essays into Vietnamese Pasts*. Ithaca: Southeast Asia Program Publications, Cornell University, 1995.

Tønnesson, Stein. *The Vietnamese Revolution of 1945: Roosevelt, Ho Chi Minh and de Gaulle in a World at War*. London: Sage Publications, 1991.

Trần Kỳ Phưởng & Bruce M. Lockhart, eds. *The Cham of Vietnam: History, Society and Art*. Singapore: NUS Press, 2011.

Truong Nhu Tang. *A Vietcong Memoir*. New York: Vintage. 1985.

Vella, Walter F. ed. *Aspects of Vietnamese History*. Honolulu: Hawaii University Press, 1973.

Vickery, Michael. "Champa Revisited."*ARI Working Paper* No. 37. Singapore: Asia Research Institute, National University of Singapore, 2005.

Vinh Sinh. ed. *Phan Boi Chau and the Dong-Du Movement*. New Haven: Council on Southeast Asian Studies, Yale University, 1988.

————. ed. *Phan Chau Trinh and His Political Writings*. Ithaca: Southeast Program Publications, 2009.

Vũ Dương Ninh, ed. *Land Border between Vietnam and China*. Hanoi: Information and Communications Publishing House, 2011.

Whitmore, John K. Vietnam. *Hồ Quy Ly, and the Ming*(1371-1421). New Haven: Yale Southeast Asia Studies, 1985.

Wolters, O.W. *Two Essays on Dai-Viet in the Fourteenth Century*. New Haven: Council on Southeast Asian Studies, Yale University, 1988.

Woodside, Alexander B. "Early Ming Expansionism (1406~1427): China's Abortive Conquest of Vietnam." *Papers on China*. Vol. 17. Cambridge, Mass.: Harvard University Press, 1963.

————. *Vietnam and Chinese Model*. Cambridge, Mass.: Harvard University Press, 1971.

Yu Insun. "Lê Văn Hưu and Ngô Sĩ Liên: A Comparison of their Perception of Vietnamese History." In Tran Nhung Tuyet & Anthony Reid. *Việt Nam: Borderless Histories*. Madison: The University of Wisconsin Press, 2006.

Zhai Qiang. *China & the Vietnam Wars, 1950-1975*. Chapel Hills: University of North Carolina Press, 2000.

연표

연대	베트남	한국·중국
B.C.1500-B.C.1027?		은(殷)
B.C.1027?-B.C.770		주(周)
B.C.770-B.C.221		춘추전국(春秋戰國)
B.C.690?-B.C.258?	반 랑	
B.C.257?-B.C.208	어우 락	
B.C.221-B.C.206		진(秦)
B.C.207-B.C.111	남 비엣(南越)	
B.C.202-A.D.8		한(漢)
B.C.195-B.C.108		위만조선
B.C.111	한 무제, 남 비엣 정복	
B.C.108		한, 한반도 북부에 4군설치
B.C.57?-A.D.676		한국, 삼국시대
A.D.25-A.D.220		후한(後漢)
40-43	쯩씨 자매의 저항운동	
43	마 위안의 원정과 중국 지배권의 재확립	
157	쭈 닷의 반란	
187-226	스셰(土燮) 정권	
220-265	중국, 위·촉·오의 삼국시대	
248	찌에우 끼에우의 반란	
264	자오 쩌우를 광저우와 자오 쩌우로 분리	
265-419	진(晉)의 통치	
280	진(晉), 오(吳)를 병합	
372	고구려에 불교 전래	
420-589	남북조(南北朝)시대	
427		고구려, 평양 천도
541-547	리 본의 반 쑤언	

연대	베트남	한국·중국
550	찌에우 꽝 푹의 롱 비엔 재점령	
571-602	리 펏 뜨의 지배	
581-617		수(隋)
587		중국, 최초의 과거제 실시
589		수(隋)의 중국통일
612		수 양제(煬帝)의 고구려침입
618-907		당(唐)
645		당 태종(太宗) 고구려침입
660		백제 멸망
668		고구려 멸망
676-935		통일신라
679	안남도호부(安南都護府)의 설치	
687	리 뜨 띠엔의 반란	
699-926		발해
722	마이 툭 로안의 반란	
755-763		안루산(安祿山)의 난
782-791	풍 흥의 반란	
828		장보고, 청해진 설치
854-866	남조(南詔)와의 전쟁	
875-884		황차오(黃巢)의 난
906	쿡 트아 주(曲承裕), 징하이(靜海) 절도사 자칭	
907-960		중국, 오대(五代)
915		중국, 남한(南漢) 건국
918-1392		고려 왕조
935		고려, 후삼국 통일
938	응오 꾸옌의 남한(南漢) 군대 격퇴	
939-944	응오씨 왕조	
945-966	십이사군시대(十二使君時代)	
958		고려, 과거 실시
960-1126		북송(北宋)
966	딘 보 린, 베트남 통일	
966-980	딘(丁)씨의 다이 꼬 비엣(大瞿越)	
972	중국, 베트남의 독립을 인정	
980-1009	레 호안의 띠엔 레(前黎) 왕조	
981	레 호안의 송군(宋軍) 격퇴	
993-1018		거란의 고려 침입(1, 2, 3차)
1004		송(宋), 거란과 전연의 맹(盟)
1009-1225	리(李) 왕조	

연대	베트남	한국·중국
1038-1048	눙(儂)씨의 반란	
1054	타인 통, 국호를 다이 비엣(大越)으로 함	
1069	타인 똥, 참파 북부 3주(州) 병함	송, 왕안스(王安石)의 개혁
1075	최초의 과거제 실시	
1075-1077	리 트엉 끼엣(李常傑)의 宋軍 격파	
1107		고려, 윤관(尹瓘)의 9성 축조
1108	꺼 싸(機舍) 제방 축조	
1127-1279		남송(南宋)
1170		고려, 정중부(鄭仲夫)의 난
1196-1258		고려, 최씨 무인정권
1206-1368		원(元)
1225-1400	쩐(陳) 왕조	
1231		몽골의 고려침입 시작
1257	몽골의 제1차 침입	
1264		원의 옌징(燕京) 천도
1270-1273		고려, 삼별초의 대몽항쟁
1272	레 반 흐우, 『대월사기』 완성	
1284-1285	몽골의 제2차 침입	
1287-1288	몽골의 제3차 침입	
1306	오(烏)와 리(利) 획득	
1351		홍건적(紅巾賊)의 난
1361-1389	쩨 봉 응아의 침입	
1368-1644		명(明)
1388		이성계의 위화도 회군
1392-1910		조선 왕조
1400-1407	호(胡)씨 정권	
1403-1424		명, 영락제 치세
1405-1432		명, 정허(鄭和)의 남해 원정
1407-1427	명의 지배기	
1428-1788	레(黎) 왕조	
1434-1443		조선, 4군6진 설치
1442	베트남 최초의 진사제명비 건립	
1446		조선, 훈민정음 반포
1459	응이 젼의 쿠데타	
1460-1497	레 타인 통의 치세	
1471	꽝 남(廣南)지방의 병합	
1479	응오 씨 리엔의 『대월사기전서』 편찬	
1498-1545		조선, 4대 사화 발생
1527-1592	막(莫)씨 정권	

연대	베트남	한국·중국
1532	응우옌 낌의 레씨 복위운동 시작	
1558	응우옌 호앙의 투언 호아 진수(鎭守) 부임	
1575		조선, 동·서 붕당의 대립
1592	레 왕조의 탕 롱 회복	
1592-1598		임진왜란·정유재란
1599	찐(鄭)씨 왕을 칭함	
1616-1911		청(淸) 건국
1627	드 로드의 포교활동 시작	
1627-1637		정유재란·병자호란
1627-1672	찐·응우옌 양씨의 무력충돌	
1630	최초의 그리스도교 박해	
1644		명의 멸망
1653	카인 호아 지방 병합	
1677	까오 방의 막(莫)씨 멸망	
1698	비엔 호아와 자 딘 병합	
1708	막 끄우(鄚玖), 응우옌(阮)씨에 귀의	
1718	찐(鄭)씨, 육번(六番) 창설	
1722	사전(私田)에 과세 시작	
1738-1770	레 주이 멋(黎維密)의 반란	
1771	떠이 선(西山) 운동의 시작	
1782	응우옌 반 냑(阮文岳)이 왕이라 칭함	
1786	응우옌 반 후에(阮文惠), 탕 롱 입성	
1788	응우옌 반 후에, 꽝 쭝(光中) 황제를 칭함	
	응우옌 푹 아인의 자 딘(嘉定) 성 재점령	
1788-1789	청과의 전쟁	
1792	꽝 쭝 황제의 사망	
1796-1804		청(淸), 백련교(白蓮教)의 난
1801-1864		조선, 세도정치시대
1802	응우옌 푹 아인, 탕 롱 점령	
1802-1945	응우옌(阮) 왕조	
1804	응우옌, 국호를 베트남(越南)으로 정함	
1811-1812		홍경래의 난
1820-1840	민 망(明命) 황제의 치세	
1821-1827	판 바 바인(潘伯鑅)의 난	
1825	민 망 황제의 그리스도교 탄압	
1833-1835	레 반 코이의 반란	
1833-1836	눙 반 번(儂文雲)의 반란	
1839-1842		청, 아편전쟁
1850-1864		청, 태평천국의 난

연대	베트남	한국·중국
1854	까오 바 꽛(高伯适)의 반란	
1856		애로호 사건
1858	프랑스·스페인 연합군의 다 낭 항 점령	
1859	프랑스·스페인 연합군의 사이공 점령	
1860		청, 영·불과 베이징 조약체결 최제우, 동학 창시
1862	제1차 사이공 조약	청, 동치중흥
1864-1873		대원군 집권
1866	프랑스의 메콩 강 탐험	병인양요
1867	프랑스, 코친차이나의 서부 3성 병합	
1871		신미양요
1873	프랑시스 가르니에의 하노이 공격	
1874	제2차 사이공 조약	
1876		강화도조약
1882	앙리 리비에르의 하노이 공격	임오군란
1883	제1차 투언 호아 조약	
1884	제2차 투언 호아 조약	갑신정변
1884-1885		청불전쟁
1885-1888	함 응이의 근왕운동(勤王運動)	
1885-1895	판 딘 풍의 저항운동	
1886	통킹에 경략 임명	
1887	프랑스령 인도차이나의 성립	
1894		청일전쟁, 동학운동
1897		대한제국 수립
1897-1902	두메르 총독 재임	
1898		청, 무술정변
1900		청, 의화단의 난
1904	판 보이 쩌우의 유신회(維新會) 조직	러일전쟁
1905		을사조약
1905-1908	동유운동(東遊運動)	
1907	동경의숙(東京義塾)	조선, 정미의병(丁未兵)
1908	중부에서 항세운동(抗稅運動)	
1910		한일합병
1911		중국, 신해혁명
1912	베트남광복회 조직	중화민국 수립
1916	주이 떤 황제의 궁궐 탈출	
1919		3·1운동, 중국 5·4운동 발발 대한민국임시정부 수립
1921		중국공산당 결성

연대	베트남	한국·중국
1923	떰 떰 싸(心心社) 결성	제1차 국공합작
1924	메를랭(Merlin)에 폭탄투척	
1925	베트남청년혁명동지회 결성	조선공산당 결성
	판 보이 쩌우의 체포	
1926	판 쭈 찐의 사망	장제스(蔣介石)의 북벌 시작
1927	베트남국민당 결성	
1930	인도차이나공산당 결성	광주학생운동
1930	옌 바이 사건	
1930-1931	응에-띤 소비에트의 형성	
1933	『라 뤼트』 창간	
1934		중국공산당의 대장정
1936		중국, 시안사변(西安事變)
1937		중일전쟁
1937-1945		일제의 민족말살정책
1939	인도차이나 반제민족통일전선 결성	제2차 세계대전 발발
1940	일본군의 베트남 진주	
	박 선 지방에서의 봉기	
1941.5	베트민의 성립	
1943.9	카이로 회담	
1945.2	얄타회담	
1945.3	일본군의 쿠데타	
1945.7	포츠담 회담	
1945.8	바오 다이 황제의 퇴위, 8월혁명	해방과 분단
1945.9	영국군과 중국 국민당군의 진주	제1차 미·소공동위원회 개최
	베트남민주공화국 수립	
1946.3	호찌민-생트니 협정	
1946.7	퐁텐블로 회담	
1946.11	제1차 인도차이나 전쟁	
1947.10	레아 작전	
1948.8	미 군사원조 고문단 구성	대한민국 수립
1949.10		중화인민공화국 수립
1950.6		6·25 전쟁 발발
1951.2	베트남노동당 결성	
1953.7		휴전협정 조인
1954.5	디엔 비엔 푸 전투 종결	
1954.7	제네바 협정	
1955.10	베트남공화국 수립	
1956	년 반-자이 펌 운동	중국, 백화제방 운동
1960.4		4·19혁명

연대	베트남	한국·중국
1960. 7		중·소 국경분쟁
1960. 12	남베트남 민족해방전선 성립	
1961. 5		5·16 군사쿠데타
1963. 6	틱꽝득 승려 분신자살	
1963. 11	군사쿠데타로 지엠 피살	
1964. 8	매덕스 호 사건	
1965. 2	미국, 북베트남 폭격 개시	
1965. 3	미 지상군 투입	
1965. 10		베트남에 한국군 파병
1967. 9	티에우, 사이공정부 대통령에 당선	
1968. 1	뗏 공세(구정 공세)	
1969. 3		한국, 대통령 3선 개헌
1969. 9	호찌민 사망	
1970. 3	캄보디아, 론 놀 정권 수립	
1972. 2		닉슨, 중국 방문
1972. 12		유신헌법 공포
1973. 1	파리 평화조약	베트남 주둔 한국군 철수
1973. 3	베트남 주둔 미군 완전 철수	
1975. 4	하노이 군의 사이공 점령	
1976. 4	국호를 베트남사회주의 공화국으로 결정	
1976. 12	베트남노동당을 베트남공산당으로 개명	
1976-1980	제2차 5개년 계획	
1978. 12	베트남군, 캄보디아 침공	
1979. 10	중국군, 베트남 침공	박정희 대통령 피살
1980. 5		광주민주화운동
1981-1985	제3차 5개년 계획	
1986. 12	도이 머이 정책 채택	

찾아보기